DAS COMPUTER
TASCHENBUCH

Michael Freihof
Ingrid M. Kürten

inklusive 6.22

MS-DOS 6.2

Das Betriebssystem sicher einsetzen

DATA BECKER

Wichtiger Hinweis

Die in diesem Buch wiedergegebenen Verfahren und Programme werden ohne Rücksicht auf die Patentlage mitgeteilt. Sie sind für Amateur- und Lehrzwecke bestimmt.

Alle technischen Angaben und Programme in diesem Buch wurden vom Autor mit größter Sorgfalt erarbeitet bzw. zusammengestellt und unter Einschaltung wirksamer Kontrollmaßnahmen reproduziert. Trotzdem sind Fehler nicht ganz auszuschließen. DATA BECKER sieht sich deshalb gezwungen, darauf hinzuweisen, daß weder eine Garantie noch die juristische Verantwortung oder irgendeine Haftung für Folgen, die auf fehlerhafte Angaben zurückgehen, übernommen werden kann. Für die Mitteilung eventueller Fehler ist der Autor jederzeit dankbar.

Wir weisen darauf hin, daß die im Buch verwendeten Soft- und Hardwarebezeichnungen und Markennamen der jeweiligen Firmen im allgemeinen warenzeichen-, marken- oder patentrechtlichem Schutz unterliegen.

2. erweiterte Auflage 1994

Lektorat Peter Meisner

Umschlaggestaltung Werner Leinhos

Textverarbeitung und Gestaltung Udo Bretschneider

Text verarbeitet mit Word 5.0, Microsoft

Belichtung MAC, Studio für Satz und Design GmbH, Düsseldorf

Druck und buchbinderische Verarbeitung Clausen & Bosse, Leck

ISBN 3-8158-1510-X

Gezielt informieren und produktiv anwenden...

ohne dafür viel Geld investieren zu müssen - so lautet das Prinzip der Computer-Taschenbücher von DATA BECKER. Hier findet man alles zum produktiven Umgang mit seiner Software: nämlich Know-how, hinter dem die langjährige Fachkompetenz eines der erfolgreichsten Computerbuchverlage steht. Und zwar leichtverständlich und engagiert geschrieben, fachkundig und dabei äußerst preiswert.

Die Computer-Taschenbücher sind also direkt auf die Bedürfnisse der PC-Anwender ausgelegt: handliche und mobile Bücher, die man in nahezu jeder Lebenslage lesen kann.

... ohne dabei tief in die eigene Tasche greifen zu müssen

Vorwort

Die Taschenbuch-Reihe von DATA BECKER bietet dem Leser einen grundlegenden und kompetenten Überblick über das jeweilig behandelte Thema.

Wesentliche Strukturelemente werden Sie in allen Taschenbüchern wiederfinden:

- Aufzählungen und alternative Möglichkeiten

① Schritt-für-Schritt-Anweisungen

Hinweis: Wichtige Sachverhalte und Hinweise

Tip: Tips & Tricks aus der Praxis
Interessante Tips aus der Praxis für Ihre Praxis.

Verweis:	Thema	→	Kapitel

Der schnelle Zugriff wird durch ein übersichtliches Inhaltsverzeichnis zu Beginn des Taschenbuches, ein detailliertes Verzeichnis vor jedem Kapitel und ein umfangreiches Stichwortregister gewährleistet.

Viel Spaß!

Ihr DATA BECKER Lektorat

Inhaltsverzeichnis

1. Was ist neu an MS-DOS 6.0/6.2?

Im Frühjahr 1993 löste die neue MS-DOS-Version 6.0 die Vorgängerversion 5.0 aus dem Jahr 1991 ab. Zwar enthielt diese Version keine revolutionierenden Neuerungen, dennoch bieten Änderungen wie der neue MOVE-Befehl zum Bewegen von Dateien, bequeme Werkzeuge wie das neue Backup-Programm oder das Datenkomprimierprogramm DBLSPACE einen zusätzlichen Nutzen. Danach erschien sehr rasch das Update MS-DOS 6.2, das neben einigen kleinen kosmetischen Verbesserungen insbesondere Verbesserungen für die Sicherheit beim Betrieb einer mit dem Programm DBLSPACE komprimierten Platte enthält, nachdem - vor allem in den USA - sehr viele Anwender Datenfehler auf ihren komprimierten Platten festzustellen glaubten. Wir haben zwar keine Fehler bei der Anwendung von DBLSPACE feststellen können (ein unabhängiges amerikanisches Forschungsinstitut übrigens ebenfalls nicht), jedoch hat Microsoft die Klagen zum Anlaß genommen, einige zusätzliche Sicherheits-Funktionen zu integrieren. Die aktuelle Version 6.22 enthält kaum Neuerungen und wird in Kapitel 13 kurz erläutert.

Die Anzahl der neuen Eigenschaften und Bestandteile der Version 6.0 des MS-DOS konnte sich sehen lassen:

- Das Programm DBLSPACE komprimiert, wenn der Anwender es wünschte, die Festplatte. Dabei lassen sich Zuwächse bis auf das Doppelte der Ursprungskapazität erzielen. Der Zugriff auf die komprimierten Daten erfolgt im Online-Verfahren, der Anwender merkt davon nichts.

- Ein Programm zum Defragmentieren der Festplatte sammelt die Dateifragmente zusammen und ordnet sie alle sequentiell, also in der richtigen Reihenfolge, auf der Festplatte an. Dadurch wird der Zugriff auf die Daten beschleunigt.

- Von der Firma Central Point wurde ein Programm zum Aufspüren und Beseitigen von Viren dazugekauft, das auch in einer Version für Windows vorliegt. Für einen noch besseren Schutz vor Viren sorgt ein Programm, das resident im Speicher auf verdächtige Aktivitäten (etwa eines Virus) achtet und dies meldet bzw. unterbindet.

- Die gleiche Software-Firma durfte wie schon für die Version 5.0 das Programm zum Wiederherstellen gelöschter Dateien beisteuern, dabei wurde eine weitere Sicherheitsstufe hinzugefügt, die das Löschen einer Datei absolut sicher ermöglicht. Auch dieses Programm gibt es für die Benutzung unter DOS und unter Windows.

- Der alte BACKUP- und RECOVER-Befehl werden von dem komfortablen Backup-Programm MSBACKUP abgelöst. Die Datensicherung wird damit unter DOS und auch unter Windows zu einem Kinderspiel.

- Ein Dienstprogramm namens MEMMAKER analysiert die Speicherkonfiguration Ihres Rechners und optimiert die Konfiguration vollkommen selbsttätig, das lästige experimentelle Ermitteln der optimalen Speicherkonfiguration entfällt also.

- Das Cache-Programm SMARTDRV.SYS wurde ersetzt durch das überarbeitete Programm SMARTDRV.EXE, das bisher nur Windows-Anwendern vorbehalten war.

- Der Expanded-Memory-Manager EMM386.EXE wurde komplett neu überarbeitet.

- Der Anwender kann sich für den Systemstart mit unterschiedlichen Parametern ein Menü zusammenstellen, das die Auswahl der Startparameter während des Bootens ermöglicht.

- Wer das nicht will, kann auf Tastendruck die komplette AUTOEXEC.BAT und die CONFIG.SYS (bzw. Teile daraus) übergehen und so das System selektiv hochfahren.

- Ein Programm für den Transfer von Daten zwischen Rechnern über die serielle Schnittstelle wird dem Anwender ebenfalls spendiert, wenn er die neue Software erwirbt.

- Alle "Batcher" haben schon eigene Lösungen, doch endlich hat auch DOS eine: Tastaturabfragen in Stapeldateien sind nun mit dem Befehl CHOICE möglich.

- Die Hilfe, die Ihnen das Betriebssystem zu Problemen gibt, wurde wesentlich erweitert. Das Programm HELP ist eine Online-Dokumentation, die als Hypertext auch Verzweigungen zu anderen Hilfethemen erlaubt.

- Als "Laptop-Power-User" werden Sie sich auch freuen: Ein Programm registriert, wenn keine Aktionen des Rechners stattfinden und reduziert den Stromverbrauch entsprechend.

Die Neuheiten der Version 6.2

- DOUBLEGUARD nennt sich das Zusatzmodul zu DBLSPACE, das mittels einer Prüfsummen-Funktion die Integrität der Daten überprüft. Wird ein Fehler festgestellt, wird das System angehalten, um einen Datenverlust zu vermeiden.
- Während der Installation von DBLSPACE wird automatisch mit dem neuen SCANDISK die Plattenoberfläche überprüft, um bei einem Fehler sofort anzuhalten. Dem Anwender wird dann empfohlen, DBLSPACE zu verlassen und erneut mit SCANDISK die Plattenoberfläche zu überprüfen und die defekten Sektoren als unbenutzbar kennzeichnen zu lassen.
- Eine Option von DBLSPACE namens UNCOMPRESS erlaubt das Rückgängigmachen einer Plattenkompression (Dekomprimierung), was bislang ein umständliches und zeitraubendes Verfahren war. Auch hier wird automatisch die Festplattenoberfläche mit SCANDISK getestet.
- Ein Teil des DBLSPACE-Treibers DBLSPACE.BIN nutzt jetzt standardmäßig zusätzlich oberen Speicher (HMA), sofern verfügbar.
- Was eigentlich eine Selbstverständlichkeit sein sollte: Der Kommandoprozessor COMMAND.COM wird auf dem unkomprimierten Laufwerk gehalten, so daß im Falle eines defekten komprimierten Laufwerks trotzdem ein Systemstart möglich ist. Ein neuer Parameter ermöglicht die zeilenweise Abarbeitung von Batchdateien.
- Bei der Installation von HIMEM.SYS werden automatisch die Speicherbausteine auf defekte Bereiche getestet.
- Komprimierte Disketten (und andere mobile Datenträger) werden nun automatisch "montiert", sind also sofort benutzbar. Die dafür notwendige Erhöhung des Speicherbedarfs von 4 KByte ist eher als gering anzusehen.
- SCANDISK nennt sich das Hilfsprogramm, das die Festplatte auf defekte Sektoren hin untersucht und Daten, die auf zweifelhaften Stellen der Platte abgelegt sind, in einwandfreie Bereiche umsiedelt. Auch Fehler eines komprimierten logischen Laufwerks können erkannt und beseitigt werden.

- SMARTDRV wurde dahingehend geändert, daß standardmäßig nur der Lese-Cache installiert wird und daß die geänderten Daten beim Beenden eines Programms automatisch zurückgeschrieben werden. Zudem unterstützt SMARTDRV jetzt auch CD-ROM-Laufwerke.
- Beim Systemstart kann nun auch die AUTOEXEC.BAT zeilenweise abgearbeitet werden.
- Auch das bislang automatische Laden des DBLSPACE-Treibers DBLSPACE.BIN kann beim Rechnerstart unterdrückt werden.
- DISKCOPY arbeitet endlich, wie wir Anwender es seit 12 Jahren erwarten: Die Disketten werden in einem Arbeitsgang kopiert.
- Auch das extrem gefährliche Löschen durch Überschreiben beim Kopiervorgang wird nun verhindert: Die Kopierbefehle warnen vor einem Überschreiben einer gleichnamigen Datei.
- Bei der Formatierung von Datenträgern werden automatisch schadhafte Sektoren ausgespart und nicht erneut getestet, wie das bis Version 6.0 der Fall war.
- DEFRAG nutzt den Erweiterungsspeicher, so daß sich die Anzahl der Dateien auf der Festplatte auf bis zu 20.000 erhöhen kann.
- Die Windowsversion von UNDELETE verhindert, daß für den Anfangsbuchstaben gelöschter Dateien unerlaubte Zeichen verwendet werden.
- Das Update 6.2 enthält nicht mehr die DOS-Shell.
- Die Neuigkeit schlechthin: Bei der Anzeige der Datenkapazität geben die Befehle DIR, MEM, CHKDSK und FORMAT ihre Meldungen mit Tausenderpunkt aus.

Warum ein MS-DOS 6.22?

Da der Komprimierungsalgorithmus von DoubleSpace gegen Rechte von Stac Electronics verstieß, mußte Microsoft die Interimslösung 6.21 ohne Komprimierungstool ausliefern. Aktuell wird die Version 6.22 mit dem neuen Datenkomprimierprogramm DriveSpace ausgeliefert, das sich aber in der Bedienung und Benutzerführung nicht von DoubleSpace unterscheidet. Wenn Sie mehr zur aktuellen Version erfahren wollen, lesen Sie bitte in Kapitel 13 nach.

Verweis: MS-DOS 6.22 → Kapitel 13

2. MS-DOS 6.2 installieren

Wenn Sie als Anwender bereits eine frühere Version von MS-DOS betreiben, können Sie die sogenannte Update-Version erwerben, wie man das Installieren einer neuen Version einer vorhandenen Software nennt. Diese ersetzt die alte Version durch die neue. Doch gleichgültig, ob Sie MS-DOS zusammen mit Ihrem Rechner erworben haben oder ob Sie von einer früheren Version auf 6.2 umgestiegen sind: Bevor Sie das Betriebssystem benutzen können, muß es wie jede Software auf der Festplatte installiert werden, die verschiedenen Module müssen auf die Festplatte kopiert werden.

2.1 Die Vorbereitungen

War die Installation der Versionen vor 5.0 oft genug eine Sache für Insider, so hatte sich dies bereits in der Version 5.0 grundlegend gebessert, eine durchdachte Installationsroutine erlaubte dem Anwender die Installation im Dialog. Dies hat man aus gutem Grund nicht geändert, lediglich einige Fragen muß der Anwender zusätzlich beantworten. Folgende Checkliste mag Ihnen bei der Vorbereitung helfen:

1. Ist das Betriebssystem vom Händler bereits auf der Festplatte installiert?

Falls Sie dies nicht erfragen können, sollten Sie den Rechner einfach einschalten, ohne daß eine Diskette in einem der Laufwerke liegt. Meldet sich der Rechner nach dem Starten mit dem Bereitschaftszeichen, Prompt genannt,

```
C>
```

so ist zumindest ein Teil des Betriebssystems installiert. Wenn das Betriebssystem nicht installiert ist, ist entweder die Festplatte nicht angemeldet, dann erscheint die Meldung

```
Kein System oder Laufwerkfehler.
Wechseln und Taste drücken
```

Sollte sich nach dem Starten von der Festplatte der Prompt melden, so müssen Sie feststellen, ob das gesamte Betriebssystem installiert ist. Tippen Sie

```
DIR  [Enter]
```

Die Anzeige in Abbildung 1 läßt vermuten, daß das komplette MS-DOS bereits auf der Festplatte installiert ist. Wenn ein Bereich auf der Platte existiert, der den Namen

```
<DOS>
```

oder ähnlich trägt - wir nennen das ein Verzeichnis -, dann ist zu vermuten, daß das komplette Betriebssystem bereits installiert ist und Sie sich diese Arbeit nicht mehr machen müssen.

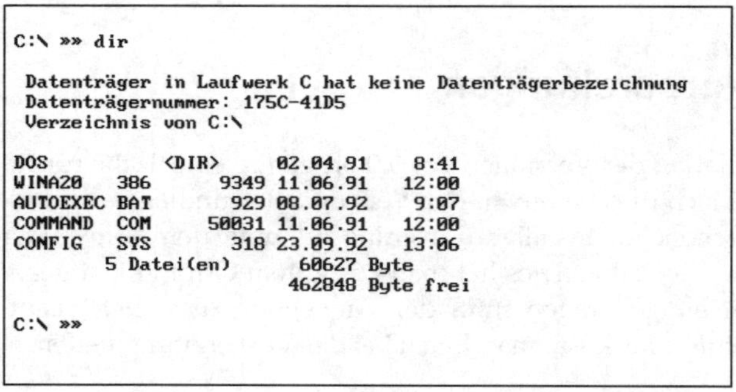

```
C:\ »» dir

 Datenträger in Laufwerk C hat keine Datenträgerbezeichnung
 Datenträgernummer: 175C-41D5
 Verzeichnis von C:\

DOS          <DIR>      02.04.91    8:41
WINA20   386       9349 11.06.91   12:00
AUTOEXEC BAT        929 08.07.92    9:07
COMMAND  COM      50031 11.06.91   12:00
CONFIG   SYS        318 23.09.92   13:06
        5 Datei(en)      60627 Byte
                        462848 Byte frei

C:\ »»
```

Abb. 1: Anzeige von DIR

2. Planen Sie die Installation nicht auf der Festplatte, sondern auf Diskette, eventuell zusätzlich zu einer Installation auf der Festplatte?

Legen Sie eine 3½-Zoll oder 5¼-Zoll-Diskette bereit, die in Ihr Laufwerk A: paßt. Die Diskette muß nicht formatiert sein, Sie können also eine fabrikneue Diskette verwenden.

3. Möchten Sie das DOS-Update auf einer Festplatte installieren?

Wenn Sie DOS 6.2 auf Festplatte installieren wollen, müssen dort noch etwa 5,8 MByte für die neuen Dateien des Betriebssystems vorhanden sein. Wenn Sie die Windows-Versionen des Backup- und des Anti-Viren-Programms installieren, kommen etwa 500 KByte hinzu.

Prüfen Sie den freien Platz auf der Festplatte vorher; schaffen Sie ggf. Platz durch Löschen nicht benötigter Daten- oder Programmdateien. Sie können auch durch die Option /M des Installationsprogrammes SETUP (s. u.) eine platzsparende Minimalversion installieren.

Dies sollten Sie aber nur im äußersten Notfall versuchen, denn dies bedeutet, daß Sie die nicht kopierten Dateien nachträglich eine nach der anderen selbst kopieren müssen. Beachten Sie, daß auch diese Minimalversion 512 KByte benötigt.

4. Wollen Sie MS-DOS auf einer neuen Festplatte installieren?

Dann muß diese auf jeden Fall vorher durch eine sogenannte Low-Level-Formatierung, eine Partitionierung und eine Formatierung für MS-DOS vorbereitet worden sein. Die Low-Level-Formatierung ist eine erste Initialisierung, die vom Fachhändler durchgeführt sein sollte.

Wenn Sie diese Low-Level-Formatierung selbst durchführen wollen, bringen Sie in Erfahrung, wie dies bei Ihrer Festplatte durchgeführt wird.

Für das Partitionieren einer Festplatte wird die Festplatte in eine oder mehrere sogenannte logische Laufwerke aufgeteilt.

Das Formatieren für MS-DOS teilt die Festplatte in für das System adressierbare Abschnitte auf und bereitet die Platte auf den Gebrauch unter MS-DOS vor.

5. Haben Sie sich bereits Sicherheitskopien der Originaldisketten von MS-DOS gemacht?

Auf keinen Fall sollten Sie die Installation von den Originaldisketten machen, sondern sich immer vorher mit dem DOS-Befehl DISKCOPY Sicherheitskopien anfertigen, um im Falle eines Fehlers neue Kopien von den Originaldisketten erstellen zu können.

Auch ein Befall mit Viren kann die erneute Installation des Betriebssystems nötig machen. Falls sich jedoch der Virus ebenfalls auf den Originaldisketten eingenistet hat, haben Sie keine Chance mehr, das Betriebssystem virenfrei zu reinstallieren! Lesen Sie ggf. die Informationen zum Befehl DISKCOPY im Referenzteil nach.

6. Welchen Typ Grafikkarte betreiben Sie?

MS-DOS ermittelt vor der Installation, welche Parameter für Ihr System zutreffen, also welcher Typ Grafikkarte verwendet wird etc. Dies wird sehr zuverlässig durchgeführt, doch kann es u. U. nötig werden, den korrekten Typ der Grafikkarte einzutragen.

7. Das SETUP-Programm verträgt sich nicht mit allen residenten Programmen!

① Deaktivieren Sie alle Cache-Programme, die Sie betreiben, außer SMARTDRV.SYS oder SMARTDRV.EXE. Dafür setzen Sie den Befehl REM vor den entsprechenden Aufruf in der CONFIG.SYS oder AUTOEXEC.BAT.

② Sollten Sie einen residenten Virenschutz betreiben, ist dieser auf jeden Fall zu entfernen. Wenn das Programm nicht ohne Neustart entfernt werden kann, verfahren Sie mit dem Befehl REM wie oben beschrieben.

③ Ein Programm für die Überwachung der Löschvorgänge ist auch nicht erwünscht.

④ Möchten Sie die Änderungen in CONFIG.SYS und AUTOEXEC.BAT durch einen Neustart des Rechners aktivieren, starten Sie durch Aus- und Wiedereinschalten nach zehn Sekunden neu, die Tastenkombination [Strg]+[Alt]+[Entf] ist hier ausnahmsweise nicht angeraten.

2.2 Die Installation

Legen Sie die erste Diskette des Diskettensatzes (beschriftet mit Diskette 1 - SETUP) in eines der Diskettenlaufwerke und geben ein

```
A:SETUP [Enter]
```

oder

```
B:SETUP [Enter]
```

je nachdem, ob sich die Diskette im ersten (= A:) oder zweiten (= B:) Laufwerk befindet.

Hinweis: Diese Diskette ist in der Update-Version auch eine sogenannte Startdiskette. Befindet sie sich beim Starten des Rechners im ersten Diskettenlaufwerk, wird von dort das System geladen und eine sogenannte OEM-Version von MS-DOS 6.2 eingerichtet (vorhandene DOS-Dateien werden überschrieben, Deinstallation per UNINSTALL ist nicht möglich, AUTOEXEC.BAT und CONFIG.SYS werden neu erstellt).

Eine spezielle Variante der 6.2-Version ist die Stepup-Diskette. Diese Version eignet sich nur für das Update von 6.0 auf 6.2 und enthält nur die Dateien, die in Ihrem DOS-Verzeichnis aktualisiert werden sollen und die aktuellen Systemdateien.

Der Vorgang wird wie bei der Update-Version mit SETUP gestartet und läuft nach einigen Momenten wie diese dialoggesteuert ab.

Wenn Sie eine Installation auf Disketten wünschen, so müssen Sie zusätzlich die Option /F angeben. Eine solche Option startet das Installationsprogramm in einer bestimmten Art und Weise, je nachdem, was Sie damit erreichen möchten.

Es können verschiedene Optionen mit einem Schrägstrich angehängt werden:

/B	bestimmt, während des SETUP eine Schwarz-Weiß-Anzeige zu verwenden. Sie können auch während der Installation mit F5 auf Schwarz-Weiß-Anzeige umschalten.
/E	erlaubt eine nachträgliche Installation der wahlfreien Programme in der DOS- oder Windows-Version (s. u.).
/F	legt das Betriebssystem auf einer Diskette an. Sie können jedoch auch während der Installation noch bestimmen, daß Sie eine Installation auf Diskette wünschen.
/G	Es wird keine UNINSTALL-Diskette erstellt und ein Netzwerk-Update wird nicht abgefragt.
/H	Die Standardeinstellungen werden verwendet.
/I	Die Hardware-Überprüfung wird übergangen - dies ist nur dann zu empfehlen, wenn die Konfiguration so exotisch ist, daß keine korrekten Werte zu erwarten sind.

/M	installiert eine Minimalversion des Betriebssystems, die Sie allerdings jederzeit in eine Vollversion umwandeln können.
/Q	Die Dateien werden lediglich kopiert, nicht auf der Platte installiert.
/U	installiert DOS 6.2 auf Festplatte selbst dann, wenn eine zu DOS nicht kompatible Festplattenpartition entdeckt wird, etwa eine Netzwerkpartition oder eine mit bestimmter Software (etwa Diskmanager) erstellte besondere Partition. Diese Option ist in der Regel nicht nötig.

Um eine Disketten-Version des Betriebssystems zu erstellen, hieße der Befehl also analog

```
A:SETUP /F [Enter]
```

Hinweis: Mit der Taste [F3] können Sie die Installation jederzeit abbrechen. Beachten Sie bei einem Abbruch jedoch, wann Sie diesen vornehmen und welche Änderungen auf Ihrer Festplatte möglicherweise bereits vorgenommen worden sind. Machen Sie diese ggf. wieder rückgängig. Im Zweifel führen Sie die Installation bis zu Ende durch und machen sie danach wieder rückgängig.

Tip: Kontextbezogene Hilfe aufrufen
Wenn Sie an irgendeinem Punkt der Installation nicht ganz sicher sind, können Sie mit [F1] eine kontextbezogene Hilfe aufrufen.

```
Setup für Microsoft MS-DOS 6.2

        Während des Setups müssen Sie eine oder zwei Disketten
        bereitstellen und beschriften. Jede Diskette kann unfor-
        matiert oder formatiert sein und muß ins Laufwerk A: passen.
        (Wenn Sie 360-KB-Disketten benutzen, benötigen Sie zwei
        Disketten. Andernfalls benötigen Sie nur eine Diskette.)

        Beschriften Sie die Diskette(n) wie folgt:

           UNINSTALL #1
           UNINSTALL #2 (falls benötigt)

        Setup sichert einige Originaldateien von MS-DOS auf der (den)
        UNINSTALL-Diskette(n) und andere auf der Festplatte mit dem
        Verzeichnisnamen OLD_DOS.x. Falls benötigt, können Sie die
        Systemkonfiguration vor der Installation wiederherstellen.

          • Nachdem Sie die UNINSTALL-Diskette(n) beschriftet haben,
            drücken Sie die EINGABETASTE, um Setup fortzusetzen.

EINGABETASTE=Weiter  F1=Hilfe  F3=Ende
```

Abb. 2: Hinweisbildschirm für Update

Anwender des MS-DOS-Updates erhalten nach dem Aufruf einen Hinweis-Bildschirm, der sie auffordert, bitte eine (1,2/1,44 MByte oder 720 KByte) bzw. zwei (360 KByte) Disketten bereitzulegen, auf denen die Daten der gegenwärtigen DOS-Version des Systems gespeichert werden, um sie im Falle von Problemen sofort wieder zurückkopieren zu können. Diese Disketten können bereits benutzt oder fabrikneu sein.

Hinweis: Wenn sich auf diesen Disketten Daten befinden, werden diese komplett gelöscht.

Der nächste Bildschirm zeigt Ihnen eine Anzahl von Angaben, die entweder vom Installationsprogramm ermittelt wurden (etwa der Typ Ihres Grafiksystems) oder die man als praxisgerecht vorgegeben hat. Diese Angaben können Sie mit `Enter` wie angezeigt übernehmen oder ändern.

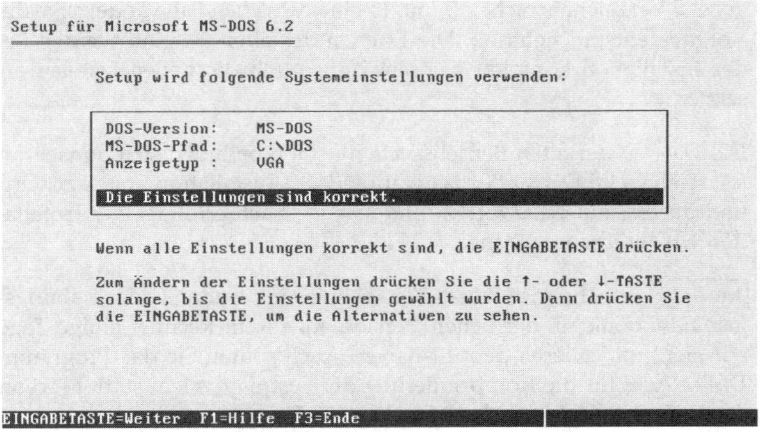
Setup für Microsoft MS-DOS 6.2
Setup wird folgende Systemeinstellungen verwenden:
DOS-Version: MS-DOS
MS-DOS-Pfad: C:\DOS
Anzeigetyp : VGA
Die Einstellungen sind korrekt.
Wenn alle Einstellungen korrekt sind, die EINGABETASTE drücken.
Zum Ändern der Einstellungen drücken Sie die ↑- oder ↓-TASTE solange, bis die Einstellungen gewählt wurden. Dann drücken Sie die EINGABETASTE, um die Alternativen zu sehen.
EINGABETASTE=Weiter F1=Hilfe F3=Ende

Abb. 3: Bildschirm für Eingabe der Parameter

Falls Sie eine der Angaben ändern wollen, bewegen Sie den Balkencursor mit den Cursortasten `↑` oder `↓` auf die entsprechende Zeile und betätigen `Enter`. Wählen Sie nun den entsprechenden Eintrag aus und bestätigen ihn mit `Enter`.

Diese Angaben werden ermittelt bzw. von Ihnen erfragt:

- DOS-Version

- DOS-Pfad
- Anzeigeart Ihres Bildschirms

DOS-Version

Hier wird die Angabe der bisherigen Version und des Lizenznehmers verlangt; die Angabe ist jedoch nur nötig, wenn Sie ein Update auf 6.2 durchführen. In der Regel müssen Sie hier auch nichts ändern, da SETUP automatisch den Lizenznehmer der alten Version erkennt.

DOS-Pfad

Hier müssen Sie das Verzeichnis angeben, das bisher die Dateien des Betriebssystems beinhaltete. In der Regel wird es jedoch erkannt. Falls Sie allerdings Ihre Betriebssystemdateien nicht in einem Verzeichnis zusammen untergebracht haben oder diese Dateien vielleicht auf Ihrer Festplatte "vagabundieren", kann es vorkommen, daß das dort angegebene Verzeichnis nicht stimmt. In einem solchen Falle ändern Sie die Vorgabe entsprechend ab. Die Dateien der alten Version werden bei der Installation komplett gelöscht und durch die neuen Dateien ersetzt.

Die Dateien der alten Betriebssystemversion befinden sich danach im Verzeichnis OLD_DOS.1, das während der Installation angelegt wird und das Sie mit DELOLDOS und `Enter` nach erfolgreicher Installation wieder löschen können.

Hinweis: Löschen Sie dieses Verzeichnis erst, wenn Sie das reibungslose Funktionieren der neuen Version auf Ihrem Rechner einige Tage auf Herz und Nieren geprüft haben. Auch sollten Sie das Programm DBLSPACE für die Komprimierung der Festplatte nicht starten, wenn Sie noch nicht sicher sind, ob Sie die neue Version behalten möchten.

Wenn Sie eine neue Version installieren, geben Sie dort an, in welches Verzeichnis und auf welchem Laufwerk die Installation durchgeführt werden soll. Wenn Sie die Vorgaben übernehmen möchten, betätigen Sie `Enter`; wenn Sie Änderungen gemacht haben, bewegen Sie den Balkencursor auf die letzte Zeile im Eingabefeld und betätigen `Enter`. Der folgende Bildschirm erlaubt Ihnen die Entscheidung, ob Sie für die Programme

- Backup (Datensicherung)
- Undelete (Wiederherstellen gelöschter Dateien)

- Anti-Virus (Auffinden und Beseitigen von Viren)

die DOS-Version, die Windows-Version, beide oder keines der Programme installieren wollen.

Hinweis: Für die Installation der Windows-Versionen muß sich Windows bereits startfähig auf Ihrem Rechner befinden. Wenn Sie es nachträglich installieren wollen, müssen Sie die Programme nachträglich installieren!

Wenn Sie zu diesem Zeitpunkt nur die DOS-Version installieren und zu einem späteren Zeitpunkt die Windows-Version nachtragen wollen, rufen Sie

```
SETUP /E
```

auf. Sie können dann die Installation dieser Programme nachholen, ohne das Betriebssystem komplett neu installieren zu müssen. Auf der rechten Seite des Bildschirms sehen Sie den Speicherbedarf, unterhalb des Eingabefeldes den gesamten Bedarf und den zur Verfügung stehenden Platz auf Ihrer Platte. Wenn Sie die Vorgaben übernehmen möchten, betätigen Sie `Enter`; wenn Sie Änderungen machen möchten, bewegen Sie den Balkencursor auf die entsprechende Zeile im Eingabefeld und betätigen `Enter`.

In der sich öffnenden Eingabebox können Sie dann Ihre Wahl treffen.

Tip: DOS-Version von UNDELETE und Anti-Virus installieren

Wenn Sie genug Platz haben, sollten Sie beide Versionen installieren, insbesondere UNDELETE und das Anti-Virus-Programm sollten auch in der DOS-Version vorliegen. Wenn Ihr Windows wegen einer gelöschten Datei nicht mehr startet, werden Sie froh sein, diese Datei von DOS aus wiederherstellen zu können!

Nach der Übergabe der Voreinstellungen oder der gemachten Angaben folgt ein Bildschirm, der von Ihnen wissen möchte, ob Windows wirklich in dem angegebenen Verzeichnis installiert ist. Nur wenn Sie es sehr viel besser wissen, sollten Sie hier eine andere Angabe machen!

Der nun folgende Bildschirm weist Sie ausdrücklich darauf hin, daß Sie an dieser Stelle die letzte Möglichkeit haben, SETUP ohne Folgen abzubrechen.

Nur wenn Sie jetzt mit F3 abbrechen, wird keine Änderung auf Ihrer Festplatte vorgenommen. Mit J für JA starten Sie die eigentliche Installation: Sie werden aufgefordert, die Disketten in das entsprechende Laufwerk einzulegen.

Hinweis: Da es nicht ratsam ist, die Installation nach diesem Schritt noch abzubrechen, sollten Sie die Taste J mit Bedacht betätigen!

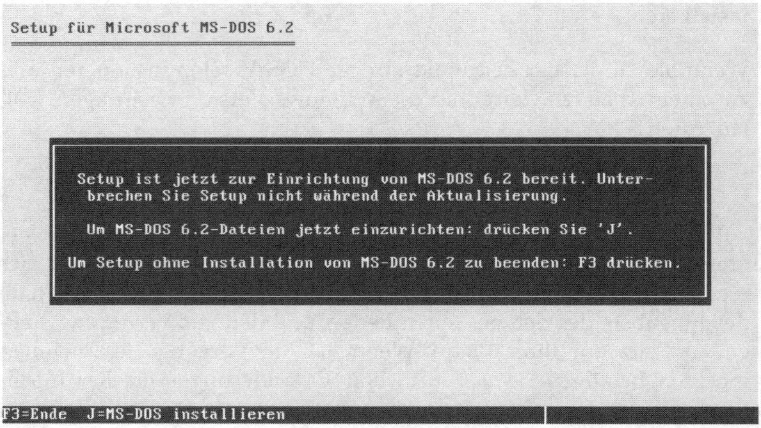
Setup für Microsoft MS-DOS 6.2
Setup ist jetzt zur Einrichtung von MS-DOS 6.2 bereit. Unterbrechen Sie Setup nicht während der Aktualisierung.
Um MS-DOS 6.2-Dateien jetzt einzurichten: drücken Sie 'J'.
Um Setup ohne Installation von MS-DOS 6.2 zu beenden: F3 drücken.
F3=Ende J=MS-DOS installieren

Abb. 4: Letzte Warnung

Wenn Sie ein Update installieren, werden Sie während der Bearbeitung der ersten Diskette aufgefordert, die UNINSTALL-Diskette einzulegen, damit SETUP die Systemdaten Ihrer jetzigen Konfiguration für eine eventuelle Reinstallation kopieren kann.

Hinweis: Diese Diskette sollten Sie unbedingt entsprechend beschriften und sorgfältig weglegen, nur sie ermöglicht Ihnen eine problemlose Reinstallation!

Folgen Sie weiterhin den Aufforderungen am Bildschirm.

Nachdem die letzte Diskette fertig kopiert ist, erscheint die Meldung, daß die Installation komplett durchgeführt worden ist und das System nun neu gestartet werden muß. Entfernen Sie dafür, wie in der Bildschirmmeldung beschrieben, die letzte Diskette aus dem Laufwerk und starten mit Enter den PC neu. DOS startet nun mit dem neuen Betriebssystem.

Hinweis: Nach der erfolgreichen Installation sollten Sie unbedingt eine sogenannte Systemdiskette erstellen, mit der Sie Ihren Rechner starten können, falls der Start von der Festplatte einmal aus irgendeinem Grunde mißlingen sollte. Lesen Sie dafür unter 4.5 nach, wie Sie vorzugehen haben. Sie können eine Startdiskette auch durch einen erneuten Start von SETUP mit der Option /F erstellen - lesen Sie dazu weiter oben nach.

Ein weiterer wichtiger Hinweis: Lesen Sie unbedingt die Dateien INFO.TXT und ANWINFO.TXT - Sie finden dort wichtige aktuelle Informationen, die in das Handbuch noch keinen Eingang gefunden haben. Laden Sie dafür die Datei mit

```
EDIT INFO.TXT
```

in den Editor von MS-DOS, und Sie können dann bequem durch die wichtigen Informationen blättern, die Microsoft dort nicht ohne Grund hinterlegt hat. Falls Sie übrigens versehentlich etwas in dieser Datei geändert haben sollten, so brauchen Sie beim Verlassen des Editors die Frage, ob die Änderungen abgespeichert werden sollen, nur mit [N] für NEIN beantworten.

Verweis: Editor → Kapitel 8

2.3 Die Konfigurationsdateien

Neben den Dateien, die die Programm-Module des Betriebssystems beinhalten, gibt es zwei Dateien, die nicht mit MS-DOS zusammen ausgeliefert werden, sondern die von SETUP oder von Ihnen angelegt werden und die Sie wahrscheinlich im Verlaufe Ihrer Arbeit mit dem Betriebssystem noch mehrfach werden ändern müssen, um die Arbeit des Rechners an neue Gegebenheiten anzugleichen:

- CONFIG.SYS
- AUTOEXEC.BAT

Die beiden Dateien dienen dazu, bestimmte Parameter des Betriebssystems auf Ihre Hardware anzupassen bzw. bereits beim Starten des Rechners bestimmte Einstellungen vorzunehmen, die Sie ansonsten nach dem Start "per Hand" durchführen müssen. Beide Konfigurationsdateien werden in einer Minimalversion, die ein wenig von Ihrer Hardware abhängt, angelegt.

Lesen Sie bitte unter 10.5 "Die richtige CONFIG.SYS und AUTOEXEC. BAT für Ihr System" nach, welche Möglichkeiten der An-passung Ihres Systems Ihnen zur Verfügung stehen. Für die ersten Schritte bzw. für den ersten Start reichen die von SETUP angelegten Dateien vollkommen aus; für ein richtiges Arbeiten mit dem PC, insbesondere bei komplexeren Anwendungen, allerdings nicht mehr.

Wenn Sie ein Update installieren, werden die alten Versionen Ihrer AUTOEXEC.BAT resp. CONFIG.SYS auf der Diskette UNINSTALL1 als AUTOEXEC.DAT bzw. CONFIG.DAT abgelegt. In der OEM-Version werden dagegen neue Konfigurationsdateien angelegt.

2.4 Löschen und Wiederherstellen der alten Version

Wenn Sie ein Update installiert haben, befindet sich Ihre alte Betriebssystem-Version noch auf der Festplatte; MS-DOS hat die Dateien allerdings in ein neu angelegtes Verzeichnis OLD_DOS.1 verschoben. Wenn der erste Start zu Ihrer Zufriedenheit verlaufen ist und Sie einige Zeit mit Ihren Anwendungsprogrammen gearbeitet haben, können Sie mit dem Aufruf des Programms DELOLDOS dieses Verzeichnis mitsamt altem DOS löschen. Die Datei DELOLDOS.EXE, die in Ihr DOS-Verzeichnis kopiert wurde, wird bei dieser Gelegenheit auch gelöscht!

Hinweis: Löschen Sie dieses Verzeichnis bitte erst, wenn Sie ganz sicher sind, daß Ihre neue Version stabil läuft. Nur dann können Sie den Zustand vor der Installation von DOS 6.2 wiederherstellen!

Auch sollten Sie beachten, daß Sie die Komprimierung der Platte mit DBLSPACE erst durchführen, wenn Sie sicher sind, daß Sie den alten Zustand der Platte nicht wiederherstellen wollen.

Um Ihre alte Version zu reinstallieren, legen Sie die erste (von möglicherweise zwei) UNINSTALL Disketten in das erste Diskettenlaufwerk ein und starten den Rechner durch Aus- und Wiedereinschalten neu.

Das Programm für die Reinstallation wird automatisch gestartet. Folgen Sie danach den Anweisungen auf dem Bildschirm, um die alte Version wieder auf Ihre Festplatte zu kopieren.

Hinweis: Wenn Sie die Festplatte nach der Installation neu formatiert oder neu partitioniert haben, ist das Reinstallieren mit UNINSTALL nicht mehr möglich!

3. Grundlegende Arbeiten mit MS-DOS 6.2

In diesem Kapitel erfahren Sie die Grundlagen von MS-DOS. Wir stellen das Betriebssystem vor, erläutern seine Bedeutung und hellen Hintergründe auf, die das Verständnis eines Computersystems erleichtern helfen.

3.1 Was ist ein Betriebssystem?

Um diese Frage ausführlich genug beantworten zu können, müssen wir sie umformulieren: Was tut ein Betriebssystem eigentlich?

Der PC ist eine ziemlich dumme Maschine. Diese lapidare Feststellung wird all jene überraschen, die von den Wunderdingen gehört haben, die man mit diesem Gerät vollbringen kann - und doch ist es so. Ein paar Chips, integrierte Schaltkreise, an denen allenfalls die Miniaturisierung Staunen hervorrufen sollte, auf einer großen Platine, der Hauptplatine oder dem Motherboard; ein oder zwei Diskettenlaufwerke, die immer noch so langsam wie zu Opas Zeiten (also 1981) sind; eine Festplatte als Massenspeicher sowie ein Grafikgespann, bestehend aus Grafikkarte und Monitor, die erst in diesen Tagen beginnen, zu erschwinglichen Preisen ergonomisches Arbeiten zu ermöglichen - das ist alles! Das ist der PC, wie er heutzutage in aberwitzigen Stückzahlen verkauft wird.

Daß es jedoch mit der Intelligenz dieser Maschine nicht weit her ist, werden all jene merken, die den Computer (= Rechner) anschalten und versuchen, mit seiner Hilfe eins und eins zusammenzuzählen: Es funktioniert nicht.

Der Grund ist einfach dieser: Der vielgerühmte, aber passive Rechner bedarf der Intelligenz des Menschen, um Aufgaben für ihn übernehmen zu können.

Lassen Sie uns das anhand eines Taschenrechners erläutern: In diesem Taschenrechner - er ist, wie man allgemein sagt, die Hardware, also das Gerät selbst - befindet sich ein Programm, eine programmierte Folge von Befehlen - man sagt auch Software -, die die Tastendrücke des Benutzers auswerten und das Ergebnis an die Hardware, in diesem Falle die Anzeige, zurückliefern.

Sie werden zugeben, daß ein Taschenrechner selbst keineswegs intelligent ist, allenfalls der Entwickler der Hardware, der Programmierer des Programms und der Anwender sind mit diesem Attribut ausgezeichnet. Der Taschenrechner selbst bedarf der Intelligenz des Menschen, um Berechnungen durchzuführen.

Diese Aufteilung in Hardware und Software, in die Maschine und die sie steuernden Befehle, finden wir auch beim PC vor. Und diese Aufteilung birgt auch die Begründung dafür, daß der PC ohne Software ein schlafender Riese ist, der noch nicht einmal das kleine Einmaleins beherrscht. Es sind die Anwendungsprogramme, die den PC zum Leben erwecken. Findige Programmierer - so nennt man die Menschen, die zu wissen glauben, was Sie alles am PC tun möchten und vor allem, wie - tüfteln ständig daran, wie man diese Maschine mit Leben füllen kann, und oft kann sich das Ergebnis durchaus sehen lassen.

Die Software ist es also, die dem PC sozusagen Leben einhaucht, ihm die Fähigkeiten verleiht, die uns dann später assistieren und ohne die wir nicht mehr arbeiten können und wollen.

Nun wiederholen wir unsere Frage: Was tut in diesem Zusammenspiel von Hard- und Software - denn genau das ist ein PC-System - das Betriebssystem; wofür benötigen wir noch MS-DOS?

Davon, daß die PC nicht gleich sind, wissen all jene ein Lied zu singen, die einmal vor einer Kaufentscheidung gestanden haben. Bereits nach drei Verkaufsgesprächen und vier Prospekten schwirrt der Kopf von technischen Daten: *MBytes, Baud, RAM, ROM, High Density, AT-Bus, Hauptspeicher, Expanded Memory, Extended Memory* und was einem sonst noch entgegengeworfen wurde.

Und der PC, den man dann letztendlich kauft, unterscheidet sich nicht ohne Grund von dem des Freundes, denn schließlich gönnt man sich ja sonst nichts. Und doch sind beide in der Lage, das Textprogramm MS-WORD und das Kalkulationsprogramm Lotus 1-2-3 auf diesen ungleichen Maschinen zu betreiben. Und doch können beide mit den gleichen Disketten arbeiten, können sogar Daten (erlaubt) und Programme (nicht erlaubt) austauschen.

Genau das nämlich ist eine der Aufgaben des Betriebssystems: Um die Zigtausende von verschiedenen Anwendungsprogrammen, die für den Betrieb mit MS-DOS erarbeitet wurden, mit den Millionen von unterschiedlichen PC gleichsam zu synchronisieren, eine einheitliche, ständig gleiche Arbeitsumgebung zu schaffen, bedarf es einer grundlegenden Organisation, die durch das Betriebssystem geschaffen wird. MS-DOS schafft also für alle Rechner eine gleiche Umgebung, für die der Programmierer dann die Programme schreibt, denn für Ihren Rechner könnte er diese Programme zwar schreiben (wenn Sie sich das leisten können) - sie würden auf dem Rechner Ihres Freundes jedoch nicht lauffähig sein.

Die Aufgaben des Betriebssystems

Da die Unterschiede der Ausstattung der Rechner - man sagt auch: ihrer Konfiguration - sehr groß sind, sind auch die Aufgaben des Betriebssystems vielfältig:

- Die unterschiedlichen Laufwerke - also Disketten-, Festplatten- und optische Laufwerke - müssen verwaltet und koordiniert werden.

- Andere angeschlossene Geräte wie die Tastatur und der Bildschirm müssen durch eine normierte Steuerung allen Anwendungsprogrammen auf die gleiche Weise zugänglich gemacht werden.

- Auch Eingabegeräte wie die Maus oder ein Lichtgriffel sind anschließbar - die "Steckdose" wird vom Betriebssystem verwaltet.

- Der Hauptspeicher, das schnelle Gedächtnis des Rechners, muß allen Anwendungen konfliktfrei zur Verfügung stehen - und das, obwohl der eine nur über 640 KByte Hauptspeicher und der andere über 16.000 KByte Extended Memory verfügt.

- Der Rechner kann Daten über seine Ein- und Ausgänge (man sagt Schnittstellen) empfangen oder versenden, sei es, daß über ein Modem externes Wissen aus Datenbanken abgefragt wird, sei es, daß über einen Drucker Daten sichtbar zu Papier gebracht werden. Dieser Datenfluß ist vom Betriebssystem zu regeln.

Das Betriebssystem ist also ein Mittler zwischen Anwendungsprogrammen, beispielsweise Textverarbeitung oder Kalkulation, und der Hardware des PC-Systems, zwischen Programm und Maschine. Das Betriebssystem ist, so kann man sagen, der kleinste gemeinsame Nenner, auf den "man sich" geeinigt hat (wir werden noch besprechen, wer sich da wie mit wem geeinigt hat).

Doch da wäre noch der gern vergessene Anwender selbst: Er möchte "den Geschäftsbericht von gestern" auf eine Diskette kopieren und zu Hause weiterbearbeiten. Dazu erteilt er dem Betriebssystem den entsprechenden Befehl, das dann auf dem Massenspeicher Festplatte mit einer Kapazität bis zu 2.000.000.000 Zeichen einen Text binnen eines Bruchteils einer Sekunde findet und (dann allerdings mehr im Bruchteil einer Minute) auf die Diskette "in dem oberen Laufwerk mit den kleinen Disketten" kopiert und den Abschluß des Vorgangs zurückmeldet.

Das Betriebssystem ist also auch ein Mittler zwischen dem Anwender und der Maschine, mit der wir ja nicht in seiner Sprache kommunizieren können: Wir als normale Anwender verstehen keine Maschinensprache, die als Folge von Millionen von Einsen und Nullen nur für eine binäre Maschine und eine ausgesuchte Elite von Programmierern eine Aussagekraft hat.

Der PC dagegen kann mit der Umgangssprache nichts anfangen, die erstens keinesfalls präzise genug ist, und zweitens durch die verschiedenen Sprachen und Dialekte für eindeutige und unmißverständliche Befehle ungeeignet ist: Der "Geschäftsbericht von gestern" ist für Sie natürlich präzise, weil es dazu noch weitere, unausgesprochene, also informelle Vereinbarungen gibt. Das Betriebssystem MS-DOS jedoch interessiert sich für den Inhalt Ihrer Schriftstücke nicht, kann also das Dokument nicht ansprechen. Auch das "Diskettenlaufwerk oben ist nicht präzise, denn wenn der PC liegend statt aufrecht stehend betrieben wird, ist das ganze Koordinatensystem mit einem Schlage ungültig.

Halten wir fest:

Das Betriebssystem ist "nur" die Nahtstelle zwischen den Anwendungsprogrammen, also der Software, mit der Sie auf dem PC arbeiten, und dem Gerät PC und seinen unterschiedlichen Komponenten.

Es ist aber auch der Zugang des Anwenders zum Rechner selbst und seiner Organisation. Wir können uns mit dem Betriebssystem das Arbeiten mit den verschiedenen Anwendungsprogrammen in den von der Hardware vorgegebenen Grenzen einrichten.

Das geht, wie wir in diesem Buch erarbeiten werden, soweit, daß wir uns mit kundigen Eingriffen und ein wenig Überlegung unsere Arbeit am PC so einrichten können, daß einer der wichtigsten und aufregendsten Grundsätze der Entwickler eines Betriebssystems durch unsere Organisation nahezu wahr wird:

Ein Betriebssystem ist dann als gut zu bezeichnen, wenn man bei seiner eigentlichen Arbeit am Computer nicht bemerkt, daß es ständig im Hintergrund präsent ist.

Und noch etwas müssen wir an dieser Stelle für weitere Betrachtungen festhalten:

Wenn wir die verschiedenen Komponenten des PC-Systems betrachten, stellen wir fest, daß wir es mit mehreren Komponenten zu tun haben. Die Grobeinteilung ist die in Hardware und Software, also Geräte bzw. Programme.

Die Hardware ist zum einen der PC selbst mit allen eingebauten oder angeschlossenen Geräten wie Diskettenlaufwerken, Festplatten, Tastatur und Maus, sowie angeschlossene Peripheriegeräte wie der oder die Drucker dieses Systems.

Die Software wiederum gliedert sich in das Betriebssystem mit all seinen Komponenten und Anwendungsprogrammen, die auf der Basis dieses Betriebssystems betrieben werden und mit denen wir unsere eigentliche Arbeit am PC durchführen. MS-DOS ist also kein Anwendungsprogramm, sondern ein grundlegendes System für die Organisation von Daten auf einem PC-System, ein Betriebssystem.

3.2 Der Aufbau des PCs

Da - wie zuvor schon angesprochen - die Hauptaufgabe des Betriebssystems ist, die Laufwerke des Systems zu verwalten und zu koordinieren sowie die angeschlossenen Geräte anzusteuern, ist es wohl an der Zeit, sich den Aufbau des PC-Systems einmal näher anzusehen, der bis auf Art und Anzahl der Laufwerke und angeschlossenen Geräte für nahezu alle Rechner gleich ist.

Das Herz des Rechners ist der sogenannte Prozessor, ein hochintegrierter Chip mit Millionen von Bauteilen. Er koordiniert und steuert alle Abläufe des Systems, stellt Berechnungen an, sortiert Daten und gibt diese Daten an andere anfordernde Bauteile weiter. In den Speicherzellen des Prozessors, den sogenannten Registern, werden Werte gespeichert, berechnet, verglichen etc. Dieser Prozessor ist es auch, der die einzelnen Befehle eines Anwendungsprogramms entgegennimmt, interpretiert und ausführt.

Die Prozessoren wurden seit Beginn des PC-Zeitalters von der Firma *Intel* hergestellt, heute kommen noch andere Hersteller hinzu, etwa die Firma AMD, die davon profitieren, daß die Chip-Technologie der PC-Chips meist nicht patentrechtlich geschützt ist. Diese Prozessoren sind nicht nur das Herz des Rechners, sie sind auch der Motor des Fortschritts am PC-Markt, denn ihrer ständigen Weiterentwicklung ist es zu verdanken, daß wir heute auf einem modernen PC Anwendungen betreiben, für die vor einigen Jahren noch Großrechenanlagen notwendig waren.

Die Typen der PC-Prozessoren

Der Urahn aller PC-Prozessoren ist der Prozessor mit der Typenbezeichnung 8088, der bereits im Ur-PC von IBM seine Dienste tat. Er konnte einen Datenstrom von 8 Bit gleichzeitig verarbeiten - man sagt, der Datenbus war 8 Bit breit. Die Breite des Datenbus ist eine der wesentlichen Merkmale für die Leistungsfähigkeit (nahezu gleichbedeutend mit Geschwindigkeit) des Prozessors. Aus diesem Grunde wurde kurz darauf der Nachfolger, der Typ 8086 eingesetzt, der bereits einen Datenbus von 16 Bit hatte und daher wesentlich leistungsfähiger war.

Die erste Revolution war der 80286, der zwar auch einen 16-Bit-Datenbus aufweist, der jedoch in der Lage war, wesentlich mehr Hauptspeicher im Rechner ansprechen zu können.

Der Prozessor 80286 wurde zum ersten Male im IBM-AT (**A**dvanced **T**echnology) eingesetzt. Dieser Prozessor konnte nicht nur mehr Hauptspeicher ansprechen, er konnte auch in einer wesentlich höheren Geschwindigkeit (= Taktfrequenz) betrieben werden. Eine weitere wesentliche Neuerung war es, daß auf diesem Prozessor mehrere Programme voreinander geschützt (protected) ablaufen konnten, was jedoch vom Betriebssystem MS-DOS nicht unterstützt wurde.

Dieser als wahres Wunderding angepriesene Prozessor wurde bereits nach relativ kurzer Zeit durch seinen Nachfolger, den 80386, ersetzt, dem ersten Prozessor, der einen Datenbus von 32 Bit aufwies und der (man hatte gelernt) sagenhafte 4.000 MByte Speicher adressieren konnte. Verschiedene weitere Entwicklungen, die allenfalls den Fachmann interessieren, machten diesen Prozessor schnell zu einer Art "Standard der neunziger Jahre".

Hinzu kommt, daß derzeitige Entwicklungen neuer Betriebssysteme, wie OS/2 2.1 oder Windows NT (**N**ew **T**echnology), einen 32-Bit-Bus unterstützen bzw. für einen 32-Bit-Bus geschrieben sind und die anderen Modi nur *emulieren* (nachbilden). Sie werden also diese Busbreite als Standard benutzen, was die Anwendungen, die dafür programmiert werden, natürlich um ein Vielfaches schneller machen wird.

Der Prozessor 80486 ist eigentlich nicht mehr als ein "aufgebohrter 80386": Die Bus-Architektur und der Befehlssatz sind nahezu gleich, es wurde lediglich ein Spezialprozessor für mathematische Aufgaben bereits integriert, der bei den Prozessortypen der vorigen Generationen dazugekauft werden mußte. Ein interner Zwischenspeicher, der die als nächstes angeforderten Daten bereithält, ein sogenannter Cache-Speicher, erhöht die Geschwindigkeit der Prozesse nochmals, so daß der 80486 um ein mehrfaches schneller ist als der 80386.

Das neueste Kind aus dem Hause Intel hat man **Pentium** getauft, ein Prozessor, dessen Leistungsfähigkeit man gegenüber dem "486er" noch einmal wesentlich steigern konnte. So kann der Prozessor über ein eigenes Bus-System von 128 Byte (!) mit dem Hauptspeicher kommunizieren, außerdem sind die eigenen Speicher, die sog. Register, von 32 Bit auf 64 Bit vergrößert worden.

Wer nun befürchtet, daß die Markteinführung eines neuen Prozessors seinen eigenen Rechner "alt aussehen läßt", hat einerseits recht, andererseits unrecht. Die Prozessoren, die in den PC Verwendung fanden, sind alle *abwärtskompatibel*, d. h., daß der jeweils höhere Prozessor alle Registerbefehle der Vorgängermodelle beherrscht. Das bedeutet jedoch nicht, daß jede Software, die auf einem 80386 läuft, auch auf einem 8086 laufen muß - heutzutage ist immer mehr das Gegenteil der Fall. Manche Software setzt mindestens einen AT-kompatiblen Rechner, also einen Prozessor 80286 voraus. Neuere Software wird in einigen Fällen ganz auf die 32-Bit-Architektur setzen, d. h., daß Mindestvoraussetzung ein 80386 wird - wenn Sie sich mit Anschaffungsabsichten tragen, sollte das in Ihre Überlegungen einfließen.

Der Prozessor ist mit den anderen Chips, die ihn bei seiner Arbeit unterstützen, auf einer großen Platine untergebracht, der Hauptplatine (Motherboard). Diese Platine ist der eigentliche Rechner - sie kann die Berechnungen ohne alle anderen um sie herum gruppierten Baugruppen (außer der Stromversorgung durch das Netzteil natürlich) ausführen. Die anderen im Gehäuse untergebrachten Baugruppen oder gar Ein- und Ausgabegeräte wie Bildschirm oder Tastatur dienen lediglich der Visualisierung der Daten oder der Kommunikation mit dem Rechner; für den eigentlichen Programmablauf sind sie theoretisch nicht nötig. Die Prozessoreinheit wird auch CPU genannt, eine Abkürzung von **C**entral **P**rocessing **U**nit; auch das schlichte Wort Zentraleinheit wird von den meisten Menschen verstanden. Sollten die mathematischen Aufgaben komplexer werden, etwa das Erstellen technischer Zeichnungen mit dem Computersystem (CAD, **C**omputer **A**ided **D**esign), kann man dem Prozessor einen mathematischen Coprozessor zur Seite stellen, der den Prozessor entlastet und auf mathematische Aufgaben spezialisiert ist. Im Prozessor 80486 und im Pentium ist dieser Coprozessor bereits integriert.

Das gesamte System um den Prozessor herum sowie der Prozessor selbst arbeiten völlig monoton in einem Takt, der sogenannten Taktfrequenz, die von einem separaten Bauteil mit einem Quarz erzeugt wird. Der Ur-PC begann 1981 mit einer Taktfrequenz von 4,77 MHz, was gegenüber den damaligen Mini-Computern geradezu eine technische Revolution war. Heutzutage sind 33 MHz die Norm, schnellere Versionen werden schon mit 66 MHz getaktet, wie man auch sagt. Für den Pentium erprobt man derzeit Taktfrequenzen von bis zu 100 MHz.

Der Kontakt zur Außenwelt wird durch die I/O-Baugruppe hergestellt (**I**nput/**O**utput = Eingabe/Ausgabe), die von den Steckern (Schnittstellen genannt) an der Rückseite Daten empfangen - etwa von einer Telefonleitung - oder Daten nach außen leiten kann, um sie z. B.

auf einem dort angeschlossenen Drucker auszudrucken. Mit dem Prozessor verbunden sind auch die Steckplätze, die in das offene Bussystem eingeschleift und die für Aufnahme der Erweiterungskarten gedacht sind.

In einer dieser Steckplätze (seltener fest auf der Hauptplatine integriert) befindet sich die Grafikkarte, eine Steckkarte, die vom Prozessor die Informationen für die Bilder bekommt, die auf dem Monitor darzustellen sind. Dieser Monitor als externes Gerät wird an den Ausgang dieser Steckkarte angeschlossen. Doch die neben dem Prozessor weitaus wichtigste Baugruppe ist der Hauptspeicher, auch RAM (**R**andom **A**ccess **M**emory = Speicher mit wahlfreiem Zugriff) genannt. Dort werden alle Daten "gelagert", die der Prozessor und die anderen Baugruppen für seine (und für Ihre) Arbeit benötigt.

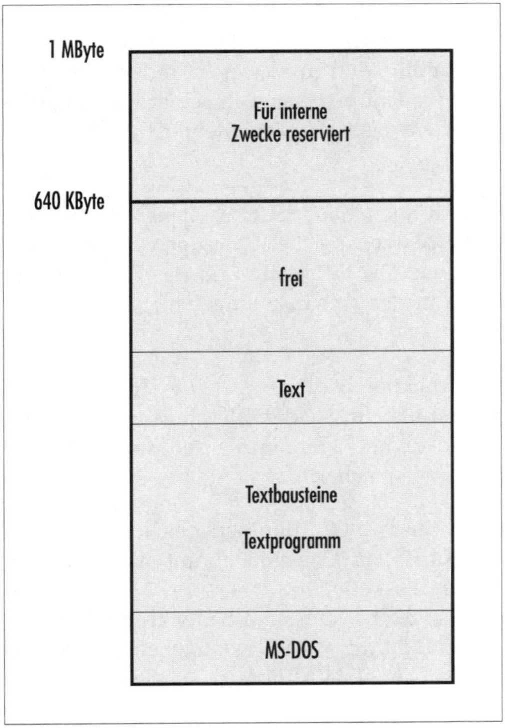

Abb. 5: Die Verteilung des Hauptspeichers bis 1 MByte

Zum einen befindet sich dort das Betriebssystem selbst, das ja die Arbeit der gerade betriebenen Software auf dem Rechner koordinieren soll, zum anderen befindet sich das Anwendungsprogramm sowie die gerade in Bearbeitung befindlichen Daten im Hauptspeicher.

Der Hauptspeicher ist komplett aus sehr schnellen Speicherchips aufgebaut, und dies ermöglicht einen vergleichsweise schnellen Zugriff auf die dort abgelegten Daten - es dauert etwa 70 milliardstel Sekunden, bis der Prozessor eine Information an einer bestimmten Adresse gefunden hat. Da die meisten Anwender mit unterschiedlichen Programmen arbeiten, wird der Speicher nach dem Beenden einer Anwendung immer wieder geleert, und dies bedeutet, daß eine neue Anwendung den Speicher "wie neu" vorfindet.

Der Speicher wird jedoch nicht nur nach Beendigung einer Anwendung geleert, sondern auch, wenn der PC ausgeschaltet wird. Dies ist jedoch nur auf den ersten Blick ein Nachteil: Da die Chips für den Hauptspeicher nicht gerade billig sind (und wegen anderer, noch zu besprechender Gründe), ist der Hauptspeicher in seiner Kapazität begrenzt und wäre von daher sowieso als permanenter Speicher nicht geeignet.

Um die Daten der Anwendungen dauerhaft zu speichern, bedient man sich der magnetischen Massenspeicher, vorzugsweise der Festplatte, aber auch der Disketten. Die Festplatte und das Laufwerk für die Disketten sind ebenfalls in das Gehäuse eingebaut, das die Baugruppen des PCs beherbergt.

Diese magnetischen Speichermedien bedienen sich wie die Kassette in Ihrem Recorder des Magnetismus, um die digitalen Informationen (Sie erinnern sich, 1 oder 0) als Folge der Veränderung der Magnetisierung der beschichteten Oberfläche zu speichern.

Eine Festplatte kann bis zu rund 2.000 Millionen Zeichen speichern, eine wahrhaft gigantische Kapazität. Dagegen nimmt sich die maximale Speicherkapazität einer Diskette mit 1,44 oder 2,88 Millionen Zeichen geradezu winzig aus; doch wenn man bedenkt, daß ein normaler Brief mit einer Textverarbeitung etwa 2.500 Zeichen umfaßt (mit allen Formatierungen etc.), so sind 1,44 Millionen Zeichen weit mehr als 500 solcher Briefe.

Die beiden Geräte, mit denen Anwender und Computer miteinander kommunizieren, sind für den Computer intern ein einziges Gerät: Monitor und Tastatur. Ersterer dient der Ausgabe der Daten, letztere erlaubt die Eingabe.

Der Typ der Grafikkarte und der verwendete Monitor haben neben der Geschwindigkeit, mit der sie ein Bild auf den Monitor zaubern, ein sehr wichtiges Qualitätskriterium: Die Auflösung. Diese Auflösung wird gemessen in Bildpunkten (Pixel) pro Flächeneinheit (= inch) und kann für die Arbeit am Bildschirm nicht hoch genug gewählt werden. Neben der Auflösung ist die Bildwiederholfrequenz des Monitors von entscheidender Bedeutung, um ein flimmerfreies Bild zu erzeugen, das ermüdungs- und streßfreies Arbeiten auch über längere Zeit ermöglicht.

Die Begriffe für verschiedene Einheiten des PC-Systems

Wie jede Branche gibt es auch in der EDV-Branche im ganzen und in der PC-Branche als Teileinheit davon Definitionen und Fachbegriffe, die teilweise derart verwirrend sind, daß man nach kurzer Zeit einen Versuch, sich damit zu beschäftigen, frustriert wieder aufgibt.

Um bereits an dieser Stelle ein paar kurze Begriffsdefinitionen zu geben, ohne Sie auf das Glossar verweisen zu müssen, betrachten wir den PC einmal als ein Gerät, auf dem Informationen verarbeitet (wie, interessiert uns nur am Rande) und gespeichert werden.

Daß diese Informationen im System ausschließlich als binäre Informationen, also als Abfolge von 0 und 1, bestehen, haben wir bereits gesagt.

Mit einer geeigneten Lupe (leider gibt es sie nicht) könnten wir also auf der Oberfläche einer Diskette nur eine wirre Anzahl von Nullen und Einsen sehen, die uns keinerlei Aufschluß darüber geben, ob es sich um einen von uns erstellten Text oder um ein mit einem Malprogramm erstelltes Bild handelt. Mehr noch: Die (in diesem Beispiel willkürlich gewählte) Zeichenfolge

```
1001011011101111
```

kann in Ihrem Text bedeuten, daß der Text mit einem rechten Rand von 2 cm formatiert ist, in der Zeichnung kann dieselbe Zeichenfolge bedeuten, daß der Hintergrund mit einem 10%-Raster versehen ist.

Die Datei

Daß Sie als Anwender sich mit dieser zugegebenermaßen komplizierten Materie nicht auseinandersetzen müssen, verdanken Sie der Tatsache, daß DOS (und damit auch das Anwendungsprogramm) die Daten als Datei abspeichert. Dieser Begriff bezeichnet die Summe aller jeweils zusammengehörenden Daten:

- Das Dokument aus Ihrer Textverarbeitung wird als Datei abgelegt. Alle Informationen - also der Text, die Formatierungen, der Name etc. sind in dieser Datei gespeichert.
- Alle Bildschirmpunkte Ihrer Zeichnung sind mit genauer Angabe über Position, Farbe etc. in einer Datei festgehalten.
- Jedes Programm, also Ihre Textverarbeitung selbst oder Ihr Zeichenprogramm, ist als eigene Datei abgelegt. Wenn das Programm auf Hilfsprogramme oder Hilfsmodule zurückgreift, sind diese ebenfalls als eigenständige Datei vorhanden.

Jede Datei hat an ihrem Anfang einen Vorspann, den sogenannten Header (von head = Kopf), der genau aufzeigt, um welche Dateiart es sich handelt. So können die einzelnen Programme die zu ihr gehörenden Datendateien identifizieren.

Der Hauptspeicher

Wenn Sie ein Programm laden, wird - wie bereits erwähnt - die Datei, die dieses Programm beinhaltet, ganz oder teilweise in den Hauptspeicher geladen. Sind weitere Module zum Programm nötig oder von Ihnen gewünscht, werden diese dort ebenso gespeichert wie die Daten, die Sie mit diesem Programm erstellen, also Texte, Grafiken oder Kalkulationsblätter.

Der Hauptspeicher (auch Arbeitsspeicher genannt) ist der schnelle Speicher für die Daten, die derzeit gerade durch das System bearbeitet werden.

Die Laufwerke

Die Dateien werden auf den verschiedenen Laufwerken des Systems dauerhaft gespeichert. Es gibt sehr verschiedene Arten von Laufwerken; die gebräuchlichsten sind die Disketten als langsames, aber mobiles Medium und die Festplatte als schnelles, jedoch stationäres Medium für die Daten (= Dateien), mit denen der Anwender ständig arbeitet.

Die Laufwerke dienen zum einen dazu, die Daten, die derzeit nicht benutzt werden, für einen eventuellen Zugriff bereitzuhalten - wie etwa die Festplatte -, zum anderen dienen sie dem Transport der Daten zwischen verschiedenen Rechnern oder der Datensicherung.

Den Inhalt eines Laufwerks (gleichbedeutend mit den dort abgelegten Dateien) können Sie sich im sogenannten *Inhaltsverzeichnis* des Datenträgers ansehen.

Die Verzeichnisse

Die Dateien werden für den Anwender unsichtbar nach einem internen System mit einer Art "Lagerliste" verwaltet, also abgelegt und bei einem erneuten Aufruf nach den in der Lagerliste enthaltenen Daten über den Lagerort gesucht.

Doch da auf einem Datenträger bei intensiver Nutzung des PCs erhebliche Datenmengen anfallen, die in mehreren Tausend Datendateien auf der Festplatte abgelegt werden, muß es ein Ordnungssystem geben, das dem Anwender erlaubt, seine Daten auf dem Datenträger in unterschiedliche Bereiche abzulegen.

Hierfür kann man bei DOS verschiedene klar voneinander abgegrenzte Bereiche festlegen, sogenannte Verzeichnisse. Diese dienen der Aufnahme zusammengehörender Dateien, etwa aller Texte in einem Verzeichnis, aller Zeichnungen in einem anderen.

Diese Verzeichnisse können sich noch feiner verzweigen, etwa ein Verzeichnis für private Texte und eines für geschäftliche Texte. Diese Verzeichnisse werden vom Anwender nach seinen Ordnungskriterien angelegt, und jedes Laufwerk kann unterschiedliche Verzeichnisse enthalten.

Das oberste Verzeichnis, das gleichsam wie ein Aktenschrank alle anderen Unterteilungen in sich birgt, nennt man das Hauptverzeichnis. Auch für ein Verzeichnis gilt:

Wenn Sie wissen wollen, welche Dateien dort abgelegt sind, rufen Sie das Inhaltsverzeichnis dieses Verzeichnisses auf.

Ihr Standort im System

Sie können sich in Ihrem PC-System frei "bewegen": Wenn Sie etwas auf der Festplatte "zu erledigen" haben, wechseln Sie dorthin - man sagt, daß die Festplatte dann das Standardlaufwerk sei. Auch in die verschiedenen von Ihnen eingerichteten Verzeichnisse können Sie nach Belieben wechseln, um mit den dort abgelegten Dateien zu arbeiten - das Verzeichnis, in dem Sie sich befinden, wird Standardverzeichnis oder aktuelles Verzeichnis genannt. Für das Zurechtfinden innerhalb dieses Systems bietet das Betriebssystem, das Ihnen dieses Ordnungsprinzip bereitstellt, einige Möglichkeiten an.

3.3 Die ersten Schritte

Sie haben das Betriebssystem installiert und wurden nach dem Beenden des Installationsvorgangs aufgefordert, die letzte Installationsdiskette zu entfernen und den PC durch Betätigen von `Enter` neu zu starten. Der Grund dafür: Der Start des Rechners ist auch immer gleichbedeutend mit dem Versuch, das Betriebssystem selbst zu starten, ohne das er seine Arbeit nicht tun kann. Wenn Sie also Ihren PC einschalten, so starten Sie damit auch den Vorgang des Ladens des Betriebssystems, sofern es für den Rechner zu dieser Zeit erreichbar ist.

Das Starten des Rechners

Wenn Sie den Computer ausschalten, wird der Hauptspeicher komplett geleert und die Festplatte kommt langsam zur Ruhe - man sagt, er befindet sich in seinem "Nullzustand". Doch wenn Sie den Rechner einschalten, hat das keine Ähnlichkeit mit dem Einschalten einer Glühbirne, es laufen wesentlich komplexere Vorgänge ab, die der Rechner selbst steuert. Diesen Vorgang nennt man auch Booten, von engl. "laden, hochfahren":

In einem geschützten, nicht löschbaren Speicherbereich, dem ROM (**R**ead **O**nly **M**emory, "Speicher, aus dem nur gelesen werden kann") befindet sich auf einem speziellen Chip das BIOS (**B**asic **I**nput **O**utput **S**ystem), ein fest in diesen Chip "eingebranntes" Programm, das direkt auf die Gegebenheit Ihrer gesamten Hardware abgestimmt ist und das alle grundlegenden Hardware-Funktionen steuert, etwa die Routinen für die Steuerung der Tastatur oder des Bildschirms. Dieses BIOS sorgt dafür, daß einerseits alle Hardware-Produkte beliebiger Hersteller eingesetzt werden können, solange diese die BIOS-Routinen benutzen, andererseits müssen Software-Entwickler nicht auf alle Besonderheiten der Geräte eingehen, sondern dürfen davon ausgehen, daß durch den Aufruf einer BIOS-Funktion immer dieselbe Funktion ausgelöst wird. Zurück zu dem unscheinbaren und doch so wichtigen Chip, auf dem all diese Programmanweisungen fest und unlöschbar auf einen einzigen Moment warten, nämlich daß Sie den Rechner einschalten. Dann startet der sogenannte Urlader, ein kleines Programmodul, das immer dann abläuft, wenn der Rechner neu gestartet wird.

Dieser Urlader führt nacheinander folgende Funktionen aus:

Das Programm führt einen kurzen Selbsttest des Rechners und aller angeschlossenen Geräte durch. Sie erkennen das u. a. daran, daß die LED-Anzeige der Diskettenlaufwerke kurz aufleuchtet und der gesamte Hauptspeicher mit einem Schreib-/Lesevorgang überprüft wird. Weitere Tests überprüfen den Chip, der die Tastatur kontrolliert, den Speicher der Grafikkarte oder das BIOS selbst.

Nach dem POST (**P**ower **O**n **S**elf **T**est) des Rechners sucht das Programm nach einem Datenträger, der auf einer genau definierten Stelle das Betriebssystem enthält.

Start von Diskette

Die Suche des Urladers auf einem Diskettenlaufwerk und der Festplatte hat eine genau festgelegte Abfolge:

Zuerst wird auf der Diskette im ersten Diskettenlaufwerk, das den Namen

```
A:
```

trägt, nach dem Betriebssystem gesucht. Befindet sich keine Diskette in diesem Laufwerk, nimmt DOS folgerichtig an, daß Sie vorhaben, Ihren Rechner von der Festplatte zu starten und sucht dort.

Hinweis: Daher darf sich im ersten Diskettenlaufwerk keine Diskette befinden, wenn Sie Ihren Computer von der Festplatte starten wollen! Dies ist übrigens auch in Bezug auf eine mögliche Infektion durch Computer-Viren ein beachtenswerter Ratschlag - lesen Sie eventuell im Kapitel 9.6 nach, warum.

Sollte sich in diesem ersten Diskettenlaufwerk jedoch eine Diskette befinden, so nimmt DOS ebenso folgerichtig an, daß Sie den Startvorgang mit dem Betriebssystem auf dieser Diskette durchführen wollen.

Wenn sich auf dieser Diskette jedoch kein Betriebssystem befindet, etwa, weil Sie eine Sicherungsdiskette dort vergessen haben zu entnehmen, erhalten Sie eine nur auf den ersten Blick erschreckende Fehlermeldung

```
Kein System oder Laufwerkfehler.
Wechseln und Taste drücken
```

Sie werden sich im Umgang mit DOS daran gewöhnen müssen, daß die Fehler- und Vollzugsmeldungen doch sehr karg ausfallen und es an Deskriptivität - insbesondere für nicht so erfahrene Anwender - sehr fehlen lassen. In diesem Falle bedeutet diese Meldung:

```
Ich habe auf dieser Diskette das Betriebssystem nicht gefunden oder
aber das Diskettenlaufwerk ist fehlerhaft. Bitte eine Diskette mit
Betriebssystem einlegen (oder die Diskette entnehmen) und eine be-
liebige Taste betätigen.
```

Wenn Sie übrigens zwei Diskettenlaufwerke betreiben, so dürfen Sie im zweiten ruhig eine Diskette während des Startvorgangs belassen, denn DOS sucht nur auf dem jeweils ersten Laufwerk.

Verweis: Datensicherung → Kapitel 9.3

Es wird Sie vielleicht erstaunen, daß im Zeitalter der Festplatte versucht wird, zuerst von Diskette zu starten, doch diese Reihenfolge hat einen einleuchtenden Grund:

Falls der Startvorgang von der Festplatte einmal nicht gelingt, sei es, weil ein kleines, behebbares Problem aufgetreten ist, sei es, weil ein schlimmer Defekt dieses hervorruft, können Sie immer noch eine Diskette mit dem Betriebssystem einlegen und den Rechner von dort aus starten, etwa um dem Fehler auf den Grund zu gehen. Lesen Sie weiter unten nach, wie Sie mit den Tasten [F5] und [F8] den Start ggf. beeinflussen können.

Start von der Festplatte

Wesentlich öfter werden Sie Ihren Rechner von der Festplatte starten, denn das ist das meistverbreitete Massen-Speichermedium, das eine relativ hohe Betriebssicherheit mit einer recht ordentlichen Zugriffszeit kombiniert.

Um von der Festplatte zu starten, ist wie bereits beschrieben nichts weiter zu tun, als eine eventuell im ersten Diskettenlaufwerk befindliche Diskette zu entfernen.

Tip: Diskette im Laufwerk während des Starts

Die Diskette muß nicht ganz entfernt werden, es reicht aus, wenn bei den kleinen 3½-Zoll-Laufwerken auf den Auswurfknopf gedrückt wird oder bei einem 5¼-Zoll-Laufwerk der Hebel für die Laufwerkverriegelung geöffnet wird. Dies ist auch dann hilfreich, wenn Sie einmal einen Schreibvorgang auf eine Diskette aus irgendeinem Grund abrupt abbrechen oder gar nicht erst beginnen lassen wollen.

DOS lädt also das Betriebssystem in den Hauptspeicher. Nun werden Sie vielleicht denken, daß alles das geladen wird, was Sie bei der Installation des Betriebssystems auf Ihre Festplatte kopiert haben, doch weit gefehlt - das wäre eine Verschwendung kostbaren Speicherplatzes: Das komplette Betriebssystem umfaßt mehr als 8 MByte, wovon für die tägliche Arbeit jedoch nur ein Bruchteil wirklich benötigt wird.

Es wird nur der Betriebssystem-Kern in den Hauptspeicher geladen, der für das Arbeiten mit Anwendungsprogrammen und für Ihre Verwaltungsaufgaben unbedingt benötigt wird. Alles andere verbleibt auf der Festplatte und wird bei Bedarf nachgeladen. Man nennt diese ausgelagerten Teile des Betriebssystems daher auch externe Befehle.

Die Konfigurationsdateien CONFIG.SYS und AUTOEXEC.BAT

Nach dem Laden des Betriebssystem-Kerns in den Hauptspeicher werden noch die beiden Konfigurationsdateien CONFIG.SYS und AUTOEXEC.BAT gesucht und - so es sie gibt - die darin enthaltenen Anweisungen der Reihe nach durchgeführt.

Hinweis: Es ist übrigens ein Aberglaube, daß man diese Dateien haben muß, im Gegenteil: Der Startvorgang wird auch ohne diese Dateien ganz normal durchgeführt. Doch eventuell notwendige Einstellungen werden natürlich nicht vorgenommen. Das hat zur Folge, daß weder Ihre Maus erkannt noch die richtige Tastenbelegung der Tastatur eingestellt wird. Einstellungen, die normalerweise durch die CONFIG. SYS durchgeführt werden, können auch nicht mehr nachgeholt werden.

Verweis:	Die richtige Konfiguration	→	Kapitel 10.5

Wir werden in Kapitel 10.5 darauf eingehen, wie Sie Ihren PC mittels dieser beiden Dateien optimal einrichten; hier nur ein paar grundsätzliche Anmerkungen. Die CONFIG.SYS ist wie die AUTOEXEC.BAT eine reine Textdatei, die also lediglich Text, nicht aber besondere Zeichen, sogenannte Steuerzeichen enthält. Eine solche Datei können Sie mit dem DOS-Editor EDIT einsehen, ändern oder erstellen. Rufen Sie dafür den EDITOR auf und laden gleichzeitig die CONFIG.SYS bzw. die AUTOEXEC.BAT:

```
EDIT CONFIG.SYS
EDIT AUTOEXEC.BAT
```

Wollen Sie die Datei nur einsehen, also keine Änderungen vornehmen, können Sie den DOS-Befehl TYPE verwenden:

```
TYPE CONFIG.SYS
TYPE AUTOEXEC.BAT
```

Der Unterschied zwischen beiden Dateien ist zuerst einmal der, daß die CONFIG.SYS immer als erste von beiden gesucht und Zeile für Zeile abgearbeitet wird. Der zweite Unterschied ist der, daß in der CONFIG.SYS nur ganz bestimmte Befehle zulässig sind, die meist sehr hardwarenahe Einstellungen vornehmen, während in der AUTOEXEC.BAT jedes Programm gestartet werden kann, das sich auf Ihrer Platte befindet und das Sie automatisch starten wollen. Mit der AUTOEXEC.BAT sind also ständig wiederkehrende Vorgänge automatisierbar, die Sie anderenfalls "per Hand" durchführen müßten.

Wenn Sie in der CONFIG.SYS oder der AUTOEXEC.BAT einen neuen Befehl einbauen wollen, so rufen Sie die Datei mit dem Editor auf und fügen den Befehl als neue Zeile ein. Eine bestimmte Reihenfolge ist grundsätzlich nicht vorgeschrieben, außer bei einigen wenigen Einträgen in der CONFIG.SYS. Dort müssen bestimmte Einträge vor anderen erfolgen - wir weisen jedoch in einem solchen Falle immer darauf hin. In der AUTOEXEC.BAT gibt es dann eine Reihenfolge, wenn ein Programm eines anderen Programms bedarf: Wenn etwa ein Textprogramm durch die AUTOEXEC.BAT gestartet wird, das Sie zusammen mit einem Programm für eine schnellere Druckausgabe benutzen wollen, muß die Zeile mit dem Aufruf des Textprogramms natürlich nach dem Aufruf des anderen Programms abgearbeitet werden.

Die Befehle der CONFIG.SYS sind während der gesamten Sitzung - also bis zum Ausschalten des Rechners - gültig, neue Einstellungen werden erst bei einem Neustart wirksam; Einstellungen in der AUTOEXEC.BAT können u. U. noch während der Sitzung wieder zurückgenommen oder geändert werden.

Und der letzte Unterschied: Die CONFIG.SYS kann nur durch den PC gestartet werden, die AUTOEXEC.BAT wird beim Starten des Rechners zwar vom Rechner gestartet (AUTOEXEC = Auto-execute, automatisch ausführen), könnte jedoch theoretisch zu jedem beliebigen Zeitpunkt auch von Ihnen gestartet werden.

DOS legt bei der Installation nur eine Minimalversion dieser beiden Dateien an, da die Programmierer von Microsoft natürlich nicht wissen können, wie Ihr Rechner konfiguriert werden soll. Auch die Änderungen, die bei der Installation des DOS-Updates gemacht werden, sind allenfalls als erster Schritt in Richtung auf eine optimale Konfiguration des Systems zu sehen. Folgerichtig heißt daher auch ein Kapitel des offiziellen Handbuchs "Optimieren Ihres Systems".

Hinweis: Änderungen in der CONFIG.SYS Datei greifen möglicherweise tief in die Konfiguration der Hardware ein; unsachgemäße Einträge können daher das System vollkommen lahmlegen. Informieren Sie sich also vorher genau über die Wirkungsweise der Befehle, die Sie dort verwenden. Andererseits hat Microsoft dem Anwender der vorliegenden Version des MS-DOS für eine optimale Konfiguration sehr kompetente "Assistenten" an die Hand gegeben, etwa der MEMMAKER, der ohne Ihren Eingriff eine optimale Speicherkonfiguration erstellt.

Starten ohne die beiden Systemdateien oder mit wahlweisen Parametern

So sehr das automatische Abarbeiten der CONFIG.SYS und AUTOEXEC.BAT dem geübten Anwender erlaubt, seine individuellen Einstellungen des PCs bereits beim Start vornehmen zu lassen, so sehr kann das natürlich auch zu Problemen führen:

Nehmen Sie einmal an, Sie hätten eine Steckkarte gekauft, deren Steuerungssoftware als Gerätetreiber über die CONFIG.SYS geladen wird. Nach dem Einstecken der Karte, Änderung der CONFIG.SYS und dem fälligen Neustart startet Ihr Rechner nicht mehr - neben einer unverständlichen Meldung (die möglicherweise noch in englisch abgefaßt ist, passiert nichts mehr, der PC "hängt". Um nun herauszufinden, woran es liegt, müssen Sie den Rechner erneut starten, nachdem Sie eine Startdiskettte eingelegt haben, deren CONFIG.SYS den fraglichen Eintrag nicht aufweist.

Unter DOS 6.2 ist dies anders:

Nach dem POST (Selbsttest des Rechners) erscheint die Meldung

```
Starten von MS-DOS
```

Während diese Meldung sichtbar ist, können Sie mit der Taste [F5] oder [F8] einen bereinigten Systemstart befehlen, ein Start des Rechners also, der die Startdateien ganz oder teilweise unberücksichtigt läßt:

Wenn Sie während der Meldung die Taste [F5] betätigen, werden beide Startdateien übergangen und das System ohne einen Gerätetreiber oder ein residentes Programm gestartet.

Hinweis: Wenn Sie eine Festplatte betreiben, die mit einem Gerätetreiber in der CONFIG.SYS erst ansprechbar ist, etwa eine RLL-Platte mit dem Treiber DMDRVR.BIN oder eine SCSI-Festplatte mit dem Treiber ASPI4DOS, so dürfen Sie diesen Start u. U. nicht durchführen, da die Platte dann nicht zugänglich ist.

Wollen Sie dagegen aus den Gerätetreibern oder Befehlen in der CONFIG.SYS nur einen oder mehrere ausklammern, so betätigen Sie [F8], Sie erhalten dann nach jeder Zeile der CONFIG.SYS die Möglichkeit, mit [J] oder [N] für JA oder NEIN Ihre Auswahl zu treffen.

Nach der Abarbeitung der CONFIG.SYS werden Sie gefragt, ob Sie auch die AUTOEXEC.BAT für den Systemstart heranziehen wollen. Beantworten Sie das mit [J] für JA, so wird Ihnen auch die AUTOEXEC.BAT zeilenweise zur Bestätigung angezeigt.

Tip: Startmenü

Lesen Sie unter 10.5 nach, welche Möglichkeiten Sie haben, für den Systemstart ein Startmenü zu erstellen, das Ihnen einen sehr individuellen Start des Rechnersystems ermöglicht.

Einzelne Zeilen der CONFIG.SYS während der Abarbeitung steuern

Seit der Version 6.0 können Sie den Systemstart sehr flexibel mit einem Startmenü einrichten, wie wir unter 10.5 besprechen. Doch auch ohne ein solches Startmenü können Sie ab der Version 6.2 Ihren Rechnerstart unterschiedlich ablaufen lassen.

Dafür müssen Sie nur an den Befehl, den Sie während des Starts bestätigen oder verwerfen wollen, ein Fragezeichen anhängen. Einzige Bedingung ist, daß dieses Fragezeichen vor dem obligatorischen Gleichheitszeichen stehen muß.

Wenn Sie beispielsweise während des Starts bestimmen wollen, ob Sie mit dem Treiber ANSI.SYS arbeiten wollen, so muß dies so aussehen:

```
DEVICE?=C:\DOS\ANSI.SYS
```

So können Sie - auch in Zusammenarbeit mit einem Startmenü - alle Parameter der kommenden Arbeitssitzung am PC während des Starts festlegen.

Tip Start ohne komprimierte Platte

Wenn Sie - etwa, um einen Fehler zu suchen - einmal ohne die komprimierte Platte starten wollen, können Sie dies ab Version 6.2 erreichen, wenn Sie während des Starts [Strg]+[F8] bzw. [Strg]+[F5] betätigen. Mit [Strg]+[F5] wird ohne das komprimierte Laufwerk und ohne die Startdateien gestartet, mit [Strg]+[F8] wird ohne komprimiertes Laufwerk und mit dialoggesteuertem Abarbeiten der CONFIG.SYS und AUTOEXEC.BAT gestartet. Bedenken Sie jedoch, daß Sie dann auf die komprimierte Platte erst wieder nach einem normalen Start zugreifen können.

Datum und Uhrzeit einstellen

Die PC, die heute üblicherweise verkauft werden, besitzen alle eine Einrichtung, die man früher sehr vermißt hat: Eine interne Uhr, die durch einen Akku (gut) oder eine Batterie (schlecht) weiterhin mit Strom versorgt werden, wenn Sie den Rechner ausschalten. Diese Uhr muß allenfalls gestellt werden, wenn sie "nicht richtig tickt" oder wenn eine Umstellung auf Sommer- oder Winterzeit ansteht.

Diese Uhr liefert an den Rechner die sogenannte Systemzeit, die, wie noch zu sehen sein wird, für den Rechner (und für Ihre Arbeit mit ihm) sehr wichtig ist. Doch nicht nur das: Auch das jeweilige Datum wird dem Rechner mitgeteilt. Bis zum Jahre 2099 (das sollte reichen!) sind nicht nur alle Wochentage programmiert, auch alle Schaltjahre sind bekannt.

Dieses Datum wird auch von Anwendungsprogrammen genutzt - so wird etwa in einem Warenwirtschaftsprogramm automatisch das Systemdatum als Rechnungsdatum eingetragen - wie Sie sehen, ist das Systemdatum keine vernachlässigbare Größe. Doch auch MS-DOS selbst (bzw. Sie im Umgang mit dem Betriebssystem) benötigen dieses Datum, denn manche Befehle, etwa das Sichern von Dateien, können in Abhängigkeit vom Datum gestartet werden.

Die durch einen Akku versorgte Uhr war jedoch nicht immer der Standard, erst die Rechner mit einem Prozessor 80286 und höher waren damit ausgerüstet. Heutzutage werden nahezu keine Rechner mehr ohne eine solche Einrichtung verkauft.

Für jene, die noch einen Rechner betreiben, dem sie beim Einschalten immer noch mitteilen müssen, was die Stunde geschlagen hat und der auch das Datum beim Ausschalten immer wieder vergißt, aber auch jene, die eine Sommerzeit einstellen wollen oder nach einem Totalausfall die Uhr wieder stellen müssen, hier das Prozedere:

Nach dem erfolgreichen Start des Rechners tippen Sie

```
DATE
```

und übergeben diesen Betriebssystem-Befehl mit `Enter`. Der PC zeigt Ihnen das aktuelle Datum und fordert Sie auf, das richtige Datum einzugeben:

```
Gegenwärtiges Datum ist Son 17.10.1993
Neues Datum (TT.MM.JJ): _
```

Geben Sie nun das Datum in der angegebenen Form ein, also etwa

```
15.11.93
```

und übergeben Ihre Eingabe mit `Enter`. Wollen Sie das Datum nicht ändern, belassen Sie es, indem Sie ohne Änderung `Enter` betätigen.

Falls Sie ein unerlaubtes Datum (etwa vor dem 1.1.1980 oder nach dem 31.12.2099) oder ein falsches Format für die Eingabe wählen, erhalten Sie eine entsprechende Fehlermeldung. Danach verfahren Sie mit der Einstellung der Systemzeit genauso, nur daß der Befehl dafür

```
TIME
```

lautet. Sie erhalten Auskunft über die momentan gültige Zeit und Gelegenheit, diese zu ändern:

```
Gegenwärtige Uhrzeit: 22:04:11,33
Neue Uhrzeit: _
```

Beachten Sie, daß jede Zahl angenommen wird: Wenn Sie 12 eintippen und mit [Enter] übergeben, läuft die Uhr um 12 Uhr los, wenn Sie 12:4 eintippen, wird 12:04 (nicht 12:40!) eingestellt - Sie können bis zur Hundertstelsekunde genau eingeben, doch belohnt werden Sie für diese Genauigkeit nicht, da die Uhren selten genau sind. Auch hier: Eine ungültige Uhrzeit oder ein falsches Eingabeformat werden mit einer Fehlermeldung zurückgewiesen.

Übrigens: Der Aufruf der Befehle für das Einstellen von Datum und Uhrzeit - wenn es denn nötig ist -, ist einer jener Vorgänge, die man durch Einbringen dieser Befehle in die AUTOEXEC.BAT automatisieren kann.

Der Prompt

Der Startvorgang ist nach dem Abarbeiten der Anweisungen in der AUTOEXEC.BAT beendet. Daß er erfolgreich beendet wurde, sehen Sie daran, daß sich ohne eine weitere Fehlermeldung das Bereitschaftszeichen von MS-DOS meldet, der sogenannte Prompt. Mit diesem Zeichen und dem blinkenden Cursor (engl.: Läufer), der Ihnen die aktuelle Schreibposition anzeigt, signalisiert Ihnen DOS: "Ich bin bereit für die Entgegennahme Ihrer Befehle!" Immer dann - und nur dann -, wenn Sie den Prompt sehen, können Sie über die Tastatur eine Anweisung an den Rechner übergeben. Doch dieses Zeichen hat noch eine andere Aufgabe, nämlich die, Ihnen beim Navigieren durch Ihr PC-System zu helfen:

Das System besteht, wie besprochen, aus mehreren Laufwerken - es können physikalisch vorhandene Laufwerke sein, etwa Festplatten oder Diskettenlaufwerke, es können jedoch auch - wie noch zu besprechen sein wird - Laufwerke sein, die physikalisch nicht existieren, die jedoch aus Gründen der Übersichtlichkeit von Ihnen eingerichtet wurden und wie alle Laufwerke des Systems behandelt werden, sog. "logische Laufwerke", auf die wir im nächsten Kapitel eingehen. Im Normalfall, d. h. wenn Sie nichts einstellen, gibt Ihnen der Prompt Aufschluß darüber, auf welchem Laufwerk Sie sich gerade befinden. Das ist natürlich wichtig, denn wenn Sie etwa einen bestimmten Text bearbeiten wollen, müssen Sie diesen von einem bestimmten Laufwerk in Ihre Textverarbeitung holen, und da ist es sicher wichtig zu wissen, wo man sich selbst gerade befindet.

Der Prompt

```
A>
```

ist nichts anderes als die Anzeige, daß Sie sich auf dem Laufwerk A: befinden. Und da haben wir auch schon die Erklärung für den Buchstaben im Prompt: Er zeigt den Namen des Laufwerks, allerdings ohne den normalerweise immer vorgeschriebenen Doppelpunkt.

Wenn Sie von der Festplatte gestartet haben, wird der Prompt

```
C>
```

anzeigen. Dies besagt, daß Sie sich auf Laufwerk C: der Festplatte befinden.

Das Laufwerk, auf dem Sie sich jeweils befinden, wird übrigens auch Standardlaufwerk genannt - soviel wollen wir hier bereits vorwegnehmen. Alle Befehle, die Sie erteilen, beziehen sich, wenn Sie nichts anderes angeben, immer auf dieses Standardlaufwerk.

Der Prompt wird von der Installation möglicherweise auch in dieser Form eingestellt:

```
A:\>
```

In einem solchen Falle verfügen Sie über eine zusätzliche Information: Der umgekehrte Schrägstrich \ nach dem Laufwerknamen A: sagt Ihnen, daß Sie sich im obersten Verzeichnis, im Hauptverzeichnis des betreffenden Datenträgers befinden.

Wenn Sie den Prompt so einstellen wollen, daß er Ihnen neben dem aktuellen Laufwerk auch das aktuelle Verzeichnis anzeigt (wozu wir Ihnen dringend raten), geben Sie

```
PROMPT $p$g
```

ein.

Der Befehl

```
PROMPT
```

ohne weitere Angaben stellt wieder den etwas ärmlichen Standardprompt in der Form

```
C>
```

ein.

Tip: PROMPT-Befehl in AUTOEXEC.BAT einbauen
Sie sollten diesen Befehl in Ihre AUTOEXEC.BAT einbauen, damit Sie diese Einstellung nicht "per Hand" durchführen müssen. Lesen Sie in Kapitel 10.5 nach, wie Sie dafür vorzugehen haben.

Verweis: Die richtige Konfiguration → Kapitel 10.5

Der Prompt hat jedoch neben seiner Funktion als Bereitschaftszeichen noch eine Funktion, die eine Schwäche des MS-DOS ausgleichen hilft: Wenn Sie bestimmte Tätigkeiten mittels des Betriebssystems durchführen, erhalten Sie im Falle eines Fehlers eine mehr oder weniger aufschlußreiche Fehlermeldung.

Doch wenn Vorgänge erfolgreich durchgeführt wurden, erhalten Sie bis auf wenige Ausnahmen keine weiteren Hinweise, etwa eine Vollzugsmeldung oder ähnliches. Das Erscheinen des Promptes bedeutet: Der Auftrag wurde ausgeführt, es kann ein weiterer Befehl erteilt werden. Der Prompt ist also auch ein Zeichen für die erfolgreiche Ausführung eines Befehls.

Befehle an das Betriebssystem

Wir benutzen seit einiger Zeit das Wort Befehl als eine Anweisung an den PC, eine bestimmte Tätigkeit durchzuführen, von der uns bei dieser Betrachtung einmal nicht interessiert, um welche es sich handelt.

Ein Befehl an einen PC ist nichts anderes als der Befehl an einen Mitarbeiter, doch mit einem entscheidenden Unterschied, der vielen Einsteigern zu schaffen macht:

Einem Untergebenen können Sie eine Anweisung in den unterschiedlichsten Formen geben:

- Haben Sie irgendwo die Akte gesehen?
- Hätten Sie vielleicht die Güte, mir die Akte zu holen?
- Holen Sie die Akte!
- Die Akte bitte!
- Die Akte!
- Akte!

Diese informelle Art der Kommunikation ist jedoch mit einer Maschine nicht möglich, da die informellen Vereinbarungen, die für das Funktionieren einer solchen Kommunikation nötig sind, schlicht fehlen.

Die einzige Vereinbarung zwischen MS-DOS und Ihnen können Sie im Handbuch nachlesen; dort steht nämlich, wie DOS gewohnt ist, Befehle zu bekommen - und nur diese Form wird akzeptiert. Diese Eingaberegeln werden Syntax genannt, ein Begriff, der Ihnen in diesem Buch noch häufig begegnen wird. Wie in der menschlichen Kommunikation besteht die Syntax eines Befehles - man sagt auch häufig Kommando - aus mehreren Komponenten:

Der "Menschenbefehl":

Bringen Sie	die Akte	zum Chef	- bitte sofort!
Befehl	*Parameter 1*	*Parameter 2*	*Option*

Der Computerbefehl:

Kopiere	die Datei XYZ	nach Laufwerk A:	mit Prüfung
Befehl	*Parameter 1*	*Parameter 2*	*Option*

Das sind die einzelnen Bestandteile dieser Anweisung:

Befehl	ist die Anweisung selbst, also *was* getan werden soll. Diese Anweisung besteht bei DOS immer nur aus einem Wort.
Parameter	ist eine weitere Spezifizierung, die häufig notwendig ist, um einen Befehl logisch zu komplettieren - *Hole!* dürfte nur in den seltensten Fällen eine klare Anweisung sein. Es gibt daher - nicht nur bei DOS - Befehle, die einen Parameter erfordern und wieder andere, wo kein Parameter folgen muß oder darf.
Option	ist, wie der Name sagt, ein optionaler Zusatz, der den Befehl - meist hinsichtlich der Art der Ausführung - ergänzt, der aber die Substanz des Befehls selbst nicht berührt.

In unserem Beispiel haben wir den Computerbefehl im Klartext eingegeben, doch diesen kann das Betriebssystem nicht verstehen - es müßte dafür alle Sprachen und Dialekte der Länder beherrschen, in denen es benutzt wird - also nahezu der ganzen Welt. Die Schreibweise wird in der Syntaxregel ganz präzise beschrieben und ist genauso einzuhalten.

Beispiel:

Die Schreibweise des Befehls für das Kopieren eines Textes ist COPY (siehe Kapitel 5.3) - dieser Name in dieser Schreibweise gilt als vereinbart, um eine Datei irgendwo im System als Kopie anzulegen - etwa einen Text Ihrer Textverarbeitung auf eine Diskette zu kopieren, weil Sie ihn zu Hause bearbeiten wollen. Nehmen wir weiterhin an, dieser Text hätte den Namen BILANZ und Ihr Diskettenlaufwerk die Bezeichnung A: - folgender Befehl wäre nötig:

COPY	BILANZ	A:	/V
Befehl	*Parameter 1*	*Parameter 2*	*mit Prüfung*

Ein klarer Befehl also: eine ganz bestimmte Datei soll auf Laufwerk A: kopiert und der Kopiervorgang wegen der Wichtigkeit der Datei noch einmal überprüft werden. Diese Option müssen Sie nicht verwenden, ein Weglassen verändert die eigentlichen Befehlsinhalte nicht.

Hinweis: Zwischen allen Bestandteilen des Befehls muß mindestens ein Leerzeichen stehen; eine Option muß zusätzlich mit einem Querstrich versehen werden. Welche Optionen der Befehle möglich sind und was sie bewirken, werden wir von Fall zu Fall besprechen, darüber hinaus finden Sie im Referenzteil alle Informationen zum Nachschlagen.

Wenn Sie eine Eigenkreation eintippen, etwa KOPY, so wird DOS diesen Befehl in seinem Befehlsverzeichnis nicht finden und wird Ihnen melden

```
Befehl oder Dateiname nicht gefunden
```

Sollte diese (oder eine andere Meldung) auf Ihrem System geringfügig anders aussehen, so liegt das daran, daß der Hersteller Ihres PCs sich die MS-DOS-Version, die er seinem Rechner beilegt, hat etwas abändern lassen. Ein funktionaler Unterschied besteht nicht.

Die Schreibweise der Buchstaben, also ob Groß- oder Kleinschreibung, ist für MS-DOS dagegen nicht interessant, es werden alle Schreibweisen akzeptiert, wichtig ist nur, daß alle anderen Eingaberegeln beachtet werden:

① Ein Befehl muß immer in der vorgeschriebenen Art und Weise eingegeben werden.

② Wenn ein Parameter angegeben werden muß, ist dieser vom Befehl selbst durch mindestens eine Leertaste getrennt anzugeben.

③ Wenn ein Parameter angegeben werden kann, so ist darauf zu achten, welche Folgen es hat, wenn dieser Parameter nicht angegeben wird - informieren Sie sich im Zweifelsfalle in unserem Referenzteil!

④ Die Bestandteile des Befehls werden immer durch mindestens eine Leertaste voneinander logisch getrennt.

Der Befehl wird also am Prompt eingegeben und mit der Taste `Enter` an das Betriebssystem übergeben und sofort ausgeführt.

Hinweis: Ein derart gestarteter Befehl kann nicht wieder zurückgenommen und in den seltensten Fällen folgenlos gestoppt werden. Das heißt für Sie - insbesondere in der ersten Zeit -, daß man sich vor Auslösen des Befehls noch einmal vergewissert, ob man weiß, was man zu tun im Begriff ist, denn manche Befehle sind hervorragend geeignet, Ihre Daten zu gefährden. Der Verlust von Daten in einem Computer-System ist häufig irreversibel und daher mit Aufregung, Kosten und verlorener Zeit verbunden!

Die Befehlsarten

Beim Starten wird der Kern des Betriebssystems in den Hauptspeicher geladen, um dort zu verbleiben und Ihre Befehle oder das Starten eines Anwendungsprogramms abzuwarten. Dieser Kern beinhaltet ein Programm, das Kommandoprozessor genannt wird, sein Name ist COMMAND.COM - die Konventionen für die Namensvergabe besprechen wir in Kapitel 5.2.

Verweis:	Der Dateiname	→	Kapitel 5.2

Dieses Programm COMMAND.COM übernimmt Ihre mit `Enter` ausgelösten Befehle und sorgt für ihre Ausführung. Auch Fehler- und Vollzugsmeldungen sowie der Dialog mit dem Anwender gehen von diesem Programm aus, das - einsehbar - so wichtig ist, daß der Rechner sich ohne dieses Programm nicht starten läßt.

Dieser Kommandoprozessor, der sich im Speicher einnistet, beinhaltet selbst in sich eine Reihe von sehr wichtigen Befehlen. Es handelt sich um die Befehle, die etwa 90 % aller Tätigkeiten ermöglichen. Diese Befehle nennt man auch interne Befehle (früher wurde das Wort resident benutzt, das man hier und da noch hört). Diese Befehle stehen Ihnen immer und überall im System zur Verfügung.

Alle anderen Befehle sind nicht in den Kommandoprozessor integriert, sondern wurden aus Gründen der ökonomischen Nutzung des Hauptspeichers ausgelagert und befinden sich auf der Festplatte oder einer Diskette. Das bedeutet jedoch auch, daß diese Befehle (also die Dateien, in denen die Befehle abgelegt wurden) erst gesucht werden müssen, was nicht nur länger dauert, sondern auch dazu führt, daß Sie DOS u. U. sagen müssen, wo der aufzurufende Befehl zu suchen ist. Doch dazu in Kapitel 6 mehr.

Verweis:	Die Pfadangabe	→	Kapitel 6.4

Diese Befehle nennt man externe Befehle (ab und zu liest man noch das früher verwendete Wort transient). Diese externen Befehle stehen Ihnen im Gegensatz zu den internen Befehlen nicht überall zur Verfügung, denn da sie auf einen Datenträger (= Diskette oder Festplatte) ausgelagert wurden, müssen Sie oder das System wissen, wo sich diese ausgelagerten (externen) Befehle überhaupt befinden, um sie aufrufen zu können. Wie Sie dem System mitteilen, wo sich die externen Befehle befinden, besprechen wir in Kapitel 5 sehr eingehend.

Eingabehilfen für Befehle

Wenn Sie einen Befehl am Prompt eintippen, nennt man das im Fachjargon die Kommandozeile. Diese Kommandozeile kann kurz sein, sie kann jedoch auch einer umfangreichen Tipparbeit entspringen. Hier bietet das Betriebssystem jenen eine Hilfe an, die einen Befehl wiederholen möchten oder - in abgewandelter Form - noch einmal erteilen wollen. Auch andere Hilfen können Sie in Anspruch nehmen, etwa die Möglichkeit, bestimmte Befehle mit einem anderen Namen zu versehen, etwa KOPIERE anstatt COPY. Auch die Zusammenfassung ganzer Befehlsketten zu einem einzigen Befehl wird in vielen Fällen eine willkommene Entlastung beim Key-Punching (= Tastenhauen) sein. Überhaupt bietet das Betriebssystem MS-DOS eine Reihe von Möglichkeiten für die Automatisierung und Vereinfachung wiederkehrender Vorgänge, die sich auch dem Einsteiger schnell erschließen, wenn man sich mit ihnen (den Möglichkeiten und den Einsteigern) befaßt. Wir tun das in Kapitel 11; dort gehen wir ausführlich auf diese Möglichkeiten ein.

Verweis: Stapeldateien und Befehlsgedächtnis → Kapitel 11

Es gibt aber noch eine andere Möglichkeit, dem Betriebssystem Befehle zu erteilen, die vielen Anwendern wesentlich einfacher vorkommt als das Eintippen eines Befehls am Prompt:

Seit der Version 4.0 verfügt MS-DOS über eine sogenannte Benutzeroberfläche, die DOS-Shell, die seit der Version 6.2 offiziell nicht mehr mit von der Partie ist, die jedoch auf der zusätzlichen Diskette weiterhin enthalten ist. Microsoft hat sich zu diesem Schritt entschlossen, um die Verbreitung von Windows zu unterstützen, das ja über eine wesentlich bessere Benutzeroberfläche verfügt.

Unter einer Benutzeroberfläche versteht man ein Hilfsprogramm, das die verschiedenen Systembestandteile (Laufwerke, Verzeichnisse) am Bildschirm grafisch als Sinnbilder (sogenannte Icons, von: Ikone) darstellt.

Doch nicht nur das: Oft benötigte Befehle muß der Anwender einer Benutzeroberfläche nicht mehr eintippen, sondern kann sie bequem über ein Menü aufrufen.

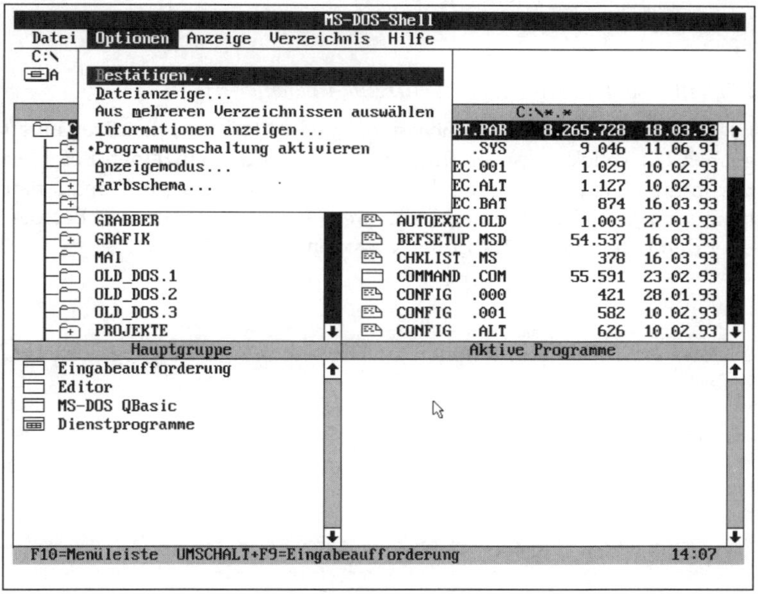

Abb. 6: Die DOS-Shell mit einem geöffneten Menü

Dieser Aufruf der Befehle über ein Menü - auch unter Zuhilfenahme der Maus als Eingabegerät - zwingt den Anwender nicht mehr dazu, sich den Namen und die Syntax von Befehlen mit all ihren möglichen Parametern und Optionen merken zu müssen und verhindert so Fehleingaben und Fehlbedienungen.

Verweis: DOS-Shell → Kapitel 7

Für Ratlose: Die Befehlsübersicht

Seit der Version 5.0 verfügt DOS über eine Hilfefunktion, die Ihnen Hilfe sowohl zu den einzelnen Befehlen und ihren Eingaberegeln gibt als auch eine Liste aller Befehle mit einer kurzen Information zu ihrer Wirkungsweise bereithält.

Die Liste aller DOS-Befehle rufen Sie durch die Eingabe von

```
FASTHELP
```

und [Enter] auf. Sie sehen dann die Liste der DOS-Befehle mit einer kurzen Beschreibung.

Für Hilflose: Die Hilfe zu den einzelnen Befehlen

Diese Liste ist jedoch lediglich dafür gedacht, dem Einsteiger einen groben Überblick zu geben. Informationen zu den einzelnen Befehlen bekommen Sie, wenn Sie den Befehl, zu dem Sie nähere Informationen benötigen, mit der Option /? aufrufen. Wenn Sie sich zum Beispiel über den Befehl DATE informieren wollen, geben Sie

```
DATE /?
```

ein und erhalten Informationen zu Wirkungs- und Eingabeweise des Befehls:

```
Wechselt das eingestellte Datum oder zeigt es an.

DATE [Datum]

Der Befehl DATE ohne Parameter zeigt das gegenwärtig eingestellte
Datum an und fragt nach einem neuen. Drücken Sie die EINGABETASTE,
um das alte zu behalten.
```

Für Neugierige: Die Online-Dokumentation

Seit der Version 6.0 hat man die Hilfe für den Anwender noch ergänzt: Mit HELP starten Sie ein Programm, das eine weiterführende Zusammenfassung aller Befehle und fast aller Gerätetreiber am Bildschirm zeigt.

Hinweis: Da für diese Hilfe der Editor der mitgelieferten Programmierumgebung benutzt wird, dürfen Sie QBASIC.EXE nicht löschen, auch wenn Sie dieses Programm nicht benötigen! Ohne QBASIC.EXE funktioniert auch die Online-Hilfe nicht.

Sie können übrigens die Online-Dokumentation auch aufrufen und bereits den Befehl oder Gerätetreiber angeben, zu dem Sie Informationen sehen möchten:

```
HELP  ANSI.SYS
```

ruft die entsprechende Bildschirmseite. Wer nun glaubt, die Online-Dokumentation enthielte einfache Texte zu den verschiedenen Befehlen, hat den Ehrgeiz von Microsoft unterschätzt, einen entscheidenden Mangel des MS-DOS endlich auszugleichen, nämlich seine spröde, oft sehr karge Art, mit dem unerfahrenen Anwender "umzuspringen".

Die Hilfstexte sind als sog. *Hypertext* angelegt, ein Text also, der wiederum Verweise zu verwandten Themen hat, die durch ein hervorgehobenes Stichwort (in der Fachsprache *Topic* genannt) direkt anzuspringen sind. Der Anwender erspart sich durch diesen "Quereinstieg", wieder über einen Index gehen zu müssen.

Und so bedienen Sie die Online-Hilfe:

① Nach dem Start sehen Sie die Referenzliste aller enthaltenen Stichwörter sowie eine kleine Einweisung für die Bedienung.

Abb. 7: Der Bildschirm der Online-Hilfe

In der Statuszeile am unteren Rand können Sie sich an die immer verfügbaren Tastenkombinationen erinnern lassen:

Alt + I	Zurück von jedem Punkt der Hilfe zum Inhaltsverzeichnis
Alt + W	Weiter zum nächsten Unterkapitel des Inhaltsverzeichnisses
Alt + Z	Zurück zur jeweils letzten Bildschirmseite

- Auf den Seiten des Inhaltsverzeichnisses können Sie mit den Cursortasten `↑` oder `↓` die einzelnen Befehle, die in farblich abgesetzte <spitzen> Klammern eingefaßt sind, markieren und mit `Enter` die Hilfe dazu aufrufen.

- Wenn Sie eine Hilfeseite aufgeschlagen haben, sehen Sie am oberen Rand weitere, von kleinen Dreiecken begrenzten Verzweigungen, die Sie mit `Tab` (vorwärts) bzw. `Umschalt`+`Tab` (rückwärts anspringen.

  Hinweise verzweigt, so vorhanden, auf weitere Bildschirme mit sehr wichtigen weiteren Hinweisen, die Sie nicht versäumen sollten zu lesen.

  Anmerkungen listet in loser Folge allgemeine Anmerkungen auf, die mancherlei Tips beinhalten.

  Beispiele wartet mit Beispielen auf, die die Erläuterungen der *Syntax* auf der ersten Seite vertiefen sollen.

- Das Menü am oberen Rand bietet lediglich zwei Menüpunkte, die mit `Alt` `D` (Menü *Datei*) und `Alt` `S` (Menü *Suchen*) geöffnet werden.

  Die Menüpunkte der einzelnen Menüs:

  Datei Drucken erlaubt den Ausdruck des aktuell angezeigten Themas, wobei wahlweise auf dem Drucker oder in eine Datei gedruckt werden soll.

  Datei Beenden beendet die Online-Hilfe.

  Suchen Suchen ermöglicht eine Freitext-Recherche in allen Hilfstexten. Wenn Sie nach Informationen über SCSI-Festplatten suchen, reicht die Eingabe von "SCSI" als Suchtext und Sie erhalten alle Stichworte, die diesen Begriff enthalten.

  Suchen Weitersuchen

  Sucht weiter nach dem zuletzt unter Suchen eingegebenen Begriff. Diese Funktion können Sie auch mit `F3` aufrufen.

  Diese beiden Funktionen sind exakt so anzuwenden, wie wir es für die gleiche Funktion des Editors erläutert haben - im Zweifel lesen Sie in Kapitel 8 nach.

- Mit der Maus können Sie die gewünschten Befehle bzw. die Stichworte für Verzweigungen im Text anklicken, also den Mauszeiger darauf richten und die linke Maustaste betätigen.

- Mit [Esc] oder [Alt]+[Z] springen Sie auf den jeweils vorigen Bildschirm, bis Sie wieder im Inhaltsverzeichnis angelangt sind.

4. Mit Festplatte und Diskette arbeiten

Alle wichtigen Disketten- und Festplattenoperationen, von der Sortierung des Inhaltsverzeichnisses bis hin zum Optimieren der Laufwerkzugriffe, erfahren Sie in diesem Kapitel.

4.1 Die Laufwerke

Bereits seit DOS 6.0 können Sie so ziemlich alles an Laufwerken betreiben, was Sie derzeit erwerben können, also

- Diskettenlaufwerke
- Festplatten
- Wechselplatten (mobile Festplatten)
- Optische Platten (wiederbeschreibbar)

- WORM (nur einmal beschreibbare optische Platte)
- Floptical Disk (Diskette mit optischer Steuerung)
- CD-ROM-Laufwerke (Datenspeicherung ähnlich Audio-CD)
- Streamer (Bandgeräte)

und vieles mehr.

Diese für den Einsteiger eher verwirrende Vielfalt hat sich im Laufe der PC-Entwicklung ergeben, als Technologien, die für größere Rechner bereits verbreitet waren, auch für "die Kleinen" nutzbar gemacht wurden, etwa der Streamer als schnelles Bandgerät mit großer Kapazität für Sicherung von Datenbeständen.

Oder es waren bestimmte Forderungen, die nur durch neue Entwicklungen erfüllbar wurden, wie die optische Platte, die mit einem Laserstrahl (wie die Audio-CD) die gespeicherten Daten abtastet - sie erfüllt die Forderung nach einem wechselbaren Medium in einem Laufwerk, das eine vergleichsweise hohe Kapazität hat (derzeit etwa 600 MByte auf einer Platte).

Diese kurze Aufzählung verdeutlicht auch bereits, wofür diese unterschiedlichen Laufwerke überhaupt gebraucht werden: Jedes Laufwerk erfüllt einen anderen Zweck:

- Festplatten bieten eine sehr hohe Kapazität an (bis 2.048 Millionen Zeichen, also 2.048 MByte oder 2 Gigabyte werden von DOS unterstützt) und haben einen relativ schnellen Zugriff auf diese Daten, etwa in der Größenordnung von 10 bis 20 ms im Mittel. Dadurch ist eine Festplatte ideal als Massenspeicher für die tägliche Arbeit geeignet.

  Doch durch ihre mechanisch aufwendige Bauart wird der Preis nie soweit sinken, daß beispielsweise eine elektronische Archivierung von Betriebsunterlagen mit Festplatte ökonomisch sinnvoll wird.

- Für genau diesen Zweck aber bieten sich WORMs (**W**rite **o**nce, **r**ead **m**ore, einmal schreiben, mehrfach lesen) an, ein (derzeit noch recht teueres) stationäres Laufwerk (mit aufwendiger Mechanik) mit einem auswechselbaren Medium (der optischen Platte eben), das die Vorteile großer Kapazität (etwa 600 MByte) und geringem Preis vereint.

- Für Zwecke der Datensicherung dagegen sind aufgrund ebenfalls hoher Kapazität die Streamer vorzuziehen, die wegen einer hohen Lesegeschwindigkeit sehr viele Daten in kurzer Zeit kopieren können. Die geringe Größe des Mediums und ein äußerst geringer Preis sprechen ebenfalls für diese Kombination Laufwerk/ Medium.

- Wenn es jedoch darum geht, Daten auf ein mobiles Medium zu speichern, sind Disketten immer noch erste Wahl. Die derzeitig maximale Kapazität von 2,88 MByte ist zwar nicht sehr groß, aber der geringe Preis einer Diskette sowie ihre einfache Handhabbarkeit sind sicher Gründe dafür, daß sich die anderen mobilen Massenspeichermedien noch nicht so recht durchsetzen konnten.

- Die Floptical Disk (Kunstwort aus Floppy-Disk und Optical-Disk) beschreibt eine Diskette von der Größe 3½-Zoll, die in einem speziellen Laufwerk betrieben wird. Dort wird neben dem üblichen Schreib-/Lesekopf noch ein spezieller optischer Kopf für die Spursteuerung eingesetzt. Die dadurch erreichbaren wesentlich höheren Spurdichten ermöglichen höhere Kapazitäten von derzeit 20 MByte bei einer Zugriffszeit von immerhin 60 ms. Diese Zugriffszeit ist wesentlich schneller als bei Disketten, jedoch langsamer als die einer Festplatte.

- In nicht allzuferner Zukunft werden Sie ohne ein CD-ROM-Laufwerk kein Programm mehr installieren können, denn man wird Software wohl bald auf diesem mit der Audio-CD verwandten Medium ausliefern, bzw. macht dies bereits heute (z. B. CorelDraw! 4.0, Windows NT). Die Vorteile: Sehr große Kapazität von 540 - 635 MByte, sehr preiswert herstellbar, sehr robust. Nachteil: Ein nur Lese-Speicher, der also nicht wieder gelöscht werden kann. MS-DOS 6.2 unterstützt diese Technologie mit dem Programm MSCDEX und dem MS-DOS-eigenen Cache SMARTDRV.

- Wechselplatten schließlich sind Festplatten, deren Elektronik fest im Gehäuse eingebaut ist, das die Festplatte selbst als Einschub aufnimmt. Über Steckverbindungen werden die elektrischen Verbindungen hergestellt. Die Festplatten, die dafür Verwendung finden, müssen von ausgesuchter mechanischer Stabilität sein, um den Belastungen standhalten zu können.

- Eine besondere Laufwerkart ist die sogenannte RAM-Disk: Dieses Laufwerk ist kein mechanisches, sondern ein elektronisches Laufwerk, das im Hauptspeicher des Rechners simuliert wird.

  Der Vorteil ist die extrem schnelle Zugriffszeit; der Nachteil neben den vergleichsweise hohen Kosten ist die Tatsache, daß die Daten des RAM beim Ausschalten des Rechners unwiederbringlich verlorengehen.

Die derzeit wichtigsten Laufwerke sind zweifelsohne immer noch Diskettenlaufwerke und Festplatten, wenngleich sich das Gewicht langsam aber sicher immer mehr zugunsten anderer Laufwerke verschiebt. In nicht allzu ferner Zeit werden Sie die neueste Version des MS-DOS auch auf einer CD-ROM erwerben können, bald darauf nur noch auf CD-ROM. Ob es dann allerdings MS-DOS noch gibt, muß nach Lage der Dinge bezweifelt werden.

Die Vorteile wären unbestreitbar: Nicht mehr - wie heutzutage - vier (oder dann vielleicht 20) Disketten, die nacheinander bei der Installation angefordert werden, sondern eine CD-ROM, von der wir auch nicht mit großem Aufwand Sicherungskopien ziehen müssen, da eine CD-ROM nicht gelöscht (allerdings mechanisch zerstört) werden kann.

Und wer glaubt, "Festplatte sei eben Festplatte", irrt sich gewaltig: Wenn Sie vor einigen Jahren in einem Laden nach einer Festplatte mit 200 MByte gefragt hätten, hätte man Ihnen einen roten Teppich ausgerollt, denn einige Tausend Mark wären dafür aufzuwenden gewesen. Heute werden ganz normale Rechner bereits von Hause aus mit einer Platte dieser Größe ausgerüstet und kosten weniger als seinerzeit die Festplatte allein.

4.2 Die Grundlagen der Laufwerkverwaltung

MS-DOS unterstützt all diese Laufwerktypen, wenn sie sich an die Spielregeln des gesamten Systems halten und eine Schnittstelle zum PC-System besitzen. Automatisch erkannt werden derzeit nur Diskettenlaufwerke und Festplatten, andere Laufwerktypen müssen mit speziellen Steckkarten (Controllern) an das System angeschlossen werden oder werden mit einer Software geliefert, die diese Geräte im System gleichsam "anmelden".

Diese Art Software wird daher auch Gerätetreiber genannt. Wieder andere - wie etwa Streamer - können auch anstelle eines Diskettenlaufwerks angeschlossen werden.

Wenn wir sagten, daß Diskettenlaufwerke und Festplatten "automatisch erkannt" werden, so ist das nur bedingt richtig: Nach dem Einbau werden sie im sogenannten SETUP des Rechners mit Angabe des Typs eingetragen und sind damit im System angemeldet.

Am besten schreiben Sie sich die dort werkseitig gemachten Einstellungen auf, um sie bei einem eventuellen Ausfall wieder vornehmen zu können. Die meisten SETUP-Routinen besitzen auch eine Taste (meist eine der Funktionstasten `F1` bis `F10`), die die Einstellungen wieder auf den Standard zurücksetzen.

Die Laufwerknamen

Die Laufwerke müssen eindeutig definiert werden, um eine präzise, unmißverständliche Ansprache zu ermöglichen. Dafür bedient man sich der Laufwerknamen. Diese Namen werden den verschiedenen Laufwerken fest zugeordnet, sie dürfen nicht mehr für andere Systemkomponenten benutzt werden. Sie werden immer dann verwendet, wenn Sie oder ein Anwendungsprogramm auf dieses Laufwerk zugreifen, etwa, um von dort Daten zu holen oder Daten auf dem Laufwerk abzulegen - man sagt auch, daß die Daten von einem Datenträger gelesen oder auf den Datenträger geschrieben werden.

Folgende einfache Regeln prägen Sie sich bitte für diese Laufwerknamen ein:

① Ein Laufwerk unter DOS hat immer einen Namen, der aus einem Buchstaben mit einem direkt dahinter gesetzten Doppelpunkt besteht, also A: B: C: usw.

② Ein Laufwerkname wird immer für ein und dasselbe Laufwerk verwendet.

③ Es können bis zu 26 verschiedene Laufwerknamen vergeben werden, Umlaute ÄÜÖ sind nicht erlaubt.

④ Es ist sowohl Groß- als auch Kleinschreibung erlaubt.

Das erste von zwei möglichen Diskettenlaufwerken hat immer den Laufwerknamen A: - welches das bei Ihnen ist, können wir natürlich nicht wissen, doch das können Sie beim Starten beobachten:

Während des Startvorgangs werden während des Selbsttestes auch die Diskettenlaufwerke geprüft, die Leuchtdioden der Laufwerke leuchten dabei nacheinander kurz auf, wobei das Laufwerk A: immer zuerst geprüft wird, die Leuchtdiode also als erste aufleuchtet. Das zweite Diskettenlaufwerk, sofern vorhanden, wird B: genannt, die erste Festplatte hat den Namen C:. Den Namen C: hat sie übrigens auch dann, wenn Sie kein zweites Diskettenlaufwerk betreiben!

Sollten Sie keine Festplatte betreiben, jedoch eine RAM-Disk eingerichtet haben, so erhält diese den Laufwerknamen C:, jede weitere RAM-Disk bekommt den jeweils nächsten Buchstaben des Alphabets als Laufwerknamen.

Hinweis: Um mehr als fünf Laufwerke (mehr als bis Laufwerkname E:) betreiben zu können, müssen Sie dies bei DOS mit einem kleinen Eintrag in der CONFIG.SYS "beantragen" - lesen Sie dazu in Kapitel 10.5 nach!

Verweis: Die richtige Konfiguration → Kapitel 10.5

Das Standardlaufwerk

Ein bereits erwähnter Begriff ist bei der Arbeit mit DOS von großer Bedeutung: Das Standardlaufwerk oder auch aktuelles Laufwerk genannt.

Dies ist die Bezeichnung für jenes Laufwerk, auf dem Sie sich zur Zeit befinden und das durch den Prompt angezeigt wird:

```
C>
```

ist die Anzeige, daß Sie sich derzeit auf Laufwerk C: befinden, daß C: das Standardlaufwerk ist. Nach dem Starten des Rechners ist immer das Laufwerk Standardlaufwerk, von dem aus gestartet wurde; wenn Sie also von Festplatte C: booten, ist C: zuerst einmal das Standardlaufwerk.

Dieses Standardlaufwerk ist deshalb von so großer Bedeutung, weil sich eine wichtige Regel wie ein roter Faden durch viele Befehle des Betriebssystems zieht:

Ein Befehl bezieht sich, wenn Sie nichts anderes definieren, auf das Standardlaufwerk. Wenn Sie ein Laufwerk angeben können und diese Angabe nicht machen, bezieht MS-DOS den Befehl automatisch auf das Standardlaufwerk.

Das Wechseln des Standardlaufwerks

Dieses Wechseln des Standardlaufwerks ist unter DOS sehr einfach zu bewerkstelligen: Tippen Sie einfach den Namen des Laufwerks ein (wie immer mit Doppelpunkt), auf das Sie wechseln möchten, und lösen Sie diesen Befehl wie immer durch `Enter` aus. Innerhalb kürzester Zeit zeigt Ihnen der neue Prompt an, wo Sie sich nun innerhalb Ihres Systems befinden.

Die häufigsten Fehler sind ein fehlender Doppelpunkt und eine Leertaste zwischen dem Buchstaben und dem Doppelpunkt.

Falls Sie ein Laufwerk ansteuern, das es nicht gibt, meldet DOS

```
Ungültige Laufwerkangabe
```

Bedenken Sie, daß ab nun Ihre Befehle für dieses Standardlaufwerk gelten. Um Fehler wie den oben beschriebenen zu vermeiden, sollten Sie sich auf dem neuen Laufwerk erst einmal orientieren.

Das Inhaltsverzeichnis

Der Vorteil eines magnetischen Datenträgers ist unzweifelhaft der, daß man dieses Buch bequem auf einer Diskette unterbringen kann, was den Autoren nicht nur Porto spart. Einer der Nachteile ist allerdings, daß der Inhalt dieses Datenträgers nicht direkt zugänglich ist.

Wenn Sie sich die Oberfläche einer Diskette einmal anschauen, sehen Sie außer den Schleifspuren, die der Schreibkopf beim Aufbringen der Informationen hinterlassen hat, nichts. Wenn das Etikett zudem nicht neuesten Datums ist, können Sie der Diskette von außen nicht ansehen, ob sie den Roman enthält, an dem Sie seit Jahren schreiben oder ein Computerspiel, das Sie sich von einem Freund "ausgeliehen" haben.

Um sich den Inhalt eines Datenträgers zumindest als Übersicht anzusehen, bedienen Sie sich eines Befehls, dessen Name vom englischen Wort für Inhaltsverzeichnis, nämlich Directory abgeleitet ist und der wohl mit einer der wichtigsten Befehle des Betriebssystem ist: DIR

DIR ist ein interner Befehl, ein Befehl also, der Ihnen an jedem Ort im System zur Verfügung steht und der Ihnen das Inhaltsverzeichnis eines Datenträgers anzeigt.

```
 Verzeichnis von C:\DOS6

CHOICE   COM        1.861 29.09.93     6:20
COMMAND  COM       57.887 29.09.93     6:20
DISKCOMP COM       10.828 29.09.93     6:20
DISKCOPY COM       13.639 29.09.93     6:20
DOSKEY   COM        5.991 29.09.93     6:20
EDIT     COM          429 29.09.93     6:20
FORMAT   COM       23.205 29.09.93     6:20
GRAPHICS COM       19.790 29.09.93     6:20
HELP     COM          429 29.09.93     6:20
KEYB     COM       15.871 29.09.93     6:20
LOADFIX  COM        1.273 29.09.93     6:20
MODE     COM       24.097 29.09.93     6:20
MORE     COM        2.567 29.09.93     6:20
MOUSE    COM       56.408 29.09.93     6:20
MSD      COM          867 29.09.93     6:20
SYS      COM        9.491 29.09.93     6:20
TREE     COM        7.018 29.09.93     6:20
UNFORMAT COM       13.171 29.09.93     6:20
VSAFE    COM       62.704 29.09.93     6:20
       19 Datei(en)       327.526 Byte
                       39.182.336 Byte frei

C:\DOS6>
```

Abb. 8: Die Bildschirmanzeige des Inhaltsverzeichnisses

Das Inhaltsverzeichnis zeigt Ihnen eine Liste aller auf dem Datenträger abgelegten Dateien sowie zusätzliche Informationen zu diesen Dateien und zum betreffenden Datenträger selbst.

Für den Befehl DIR gilt die Regel, die wir bereits mehrfach erwähnt haben: Wenn Sie ein Laufwerk angeben können und diese Angabe nicht machen, bezieht MS-DOS den Befehl automatisch auf das Standardlaufwerk.

Für den Aufruf des Inhaltsverzeichnisses heißt dies: Wenn Sie das Inhaltsverzeichnis des Standardlaufwerks haben möchten, reicht es,

```
DIR
```

zu befehlen. Wollen Sie jedoch von Ihrem derzeitigen Standardlaufwerk C: kurz auf Laufwerk A: schauen, um zu wissen, ob sich eine bestimmte Datei dort befindet, geben Sie

```
DIR A:
```

ein. Sie können natürlich erst mit

```
A:
```

auf Laufwerk A: wechseln (drei Tasten), dort mit

```
DIR
```

(vier Tasten) das Inhaltsverzeichnis aufrufen und anschließend mit

```
C:
```

(nochmal drei Tasten) wieder zurück nach C: wechseln. Mit

```
DIR A:
```

sparen Sie jedoch 40 % der Tastendrücke.

Es folgt die typische Bildschirmausgabe des Inhaltsverzeichnisses (das in unserem Falle 16 Dateien anzeigt, das jedoch in den meisten Fällen wesentlich mehr Dateien anzeigen wird). In den ersten drei Zeilen werden Informationen über den Datenträger selbst ausgegeben:

Datenträger	ist der Name des Datenträgers, den der Anwender dem Datenträger zur besseren Identifizierung geben kann - wir kommen darauf weiter unten zurück.
Datenträgernummer	Jeder Datenträger bekommt eine individuelle Datenträgernummer. Auch dies geschieht, um Datenträger, insbesondere Disketten, auseinanderhalten zu können.
Verzeichnis	Dies ist ein abgegrenzter Bereich (wie eine Schublade), in die Sie als Anwender zusammengehörende Dateien ablegen können. So können Sie z.B. Ihre Texte weiter untergliedern: Im einen Verzeichnis Briefe, im anderen Rechnungen. Wir kommen auf dieses wichtige Handwerkszeug für die Verwaltung eines Datenträgers in Kapitel 6 zurück.

```
Datenträger in Laufwerk C ist FESTPLATTE_1
Datenträgernummer: 18EA-9F5C
Verzeichnis von C:\
WINA20   386       9.349 11.11.93   06:20
AUTOEXEC BAT         790 31.12.93   13:14
COMMAND  COM      50.031 11.11.93   06:20
WORD     PIF         545 05.08.92   11:40
CONFIG   SYS         335 31.12.93   15:10
BILANZ   TXT      18.944 07.01.92    9:50
BRIEF    TXT      32.256 07.01.93   10:57
KARIN    TXT       3.584 07.01.93   14:50
MAHNUNG  TXT      26.112 19.02.93   12:13
RECHNUNG TXT      14.332 09.06.92   17:47
        10 Datei(en)       156.278 Byte
                       387.629.056 Byte frei
```

In der vierten Zeile beginnt die Liste der Dateien, in diesem Falle 10 an der Zahl, wie Sie in der vorletzten Zeile sehen können. Folgende Informationen erhalten Sie:

Name	Jede Datei muß zur eindeutigen Identifizierung einen Namen haben, dieser wird in der ersten Spalte ausgegeben.
Typ	Gibt in der zweiten Spalte an, um welche Art von Datei es sich handelt. Dieser Dateityp wird auch *Erweiterung* des Namens genannt. Der Dateityp (= die Erweiterung) TXT kennzeichnet z. B. eine Textdatei.
Größe	Die Größe in Byte, also die Anzahl der Zeichen, die diese Datei enthält, können Sie in der dritten Spalte ablesen.
Datum	Beim Anlegen oder Abspeichern einer Datei auf dem Datenträger wird das Datum festgehalten und bei jeder Änderung der Datei aktualisiert. Die Datei KARIN.TXT wurde am 7.1.1993 angelegt oder das letzte Mal geändert - diese Unterscheidung macht DOS nicht ersichtlich.
Uhrzeit	Analog zum Datum der Entstehung bzw. letzten Änderung wird auch die Uhrzeit festgehalten. Diese beiden Angaben dienen für Sie unter anderem dazu, verschiedene Versionen Ihrer Dateien auseinanderhalten zu können.

Unterhalb der Dateiliste sehen Sie zusätzlich noch folgende Angaben:

Anzahl	Die Anzahl der angezeigten Dateien.
Byte	Platzbedarf aller angezeigten Dateien auf dem Datenträger.
Byte frei	Verbleibender freier Platz auf dem Datenträger.

Eine nützliche Neuerung von MS-DOS 6.2 sind die Tausenderpunkte, die die Größen nun endlich lesbar machen.

Die Informationen, die Sie beim Aufruf desInhaltsverzeichnisses bekommen, dienen also in erster Linie dazu, Ihnen Aufschluß darüber zu geben, welche Dateien sich eigentlich auf dem Datenträger befinden bzw. umgekehrt der Beantwortung der oftmals so wichtigen Frage: "Wo - um alles in der Welt - habe ich den Bericht, den ich gestern geschrieben habe, eigentlich hingelegt?"

Das Inhaltsverzeichnis wird damit zu einem der wichtigsten Werkzeuge für eine effiziente Verwaltung eines Datenträgers: Bei einer Festplatte ist es ein unverzichtbares Instrument, weil sich auf diesem wichtigsten aller Datenträger schnell mehrere Tausend Dateien ansammeln; bei einer Diskette ist es eher die große Anzahl verschiedener Disketten, die eine Orientierung notwendig macht.

Sie können das Inhaltsverzeichnis auch auf bestimmte Dateien und (wie wir noch sehen werden) auf Dateigruppen beschränken, um es so übersichtlicher zu machen:

```
DIR  COMMAND.COM
```

weist DOS an, das Inhaltsverzeichnis zu zeigen, allerdings nur die angegebene Datei:

```
Datenträger in Laufwerk C ist FESTPLATTE_1
Datenträgernummer: 18EA-9F5C
Verzeichnis von C:\
COMMAND  COM     57.887 29.09.93   06:20
        1 Datei(en)        57.887 Byte
                      387.629.056 Byte frei
```

In der vorletzten Zeile wird angegeben, wie viele Dateien mit dem angegebenen Namen gefunden wurden und wie groß diese zusammen sind.

Tip Versionsnummer erkennen

Die "Uhrzeit" 06:20 weist auf die Versionsnummer 6.2 hin; in der Version 6.0 hatten alle Systemdateien die Uhrzeit 06:00

Findet DOS die angegebene Datei nicht, so wird die Meldung

```
Datei nicht gefunden!
```

ausgegeben.

Das Sortieren des Inhaltsverzeichnisses

Sie sehen in unserem Beispiel, daß die Dateiliste schön nach den Dateitypen (Erweiterung) in der zweiten Spalte sortiert ist. Doch das ist keineswegs selbstverständlich - im Gegenteil: Das Inhaltsverzeichnis wird Ihnen in der Regel wirr durcheinander angezeigt, und zwar in der Reihenfolge, in der die Dateien auf dem Datenträger abgelegt wurden.

Seit DOS 5.0 haben Sie aber die Möglichkeit, eine sortierte Anzeige zu befehlen, die Sie wie folgt benutzen:

Wenn Sie eine Sortierung nach dem Namen (erste Spalte) vornehmen wollen, reicht es, wenn Sie DOS mitteilen, daß Sie das Inhaltsverzeichnis sortiert haben möchten:

```
DIR B: /O
```

Dieser Befehl gibt das Inhaltsverzeichnis von Laufwerk B: nach dem Dateinamen sortiert aus. Wenn Sie jedoch ein anderes Sortierkriterium verwenden wollen, verwenden Sie die Option mit folgenden Zusätzen

```
/O:n
```

Der Buchstabe für n entspricht folgender Sortierung:

D	Sortierung nach Datum und Uhrzeit, ältere Dateien oben
E	alphabetisch nach Erweiterung
N	alphabetisch nach Dateinamen (Standardeinstellung)
S	Sortierung nach Größe der Datei, kleinere oben
C	nach Kompressionsverhältnis (s. u.)

Wenn Sie das Inhaltsverzeichnis des Laufwerks C: sortiert nach der Erweiterung (also dem Typ der Datei) sehen wollen, lautet der Befehl

```
DIR C: /O:E
```

Hinweis: Wir weisen noch einmal darauf hin, daß Sie alle Eingaben auch in Kleinbuchstaben oder gemischt machen können; wir verwenden die Großbuchstaben nur wegen der besseren Lesbarkeit.

Sie können eine Sortierung auch umkehren, indem Sie z .B. die jüngeren Dateien an den Anfang der Liste setzen wollen: Setzen Sie vor den entsprechenden Buchstaben einfach ein Minuszeichen oder einen Trennstrich:

```
DIR  C:  /O:-D
```

Sie sollten aber immer daran denken, daß die sortierte Anzeige keine Änderung auf dem Datenträger bedeutet - die Dateien werden nicht auf dem Datenträger umsortiert, sondern lediglich sortiert angezeigt.

Weitere Anzeigeoptionen von DIR

Es gibt noch einige weitere Optionen, mit denen Sie die Ausgabe des Inhaltsverzeichnisses auf dem Bildschirm beeinflussen können. Bevor wir diese jedoch erläutern, eine Regel, die für das gesamte Betriebssystem gilt:

Wenn sich eine gleichzeitige Benutzung von Optionen in einem Befehl nicht logisch ausschließt, können sie zusammen verwendet werden.

Das heißt: Wenn Sie eine Sortieroption verwenden, können Sie natürlich eine oder mehrere der folgenden Optionen zusätzlich befehlen:

/P	Ist eine wichtige Option: Wenn das Inhaltsverzeichnis länger als die Anzahl darstellbarer Zeilen auf dem Bildschirm ist, rollt es durch (Scrollen) und es kann Ihnen passieren, daß Sie den oberen Teil nicht mehr sehen können. Die Option /P listet das Inhaltsverzeichnis seitenweise auf und wartet auf den Druck einer beliebigen Taste, um die nächste Bildschirmseite anzuzeigen.
/A	Anzeige des Inhaltsverzeichnisses beschränkt auf Dateien mit bestimmten Attributen, etwa das Attribut H für eine versteckte Datei.
/W	Wenn Sie sich einmal einen kurzen Überblick verschaffen wollen, können Sie mit dieser Option die Namen und Erweiterungen der Dateien in vier Spalten anzeigen lassen, jedoch ohne weitere Angaben über Größe, Datum etc.
/B	Mit dieser Option werden Ihnen lediglich die Dateinamen in einer einspaltigen Liste ohne weitere Informationen angezeigt.
/L	Anzeige des Inhaltsverzeichnisses in Kleinschreibung.
/S	Zeigt alle Dateien des Datenträgers (also über Verzeichnisgrenzen hinweg) an.
/C	zeigt das Kompressionsverhältnis an, das DBLSPACE erzielt hat.
/CH	Anzeige der Größe des Host-Laufwerkes für eine komprimierte Festplatte.

Der Datenträgername

Die erste Zeile des Inhaltsverzeichnisses ist dem Datenträgernamen vorbehalten: Jeder beschreibbare Datenträger kann einen Namen von bis zu elf Zeichen erhalten, der auf dem Datenträger selbst gespeichert wird. Dieser Datenträgername dient der besseren Identifizierung der Datenträger, insbesondere der Disketten. Doch nicht nur das Inhaltsverzeichnis gibt Auskunft über den Namen des Datenträgers, es gibt einen speziellen Befehl, der nur den Datenträgernamen anzeigt:

Mit dem Befehl

```
VOL
```

erhalten Sie in etwa folgende Meldung:

```
Datenträger in Laufwerk C ist NA_SOWAS
Datenträgernummer: 18EA-9F5C
```

Falls der Datenträger keinen Namen hat, erhalten Sie die Auskunft

```
Der Datenträger in Laufwerk B hat keine Datenträgerbezeichnung
```

Hinweis: Fällt Ihnen etwas auf? In beiden Fällen gibt DOS den Namen des Laufwerks ohne den vorgeschriebenen Doppelpunkt an! Das wird uns noch öfter begegnen, sollte Sie jedoch nicht dazu verleiten, das ebenso zu handhaben - da versteht DOS keinen Spaß.

Auch für den internen Befehl VOL gilt die Regel, daß ohne eine Angabe des gewünschten Laufwerks das Standardlaufwerk als Vorgabe angenommen wird.

Wenn Sie sich auf C: befinden und wollen den Namen des Datenträgers in A: wissen, so müssen Sie den Namen des Datenträgers als Parameter hinzufügen:

```
VOL  A:
```

Unterlassen Sie das, geben also den Befehl ohne Parameter ein, so erhalten Sie als Ausgabe den Namen des Datenträgers des aktuellen Laufwerks, also von C:.

Doch das dürfte Sie eigentlich nicht verwundern, denn wenn Sie die Anweisung "Holen Sie mir die Akte aus dem Schrank" geben, wird niemand auf die Idee kommen, den Schrank im Nebenraum zu öffnen.

Vergeben des Datenträgernamens

Sie wissen nun, wie man den Namen eines Datenträgers in Erfahrung bringt; doch wie wird dieser Name eingegeben oder geändert?

Sie haben zwei Möglichkeiten, einen Datenträger mit einem Namen zu versehen: Zum einen wird Ihnen nach dem Formatieren, also dem Vorbereiten eines Datenträgers für die Benutzung unter MS-DOS, die Gelegenheit gegeben, einen Datenträgernamen einzugeben, doch das wird Gegenstand einer speziellen Betrachtung in Kapitel 4.5 sein.

Verweis: Formatieren von Datenträgern → Kapitel 4.5

Die andere Möglichkeit werden Sie immer dann nutzen, wenn Sie einen vorhandenen Datenträgernamen ändern oder löschen wollen, den Befehl LABEL. Die Eingaberegeln für diesen Befehl lauten:

```
LABEL {Laufwerk:}{Name}
```

Bevor wir auf den Befehl selbst eingehen, erläutern wir anhand dieses Beispiels, wie wir die Schreibweise der Befehle in diesem Buch handhaben.

Der Befehl selbst heißt LABEL und steht immer am Anfang der Kommandozeile. Danach folgt - abgetrennt durch eine Leertaste - der erste Parameter, nämlich die Angabe des Laufwerks, dem Sie einen Namen zuordnen wollen. Dieser Laufwerkname ist in geschweiften Klammern zu sehen, was bedeutet, daß es ein Parameter ist, den Sie nicht eingeben müssen, aber eingeben können - die geschweifte Klammer ist also nicht Teil des Befehls, Sie dürfen Sie nicht eintippen! Die Parameter, die Sie angeben müssen, führen wir in eckigen Klammern an. Auch der zusätzlich mögliche Laufwerkname ist nicht zwingend vorgeschrieben. Beachten Sie: Er wird ohne Leertaste an das Laufwerk angehängt.

Sie haben nun vier Möglichkeiten der Eingabe des Befehls LABEL, die wir der Reihe nach durchsprechen werden, da sie das Prinzip der Befehlseingabe unter DOS sehr schön aufzeigen.

Die erste Möglichkeit ist die einfachste: Sie tippen LABEL und übergeben den Befehl mit `Enter` an das Betriebssystem. Daraufhin erhalten Sie die Meldung

```
Datenträger in Laufwerk C ist MEIN_ERSTES
Datenträger-Seriennummer ist 18EA-9F5C
Datenträgername (11 Zeichen, EINGABETASTE für keine)?
```

Sie erhalten also eine Auskunft über den derzeitigen Namen des Standardlaufwerks (denn Sie haben ja keine Laufwerkangabe gemacht!) und die Gelegenheit, diesen zu ändern. Übergehen Sie diese Eingabemöglichkeit mit `Enter`, werden Sie gefragt

```
Aktuelle Datenträgerbezeichnung löschen (J/N)?
```

Mit JA (und `Enter`) löschen Sie den Datenträgernamen, mit NEIN wird er so belassen wie er ist. Die zweite Möglichkeit ist, daß Sie dem Standardlaufwerk einen Namen direkt zuordnen wollen:

```
LABEL INGRID
```

versieht ohne weitere Frage oder Eingabemöglichkeit das Standardlaufwerk mit der angegebenen Laufwerkbezeichnung.

Die zwei anderen Möglichkeiten beziehen sich auf eine zusätzliche Laufwerkangabe:

```
LABEL D:
```

meldet wie im ersten Beispiel den Namen des Datenträgers und erlaubt eine Änderung oder Löschung, nur daß nicht das Standardlaufwerk gemeint ist, sondern das explizit angegebene Laufwerk, in unserem Beispiel das Laufwerk D:. Doch auch die direkte Zuweisung eines Namens und die Angabe eines Laufwerks ist möglich:

```
LABEL D:RAM_DISK
```

weist dem Laufwerk D: den Namen RAM_DISK zu.

Hinweis: Beachten Sie bitte, daß im Laufwerknamen keine Leertasten erlaubt sind!

Logische Laufwerke

Es gibt Laufwerke - wie etwa eine RAM-Disk -, die physikalisch nicht als Laufwerk existieren, sondern als Laufwerk gleichsam simuliert werden. Diese Laufwerke nennt man virtuelle Laufwerke oder auch logische Laufwerke.

Neben der RAM-Disk haben Sie auch noch andere Möglichkeiten, logische Laufwerke anzulegen, etwa durch Partitionierung der Festplatte. Darunter versteht man das Aufteilen einer größeren physischen Festplatte - normalerweise als Laufwerk C: im System angemeldet - in mehrere logische Laufwerke, denen jeweils ein eigener Laufwerkname zugeordnet wird. In den DOS-Versionen vor 4.0 konnten überhaupt keine Festplatten unter DOS betrieben werden, die größer als 32 MByte waren; es war also zwingend notwendig, eine größere Festplatte mit dem dafür vorgesehenen DOS-Befehl FDISK in mehrere Partitionen á 32 MByte aufzuteilen, um sie überhaupt benutzen zu können.

Doch diese scheinbar lästige Aufteilung hat auch ihre guten Seiten, die wir hier einmal aufzählen wollen, damit Sie sich diese Vorteile eventuell zunutze machen können.

Die Software, die Sie betreiben, kann unterschiedlicher Natur sein, doch eine Aufteilung wird man auf jedem Rechner vorfinden:

Zum einen die Systemsoftware, dazu gehört das Betriebssystem selbst und seine Module, aber auch Hilfsprogramme, die sogenannten Utilities. Programme, die zwar nicht zu MS-DOS gehören, die aber ähnliche Aufgaben übernehmen, etwa Programme für die Verwaltung des Hauptspeichers, die anstelle der bei MS-DOS mitgelieferten verwendet werden.

Die andere große Gruppe sind die Anwendungsprogramme, die aufbauend auf die Systemsoftware betrieben werden, also Datenbank, Textverarbeitung und Tabellenkalkulation.

Was liegt näher, als diese beiden großen Software-Gruppen auf unterschiedlichen logischen Laufwerken zu betreiben, etwa die Systemsoftware auf C:, alle Anwendungsprogramme auf D:?

Der Vorteil wäre neben einer größeren Übersichtlichkeit und Handhabbarkeit auch noch dieser: Systemsoftware ändert sich selten, die Pflicht zur Sicherung dieser Daten gegen einen Datenverlust ist also selten angezeigt. Die Daten auf dem logischen Laufwerk mit Ihren Anwendungsprogrammen jedoch ändern sich täglich, sind also auch so zu sichern, wie wir es in Kapitel 9 Datensicherung) beschreiben. Also machen Sie eine Sicherung der Daten von Laufwerk D: und sparen das Laufwerk mit der Systemsoftware bei der Datensicherung einfach aus.

Hinweis: Über die Möglichkeit, durch Verwendung eines logischen Laufwerks ein zweites Diskettenlaufwerk zu benutzen, ohne daß man eines hat, sprechen wir in Kapitel 4.3 an!

4.3 Die Arbeit mit Disketten

Die Floppy Disk (schlaffe Scheibe), wie die Diskette auch genannt wird, war in den ersten Tagen des PCs das Speichermedium Nummer Eins.

Die damals eingesetzten Disketten hatten anfangs eine Kapazität von sagenhaften 160 KByte, heute, nur etwas mehr als zehn Jahre später, sind bereits Disketten mit 2,88 MByte, also der 18-fachen Kapazität, in Gebrauch, und man überlegt fieberhaft, wie man die Kapazität noch steigern kann.

Es haben sich im Laufe der Jahre zwei Standards von Disketten bzw. Laufwerkgrößen herausgebildet: Die 5¼-Zoll-Diskette mit einer flexiblen Umhüllung und die etwas kleineren 3½-Zoll-Disketten in einer stabilen Plastikbox.

Letztere haben aufgrund ihrer höheren mechanischen Stabilität eine höhere Kapazität und werden heutzutage den etwas unhandlicheren 5¼-Zoll-Disketten vorgezogen.

Hinweis: Ein wichtiger Hinweis bereits an dieser Stelle: Disketten sind magnetische Datenträger; jede auch noch so geringe ungewollte Veränderung der Magnetisierung bedeutet einen Datenverlust!

Die 5¼-Zoll-Disketten

Bei der 5¼-Zoll-Diskette wird die Diskettenscheibe durch eine flexible Hülle vor Staub und mechanischer Beschädigung geschützt. Dieser flexiblen Umhüllung verdankt die Diskette ihren etwas despektierlichen Namen Floppy Disk.

In der Mitte dieser Scheibe befindet sich ein durch einen Ring verstärktes Loch. Eine ovale Öffnung erlaubt dem kombinierten Schreib-/Lesekopf, auf die Oberfläche der Diskette zuzugreifen.

Die Diskette wird wie eine Schallplatte mit 300 U/min gedreht, wobei die Drehung nur einsetzt, wenn auf die Diskette zugegriffen wird.

Während der Drehung tastet ein Lichtsensor durch ein kleines Loch rechts neben dem Mittelloch die Diskette ab.

Wenn das kleine Loch auf der Scheibe durchläuft, kennzeichnet dies den Anfang. Durch dieses sogenannte Indexloch wird die Diskette also synchronisiert.

An der rechten oberen Ecke befindet sich eine Einkerbung, die sogenannte Schreibschutzkerbe.

Mit dieser Kerbe hat es eine besondere Bewandtnis: Die Diskette kann nur beschrieben werden, wenn die Lichtschranke im Laufwerk durch diese Öffnung ungehindert hindurch "sehen" kann.

Ist diese Kerbe allerdings lichtundurchlässig zugeklebt - den Disketten-Packungen liegen dafür silberne oder schwarze Etiketten bei -, kann die Diskette nicht beschrieben oder gelöscht werden, die auf ihr enthaltenen Daten sind also vor Datenverlust geschützt.

Bei einem Versuch, die Daten zu verändern, erhält man eine entsprechende Meldung des Betriebssystems.

Ein Lesen dieser Daten ist natürlich weiterhin ungehindert möglich.

Hinweis: Nehmen Sie dafür keinen Tesafilm o.ä., weil diese Kerbe mit einer Lichtschranke abgetastet wird, die den Film u. U. ungehindert passiert und die Kerbe für geöffnet hält!

Die Kapazität dieser Diskettenart hängt wie bei der 3½-Zoll-Diskette von der Art der Beschichtung der Diskettenoberfläche ab:

Verwenden Sie Disketten mit einer Beschichtung des Typs DD (für Double density, doppelte Dichte. Manchmal liest man auch 2D), so kann diese Diskette 360 KByte Daten speichern, also 360.000 Zeichen (Disketten mit geringerer Dichte vom Typ SD für Single density werden nicht mehr verkauft).

Verwenden Sie dagegen Disketten mit der höheren Dichte vom Typ HD (für High density, hohe Dichte), so können Sie die vierfache Datenmenge unterbringen: 1,22 MByte.

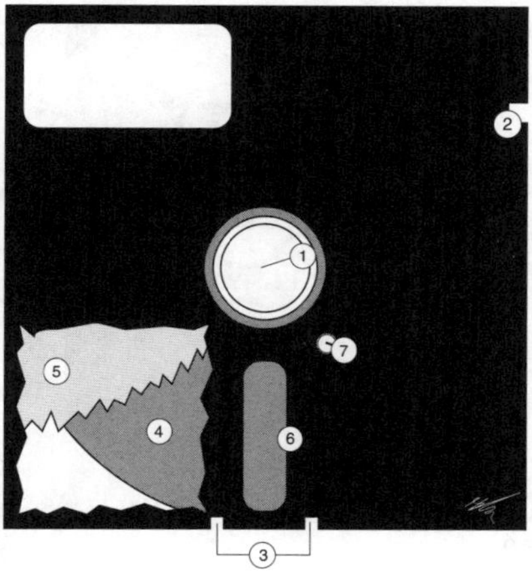

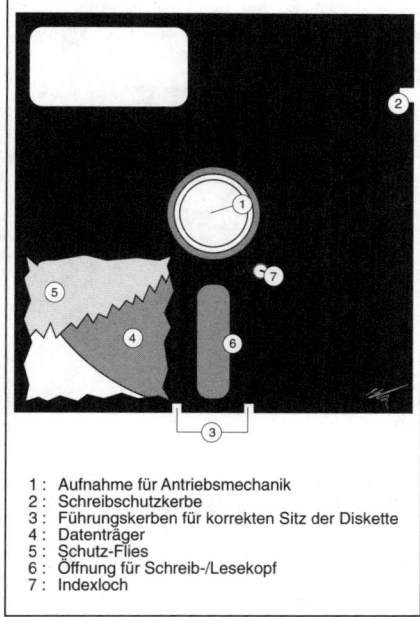

1 : Aufnahme für Antriebsmechanik
2 : Schreibschutzkerbe
3 : Führungskerben für korrekten Sitz der Diskette
4 : Datenträger
5 : Schutz-Flies
6 : Öffnung für Schreib-/Lesekopf
7 : Indexloch

Abb. 9: Eine 5¼-Zoll-Diskette

Hinweis: Die HD-Disketten sind also jene mit der möglichen höheren Kapazität, nicht die DD-Disketten, obwohl der Name möglicherweise etwas anderes suggeriert!

Beachten Sie, daß Sie auf einer Diskette mit der Qualität HD durchaus das kleinere Format einer DD-Diskette einrichten können, jedoch nicht umgekehrt.

Die 3½-Zoll-Diskette

Seit 1986 wird dieses Format auch von MS-DOS unterstützt:

Im Gegensatz zu der größeren Diskette befindet sich die Diskettenscheibe in einer stabilen Plastikhülle, das Innere wird durch einen Metall- oder Plastikschieber verdeckt, der beim Einschieben in das Laufwerk beiseite geschoben wird.

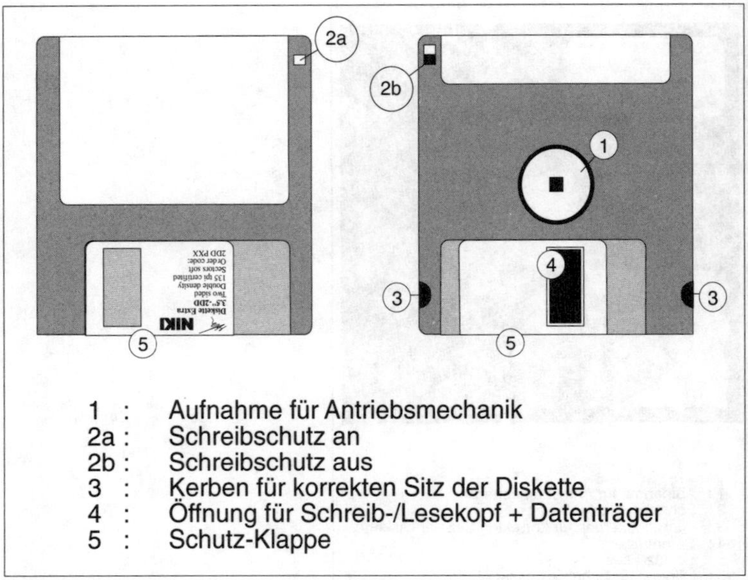

Abb. 10: Eine 3½-Zoll-Diskette

Die 3½-Zoll-Disketten werden nicht durch ein Indexloch synchronisiert, sondern durch ein Rechteck in der rückseitigen Führungsscheibe aus Metall.

Eine Schreibschutzkerbe werden Sie bei diesem Diskettentyp vergeblich suchen. Diese Aufgabe wird durch eine kleine viereckige Öffnung in der rechten unteren Ecke wahrgenommen, die mittels eines kleinen Schiebers geöffnet und geschlossen werden kann. Ist der Schieber zu, die Öffnung also verschlossen, kann die Diskette beschrieben werden, ist der Schieber geöffnet, ist die Diskette schreibgeschützt.

Die Kapazitäten der 3½-Zoll-Disketten hängen wie beim anderen Typ von der Dichte der Beschichtung ab: Die Disketten des Typs DD können 720 KByte an Daten speichern, der Typ HD bringt es auf exakt das Doppelte: 1,44 MByte.

Seit MS-DOS 5.0 wird auch der Laufwerktyp mit 2,88 MByte unterstützt, doch hierfür sind derzeit noch spezielle Laufwerke und Disketten notwendig.

Hinweis: Auch das BIOS vieler Rechner ist auf die Unterstützung dieses Laufwerktyps nicht eingerichtet. In einem solchen Falle müssen Sie dieses Laufwerk mit dem Gerätetreiber DRIVER.SYS im System anmelden - lesen Sie in der Referenz ggf. über die Verwendung dieses Treibers nach!

Umgekehrt verhält es sich, wenn Sie ein älteres Laufwerk betreiben, das nur für DD-Disketten mit einer Kapazität von 720 KByte ausgelegt ist:

In einem solchen Laufwerk sollten Sie, auch wenn es theoretisch möglich ist, keine HD-Disketten verwenden, die auf die niedrigere Kapazität formatiert wurden - der zu geringe Schreibstrom könnte zu einer Langzeitwirkung von schleichendem Datenverlust führen.

Tip: Maximale Kapazität für Backup

Wenn Sie Disketten für eine Datensicherung mit MSBACKUP (siehe Kapitel 9.3) verwenden, sollten Sie daher die Diskettentypen verwenden, die als maximales Format in Ihrem Laufwerk genutzt werden können.

Übersicht: Die Diskettenformate und Laufwerktypen

Typ	Dichte	Seiten	Kapazität	Spuren	Sektoren	TPI	ab DOS
5¼-Zoll	DD	1	160 KByte	40	8	48	1.0
5¼-Zoll	DD	1	180 KByte	40	9	48	2.0
5¼-Zoll	DD	2	360 KByte	40	9	48	2.0
5¼-Zoll	HD	2	1.200 KByte	80	15	96	3.0
3½-Zoll	DD	2	720 KByte	80	9	135	3.2
3½-Zoll	HD	2	1.440 KByte	80	18	135	3.3
3½-Zoll	HD	2	2.880 KByte	80	36	135	5.0

In dieser Übersicht finden Sie die wichtigsten Diskettentypen und ihre technischen Daten:

Neben den bekannten Daten wie Typ, Dichte und der daraus resultierenden Kapazität finden Sie hier auch die Anzahl der Spuren und Sektoren pro Spur. Diese Daten beruhen auf der geometrischen Aufteilung der Diskette, die beim Formatieren vorgenommen wird - wir gehen in 4.5 darauf näher ein. Die Angabe TPI bedeutet Tracks per Inch und ist ein Maß für die Dichte der Spuren pro Maßeinheit.

Die Laufwerknamen der Diskettenlaufwerke

Die Diskettenlaufwerke werden unter DOS mit den Laufwerkkennungen A: und B: angesprochen, wobei A: das erste und B: das zweite Laufwerk ist.

Hinweis: Ein weiteres Diskettenlaufwerk kann nur betrieben werden, wenn es mit dem Gerätetreiber DRIVER.SYS als logisches Laufwerk im System angemeldet wurde. Im Referenzteil finden Sie zu diesem Treiber die notwendigen Informationen.

Diejenigen Anwender, die nur über ein Diskettenlaufwerk verfügen, haben sich schon häufig gewünscht, ein zweites Laufwerk zu besitzen. Insbesondere beim Kopieren einer Datei auf eine andere Diskette wünscht man sich häufig, nicht den Umweg über die Festplatte machen zu müssen. Der Ausweg, mit DISKCOPY eine Kopie der gesamten Diskette zu erstellen und die nicht benötigten Dateien zu löschen, ist noch zeitraubender. Aber es gibt einen kleinen Trick, den Sie der Tatsache verdanken, daß MS-DOS selbst dann das Laufwerk B: kennt, also das zweite Diskettenlaufwerk, wenn Sie nur ein physisches Diskettenlaufwerk betreiben. Es wird als logisches Laufwerk im System geführt, also ein Laufwerk, das nicht physikalisch vorhanden ist, aber wie ein solches behandelt wird. Das können Sie einfach ausprobieren: Wechseln Sie einmal mit dem Befehl

```
B:
```

auf das - eigentlich nicht vorhandene - Laufwerk B: - MS-DOS fordert Sie auf, eine Diskette in dieses Laufwerk zu legen:

```
Diskette in Laufwerk B einlegen
Wenn bereit, eine beliebige Taste betätigen!
```

Wenn Sie nun eine Diskette einlegen oder die eingelegte Diskette mit der berühmten beliebigen Taste bestätigen, meldet sich der Prompt

```
B:\>
```

Sie befinden sich also auf dem logischen Laufwerk B:, auf dem Sie nun das Inhaltsverzeichnis aufrufen können etc., kurz: Ein vollwertiges Laufwerk. Das können Sie sich für einen Kopiervorgang zunutze machen:

```
COPY  DATEI.TXT  B:
```

kopiert die Datei DATEI.TXT auf Laufwerk B:, gibt Ihnen allerdings vorher die Möglichkeit, eine Diskette in das Laufwerk B: einzulegen!

Diskettenwechsel

Wenn Sie eine Diskette in ein Laufwerk legen, passiert zuerst einmal nichts; die Diskette liegt im Laufwerk, der PC hat sie noch nicht einmal zur Kenntnis genommen. Anders ist das, wenn ein Befehl auf diese Diskette lesend oder schreibend zugreift. Dann wird die Dateizuordnungstabelle und das Inhaltsverzeichnis der Diskette in den Hauptspeicher gelesen, um Zugriff auf die Daten zu bekommen. Dann wird der Schreib-/Lesekopf (nach der internen Synchronisation) an die Position der Daten gefahren, die Sie oder ein Programm anfordern.

Wenn Sie einen Diskettenwechsel vornehmen, wird bei einem erneuten Zugriff auf das Laufwerk erst wieder Dateizuordnungstabelle und Inhaltsverzeichnis eingelesen, um diese wichtigen Elemente der Organisation sofort nach einem Schreibzugriff aktualisiert wieder auf dem Datenträger ablegen zu können. Soweit, so gut. Doch oft passiert es, daß wir dem Betriebssystem keine Chance geben, Inhaltsverzeichnis und FAT einzulesen: Nehmen wir an, Sie hätten eine Diskette mit einem Schreibschutz versehen und wollten dennoch auf diese Diskette Daten kopieren:

Zuerst werden die Informationen der Diskette gelesen und daraufhin sofort der Versuch gestartet, die angegebenen Dateien zu kopieren. Doch der Schreibschutz verhindert dies, es erscheint die Meldung

```
Schreibschutzfehler beim Schreiben auf Laufwerk A
(A)bbrechen, (W)iederholen, (U)ebergehen?
```

Diese harmlose Meldung bedeutet für Sie: Mit [A] für *Abbrechen* wird der Kopiervorgang abgebrochen, [W] für *Wiederholen* versucht es erneut (nachdem der Schreibschutz beseitigt wurde) und [U] für *Übergehen* versucht, den Fehler zu ignorieren, was jedoch in diesem Falle nicht geht, also wird ebenfalls abgebrochen. Wenn Sie nicht den Schreibschutz entfernen, bevor Sie [W] für *Wiederholen* anordnen, sondern die Diskette wechseln, passiert dagegen folgendes, DOS merkt - aber nur anhand der unterschiedlichen Seriennummer -, daß Sie einen Diskettenwechsel durchgeführt haben und meldet

```
Unzulässiger Diskettenwechsel beim Schreiben auf Laufwerk A
Bitte Diskette DATENTRÄGERNAME Seriennummer 11F0-FF15 einlegen
(A)bbrechen, (W)iederholen, (U)ebergehen?
```

Nun haben Sie wieder die Möglichkeit, den Vorgang abzubrechen oder - nach Diskettenwechsel - fortzusetzen. Sie sollten jedoch beachten, daß es theoretisch durchaus zu gleichen Seriennummern kommen kann. In einem solchen Falle wird der Wechsel nicht erkannt und es passiert folgender tückischer Fehler:

Der Kopiervorgang wird gestartet und die Dateizuordnungstabelle sowie das Inhaltsverzeichnis wieder abgespeichert, doch es handelt sich in diesem Falle nicht um die FAT dieser Diskette, sondern der, auf die Sie vorher vergeblich einen Schreibangriff starteten. Ergebnis: Die Daten auf der Diskette stimmen mit dem Inhalt nicht mehr überein, die Daten sind womöglich verloren. Sie sollten also sicherheitshalber erst abbrechen, um den Vorgang mit einer anderen Diskette zu starten.

Kopieren einer Diskette

Es gibt einige Gründe, eine 1:1-Kopie einer Diskette anzulegen, sei es, daß Sie von einer wichtigen Sicherungsdiskette eine Kopie ziehen wollen, sei es, daß Sie eine Kopie der Originaldisketten einer Software kopieren, um eine ganz sicher unangetastete Originaldiskette zu behalten. Der Befehl, mit dem Sie eine Diskette kopieren, lautet schlicht DISKCOPY mit der Syntax

```
DISKCOPY {Quelle:} {Ziel:}  {/V}  {/1}  {/M}
```

Es sind also zwei Angaben möglich, nämlich in welchem Laufwerk sich die zu kopierende Diskette befindet und wo die Diskette eingelegt wurde, auf die Sie kopieren möchten.

```
DISKCOPY A: B:
```

legt beispielsweise eine Kopie der Diskette in Laufwerk A: auf der Diskette in Laufwerk B: an. Wenn Sie sicher gehen möchten, ob der Kopiervorgang auch korrekt durchgeführt wurde, befehlen Sie zusätzlich die Option /V:

```
DISKCOPY A: B: /V
```

Sie erhalten danach noch einmal Gelegenheit, die Quelldiskette einzulegen mit der Meldung

```
Quelldiskette in Laufwerk A: einlegen
Eine beliebige Taste drücken, um fortzusetzen
```

Nachdem Sie die beliebige Taste gedrückt haben, erfolgt die Meldung, welches Format DOS festgestellt hat und das nun kopiert wird:

```
Kopiert werden 80 Spuren
mit 9 Sektoren je Spur, 2 Seite(n)
```

Hier wird also eine Diskette mit der Kapazität von 720 KByte kopiert.

Das Kopieren der Disketten erfolgt Spur für Spur, es wird also das komplette Bitmuster der Diskette übertragen. Das jedoch bedingt logischerweise, daß nur Disketten kopiert werden können, die ein identisches Format aufweisen, also auf dieselbe Diskettengröße mit derselben Kapazität formatiert wurde.

Dabei spielt es keine Rolle, ob es sich um eine HD-Diskette oder um die Qualität DD handelt, denn auch eine HD-Diskette kann man wie gesehen auf das Format bringen, das für eine DD-Diskette möglich ist.

Sollten die Daten der zu kopierenden Disketten nicht übereinstimmen, werden Sie mit der Meldung

```
Laufwerk- oder Diskettentypen
nicht kompatibel
```

Auf eines jedoch müssen Sie unbedingt achten:

Hinweis: Wenn Sie die Disketten verwechseln, so kopieren Sie unter Umständen eine leere Diskette auf eine wichtige Diskette, von der Sie gerade eine Sicherheitskopie erstellen wollen - und das ist gleichbedeutend mit einem irreparablen Datenverlust auf dieser Diskette! Um dies sicher zu verhindern, sollten Sie sich angewöhnen, die Quelldiskette durch Zukleben der Schreibschutzöffnung bzw. Öffnen des Schiebers mit einem Schreibschutz zu versehen. Sie erhalten dann bei einer Verwechslung eine entsprechende Meldung, doch es werden keine Daten überschrieben.

Die Zieldiskette muß für den Kopiervorgang nicht formatiert sein - DOS erkennt, daß die Diskette nicht formatiert ist und startet sofort den Formatiervorgang. Es wird auf der Zieldiskette das Format erstellt, das DOS auf der Quelldiskette vorgefunden hat, Sie erhalten die Meldung

```
Diskette wird beim Kopieren formatiert
```

Hinweis: Beachten Sie, daß die Diskette auf dieses Format formatierbar sein muß!

Doch was tun, wenn man nur ein Laufwerk besitzt oder mit einem großen und einem kleinen Laufwerk arbeitet und Disketten kopieren möchte?

Da bleibt nur noch der Weg, Kopien auf ein und demselben Laufwerk zu erzeugen:

```
DISKCOPY  A:  A:
```

befiehlt, eine Kopie der Diskette in Laufwerk A: einzulegen. Der Inhalt der Diskette wird dann in den Hauptspeicher eingelesen, bis dieser den Disketteninhalt aufgenommen hat, dann werden Sie aufgefordert, die Zieldiskette einzulegen:

```
Zieldiskette in Laufwerk A: einlegen
Eine beliebige Taste drücken, um fortzusetzen
```

Ein Umstand macht diese Diskettenwechsel etwas problematisch: Wenn Sie Quell- und Zieldiskette verwechseln, so ist der ganze langwierige Kopiervorgang umsonst. Unser Rat, die Quelldiskette vorübergehend mit einem Schreibschutz zu versehen, gilt hier um so mehr. Am Ende des Kopiervorgangs werden Sie gefragt, ob Sie weitere Disketten kopieren wollen. Mit [N] beenden Sie den Befehl, mit [J] werden Sie wieder zum Einlegen der Quelldiskette aufgefordert.

Hinweis: Der einzige Grund für die Verwendung von DISKCOPY scheint uns die Kopie einer Startdiskette zu sein, einer Diskette also, mit der Sie Ihren Rechner starten können, denn die Betriebssystemdateien werden mit einem Kopierbefehl nicht übertragen.

Vergleichen von Disketten

Nach erfolgter Kopie können Sie auch noch einen Vergleich der beiden Disketten vornehmen, was aber angesichts der Zuverlässigkeit des Kopiervorgangs nur bei extrem wichtigen Disketten anzuraten ist.

Der Vergleich geschieht exakt in der gleichen Weise wie das Kopieren, nur daß der Befehl dafür natürlich nicht derselbe ist. Der Befehl für den Diskettenvergleich lautet DISKCOMP, die Syntax dafür

```
DISKCOMP {Laufw1:} {Laufw2:}
```

Es ist also wie bei DISKCOPY die Angabe der beiden Laufwerke möglich, wie bei DISKCOPY gilt die Einschränkung, daß nur Disketten verglichen werden, die die gleiche Größe und die gleiche Kapazität aufweisen.

Sie erhalten - je nach Vergleichsergebnis - die Meldung

```
Disketten identisch
```

wenn beide Disketten absolut identisch sind, wobei eine Seriennummer natürlich nicht verglichen wird, da diese immer unterschiedlich ist!

Wenn die Disketten nicht identisch sind, erhalten Sie dagegen die Meldung

```
Fehler beim Vergleich auf Seite 2, Spur 19
```

4.4 Das Arbeiten mit einer Festplatte

Die Festplatte ist aufgrund ihrer Kapazität und Zugriffszeit der weitaus wichtigste Datenträger in einem PC-System. Zudem machen ständig sinkende Preise auch größere Festplatten immer erschwinglicher. Derzeit kostet ein MByte einer größeren Festplatte (etwa 700 MByte) um 3,- DM. Die Fertigungstechnologien der großen Hersteller Conner, Seagate und Maxtor zeigen uns derzeit das Kunststück, wie man immer mehr Festplatten mit immer größeren Kapazitäten und sinkenden Zugriffszeiten für immer weniger Geld anbieten kann, was nicht unerheblich zum Siegeszug des PCs beigetragen hat.

Das Prinzip bedingt die Gefahr

Die Festplatte ist im Prinzip so aufgebaut wie eine Diskette, nämlich eine Scheibe, die mit einer magnetischen Schicht bedampft wurde und auf der die Daten als Folge der Veränderung dieser Magnetisierung gespeichert werden. Auch der Durchmesser der Festplatte ist mit 5¼-Zoll bzw. 3½-Zoll gleich groß wie der einer Diskette, wenngleich es jederzeit auch Miniatur-Festplatten von der Größe eines Fünfmarkstückes gibt, die in tragbaren Computern Verwendung finden. Doch mit der Tatsache, daß auch eine Diskette rund ist und das Magnetprinzip für die Speicherung verwendet wird, hören die Gemeinsamkeiten auch schon auf.

Denn zum einen ist das Material der Festplatte nicht flexibel, ein Umstand, dem die Festplatte ihren amerikanischen Namen Harddisk verdankt. Zum anderen dreht sich die Festplatte nicht erst, wenn auf sie zugegriffen wird, sondern ständig.

Durch diese Umdrehung mit etwa 3.600 U/min wird ein Luftpolster erzeugt, auf dem der Schreib-/Lesekopf berührungslos über die Oberfläche gleitet. Diese Rotation erzeugt jenes sirrende Geräusch, das Sie hören, wenn Ihr PC (resp. Ihre Festplatte) läuft.

Ein weiterer sehr wesentlicher Unterschied zur Diskette ist der, daß die Festplatte eigentlich nicht nur eine Platte ist, sondern - je nach Kapazität - ein übereinander angeordneter Plattenstapel, in den die Schreib-/Leseköpfe gleichsam wie ein Kamm schreibend oder lesend eingreifen.

Abb. 11: Eine Festplatte von innen

Hinweis: Der Zugriff des Kopfes erfolgt immer gleichzeitig von oben und unten, also ein zangenartiger Zugriff.

Das entstehende Luftpolster ist genau berechnet, damit der Kopf (engl. head) in einem Abstand von etwa 1 Millimeter über die Oberfläche gleitet. Auf diesen Abstand wiederum ist die Höhe des Schreibstromes präzise abgestimmt. Es ist bereits jetzt unschwer zu erkennen, daß es sich hierbei um eine äußerst fragile Konstruktion handelt, deren Zerbrechlichkeit uns - wie wir noch sehen werden - zu einer Reihe weiterer Maßnahmen zwingt.

Um dieses Gleiten auf der Oberfläche nicht durch eingedrungenen Staub zunichte zu machen, ist das Gehäuse einer Festplatte hermetisch abgeschlossen, denn es ist klar, daß jedes Staubkorn oder Haar auf den Schreib-/Lesekopf wirkt wie ein Felsbrocken auf einer Fahrbahn auf ein schnelles Auto.

Der Größenvergleich in der Abbildung 12 mag Ihnen verdeutlichen, welch unüberwindbares Hindernis selbst jene Partikel darstellen, die beim Rauchen nicht in Ihrer Lunge bleiben. Ein Staubkorn gar ist eine Art Felsen - es wird durch diese Abbildung ziemlich deutlich, warum das Gehäuse der Festplatte hermetisch abgeschlossen ist.

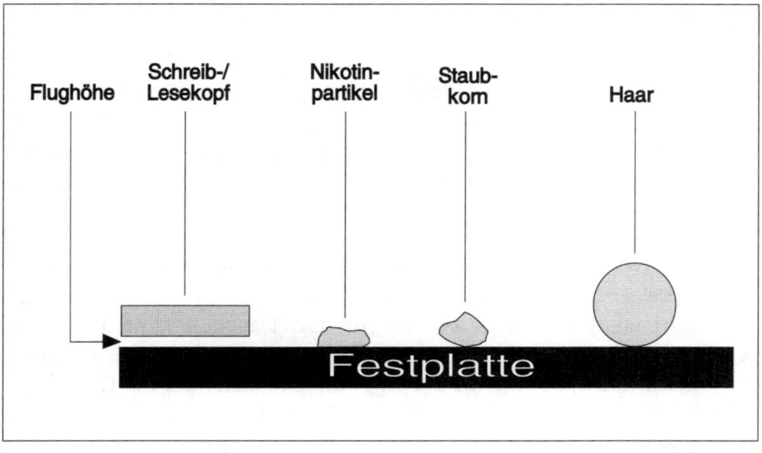

Abb. 12: Größenvergleich des Schreib-/Lesekopfes mit Verunreinigungen

Als wir eben sagten, daß das Gehäuse der Platte hermetisch abgeschlossen sei, war das nur bedingt richtig: Es gibt kleine Kanäle in das Innere, die einerseits einen Druckausgleich ermöglichen, die andererseits jedoch auch das Eindringen von Partikeln ermöglichen.

Insofern ist das Rauchen in der Nähe des Rechners eine ernste Bedrohung Ihrer Daten, denn eines müssen wir Ihnen an dieser Stelle vor Augen halten:

Wenn der Kopf die Oberfläche berühren sollte, sei es durch eine Erschütterung während des Betriebes oder beim Transport, sei es durch eingedrungene Partikel, wird die Oberfläche der Festplatte zerkratzt, es kommt zum gefürchteten Head-Crash, dem nahezu schlimmsten aller Unfälle eines Rechnersystems.

Die mechanische Zerstörung der Oberfläche zieht einen partiellen oder totalen Datenverlust nach sich. Es gibt zwar Spezialfirmen, die Daten von einer derart zerstörten Festplatte retten können, doch diese Wiederbelebung ist erstens alles andere als sicher und zweitens sehr, sehr teuer, da der Inhalt bitweise gelesen und zusammengestückelt werden muß.

Hinweis: Der wirksamste Schutz vor Unfällen ist das ständige Sichern Ihrer Daten, wie es in Kapitel 9 beschrieben ist!

Verweis: Datensicherung → Kapitel 9.3

Wahrscheinlich werden Sie jetzt verstehen, warum in allen Firmen, die auf Gedeih und Verderb auf ihre EDV angewiesen sind, die Anlage in besonders klimatisierten und geschützten Räumen betrieben wird. Soweit müssen Sie nicht gehen, doch einige Vorsichtsmaßnahmen sollten Sie schon treffen.

Nicht nur während des Betriebes ist darauf zu achten, daß keine Erschütterung einen Crash verursachen kann. Auch ein eventueller Transport stellt ein Gefahrenmoment dar. Dagegen kann man sich schützen, indem der Kopf vor dem Transport "geparkt" wird: Durch ein Softwareprogramm wird der Kopf an eine Stelle der Platte bewegt, an der ein Kontakt des Kopfes mit der Oberfläche keinen Schaden anrichten kann, weder auf der Oberfläche noch mit Ihren Daten.

Ein solches Park-Programm gehört nicht zum Lieferumfang von DOS, sondern ist ein Hilfsprogramm, das man zusätzlich erwerben muß. Oft wird es auf einer Zusatzdiskette zum Rechner mitgeliefert. Man kann jedoch auch den Fachhändler nach einem solchen Programm fragen. Es ist nicht teuer, aber sehr wichtig.

Ein Park-Programm ist auch in vielen Hilfsprogramm-Sammlungen enthalten, die auch sonst für die Festplattenverwaltung nahezu ein Muß sind, etwa den PC-TOOLS oder den NORTON UTILITIES.

In der Public-Domain-Szene, wo Sie Programme für wenig Geld erwerben und auch rechtlich unbedenklich weitergeben können, existieren genug solcher Programme - fragen Sie im Freundes- oder Kollegenkreis einmal nach. Doch Vorsicht: Beachten Sie unsere Ratschläge zum Schutz vor Computerviren in Kapitel 9.6!

Verweis: Abwehr von Computerviren → Kapitel 9.6

Einige Festplatten - insbesondere in tragbaren Rechnern zu finden - besitzen eine sehr interessante Einrichtung, die sogenannte Autopark-Funktion. Da wird, wenn der Rechner abgeschaltet wird, die Energie der langsam ausdrehenden Festplatte benutzt, um die Köpfe in ihre Park-Position zu bewegen. Lesen Sie in den Unterlagen zu Ihrem Rechner nach, ob Ihre Festplatte über eine solche Funktion verfügt.

Die Kapazität

Der Vorteil einer Festplatte liegt abgesehen vom schnellen Zugriff in ihrer Kapazität. Waren in den Anfangszeiten des PCs noch Festplatten mit 40 MByte als groß (und teuer) zu bezeichnen, ist das heute allenfalls eine sehr kleine Festplatte.

DOS unterstützt in der vorliegenden Version Partitionsgrößen von bis zu 2 Gigabyte, was 2.000 MByte entspricht. Diese Kapazität scheint utopisch hoch zu sein, doch wer weiß: Die ersten Festplatten schienen mit 40 MByte sehr zukunftssicher dimensioniert und taugen heutzutage für professionelles Arbeiten nicht mehr.

Der Grund für den ständig wachsenden Speicherbedarf hat mehrere Gründe, wovon einer sicher der ist, daß die Anwender bei sinkenden Software-Preisen wesentlich mehr verschiedene Anwendungen auf ihrer Festplatte haben, als früher. Ob sie allerdings diese Anwendungen auch betreiben, ist eine gesonderte Frage, der hier nicht nachgegangen werden soll.

Der andere Grund ist jedoch der, daß die Softwarepakete heutzutage so umfangreich geworden sind, daß eine große Festplatte - etwa ab 200 MByte - eine zwingende Voraussetzung geworden ist.

Das Textprogramm Word für Windows 2.0 beansprucht bei kompletter Installation aller Module (die man ja schließlich auch bezahlt hat) auf der Platte etwas mehr als 12 MByte, ohne daß auch nur ein einziger Text damit geschrieben worden ist.

Die Software-Hersteller werden zwar nicht müde zu beteuern, daß sie derartigen Platz nur beanspruchen, weil er vorhanden ist, doch es regt sich der Verdacht, daß es eher umgekehrt sei.

Wie dem auch immer sei:

Eine Festplatte, mit der man auch in ein paar Jahren noch ohne Einschränkung wird arbeiten können, sollte nicht weniger als 100 MByte Kapazität haben, eher noch ein paar Byte mehr, was wesentlich billiger ist, als das Umrüsten auf eine neue Platte.

Eine Faustregel sollten Sie unbedingt beachten: Lassen Sie auf Ihrer Festplatte mindestens 5 % bis 10 % der Kapazität frei. Manche Programme arbeiten mit sogenannten temporären Dateien (u. a. für den Ausdruck), die auf der Platte vorübergehend angelegt werden - in der Annahme, daß dort genug Platz sei. Wird es aber auf der Platte "eng", kann es zu unliebsamen Überraschungen kommen, etwa einem unerklärlichen Systemabsturz oder einem nicht korrekten Ausdruck.

Sollte einmal die verfügbare Kapazität spürbar schwinden, haben Sie mehrere Möglichkeiten:

- Sie benutzen das Programm DBLSPACE, um Ihre Festplatte zu komprimieren. Der Vorteil dieses Programms gegenüber Komprimierungsprogrammen anderer Hersteller ist der, daß DBLSPACE sich im Betriebssystemkern (s. o.) befindet und so sehr nah an der Hardware arbeitet.
- Auslagern von selten benötigten Dateien und/oder Programmen auf Disketten.
- Löschen nicht mehr benötigter Dateien und/oder Programme (wir werden darauf noch zurückkommen).
- Komprimieren selten benötigter Dateien und/oder Programme mit einem sogenannte Archivprogramm, das Sie als Public-Domain-Programm erwerben können.
- Anschaffung einer neuen Festplatte.

Welche dieser Maßnahmen Sie ergreifen, hängt von der jeweiligen Situation ab, doch wir möchten Sie vor der leidvollen Erfahrung so manchen Anwenders bewahren, der in seiner Aufräumwut Dateien weggeworfen hat, die er bereits eine Woche später dringend benötigte.

Das Auslagern von Dateien auf Diskette ist im Zweifel dem Löschen vorzuziehen, auch wenn es ein größerer Aufwand ist. Oft kann man nicht genau überblicken, ob man eine Datei später noch einmal braucht oder nicht.

Verweis: DBLSPACE → Kapitel 10.3

Die Zugriffszeit

Das zweite Qualitätskriterium einer Festplatte ist die Zeit, die vergeht, bis der Schreib-/Lesekopf auf eine Information hat zugreifen können, die Zugriffszeit.

Die Zugriffszeit wird in Millisekunden gemessen und ist der Wert, der sich aus dem Positionieren des Kopfes und dem Ausschwingen der horizontalen Kopfbewegung ergibt. Der Wert liegt bei sehr schnellen Festplatten bei 10 bis 20 Millisekunden, eine Zugriffszeit von 25 bis 30 Millisekunden sollte die Festplatte jedoch mindestens haben.

Hinweis: Sie sollten bei einer eventuellen Kaufentscheidung immer berücksichtigen, daß das ganze System eine Geschwindigkeit hat, die zu allererst durch den Prozessor und seine Taktfrequenz bestimmt wird. Eine schnelle Festplatte wird aus einem Esel kein Rennpferd machen, eine langsame Festplatte wird in einem schnellen System jedoch ein ärgerlicher Flaschenhals sein.

Es gibt jedoch mehrere Möglichkeiten, den Zugriff auf eine Festplatte zu beschleunigen, die wir hauptsächlich in Kapitel 4.7 besprechen. Auch das Beseitigen von Faktoren, die sich bremsend auf ein Festplattensystem auswirken, beschreiben wir dort.

4.5 Das Formatieren von Datenträgern

Ein Datenträger ist, bevor er für das Betriebssystem MS-DOS eingerichtet wurde, ein "unbeschriebenes Blatt". Da Festplatten und Disketten nicht nur auf Rechnern eingesetzt werden, die mit MS-DOS betrieben werden, sondern auch unter anderen Betriebssystemen Verwendung finden, muß jeder Datenträger erst einmal für das entsprechende Betriebssystem vorbereitet, formatiert werden.

Um diesen Vorgang näher zu erläutern, schauen wir uns zuerst einmal an, wie die Datenträger organisiert werden:

Die Organisation der Datenträger

Jeder Datenträger - besser: jeder runde, magnetische Datenträger, also Diskette und Festplatte - wird in konzentrische Kreise aufgeteilt, die sogenannten Spuren (engl. tracks). Eine Diskette hat davon 40 oder 80, je nach Typ.

Auf diesen Spuren werden die Daten aufgetragen. Die Handhabung dieser Spuren wäre jedoch zu aufwendig, da die dort abgelegte Datenmenge sehr groß und damit unhandlich wäre. Also teilt man diese Spuren noch in sogenannte Blöcke auf, die durch "Herausschneiden" von Kreissegmenten, den sogenannten Sektoren, entstehen.

Diese Blöcke sind die eigentlichen Speicherorte für die Daten, da sie sehr einfach adressierbar sind, etwa eine Datei auf Seite 2 der Diskette, Spur 4, Block 2. Dies ist eine Zuordnung, welche die wesentlichste Forderung innerhalb eines PC-Systems erfüllt, nämlich die der Eindeutigkeit.

Auf einem Block eines Datenträgers ist für exakt 512 Byte Platz, doch DOS faßt diese Blöcke zu sogenannten Zuordnungseinheiten zusammen. Eine solche Zuordnungseinheit ist die kleinste adressierbare Einheit eines Datenträgers.

Bei einer Diskette ist entweder ein Sektor eine Zuordnungseinheit oder es werden zwei Blöcke zu einer Zuordnungseinheit zusammengefaßt, bei einer Festplatte je nach Type der Platte vier oder acht Zuordnungseinheiten.

Ist eine Datei kleiner als diese Zuordnungseinheit, wird der Rest dieser Zuordnungseinheit nicht mehr verwendet, weil nur die Zuordnungseinheit als Ganzes adressiert, also angesprochen werden kann, nicht aber Teile von ihr. Durch diesen Schwund ist die echte Kapazität einer Festplatte natürlich kleiner als die theoretische, bedingt durch den nicht aufgefüllten Teil der Sektoren.

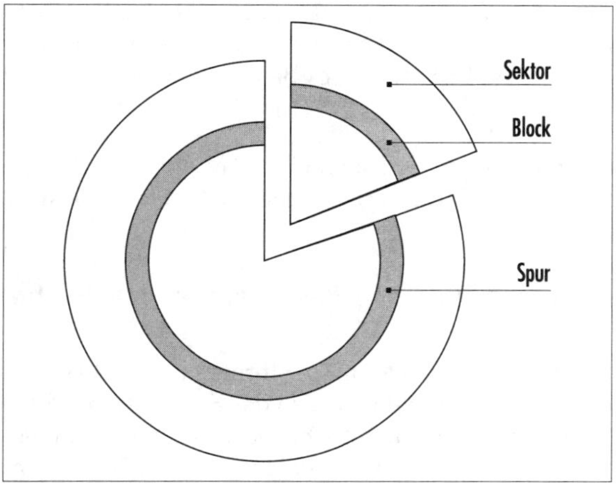

Abb. 13: Die Organisation der Datenträger

Die Anzahl der Spuren (und damit die Anzahl der Sektoren und Blöcke) hängt ab von der Größe der Diskette bzw. Festplatte und der Dichte der Magnetisierung und ist daher eine für Sie nicht so interessante Größe.

Interessant ist vielmehr die Frage: Wie veranlassen Sie das Betriebssystem dazu, dieses Muster auf die Diskette aufzubringen?

Dieses Formatieren wird durch einen dafür vorgesehenen Befehl durchgeführt, der seinen Namen vom Aufbringen eines Formates ableitet: FORMAT.

Wir werden uns mit diesem Befehl und seiner Anwendungsweise eingehend beschäftigen, doch vorher noch einige allgemeine und dennoch sehr wichtige Anmerkungen.

Hinweis: Es ist ungemein wichtig, daß Sie sich beim Formatieren eines Datenträgers immer vor Augen halten, daß für diesen Vorgang alle Daten, die sich zu diesem Zeitpunkt auf dem Datenträger befinden, gelöscht werden und Ihnen danach nicht mehr zugänglich sind.

Dadurch wird der eigentlich so harmlose Befehl FORMAT zu einem gigantischen Löschbefehl, wenn er unsachgemäß angewendet wird. Seit der Version 5.0 kann zwar das versehentliche Formatieren einer Diskette wieder rückgängig gemacht werden, doch dies ist nur unter ganz bestimmten Umständen fehlerfrei durchzuführen. Es ist also nicht ratsam, sich auf diese Möglichkeit zu verlassen, sondern es ist sehr angeraten, bei der Handhabung dieses Befehls äußerste Vorsicht walten zu lassen!

Hinweis: Das Wiederherstellen der Daten eines versehentlich formatierten Datenträgers mit dem dafür vorgesehenen Befehl UNFORMAT besprechen wir in Kapitel 9.5.

Überprüfung der Datenträger-Oberfläche auf physikalische Schäden

Das Formatieren wird gemeinhin als das Aufbringen der DOS-typischen Organisationsmerkmale angesehen, also das Schreiben der Spuren, Sektoren und Blöcke auf die magnetische Oberfläche. Eine andere wichtige Tätigkeit während des Formatiervorgangs ist vielfach nicht bekannt:

MS-DOS überprüft jeden einzelnen Sektor, ob er einwandfrei beschrieben und gelesen werden kann, und daher ist das Formatieren - insbesondere einer Festplatte - eine zeitaufwendige Angelegenheit. Jeder Sektor, der als schadhafter Sektor ("bad cluster") markiert ist, wird fortan nicht mehr benutzt, um Ihre Daten nicht zu gefährden, denn wenn auf solchen nicht lesbaren Sektoren Daten abgelegt würden, wäre der Verlust dieser Daten zu befürchten, da sie teilweise nicht oder nicht korrekt lesbar sind.

Solche schlechten Sektoren kommen auf Disketten schlechterer Qualität oder bei nicht richtig behandelten Disketten (s. u.) häufiger vor; ein Grund übrigens, für Zwecke der Datensicherung nur Disketten allererster Qualität zu verwenden.

Auf Festplatten kommen auch schlechte Sektoren vor, mehr als 0,5 bis 1,0 % der Gesamtkapazität sollten es allerdings nicht sein.

Hinweis: Im Unterschied zu MS-DOS 6.0 werden die schadhaften Sektoren - wohl aus Sicherheitsgründen - nicht nochmals von FORMAT getestet, sondern von vorneherein von der Benutzung ausgeschlossen. Mit dem neuen Parameter /C können Sie aber die nochmalige Überprüfung wieder bewirken, was u. U. zu einem geringfügig vergrößerten Speicherplatz führen kann.

Tip Öfter einmal SCANDISK
Seit der Version 6.2 wird SCANDISK mitgeliefert, ein Programm, das auch ohne den Formatiervorgang die Oberfläche der Platte überprüfen kann. Sie sollten dies in regelmäßigen Abständen durchführen.

Erstellen der Organisations-Elemente

Die Dateizuordnungstabelle

Doch auch das ist noch nicht alles: Nach dem Aufbringen der geometrischen Strukturen und Überprüfen der Oberfläche des Datenträgers werden weitere Elemente angelegt, die DOS für das Verwalten des Datenträgers benötigt.

Als wir in Kapitel 4.2 über die Grundlagen der Laufwerkverwaltung sprachen, haben wir sie bereits erwähnt, die Dateizuordnungstabelle oder FAT (**F**ile **A**llocation **T**able), jene "Lagerliste" des Datenträgers, die beim Formatieren auf dem Datenträger angelegt wird.

Die Daten auf einem Datenträger werden nach dem auch aus der Logistik bekannten Prinzip des sogenannten "chaotischen Lagers" abgelegt: Was neu ins Lager kommt, wird abgelegt, wo gerade Platz ist und wo man sich gerade befindet. Um die Datei (oder das Lagergut) später wiederzufinden, wird in einer Liste festgehalten, wo sich die Datei befindet.

Nichts anderes also ist die Dateizuordnungstabelle: Die Lagerliste eines Datenträgers.

Doch wie im chaotischen Lager ist diese Liste von großer Bedeutung: Geht diese Liste verloren, sind die Artikel unauffindbar, da sie nicht nach einem bestimmten System abgelegt sind, sondern nach dem Prinzip der Optimierung der Zeit, der Ablage und des Zugriffs.

Nicht nur aufgrund der möglicherweise riesigen Kapazität des Datenträgers, bestehend aus bis zu 16.384.000.000 vollkommen gleich aussehenden Einsen und Nullen, kommt dieser FAT so große Wichtigkeit zu. Auch die Tatsache, daß die Dateien keineswegs zusammenhängend auf dem Datenträger abgelegt werden, sondern sich möglicherweise auf mehrere Stücke verteilen, die über den Datenträger verstreut sind (eine sogenannte Fragmentierung), erfordert eine besonders sorgfältige Buchführung. Aus dem Gesagten wird unschwer deutlich, welch fatale Folgen der Verlust dieser Liste haben kann. Daher werden vom Betriebssystem auch ständig zwei Kopien dieser FAT bereitgehalten, da der Verlust einer Dateizuordnungstabelle den Verlust aller Daten bedeutet.

Der Bootblock

Wenn Sie von einer Diskette oder Festplatte Ihren PC starten wollen (booten), wird das Betriebssystem von dem Datenträger in den Hauptspeicher geladen. Nun wird dieses Betriebssystem nicht planlos irgendwo gesucht, sondern in einem dafür reservierten Bereich des Datenträgers, dem sogenannten Bootblock. Der allererste Sektor eines Datenträgers ist reserviert für die Informationen über die Art der Formatierung, wie viele Spuren und Sektoren formatiert wurden und die Version des Betriebssystems, mit der dieser Datenträger erstellt wurde. Wenn der Datenträger bootfähig ist, also als Datenträger für das Starten des Rechners eingerichtet wurde, wird dieser Bereich auch benutzt, um den Rechnerstart einzuleiten - doch dazu später mehr.

Das Inhaltsverzeichnis

Das - zu diesem Zeitpunkt natürlich leere - Inhaltsverzeichnis wird beim Formatieren angelegt. Das können Sie leicht überprüfen, indem Sie nach dem Formatieren DIR aufrufen. Es erscheint das korrekte Inhaltsverzeichnis, allerdings mit der Meldung

```
Datei nicht gefunden!
```

was nicht weiter verwundert.

Die Datenträgernummer

Wie bereits erwähnt, wird jedem Datenträger eine individuelle Seriennummer zugeordnet, die ebenfalls beim Formatieren auf den Datenträger geschrieben wird und die nur durch erneutes Formatieren geändert werden kann. Diese Datenträgernummer wird in einem hexadezimalen Format als Zufallsprodukt aus Datum und Uhrzeit der Formatierung dargestellt:

```
Datenträgernummer: 18EA-9F5C
```

Dies garantiert keine Einmaligkeit, doch ist die Chance einer doppelten Seriennummer sehr gering.

Für Ihre Arbeit hat die Seriennummer keinen großen praktischen Wert, doch DOS kann anhand der Seriennummer erkennen, ob der Datenträger in einem Diskettenlaufwerk gewechselt worden ist.

Normales Formatieren einer Diskette

Der Befehl für das Formatieren eines Datenträgers ist FORMAT, der außer der Angabe des zu formatierenden Laufwerks und einiger Optionen, die die Art und Weise des Formatierens bestimmen, keine weiteren Angaben benötigt.

Die Syntax von FORMAT:

```
FORMAT [ Lw: ] {/1} {/4} {/8} {/B} {/F:} {/N:x} {/O} {/Q} {/S}
       {/T:x} {/U} {/V} {/C}
```

Nach dem Befehl selbst geben Sie das Laufwerk an, in dem sich der zu formatierende Datenträger befindet. Diese Angabe ist vorgeschrieben und darf nicht unterlassen werden, daher führen wir sie hier und im Referenzteil in eckigen Klammern an. Wollen Sie z. B. die Diskette in Laufwerk A: formatieren, reicht die Angabe von

```
FORMAT A:
```

und FORMAT beginnt seine Arbeit:

```
Neue Diskette in Laufwerk A: einlegen
und anschließend die EINGABETASTE drücken...
```

Nachdem Sie die zu formatierende Diskette eingelegt haben (nicht ohne sich vorher vergewissert zu haben, daß Sie diese Diskette wirklich formatieren wollen!), wird mit `Enter` der Vorgang gestartet. Den Fortgang des Formatierens können Sie am Bildschirm verfolgen:

```
Prüfe bestehendes Datenträger-Format.
```

Als erstes überprüft DOS, wie der Datenträger vorher formatiert war und ob er bereits Daten enthält.

Ist dies der Fall, werden die Informationen festgehalten, die DOS braucht, um diese Formatierung wieder rückgängig machen zu können:

```
Speichere Informationen für Wiederherstellung
```

Hinweis: Wenn auf dem Datenträger (meist also der Diskette) nicht mehr genug Platz für diese Daten ist, erhalten Sie eine entsprechende Meldung und die Gelegenheit, den Formatiervorgang abzubrechen. Sollten Sie dennoch formatieren, sind die Daten unrettbar verloren!

Nun beginnt der eigentliche Formatiervorgang: Zuerst wird Ihnen mitgeteilt, welches Format DOS auf dem Datenträger erzeugt, welches Format Sie also anzulegen befohlen haben - wie Sie das tun, erläutern wir gleich. Danach sehen Sie am Bildschirm, wieviel Prozent des Datenträgers bereits formatiert sind.

```
Formatiere nnn KByte
  mm Prozent des Datenträgers formatiert
```

Auch können Sie hören, daß formatiert wird, denn im Diskettenlaufwerk knackt es leise, wenn der Schreib-/Lesekopf eine Spur weiterbewegt wird. Nach erfolgter Formatierung erhalten Sie eine solche Meldung - hier ein Beispiel für eine 1,44 MByte-Diskette:

```
Formatieren beendet
Datenträgerbezeichnung (11 Zeichen, EINGABETASTE für keine)?
   1.457.664 Byte Speicherplatz auf dem Datenträger insgesamt
      18.432 Byte in fehlerhaften Sektoren
   1.439.232 Byte auf dem Datenträger verfügbar
         512 Byte in jeder Zuordnungseinheit.
       2.811 Zuordnungseinheiten auf dem Datenträger verfügbar.
Datenträgernummer: 092B-16DC
Eine weitere Diskette formatieren (J/N)?n
```

Nach der Vollzugsmeldung und der Möglichkeit, dem Datenträger einen Namen zu geben, erhalten Sie die Information

- welche Kapazität beim Formatieren erstellt worden ist,
- ob schlechte Sektoren gefunden wurden und wieviel Kapazität diese von der Gesamtkapazität wegnehmen,
- wieviel Gesamtkapazität noch verbleibt,
- wie viele Byte in einer Zuordnungseinheit zusammengefaßt werden,

- wie viele dieser Zuordnungseinheiten auf dem Datenträger verfügbar sind sowie
- die Datenträgernummer, die diesem Datenträger zugeordnet wurde.

Die abschließende Frage, ob Sie eine weitere Diskette formatieren möchten, erhalten Sie nur, wenn Sie eine Diskette formatiert haben; beantworten Sie sie mit NEIN, erscheint wieder der Prompt, beantworten Sie sie mit JA, können Sie nach Einlegen einer anderen Diskette den Formatiervorgang erneut starten.

Hinweis: Beachten Sie, daß dieser erneute Formatiervorgang mit exakt denselben Parametern durchgeführt wird wie der erste, also Laufwerk und eventuelle Optionen. Wollen Sie diese ändern, müssen Sie den Befehl mit [N] beenden und mit den neuen Parametern erneut starten.

Formatieren einer Diskette mit Kapazitätsangabe

Bei der Arbeit mit Disketten müssen wir uns eines vor Augen halten, was für andere Datenträger mit einem nicht entfernbaren Medium, beispielsweise der Festplatte, nicht gilt: Wir haben es mit dem Medium und dem Laufwerk selbst zu tun.

Wenn wir beispielsweise den Befehl aus unserem vorigen Beispiel eintippen, wird die Diskette, die wir einlegen, im höchsten für das Laufwerk zulässigen Format formatiert. Wenn das 3½-Zoll Laufwerk also 1,44 MByte formatieren kann (und das können heute fast alle), wird die Diskette, wenn Sie nichts anderes befehlen, in diesem Format formatiert bzw. es wird versucht, denn die Beschichtung einer DD-Diskette ist für diese Formatierung nicht geeignet.

DOS meldet in einem solchen Fall (leider etwas kryptisch)

```
Unzulässiges Medium oder Spur 0 fehlerhaft - Datenträger unbrauch-
bar.
Formatieren beendet.
Eine weitere Diskette formatieren (J/N)?
```

Wenn Sie also eine DD-Diskette auf das für diese Diskettenqualität maximal zulässige Format von 720 KByte formatieren wollen, müssen Sie DOS dies explizit mitteilen. Dafür verwenden Sie die Option /F, die es erlaubt, das anzulegende Format zu bestimmen:

```
FORMAT  B: /F:720
```

legt beispielsweise auf dieser Diskette ein Format von 720 KByte an.

Das gleiche gilt, wenn Sie eine HD-Diskette auf ein niedrigeres Format formatieren wollen, etwa eine 1,44 MByte auf 720 KByte, weil sie auf einem Rechner benutzt werden soll, der das höhere Format nicht unterstützt.

Folgende Formate können Sie formatieren:

- 5¼-Zoll: 160, 180, 320, 360 und 1200 KByte
- 3½-Zoll: 720, 1440 und 2880 KByte

Die Formate 160, 180 und 320 KByte sind nur noch aus Gründen der Kompatibilität zu den Uralt-Versionen des MS-DOS möglich, sie sind für Sie wahrscheinlich nicht interessant - aber wahrscheinlich ist es wie mit den Nadeln für die historischen Grammophone: Da es noch einige gut funktionierende Exemplare gibt, kann man auch noch die Nadeln erwerben...

Sollten Sie ein Format wählen, das auf dem Laufwerk nicht erstellt werden kann, etwa das Format 360 KByte für ein 3½-Zoll-Laufwerk, meldet DOS

```
Parameter nicht kompatibel.
Formatieren beendet.
```

Um eine HD-Diskette auf einem 5¼-Zoll-Laufwerk mit der geringeren Kapazität von 360 KByte zu formatieren, müßten Sie diesen Befehl eingeben:

```
FORMAT  A: /F:360
```

Formatieren einer bereits formatierten Diskette

Die Regel ist, daß Sie fabrikneue Disketten formatieren, denn ein Datenträger muß nur einmal formatiert werden, um danach nahezu unbegrenzte Zeit unter DOS "dienen zu können". Es kann jedoch vorkommen, daß Sie eine HD-Diskette auf ein niedrigeres Format gebracht haben, nun aber diese Diskette wieder mit ihrer maximalen Kapazität nutzen wollen. Dafür müssen Sie sie erneut formatieren, allerdings mit anderen Parametern.

Bei dieser Betrachtung müssen wir zwei Fälle unterscheiden:

1. Die Diskette soll im gleichen Format formatiert werden, etwa, um den Inhalt auf einfache Weise zu löschen.

2. Es soll ein anderes als das bestehende Format angelegt werden, etwa wie erwähnt statt eines Formates 720 KByte ein Format mit der maximalen Kapazität.

Im ersten Fall haben DOS und Sie es verhältnismäßig leicht: Da die Spuren und Sektoren ja bereits auf die Diskette gezeichnet worden sind, muß dieser Vorgang beim gleichen Format natürlich nicht noch einmal durchgeführt werden. Es müssen lediglich die Organisations-Elemente

- Dateizuordnungstabelle
- Inhaltsverzeichnis
- Bootblock

neu eingerichtet werden. Auch eine Oberflächenüberprüfung kann entfallen. Diese Art der Formatierung hat grundsätzlich den Vorteil, daß die Daten nicht gelöscht werden, sondern nach dem Formatieren noch auf dem Datenträger vorhanden sind. Lediglich die erneuerte (nunmehr leere) Dateizuordnungstabelle sorgt dafür, daß das Inhaltsverzeichnis

```
Datei nicht gefunden!
```

meldet. Die Daten sind also wiederherstellbar, falls Ihnen siedendheiß einfällt, daß die soeben formatierte Diskette wichtige Daten enthielt - wie Sie diese Rettungsaktion durchführen, lesen Sie in Kapitel 9 nach.

Verweis:	Formatierte Datenträger wiederherstellen	→	Kapitel 9.5

Im zweiten Fall, also wenn die Diskette ein neues Format erhalten soll, müssen die Spuren und Sektoren neu auf die Diskette aufgebracht werden, was zur Folge hat, daß diese Daten nicht wiederhergestellt werden können, also nach dem Formatieren verloren sind. DOS merkt jedoch, daß das Datenträgerformat geändert werden soll und weist Sie auf diesen Umstand hin:

```
Neue Diskette in Laufwerk A: einlegen
und anschließend die EINGABETASTE drücken...

Prüfe bestehendes Datenträger-Format.
Angabe stimmt nicht mit bestehender Formatierung überein.
Formatierung des Datenträgers kann nicht rückgängig gemacht werden.
Formatieren durchführen (J/N)?
```

Sie können mit [J] (und [Enter]) befehlen, daß dennoch formatiert werden soll, oder den Vorgang sicherheitshalber mit [N] für NEIN abbrechen.

Sicheres und unwiderrufliches Formatieren

Wenn Sie das gleiche Datenträgerformat formatieren wollen und keine weiteren Angaben machen, startet DOS immer das sogenannte sichere Formatieren. Dafür werden die Informationen der Dateizuordnungstabelle auf dem Datenträger abgelegt, die für das Wiederherstellen der Daten nötig sind.

Hinweis: Daher funktioniert das Wiederherstellen einer randvollen Diskette auch nicht, da auf dieser kein Platz für das Abspeichern dieser Informationen ist. Lassen Sie also auf Ihren Disketten sicherheitshalber etwa 10 % Platz.

Sie können allerdings auch befehlen, daß diese Informationen nicht gespeichert werden, der Datenträger also unwiderruflich formatiert und damit komplett gelöscht wird: Mit der Option /U weisen Sie DOS zu diesem zerstörerischen Tun an.

```
FORMAT B: /U
```

wäre ein entsprechender Befehl, die Diskette in Laufwerk B: in dieser Weise zu formatieren.

Schnellformatierung mit Quickformat

Eine sehr schöne Neuerung, die es seit der Version 5.0 gibt, ist das sogenannte Quickformat, ein schneller Modus, der das einigermaßen zeitaufwendige Formatieren einer Diskette in Sekundenschnelle erledigt. Befehlen Sie dafür die Option /Q:

```
FORMAT A: /Q
```

erstellt lediglich einen neuen Systembereich auf A: (mit neuer Dateizuordnungstabelle), der Inhalt ist also wiederherstellbar. Dafür ist jedoch vonnöten, daß das bestehende Datenträgerformat beibehalten wird; eine Änderung der Kapazität ist also nicht zulässig und wird ignoriert. Eine Verwendung der Option /Q läßt also keine weiteren Angaben über Formate zu.

Erstellen einer Startdiskette mit FORMAT

Um den PC mit einer Diskette in Laufwerk A: starten zu können, muß diese Diskette "bootfähig" sein, die Dateien des Betriebssystems müssen sich auf diesem Datenträger befinden.

Hinweis: Sie sollten sich auf jeden Fall eine oder zwei Disketten erstellen, mit denen Sie Ihren PC starten können, denn im Falle eines unerwarteten Startfehlers beim Start von der Festplatte haben Sie nur so ohne weiteres Zugang zum System und können den Fehler suchen.

Nun kann man nicht einfach hergehen und mit einem normalen Kopierbefehl das Betriebssystem auf den Datenträger kopieren: Drei der Systemdateien, nämlich die Dateien IO.SYS, MSDOS.SYS und DBLSPACE.BIN sind sogenannte versteckte Systemdateien, die sich zwar wie jede andere Datei auf dem Datenträger befinden, doch durch den Status als Systemdateien (man sagt auch, daß sie das Attribut "System" und das Attribut "versteckt" haben) sind sie den normalen Betriebssystembefehlen für Kopieren, Löschen etc. gänzlich entzogen.

Hinweis: Auch wenn Sie diese Dateien sichtbar machen und kopieren können, so ist dieser Kopiervorgang keineswegs das Übertragen des Betriebssystems, sondern das Kopieren der Dateien - ein derart hergestellter Datenträger ist nicht startfähig!

Die vierte wichtige Betriebssystemdatei ist die Datei mit dem Namen COMMAND.COM - sie ist die einzige der vier, die Sie im Inhaltsverzeichnis sehen können - diese Datei ist nicht wie die drei anderen durch ein Attribut wie "System" oder "versteckt" geschützt. Um eine bootfähige Diskette zu erstellen, können Sie eine der folgenden Möglichkeiten auswählen:

- Das Installationsprogramm SETUP von MS-DOS installiert MS-DOS auf einem Satz von vier Disketten, von denen die erste bootfähig ist. Verwenden Sie dafür die Option /F von SETUP. Da dieser Vorgang langwierig ist, wird er die Ausnahme sein.

- Wenn Sie mit DISKCOPY eine bereits bootfähige Diskette kopieren, wird natürlich die Zieldiskette ebenfalls als Startdiskette geeignet sein.
- Der Befehl SYS überträgt auf sehr einfache Weise die Dateien des Betriebssystems von einem bootfähigen Datenträger (etwa der Festplatte) auf eine Diskette - lesen Sie zu SYS im Referenzteil nach.
- FORMAT schließlich verfügt über eine Option, die befiehlt, daß nach dem Formatieren die Systemdateien auf den Datenträger aufgetragen werden.

Um eine Diskette als Startdiskette zu formatieren, verwenden Sie die Option /S, und zwar auf diese Weise:

```
FORMAT B: /S
```

In diesem Falle wird die Diskette in dem für das Laufwerk höchstmöglichen Format formatiert und anschließend werden die Systemdateien übertragen. DOS meldet Ihnen

```
Formatieren beendet
Systemdateien übertragen
```

Sie können natürlich auch die anderen Optionen zusätzlich verwenden, etwa das Bestimmen eines anderen Formates:

```
FORMAT B: /F:720 /S
```

Auch das Quickformat oder die Option /U (für unwiderrufliches Formatieren) können selbstverständlich verwendet werden; die Reihenfolge der Optionen in der Befehlszeile ist nicht vorgeschrieben.

Hinweis: Wenn Sie den PC von einer Diskette aus gestartet haben, werden Sie vor dem Start des Formatiervorgangs aufgefordert, eine Systemdiskette in das Laufwerk zu legen, damit die Systemdateien in den Hauptspeicher geladen werden können, um sie anschließend auf die zu erstellende Diskette zu übertragen.

Diese Systemdiskette enthält nicht das komplette Betriebssystem, also die anderen externen Befehle, sondern sie ist lediglich zum Starten des Systems geeignet.

Doch da der sogenannte Kommandoprozessor COMMAND.COM zum Kern des Betriebssystems gehört, stehen Ihnen nach dem Start des Systems von Diskette zumindest die internen Befehle zur Verfügung.

Damit Sie von dieser Diskette auch auf ein eventuell komprimiertes Laufwerk zugreifen können, ist die Datei DBLSPACE.BIN ebenfalls auf der Diskette.

Hinweis: Beachten Sie jedoch, daß sich auf dieser Startdiskette keine der Konfigurationsdateien CONFIG.SYS und AUTOEXEC.BAT befinden. Diese müssen von Ihnen auf dieser Diskette erstellt oder dorthin kopiert werden.

Das Formatieren der Festplatte

Die Festplatte muß nur einmal formatiert werden: Vor ihrem allerersten Gebrauch, oder wenn Sie Änderungen an der Aufteilung der Festplatte vornehmen, etwa zusätzliche logische Laufwerke anlegen wollen.

Da das Formatieren einer Festplatte gleichbedeutend sein kann mit einem totalen Datenverlust, hat man eine weitere Sicherheitsabfrage eingebaut: Sollten Sie versuchen, eine Festplatte zu formatieren, erhalten Sie folgende unmißverständliche Warnung:

```
WARNUNG! Alle Daten der Festplatte
in Laufwerk C: werden gelöscht!
Formatieren durchführen (J/N)?
```

Nur wenn Sie diese Sicherheitsabfrage mit [J] für JA beantworten, beginnt DOS mit der Formatierung. Insofern ist es wahrscheinlich eher eine Schutzbehauptung, wenn jemand behauptet, er habe "versehentlich die Festplatte formatiert"...

4.6 Das Überprüfen eines Datenträgers

Alles, was Sie bisher darüber gehört haben, wie die Daten auf einem Datenträger abgelegt und organisiert werden, läßt sicher nur den Schluß zu, daß das Ganze eine höchst komplizierte Angelegenheit ist, die eigentlich verwundern läßt, daß DOS über Jahre hinweg eine bestimmte Datei auf einem Datenträger mit Millionen von Byte in Bruchteilen einer Sekunde findet.

Es ist in der Tat ein fragiles Gebilde, dieses System von Dateien auf einem Datenträger - und daher verwundert um so mehr, wie sehr wir Anwender doch nicht nur darauf vertrauen, daß es so ist, sondern gleichzeitig annehmen, daß das so bleibt. Dem ist, das sei hier gleich vorweggenommen, nicht so. Verschiedene Einflüsse können dafür sorgen, daß Ihre Daten auf einem Datenträger eben nicht ordentlich abgelegt werden:

- Materialfehler auf der magnetisch beschichteten Oberfläche, die einen korrekten Lesevorgang nicht mehr zulassen - solche Fehler nennt man physikalische Fehler.

- Ein Ausfall der Stromversorgung beendet ein Anwendungsprogramm, ohne daß die derzeit im Speicher geöffneten Dateien wieder ordnungsgemäß geschlossen werden können. Die Dateien werden nicht mehr richtig abgelegt, die Dateizuordnungstabelle oder/und das Inhaltsverzeichnis enthalten unrichtige Einträge. Diese Art von Fehlern sind logische Fehler, die von DOS beseitigt werden können.

Das Überprüfen und Beheben physikalischer Fehler kann MS-DOS nicht für Sie durchführen.

Die Überprüfung auf physikalische Fehler: SCANDISK

Die physikalischen Fehler lassen sich nur durch geeignete Zusatzprogramme beheben, von denen als bekannteste hier die PC-Tools und die Norton Utilities zu nennen sind, Programmsammlungen, die eine Vielzahl von Problemen lösen helfen können.

Seit der MS-DOS-Version 6.2 wird ein Programm mitgeliefert, das auch ohne eine Formatierung die Festplatte auf schadhafte oder nicht eindeutig lesbare Sektoren überprüft. Insbesondere im Hinblick auf die Benutzung des Komprimierungsprogramms DBLSPACE, auf das wir weiter unten eingehen, ist dieses ein echter Fortschritt, denn es führt zu wesentlich größeren Problemen, wenn eine komprimierte Platte auf einer Festplatte angelegt wird, die an einigen Stellen nicht lesbar ist. Doch auch Anwender, die ihre Platte nicht komprimieren wollen, haben mit SCANDISK eine Möglichkeit, in regelmäßigen Abständen ihre Festplatte zu überprüfen, denn die Magnetisierung der Oberfläche ist keineswegs so konstant, wie man sich dies als Anwender wünschen würde.

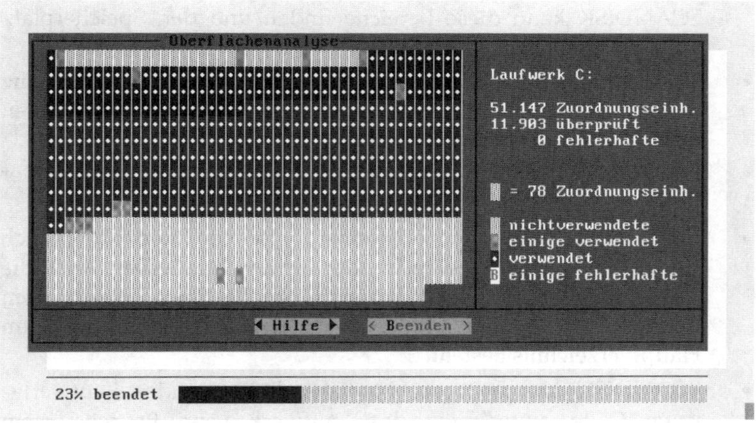

Abb. 14: SCANDISK bei der Arbeit (Oberflächenanalyse)

Wenn SCANDISK einen Sektor findet, der nicht oder nicht zweifelsfrei lesbar ist, wird dieser Sektor in der Dateizuordnungstabelle (FAT) als schlecht ("bad") gekennzeichnet und ist forthin für das Betriebssystem nicht mehr existent. Durch diese Ausgrenzung wird wirksam verhindert, daß dort noch Daten abgelegt werden können. Befinden sich auf einem solchen Sektor Daten, so werden diese Daten an einen sicheren Ort verlagert, zumindest für die Daten vor und nach diesem schlechten Sektor bedeutet dies, daß sie nicht restauriert werden müssen.

Doch SCANDISK überprüft nicht nur die Oberfläche der Platte, im Gegenteil: Dies wird vom Programm nur durchgeführt, wenn Sie es befehlen — vorher sind noch einige andere sicherheitsrelevante Checks, die ausgeführt werden müssen.

- Wenn auf dem Datenträger mehrere Dateien in der "Lagerliste", der Dateizuordnungstabelle, auf ein und demselben Sektor abgelegt sein sollen (was natürlich nicht möglich ist), nennt man dies eine Querverkettung ("Cross Linked"). Diese wird von SCANDISK gefunden und repariert.

- In der Dateizuordnungstabelle sind einige Sektoren als belegt gekennzeichnet, obwohl keine Datei dort abgelegt ist. Diese verlorenen Bereiche ("Lost Cluster") belegen auf dem Datenträger kostbaren Speicherplatz, obwohl sich dort keine Daten befinden. SCANDISK kann diese Bereiche finden und den Speicherplatz wieder freimachen.
- Die FAT (Dateizuordnungstabelle) selbst ist partiell oder ganz defekt. SCANDISK erkennt dies und greift auf eine der Kopien der FAT zu und restauriert diese.
- Das Inhaltsverzeichnis stimmt nicht mit den Einträgen in der Dateizuordnungstabelle überein und muß aktualisiert werden.
- Ein Teil des Datenträgers oder einer logischen Unterteilung (auch Verzeichnis genannt) ist nicht oder nicht richtig lesbar. Auch die Verzeichnisstruktur wird überprüft, ob alle Pfade bis zu ihrem Ende eindeutig sind und eine lückenlose Verbindung zum Hauptverzeichnis besteht.
- SCANDISK überprüft die Mediabeschreibung des Laufwerks, jenen Code, unter dem das Laufwerk beim Betriebssystem angemeldet ist.

Tip "Lost cluster" als Datei speichern

Sie sollten die verlorenen Zuordnungseinheiten als Datei abspeichern lassen und mit dem Editor kurz einmal anschauen — oft findet sich so mancher bei einem Systemabsturz abhandengekommener Datenrest dort wieder, den man bereits abgeschrieben hatte. Sollte es sich jedoch um Programmteile handeln — Sie erkennen das an den Steuerzeichen —, können Sie diese Datei ja immer noch löschen.

Nach dem Überprüfen des Datei-Systems wird die Dateizuordnungstabelle überprüft, ob sie richtig und vollständig ist und ob sie mit den angelegten Kopien übereinstimmt. Auch dies dient der Sicherheit Ihrer Daten, denn eine verlorene oder korrumpierte FAT ist ein Datenverlust, der oft nur sehr schwer reparabel ist.

SCANDISK ist also nicht nur für das Überprüfen der physikalischen Fehler zuständig, es werden auch die logischen Zusammenhänge des Datei- und Verzeichnis-Systems überprüft.

Um SCANDISK aufzurufen, müssen Sie nur den Namen des zu überprüfenden Laufwerks angeben — lassen Sie diesen aus, wird das aktuelle Laufwerk überprüft.

```
SCANDISK D:
```

Sie können jedoch durch einige Optionen den Ablauf präzise steuern, von denen wir hier die wichtigsten aufzählen:

/ALL	Es werden alle lokalen Laufwerke des Rechners (also keine Netzwerklaufwerke) überprüft.
/AUTOFIX	Gefundene Fehler werden automatisch behoben und die verlorenen Cluster in Dateien im Hauptverzeichnis gespeichert. Werden Fehler gefunden, wird eine UNDO-Diskette angefordert. Um dies zu verhindern (z. B. für den Batchbetrieb), können Sie den Parameter /NOSUMMARY anhängen.
/CHECKONLY	Es findet nur eine Überprüfung statt, Reparaturen werden nicht durchgeführt.
/CUSTOM	Wenn Sie Ihre Einstellungen in der Datei SCANDISK.INI gemacht haben, so werden beim Aufruf des Programms mit dieser Option die dort niedergelegten Einstellungen verwendet.
/FRAGMENT	Überprüft, ob die mit angebene Datei fragmentiert ist.
/NOSAVE	Wird zusammen mit /AUTOFIX verwendet. Defekte Cluster werden gelöscht und nicht in Dateien abgespeichert.
/NOSUMMARY	Verhindert die Anzeige eines Reports und die Anforderung einer UNDO-Diskette bei Verwendung von /AUTOFIX.
/SURFACE	Nach der logischen Überprüfung wird eine Oberflächenüberprüfung durchgeführt.
/UNDO	Änderungen durch SCANDISK werden wieder rückgängig gemacht.

Die Benutzung von CHKDSK

Es gibt einen weitern Befehl, der das Überprüfen von Datenträgern auf logische Fehler ermöglicht: CHKDSK heißt er. Dieser externe Befehl ist wie SCANDISK in der Lage, folgende Fehler auf einem Datenträger aufzuspüren, wobei wir hier darauf hinweisen müssen, daß SCANDISK das bessere und sicherere Programm ist. Außerdem werden durch SCANDISK mehr Tests durchgeführt; insofern ist CHKDSK allenfalls ein Relikt aus "alten Zeiten".

- Wenn auf dem Datenträger mehrere Dateien in der "Lagerliste", der Dateizuordnungstabelle, auf ein und demselben Sektor abgelegt sein sollen (was natürlich nicht möglich ist), nennt man dies eine Querverkettung. Diese wird mit CHKDSK gefunden.
- In der Dateizuordnungstabelle sind einige Sektoren als belegt gekennzeichnet, obwohl keine Datei dort abgelegt ist. Diese verlorenen Bereiche belegen auf dem Datenträger kostbaren Speicherplatz, obwohl sich dort keine Daten befinden. CHKDSK kann diese Bereiche finden und den Speicherplatz wieder freimachen.
- Die FAT (Dateizuordnungstabelle) selbst ist partiell oder ganz defekt. CHKDSK erkennt dies und greift auf eine der Kopien der FAT zu und restauriert diese.
- Das Inhaltsverzeichnis stimmt nicht mit den Einträgen in der Dateizuordnungstabelle überein und muß aktualisiert werden.
- Ein Teil des Datenträgers oder einer logischen Unterteilung (auch Verzeichnis genannt) ist nicht oder nicht richtig lesbar.

CHKDSK hat zwei Arten der Ausführung, die Sie bitte genau auseinanderhalten: Einerseits kann der Befehl die gefundenen Fehler anzeigen, also mitteilen, welche Fehler gefunden wurden. Diese Fehlermeldung schließt jedoch auch immer den Hinweis ein, wie der Fehler nun im nächsten Schritt behoben werden kann:

```
Fehler gefunden. Option /F nicht angegeben
Datenträger wird nicht berichtigt
```

Tip: Zuerst CHKDSK ohne /F

Sie sollten CHKDSK zuerst immer in dieser Weise aufrufen, um planen zu können, was im Falle eventueller Fehlermeldungen als nächstes getan werden muß.

Der zweite Betriebsmodus ist der, die Fehler zu beheben, soweit es möglich ist. Dieser Modus wird jedoch nur gestartet, wenn Sie ihn explizit befehlen - und damit wären wir bei der Eingabe des Befehls:

```
CHKDSK {Laufwerk:}{Datei} {/F} {/V}
```

Die Angabe des zu überprüfenden Laufwerks ist nicht vorgeschrieben; wenn Sie keines angeben, wird wie immer das Standardlaufwerk angenommen. Die Angabe einer Datei ist ebenfalls optional und bedeutet, daß Sie den Datenträger auch auf eine eventuelle Zerstückelung der abgelegten Dateien (Fragmentierung) überprüfen lassen wollen. In Kapitel 4.7 gehen wir darauf noch einmal gesondert ein. Die Option /F ist es (Eselsbrücke: **F**ehler), die CHKDSK anweist, Fehler nicht nur zu suchen, sondern, wenn es geht, auch zu reparieren. Der Normalfall ist wohl der, daß Sie mit CHKDSK einen Datenträger überprüfen wollen, sei es, weil Sie den Verdacht eines Fehlers haben, sei es, weil Sie - wozu wir dringend raten - in regelmäßigen Abständen eine derartige Überprüfung durchführen:

```
CHKDSK C:
```

überprüft die Festplatte C:, allerdings ohne eventuelle Fehler zu beheben oder zumindest einen Versuch in dieser Richtung zu unternehmen. Folgende Meldung erhalten Sie, wenn CHKDSK keine Fehler findet:

```
Datenträger SYSTEM     erzeugt 16.04.1993 12:36
Datenträgernummer: 18FA-8F2C
 137.195.520 Byte Speicherplatz auf dem Datenträger insgesamt
  40.570.880 Byte in 4 versteckten Dateien
     139.264 Byte in 29 Verzeichnissen
  50.552.832 Byte in 1219 Benutzerdateien
  45.916.160 Byte auf dem Datenträger verfügbar
       4.096 Byte in jeder Zuordnungseinheit
      33.495 Zuordnungseinheiten auf dem Datenträger insgesamt
      11.210 Zuordnungseinheiten auf dem Datenträger verfügbar
     655.360 Byte konventioneller Arbeitsspeicher
     571.408 Byte frei
```

Wie Sie sehen, handelt es sich hier lediglich um einen Statusbericht, der Ihnen über den freien bzw. belegten Speicherplatz auf dem Datenträger sowie über die freie Kapazität des Hauptspeichers Auskunft gibt.

Hinweis: Sollte der Datenträger schadhafte Sektoren aufweisen, wird angegeben, wieviel Kapazität durch diese nicht lesbaren Bereiche des Datenträgers verlorengeht. Diese schadhaften Sektoren werden jedoch nicht, wie man meinen könnte, von CHKDSK gefunden, sondern die Werte mitgeteilt, die beim Überprüfen der Oberfläche beim Formatieren oder bei einem SCANDISK-Durchlauf in die Dateizuordnungstabelle eingetragen wurden. Es kann also sein, daß Ihr Datenträger mehr schadhafte Sektoren aufweist, als CHKDSK Ihnen meldet. Insofern ist von Zeit zu Zeit eine Überprüfung mit SCANDISK sehr anzuraten.

Anzeige der Dateien eines Datenträgers mit der Option /V des Befehls CHKDSK

Mit der Option /V können Sie zusätzlich zu den Meldungen über gefundene Fehler eine Liste aller Dateien anzeigen lassen. Dafür geben Sie zusätzlich die Option /V an. Vor der Ausgabe des Ihnen bereits bekannten Statusberichts erhalten Sie eine Liste der auf dem Datenträger befindlichen Dateien. Diese Liste kann jedoch bei einem größeren Datenträger sehr lang sein. Die Folge ist dann, daß eine schier endlose Liste sehr schnell an Ihnen vorbeirollt, ohne daß Sie auch nur den Hauch einer Chance hätten, etwas zu erkennen.

```
C:\DOS6\ANSI.SYS
C:\DOS6\APPEND.EXE
C:\DOS6\ATTRIB.EXE
C:\DOS6\CHKDSK.EXE
C:\DOS6\CHKSTATE.SYS
C:\DOS6\CHOICE.COM
C:\DOS6\COMMAND.COM
C:\DOS6\COUNTRY.SYS
C:\DOS6\DBLSPACE.BIN
C:\DOS6\DBLSPACE.EXE
C:\DOS6\DBLSPACE.HLP
C:\DOS6\DBLSPACE.INF
C:\DOS6\DBLSPACE.SYS
C:\DOS6\DBLWIN.HLP
C:\DOS6\DEBUG.EXE
C:\DOS6\DEFRAG.EXE
C:\DOS6\DEFRAG.HLP
C:\DOS6\DELOLDOS.EXE
C:\DOS6\DELTREE.EXE
C:\DOS6\DISKCOMP.COM
C:\DOS6\DISKCOPY.COM
C:\DOS6\DISPLAY.SYS
C:\DOS6\DOSHELP.HLP
-- Fortsetzung --
```

Abb. 15: Dateiliste mit CHKDSK

Um diesen durchrollenden Bildschirm anzuhalten, haben Sie mehrere Möglichkeiten. Die eine ist, den dafür vorgesehenen Filterbefehl MORE zu verwenden.

Die andere Möglichkeit ist, den durchrollenden Bildschirm mit der Tastenkombination [Strg]+[S] anzuhalten, also bei gedrückter Taste [Strg] die Taste [S] zu betätigen. Der Bildschirm hält sofort an, mit Druck einer beliebigen Taste geht es weiter, erneutes Drücken der Tastenkombination hält den Bildschirm wieder an usw. Wenn Sie die Taste [Pause] auf Ihrer Tastatur vorfinden, können Sie diese auch benutzen.

Fehlerbehebung mit CHKDSK

Wenn CHKDSK Fehler meldet, so ist das in den seltensten Fällen ein Grund zur Beunruhigung, denn die logischen Fehler, die auf einem Laufwerk auftreten können, gehören eher zu den harmlosen. Dennoch ist es wichtig, zu wissen, was die einzelnen Meldungen bedeuten und was die Ursache sein könnte.

Der harmloseste Fehler ist, daß CHKDSK Bereiche auf dem Datenträger findet, die zwar in der Dateizuordnungstabelle als belegt gekennzeichnet sind, auf denen jedoch keine Daten abgelegt wurden. Dies ist allenfalls Verschwendung von Speicherplatz auf dem Datenträger, aber den haben Sie ja schließlich bezahlt. Diese verlorenen Bereiche - so werden Sie genannt - werden so gemeldet:

```
4 verlorene Zuordnungseinheiten in 1 Ketten gefunden.
16.384 Speicherplatz auf dem Datenträger würden freigegeben
```

Diese Meldung besagt, daß Sie die Option /F nicht angegeben haben und CHKDSK folgerichtig keinen Versuch unternimmt, diesen Fehler zu beheben. Haben Sie allerdings diesen Befehlszusatz befohlen, sieht die Meldung geringfügig anders aus:

```
4 verlorene Zuordnungseinheiten in 1 Ketten gefunden.
Verlorene Ketten in Dateien umwandeln (J/N)?
```

Wenn Sie diese etwas merkwürdige Frage mit [N] für NEIN umwandeln, wird der Speicherplatz freigegeben; ein Zugriff auf Datenreste, die sich dort befinden, ist danach nicht mehr möglich - was allerdings sowieso selten der Fall ist. Beantworten Sie diese Frage mit JA, werden die Datenreste, die auf diesem Bereich lagern, in Dateien umgewandelt, die Sie sich dann mit Ihrer Textverarbeitung oder dem Editor von MS-DOS daraufhin ansehen können, ob Sie sie nicht vielleicht noch brauchen. Etwas zum Namen dieser wieder hervorgekramten Daten: Da CHKDSK natürlich keinen Zugriff mehr auf den ehemaligen Namen dieser Dateistücke hat und auch der Zusammenhang zu einer bestimmten Datei nicht mehr herstellbar ist, andererseits eine Datei immer einen Namen haben muß, werden diese Dateien mit dem Namen

```
FILEnnnn.CHK
```

versehen, wobei nnnn eine Zahl ist, die von 0000 bis 9999 hochgezählt wird. Die Dateien werden im Hauptverzeichnis des überprüften Datenträgers abgelegt.

Hinweis: Bevor Sie die Festplatte mit DEFRAG reorganisieren, sollten Sie unbedingt mit SCANDISK(!) die logische Struktur prüfen lassen, da DEFRAG bei einem gefundenen logischen Fehler sofort seine Arbeit beendet und Sie auffordert, zuerst SCANDISK zu betreiben.

Überprüfung eines Datenträgers auf Fragmentierung

CHKDSK kann neben der Überprüfung des Datenträgers auf logische Fehler auch überprüfen, ob die Daten fein säuberlich zusammenhängend abgelegt sind oder ob eine zerstückelte Anordnung vorliegt, jene mehrfach erwähnte Fragmentierung.

Hierfür ist es erforderlich, daß nicht nur das Laufwerk, sondern zusätzlich die Datei(en) angegeben werden, die Sie auf Fragmentierung untersuchen wollen:

```
CHKDSK C:ROMAN.TXT
```

etwa untersucht die Datei ROMAN.TXT, eine eventuelle Fragmentierung wird Ihnen so gemeldet:

```
C:\ROMAN.TXT enthält 4 nicht zusammenhängende Blöcke
```

Wenn die Anordnung jedoch für gut befunden wurde, lautet die Meldung

```
Alle angegebenen Dateien sind zusammenhängend
```

Sollte die Anzahl der fragmentierten Dateien relativ groß werden, so ist eine Reorganisierung der Dateien mit dem Dienstprogramm DEFRAG angesagt, das die einzelnen Dateien wieder zusammenhängend auf die Platte schreibt.

Auch SCANDISK kann übrigens Dateien auf Fragmentierung hin untersuchen: Starten Sie das Programm mit der Option /FRAGMENT. Sie erhalten eine Meldung darüber, welche Dateien wie viele nicht zusammenhängende Blocks belegen.

Hinweis: SCANDISK ist nicht nur effektiver, die Reparaturen können auch mit /UNDO und der Angabe des Diskettenlaufwerks, in dem die UNDO-Diskette liegt, wieder rückgängig gemacht werden.

4.7 Das Optimieren von Laufwerkzugriffen

Wenn man von "Optimieren der Zugriffe auf ein Laufwerk" redet, so ist damit immer das Optimieren der Zugriffsgeschwindigkeit (und meist der Festplatte) gemeint, die zwar relativ hoch ist (etwa 10 ms im Mittel bei den schnellsten Festplatten), doch wirkt sich bei diesem wichtigen Datenträger eine Verbesserung der Geschwindigkeit naturgemäß sehr aus.

Da nimmt es nicht Wunder, wenn allerhand taugliche und untaugliche Versuche unternommen werden, den Zugriff auf die Festplatte zu beschleunigen.

Dabei unterscheiden wir die Maßnahmen, die einen bremsenden Einfluß auf die Festplatte beseitigen, etwa das Reorganisieren der Daten, und jene Maßnahmen, die durch Einbinden dafür bestimmter Programme dafür Sorge tragen, daß die Lesezugriffe der Festplatte auf ein Minimum reduziert werden, indem die Daten, die von der Festplatte gelesen werden sollen, in einem schnelleren Bereich des Systems bereitgehalten werden.

Die "Flaschenhälse" eines PC-Systems sind, wie mehrfach erwähnt, die Laufwerke, wobei wir von dem quälend langsamen Zugriff auf die Diskettenlaufwerke nicht reden wollen, sondern nur von den Zugriffen auf den bei weitem meistbenutzten Massenspeicher, die Festplatte.

Nun werden Sie einwenden, daß eine Festplatte mit einem Zugriff von etwa 20 ms doch sehr schnell sei und eine höhere Geschwindigkeit keinen praktischen Nutzen bringe.

Für 75 % aller Anwender und Anwendungen ist dies sicher richtig, denn wer ausschließlich Textverarbeitung betreibt, wird eine Verbesserung der Zugriffsgeschwindigkeit allenfalls beim Laden des Programms selbst (und das macht man schließlich nicht hundertmal am Tag...) und dem Aufruf eines bereits erstellten Textes merken. Für die anderen Funktionen wie Blättern durch den Text, Suchen von Text oder Formatieren einer Seite wäre eine Geschwindigkeitssteigerung nur durch einen schnelleren Prozessor erreichbar.

Anders ist das jedoch bereits bei Anwendungen, die auf eine oder mehrere Datenbanken zugreifen, etwa ein Warenwirtschaftsprogramm, das Kunden, Artikel und Lieferanten verwaltet und Auftragsbestätigungen, Rechnungen, Lieferscheine, Mahnungen und Bestellungen erstellt: Hier werden nicht alle Stamm- und Bewegungsdaten ständig bereitgehalten; das wäre aufgrund des knappen Hauptspeichers nicht möglich und auch gar nicht sinnvoll. NEIN, die Daten befinden sich in verschiedenen, miteinander durch das zentrale Programm verbundenen, Datenbanken, deren Informationen von der Festplatte bei Bedarf hinzugeladen werden. Hier jedoch macht sich eine Verbesserung der Zugriffsgeschwindigkeit auf diese Daten sehr wohl bemerkbar, da bei einem umfangreichen System ständig Daten auf die Platte geschrieben und von der Platte gelesen werden. Anwendern, die solche Software betreiben, ist in jedem Falle anzuraten, sich mit den Möglichkeiten der Optimierung des Festplattenzugriffs zu beschäftigen.

Optimieren durch Reorganisieren

Bevor wir unser System schneller machen, müssen wir versuchen, alle bremsenden Einflüsse auszuschalten. Und einer dieser Einflüsse ist die bereits mehrfach erwähnte fragmentierte Anordnung der Daten auf der Festplatte: Die Dateien werden in freie Lücken auf der Festplatte abgelegt, doch oft sind diese nicht groß genug, um die ganze Datei aufzunehmen, also wird der Rest auf einem anderen Sektor abgelegt und dies in der Dateizuordnungstabelle vermerkt. Dies bedeutet jedoch einen Zeitverlust, denn wenn die Daten auf mehrere Bereiche verteilt werden, müssen sie auch von diesen Bereichen wieder zusammengesucht werden, was naturgemäß eine erneute Bewegung des Kopfes bedeutet.

Wichtig ist also, diese Daten wieder sequentiell, also zusammenhängend, auf dem Datenträger abzulegen. Mußte man sich zu diesem Zweck früher verschiedene Hilfsprogramme anschaffen, so hat der Anwender der Version 6.2 mit dem Programm DEFRAG ohne weitere Anschaffungen die Möglichkeit, "seine Platte zu putzen".

Dieser Reorganisieren genannte Vorgang dauert jedoch - je nach Grad der Fragmentierung - seine Zeit, so daß man seine Festplatte nur in bestimmten Abständen einer solchen Kur unterziehen sollte.

Da das Reorganisieren der Festplatte ein sehr wichtiger Vorgang ist und von daher des öfteren durchgeführt werden wird, hier einige sehr nützliche Hinweise:

Hinweis: Da die Daten auf dem Datenträger physikalisch neu geordnet werden, befinden sie sich (auch laut Dateizuordnungstabelle) nicht mehr auf dem Sektor, auf dem sie sich vor der Reorganisation befunden haben. Wenn Sie jedoch zur Verbesserung der Zugriffsgeschwindigkeit die unten beschriebenen Programme SMARTDRV oder FASTOPEN betreiben, haben diese im Hauptspeicher von dieser Umorganisation nichts erfahren und würden die Dateien noch an ihrem alten Platz suchen.

Um diesem Problem vorzubeugen, sollten Sie folgende zwei Regeln beachten:

① Starten Sie vor dem Reorganisieren den Rechner von einer Diskette, die das Programm nicht lädt. Wenn Sie beim Start des Rechners mit der Taste `F5` oder `F8` die AUTOEXEC.BAT umgehen, benötigen Sie keine Startdiskette.

② Nach dem Reorganisieren sollten Sie unbedingt einen Neustart des PCs durchführen, damit die neue Dateizuordnungstabelle eingelesen werden kann. Sie können dies auch automatisch durchführen lassen, wenn Sie DEFRAG mit der Option /B starten.

Und so führen Sie nach der Beachtung unserer Ratschläge eine Reorganisierung Ihrer Festplatte durch:

Starten Sie das Programm DEFRAG und wählen Sie in der ersten Dialogbox mit der Maus oder den Cursortasten und `Enter` das zu behandelnde Laufwerk aus.

Sie können das Programm auch vom DOS-Prompt aus mit den notwendigen Angaben versehen und starten. Lesen Sie dazu in der Referenz nach.

Abb. 16: DEFRAG im Einsatz

Das Programm analysiert, inwieweit der Datenträger fragmentiert ist und bietet eine der beiden Stufen der Bearbeitung an:

- Dateien zusammenfassen

Dies bedeutet, daß lediglich die Dateien wieder zusammengeführt werden, freie Bereiche des Datenträgers werden aus Zeitgründen nicht aufgefüllt. Dies ist die schnellste Methode.

- Komplette Optimierung

Wenn Sie einmal etwas Zeit investieren wollen, sollten Sie diese Optimierung wählen: Es werden nicht nur Dateien wieder zusammengefaßt, auch der freie Platz des Datenträgers wird aufgefüllt.

Wenn Ihnen die vorgeschlagene Art der Optimierung zusagt, starten Sie mit `Enter` sofort den Vorgang. Wollen Sie dagegen einen anderen Modus einstellen oder eine andere Sortierung der Daten befehlen, so wechseln Sie mit `Tab` auf die Schaltfläche *Konfigurieren* und wählen diese Funktion mit `Enter`. Eine andere, wesentlich bequemere Methode ist, die Schaltfläche mit der Maus anzuklicken, also mit dem Mauszeiger auf die Fläche zu zeigen und die linke Maustaste zu betätigen. Das sich öffnende Menü bietet folgende Menüpunkte an:

Datenträger optimieren	Dieser Menüpunkt startet den Vorgang nach der Auswahl der Optionen.

Laufwerk	Erlaubt die Auswahl eines anderen Laufwerks.
Optimiermethode	Wählen Sie eine der beiden beschriebenen Optimierungsmethoden aus.
Anordnung der Dateien	Wie sollen die Dateien auf dem Datenträger sortiert werden?
Symbole	Was bedeuten die Symbole, die man während des Vorgangs sehen kann?
Beenden	Beendet das Programm.

Auch hier gilt: Durch Anklicken des Menüpunkts oder Auswahl des Menüpunkts durch Betätigen des hervorgehobenen Buchstabens zusammen mit der Taste `Alt` wählen Sie einen der Menüpunkte aus.

Nach erfolgter Konfiguration und Start der Optimierung sehen Sie den Fortgang der Dinge am Bildschirm.

Je nach Geschwindigkeit der Platte werden die Daten schneller oder langsamer zusammengesucht und an ihre neuen Positionen geschrieben. Wenn DEFRAG seine Arbeit beendet hat, erscheint mit einem Signalton die entsprechende Meldung.

Hinweis: Sie dürfen das Programm DEFRAG auf keinen Fall von Windows aus starten oder aus dem DOS-Fenster eines Anwendungsprogramms. Das kann (und wird meist) zu schweren Fehlern bis hin zum Datenverlust führen.

Beachten Sie auch, daß DEFRAG nur Datenträger mit bis zu 20.000 Dateien bearbeiten kann, was in MS-DOS 6.2 durch Nutzung des Extended Memory aber bereits eine Verdopplung der Dateianzahl im Unterschied zu 6.0 bedeutet.

Ein sehr wichtiger Hinweis betrifft UNDELETE: Wenn Sie keine Löschüberwachung eingerichtet haben, sondern nur die Löschverfolgung oder gar die Standardmethode benutzen, so kann nach einem Reorganisieren der Platte **keine** Datei wiederhergestellt werden, da der Platz auf der Platte nicht mehr mit der vorigen Position übereinstimmt.

Tip Defragmentieren verhindern
Wenn Sie nicht möchten, daß DEFRAG ausgeführt wird, legen Sie eine Umgebungsvariable namens WINDIR an, die einen x-beliebigen Wert haben darf. Da DEFRAG unter Windows nicht ausgeführt werden darf, wird das Vorhandensein einer solchen Variablen überprüft und ggf. DEFRAG nicht gestartet.

Optimieren durch FASTOPEN

Während das Reorganisieren der Daten auf der Festplatte lediglich eine Verlangsamung beseitigt, ist eine Optimierung mit dem Befehl FASTOPEN in der Tat eine - allerdings nicht sehr gravierende - Verbesserung des Zugriffs. FASTOPEN ist ein sogenanntes speicherresidentes (man sagt auch nur residentes) Programm. Das bedeutet nichts anderes, als daß es sich nicht wie die anderen Befehle nach getaner Arbeit wieder aus dem Speicher entfernt, sondern es verbleibt dort und übt seine Aufgabe ständig im Hintergrund aus, ohne daß Sie es merken. Erst wenn Sie den Rechner ausschalten, wird der Hauptspeicher komplett geleert und das Programm damit ebenfalls aus dem Speicher entfernt.

Die Wirkungsweise von FASTOPEN ist recht einfach erklärt:

Wenn Sie eine Datei aufrufen, so merkt sich FASTOPEN, wo die genaue Position dieser Datei ist, genauer: In welchem Verzeichnis DOS diese Datei gefunden hat. Erfolgt nun ein zweiter Zugriff auf diese Datei (auch hier wieder: Anwender von Textverarbeitung werden nur geringen Nutzen davon haben), wird sofort die "gemerkte" Position angefahren, das zwar erstaunlich schnelle, aber eben doch zeitaufwendige Suchen entfällt.

Und so wird FASTOPEN angewendet:

```
FASTOPEN [ Laufw: ]{=nnn} ... {Laufw:=nnn}
```

Nach dem Befehl müssen Sie das Laufwerk angeben (eckige Klammern sagen: Dieser Parameter muß angegeben werden), dessen Dateizugriffe Sie durch FASTOPEN aufzeichnen lassen wollen. Dahinter die Angabe, wie viele Zugriffe gespeichert werden sollen. Geben Sie dort nichts an, wird ein Wert von 34 angenommen, was für die meisten Anwender vollkommen ausreichend sein dürfte.

Es reichte also aus, einfach

```
FASTOPEN C:
```

zu befehlen, da sich FASTOPEN die jeweils 34 letzten Zugriffe merkt. Wenn dieser Speicher von 34 Dateizugriffen voll ist, werden jeweils die ältesten gelöscht, sobald neue Zugriffe erfolgen.

Wollen Sie mehr Speicher anlegen, so befehlen Sie zusätzlich die Anzahl, die Sie wünschen:

```
FASTOPEN C:=99
```

legt fest, daß 99 Dateizugriffe gespeichert werden.

Hinweis: Beachten Sie bitte, daß für jeden zusätzlichen Dateizugriff im Hauptspeicher 48 Byte bereitgehalten werden. Eine Anzahl über 99 ist nicht angeraten und bringt auch keinen Zugewinn an Geschwindigkeit mehr, der im Verhältnis zum Speicherverbrauch nennenswert wäre.

Wollen Sie mehr als ein Laufwerk mit FASTOPEN bearbeiten lassen, so geben Sie das zusätzliche Laufwerk - durch eine Leertaste vom vorigen getrennt - an:

```
FASTOPEN C:=99 D:=50
```

Es sind bis zu 24 Laufwerke möglich; ein Netzwerklaufwerk allerdings kann durch FASTOPEN nicht bearbeitet werden. Wenn Sie FASTOPEN anwenden wollen - und Sie werden gleich lesen, warum Sie das möglicherweise gar nicht brauchen -, so sollten Sie den Befehl in die AUTOEXEC.BAT eintragen, um ihn dadurch beim Start automatisch auszuführen. Dies ist jedoch nicht etwa vorgeschrieben, es erspart Ihnen lediglich die Tipparbeit.

Es soll hier nicht unerwähnt bleiben, daß der Aufruf von FASTOPEN auch mittels des Befehls INSTALL oder INSTALLHIGH in der CONFIG.SYS aufgerufen werden kann. Hierzu lesen Sie bitte die Informationen des Kapitels 10.5, wo wir uns intensiv mit CONFIG.SYS und AUTOEXEC.BAT befassen.

Hinweis: Wenn Sie eine Reorganisation der Festplatte durchführen wollen, müssen Sie Ihren Rechner ohne FASTOPEN starten. Lesen Sie bitte oben nach, welche Hinweise wir dort für Sie haben.

Der Cache-Speicher SMARTDRV.EXE

Während FASTOPEN eher eine etwas schlichte Methode ist, um den Zugriff auf eine Festplatte zu verbessern, gibt es eine - zumindest theoretische - Möglichkeit, die Festplatte so schnell zu machen wie den Hauptspeicher. Dafür wird eine in der Theorie sehr einfache, in der Praxis allerdings hochkomplizierte Methode angewendet: Der Cache-Speicher. Ein Cache-Speicher (von engl.= verstecktes Lager, Versteck) ist ein Speicherbereich aus sehr schnellen Chips, der Daten aus Bereichen mit relativ langer Zugriffszeit (etwa der Festplatte) zwischenlagert, um sie für erneute Zugriffe bereitzuhalten. Ein entsprechendes Programm sorgt sowohl dafür, daß Daten, die benötigt werden, im Speicherbereich des Cache bereitgehalten werden als auch, daß die Daten korrekt wieder auf die Festplatte zurückgeschrieben werden. Wenn also Daten aufgerufen werden, werden sie in den Hauptspeicher eingelesen und gleichzeitig im Cache-Speicher hinterlegt. Wenn nun der Prozessor diese Daten erneut aufruft, wird erst im Cache-Speicher nachgesehen, ob nicht dort diese Daten oder wenigstens ein Teil von ihnen zwischengelagert sind. So sieht ein Cache-System im Schaubild aus:

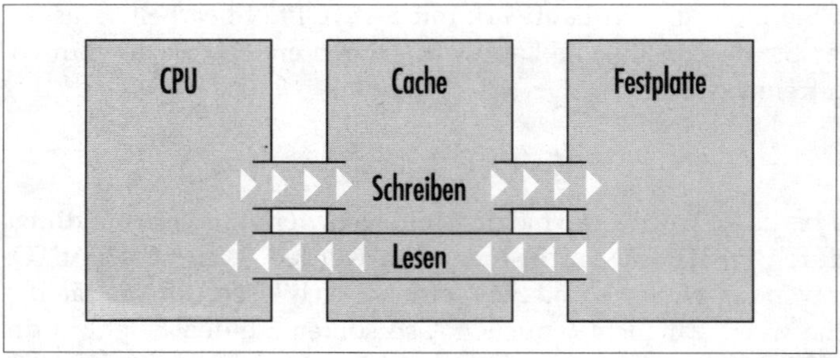

Wird neben den Daten auch noch die Dateizuordnungstabelle im Cache bereitgehalten, so lassen sich auf einer großen Platte die Daten in einer atemberaubenden Geschwindigkeit finden. Besonders trickreiche Cache-Verfahren sind die sogenannten assoziativen Caches:

Hier wird die Zeit, die der Prozessor für die Bearbeitung der gerade eingelesenen Daten braucht, dafür benutzt, Daten in den Speicher einzulesen, die mit hoher Wahrscheinlichkeit als nächstes benötigt werden. Wenn etwa Daten aus einer Datenbank eingelesen werden, sind damit dramatische Verbesserungen des Zugriffs von 400 % keine Seltenheit.

Allerdings: Das verwendete Cache-Programm muß diese Vorausschau möglichst zuverlässig treffen, um die Trefferquote des Cache möglichst hoch zu halten, denn jeder vergebliche Zugriff auf den Cache-Speicher verlangsamt sogar die Zugriffsgeschwindigkeit auf die Festplatte, denn nach dem erfolglosen Zugriff auf den Cache muß eben doch von der Festplatte gelesen werden.

Um die Daten auf dem Massenspeicher möglichst ständig aktuell zu halten, werden die Daten mit kurzer Verzögerung oder sofort wieder durch einen "durchlässigen" Cache hindurch zurückgeschrieben.

Einen Rat sollten Sie auf jeden Fall beherzigen:

Seit der Version 4.0 liefert Microsoft mit SMARTDRV.SYS ein Cache-Programm, das für Windows 3.1 noch einmal sehr verbessert wurde und dort SMARTDRV.EXE heißt.

Dieses verbesserte Cache-Programm SMARTDRV.EXE ist seit der Version 6.0 Bestandteil des MS-DOS und ab der Version 6.2 noch einmal verbessert worden.

Um einen Cache-Speicher einzurichten, befehlen Sie

```
SMARTDRV {Größe} {Win-Größe}
```

Tip: Cache-Speicher in AUTOEXEC.BAT einbinden

Sie sollten die Kommandozeile für die Einrichtung des Cache-Speichers in Ihre AUTOEXEC.BAT einbinden, um die notwendigen Einstellungen beim Systemstart automatisch durchführen zu lassen. Beachten Sie auch, daß SMARTDRV nur arbeiten kann, wenn durch die CONFIG.SYS vorher der Treiber HIMEM.SYS geladen wurde, der das Management des Speichers übernimmt, in dem der Cache-Speicher angelegt wird. Lesen Sie hierzu unter 10.5 nach.

Die Angabe der Win-Größe befiehlt, auf welche Größe die Betriebssystem-Erweiterung Windows den Cache-Bereich reduzieren kann. Diese Angabe ist nur dann nötig, wenn Sie Windows betreiben. Lesen Sie in diesem Falle in Kapitel 10.4 und 10.5 nach, welche Hinweise wir für das Konfigurieren des Systems haben.

Verweis: MS-DOS konfigurieren → Kapitel 10.4, 10,5

Hinweis: Da der Cache-Speicher nicht im normalen Hauptspeicher angelegt wird, sondern in einem Bereich des Speichers, der oberhalb von 1 MByte liegt, dem sogenannten Extended Memory, ist ein Speicherausbau über 1 MByte zwingende Voraussetzung.

Die Größe eines Disk-Cache

Wenn Sie beim Einrichten des Cache keine Größe angeben, wird in Abhängigkeit der Größe des Erweiterungsspeichers oberhalb 1 MByte folgende Standardeinstellung zugewiesen:

Erweiterungsspeicher	Größe	Win-Größe
< 1 MByte	alles	Null
< 2 MByte	1 MByte	256 KByte
< 4 MByte	1 MByte	512 KByte
< 6 MByte	2 MByte	1 MByte
> 6 MByte	2 MByte	2 MByte

Die Größe eines Cache-Speichers sollte 1 MByte, in Ausnahmefällen 512 KByte, nicht unterschreiten. Eine optimale Größe ist 2 MByte, doch bei den heutigen RAM-Kosten ist das sicher kein so großes Problem mehr, wie noch vor einiger Zeit.

Grundsätzlich muß also gelten: Besser kein Cache-Speicher als ein zu kleiner; denn wird der Cache zu klein gewählt, wird die Trefferrate immer geringer, was zur Folge hat, daß der Prozessor die Daten zweimal suchen muß, einmal (erfolglos) im Cache, ein weiteres Mal (hoffentlich erfolgreicher) auf der Platte.

Je professioneller also ein System genutzt wird, insbesondere bei Anwendungen, die intensiv auf die Platte zugreifen - etwa Datenbankanwendungen (Fakturierung etc.), desto eher ist ein entsprechender Speicherausbau anzuraten, der die Einrichtung eines Cache erlaubt.

Andererseits: Oft ist es für die Geschwindigkeit des Systems besser, den Erweiterungsspeicher dem speicherhungrigen Windows zur Verfügung zu stellen, also dort einen luxuriösen Cache einzurichten.

Ein weiterer Hinweis:

Inwieweit es sinnvoll ist, für ein komprimiertes Laufwerk - auch die Komprimierung durch das bei DOS 6.2 integrierte DBLSPACE - eine

Datenpufferung durch SMARTDRV oder ein anderes Cache-Programm durchzuführen, sollten Sie durch ein aufmerksames Studium des jeweiligen Handbuchs ergründen. In den meisten Fällen ist dies nämlich nicht anzuraten, denn dadurch wird das System in der Regel langsamer. Die Voreinstellung von SMARTDRV ist, derartige Laufwerke auszulassen. Andererseits ist zumindest SMARTDRV darauf ausgelegt, mit DBLSPACE zusammenarbeiten zu können.

Die Vorteile und Tücken des Schreib-Cache

Eine entscheidende Neuerung des SMARTDRV.EXE gegenüber seinen Vorgängern ist die, daß der Cache nicht nur Leseoperationen von der Platte optimiert, sondern auch die Schreiboperationen verzögert durchführen kann.

Dieses sog. *Write-Behind* bedeutet nichts anderes, als daß das Zurückschreiben der geänderten Daten auf die Platte nicht sofort durchgeführt wird, sondern etwas später, wenn Sie gerade nichts am PC tun.

Diese Verzögerung beschleunigt das System einerseits noch einmal deutlich, denn jeder Zugriff auf die Platte verzögert die Abläufe. Wenn jedoch der Zugriff zu Zeiten einer weniger hohen Auslastung durchgeführt wird, werden die Anwendungen dadurch beschleunigt.

Das hat jedoch auch einen entscheidenden Nachteil:

Wenn das System ausfällt oder ausgeschaltet wird, bevor die aktualisierten Daten auf die Platte zurückgeschrieben werden, befinden sich auf der Platte, von der diese Daten das nächste Mal gelesen werden, immer noch die alten Daten. Dies galt zumindest für die Version 6.0

In der DOS-Version ab 6.2 wird SMARTDRV bei der Installation erst einmal aus Sicherheitsgründen ohne die Option des Schreib-Cache eingerichtet, weil dies für viele Anwender vollkommen ausreichend ist und keine Gefahr für die Datenintegrität darstellt.

Wenn Sie jedoch die Option /X nicht verwenden bzw. aus der AUTOEXEC.BAT-Zeile für SMARTDRV herauslöschen, wird der Schreib-Cache aktiviert, es besteht also die Gefahr von Datenverlust, wenn Sie Ihren Rechner ausschalten, bevor die Daten auf die Platte zurückgeschrieben sind.

Daher unser Rat:

Hinweis: Bevor Sie den Rechner ausschalten, sollten Sie immer etwa fünf Sekunden warten, bis der Cache seine Daten auf die Platte abspeichert.

Wenn Sie Windows aus der AUTOEXEC.BAT oder durch einen Batch aufrufen, sollten Sie nach dem Aufruf von Windows die Zeile

```
SMARTDRV /C
```

einbinden. Die Option /C befiehlt, den Inhalt des Cache auf die Festplatte zu schreiben. Wenn Sie Windows dann ordnungsgemäß beenden, wird automatisch der Datenbestand der Platte aktualisiert.

Um auch diese Gefahr zu entschärfen, hat eine Neuerung seit der Version 6.2 den Umgang mit dem Cache-Speicher noch sicherer gemacht: Wenn Sie ein Programm beenden, wird, bevor der DOS-Prompt wieder erscheint, der Inhalt des Cache auf die Platte geschrieben - ein Grund mehr, Anwenderprogramme immer ordnungsgemäß zu beenden. Dieser Effekt wird mit dem Parameter /F voreingestellt.

Hinweis: Sind sie stolzer Besitzer eines CD-ROM-Laufwerks, so unterstützt der neue SMARTDRV von MS-DOS 6.2 standardmäßig auch das Cachen von CD-ROM-Inhalten, was die bisweilen sehr langsame Zugriffsgeschwindigkeit enorm erhöht.

Die Optimierung mit BUFFERS

Ein noch aus den Kindertagen des MS-DOS stammender Befehl ist BUFFERS, eine Art Miniatur-Cache.

Wenn in Ihrem PC-System ein Zeichen gelesen wird, werden die nächsten 511 Zeichen ebenfalls gelesen und in einem Zwischenspeicher (Buffer) gespeichert, da unterstellt werden kann, daß diese Zeichen ebenfalls gelesen werden sollen.

Diese Daten werden dann in vorauseilendem Gehorsam im Speicher ebenfalls bereitgehalten und bei einem erneuten Zugriff wesentlich schneller bereitgestellt, als wenn sie von der Platte gelesen würden.

Die Buffer dienen also ebenfalls der Beschleunigung des Systems.

Als Standard - also ohne Ihren expliziten Befehl - werden bei normalem Ausbau des Hauptspeichers von 640 KByte 15 dieser Zwischenspeicher angelegt, was für die meisten Anwendungen durchaus ausreicht.

Wenn Sie mehr Buffer einrichten wollen oder müssen (bis 99 sind erlaubt), so befehlen Sie in der CONFIG.SYS in einer Zeile

```
BUFFERS=nn
```

wobei nn die Anzahl der Zwischenspeicher definiert, die Sie anzulegen wünschen. Auch hier gilt: Da die Buffers im normalen Hauptspeicher angelegt werden und dort pro Zwischenspeicher etwa 532 Byte benötigen, ist zu bedenken, daß eine zu hohe Anzahl von Zwischenspeichern keinen Geschwindigkeitsvorteil mehr bringt, da dort selten benutzte Zeichen lagern, andererseits eine Verringerung des freien Arbeitsspeichers die meisten Anwendungen abbremst. Es kann also durch eine zu hohe Anzahl von Zwischenspeichern das Gegenteil des gewünschten Zwecks eintreten, nämlich eine Verlangsamung.

Ein in der Praxis erprobter Wert ist 15, was jedoch die Standardeinstellung ist, wenn Sie über mehr als 512 KByte RAM verfügen, was wir jedoch einfach einmal unterstellen, weil ein Arbeiten mit dem PC selbst mit der Mindestausstattung des RAM mit 640 KByte heutzutage nur noch sehr bedingt möglich ist.

Hinweis: Wenn Sie SMARTDRV.EXE einsetzen, können Sie die Anzahl der Buffer klein wählen (bis zu 10), da sie eigentlich nicht mehr benötigt werden, doch manche Anwendungsprogramme immer noch auf einer bestimmten Anzahl Buffer bestehen. Sollte das Handbuch des Anwendungsprogramms Auskunft darüber geben, ist eine andere als die dort angegebene Anzahl nicht angeraten.

Für fortgeschrittene Anwender ist es sicher interessant zu wissen, daß bei einer Auslagerung des Betriebssystems in den Bereich der High Memory Area (HMA) die Buffers ebenfalls in diesem Speicherbereich angelegt werden und so den konventionellen Hauptspeicher entlasten.

4.8 Die RAM-Disk

Die RAM-Disk ist ein Laufwerk der besonderen Art - kein Wunder, besteht es doch nicht aus (langsamen) mechanischen Teilen, sondern aus (schnellen) Speicherbausteinen: Die RAM-Disk ist ein logisches (oder virtuelles) Laufwerk, das im Hauptspeicher des PCs simuliert wird. Dieser Umstand macht den einzigen Vorteil dieser Art Laufwerk aus, nämlich die ungeheuere Geschwindigkeit - gegenüber einer schnellen Festplatte ist der Zugriff auf eine RAM-Disk bis zu 100mal schneller!

Dies macht aber auch den entscheidenden Nachteil der RAM-Disk aus: Da beim Ausschalten des PCs (oder bei Stromausfall) der Hauptspeicher komplett geleert wird, ist der Inhalt einer RAM-Disk, so er nicht auf einen magnetischen Speicher übertragen wurde, konsequenterweise ebenfalls verloren. Als Massenspeicher ist die RAM-Disk daher nicht geeignet - von den Preisen für RAM-Bausteine, die wesentlich höher sind als für eine gleich große Festplatte, sowie den thermischen Problemen gar nicht zu reden.

Die RAM-Disk hat da Vorteile, wo es darum geht, für kleinere Datenmengen einen schnellen Zwischenspeicher bereitzustellen. Zwei Beispiele mögen aufzeigen, für welche Aufgaben eine RAM-Disk herangezogen werden kann:

Manche Programme arbeiten mit sogenannten temporären Dateien. Das sind Dateien, die vorübergehend angelegt werden, um Daten des Programms zwischenzuspeichern. Sie als Anwender merken das möglicherweise nicht; allenfalls das Aufleuchten der Leuchtdiode an der Festplatte deutet an, daß hier etwas gespeichert wird, ohne daß Sie den Befehl gegeben haben.

Diese temporären Dateien werden meist gelöscht, wenn Sie das Programm verlassen, doch oft werden die Dateien auch auf dem Datenträger belassen.

Wenn Sie nun dafür sorgen, daß diese nur vorübergehend benötigten Dateien auf einer schnellen RAM-Disk angelegt werden, so schlagen Sie zwei Fliegen mit einer Klappe: Zum einen werden Anwendungsprogramme, die temporäre Dateien anlegen, in ihrer Ablaufgeschwindigkeit sehr beschleunigt, zum anderen werden eventuell vorhandene, nicht gelöschte temporäre Dateien beim Ausschalten des Rechners automatisch gelöscht.

Ein zweites Anwendungsbeispiel: Viele Programme, die zu groß werden - sei es, daß der Funktionsumfang wirklich so groß ist, sei es, daß der Programmierer sein Handwerk nicht gut verstand - passen nicht mehr in den Hauptspeicher. Daher verfällt man auf den Trick, Teile des Programms auszulagern, sogenannte Overlay-Dateien zu erstellen, die Funktionen beinhalten, die nicht so häufig aufgerufen werden. Wenn nun eine dieser Funktionen aufgerufen wird, wird die entsprechende Datei schnell von der Festplatte nachgeladen. Dies geschieht zwar recht schnell, doch eben nicht immer schnell genug.

Abhilfe mit einer RAM-Disk schaffen Sie, wenn Sie das Programm, das Sie starten wollen, vorher mitsamt Overlay-Dateien (Erweiterung OVL und/oder OVR) auf die RAM-Disk kopieren und das Programm dann von dort starten. Sie werden sich wundern, wie schnell ein Programm auf diese Art werden kann.

Hinweis: Im Falle einer solchen Anwendung sollten Sie unbedingt dafür Sorge tragen, daß vor dem Abschalten des Rechners alle Dateien, die sich geändert haben, von der RAM-Disk wieder auf die Festplatte zurückkopiert werden, denn es kann sein, daß eine oder mehrere sogenannte Initialisierungsdateien angelegt werden, in denen Einstellungen der Programmumgebung abgespeichert werden und auf die beim nächsten Aufruf des Programms zurückgegriffen wird.

Die RAM-Disk wird mit einem eigens dafür vorgesehenen Treiber namens RAMDRIVE.SYS in der CONFIG.SYS eingerichtet. Wenn das derzeit letzte Laufwerk C: ist, wird durch diese Zeile in der CONFIG.SYS eine RAM-Disk von der Größe 1 MByte eingerichtet:

```
DEVICE=RAMDRIVE.SYS  1024
```

Hinweis: Zusätzlich zu RAMDRIVE.SYS müssen Sie noch die Angabe machen, wo sich diese Datei auf Ihrer Festplatte befindet, eine sogenannte Pfadangabe. Diese nähere Angabe über die Lage einer Datei ist Thema von Kapitel 6.4.

Die RAM-Disk ist nach dem Starten des Rechners (also nach Abarbeiten der CONFIG.SYS mit dem Befehl, eine RAM-Disk anzulegen) sofort betriebsbereit, muß also nicht formatiert oder einer anderen Spezialbehandlung unterzogen werden.

Geben Sie keine Größe an, wird eine RAM-Disk von 64 KByte angelegt. Neben der Größe können Sie noch (von der Angabe der Größe durch eine Leertaste getrennt) angeben, wie viele Einträge (also welche Anzahl Dateien) auf diesem Laufwerk angelegt werden dürfen. Als Standardeinstellung - also ohne weitere Angabe - werden 64 Dateien zugelassen, ein für die Praxis allemal ausreichender Wert.

Hinweis: Sollten Sie die Meldung

```
Fehler beim Anlegen einer Datei!
```

bekommen, ist der Standardwert zu niedrig .

Sie können durch mehrere Befehlszeilen in der CONFIG.SYS jeweils eine RAM-Disk anlegen. Diese Laufwerke werden der Reihe nach mit dem jeweils nächsten Laufwerkbuchstaben versehen. Falls Sie mehr als den Laufwerknamen E: benötigen, müssen Sie vor dem Installieren der RAM-Disk die Zeile

```
LASTDRIVE=N
```

einbinden, wobei N für den Namen des von Ihnen benötigten letzten Laufwerks steht:

```
LASTDRIVE=G
```

erlaubt, Laufwerkbuchstaben bis einschließlich G: zu benutzen. Die Laufwerknamen werden im Befehl LASTDRIVE übrigens ausnahmsweise ohne Doppelpunkt angegeben.

Folgende Dinge sollten Sie bei jeder Anwendung, in die die RAM-Disk miteinbezogen werden soll, beachten:

- Die RAM-Disk muß für die entsprechenden Aufgaben entsprechend groß ausgewählt werden. Wenn Sie beispielsweise sehr große Dateien unter Windows drucken, kann die RAM-Disk mit 512 KByte bereits zu klein sein. Überprüfen Sie also den Bedarf an Speicherplatz.

- Beachten Sie in jedem Fall, daß die RAM-Disk nicht nur beim kontrollierbaren Ausschalten, sondern auch bei einem unkontrollierbaren Stromausfall "geleert" wird. Sorgen Sie also für geeignete Sicherungsmaßnahmen.

Die RAM-Disk und die temporären Dateien

Natürlich werden Sie nun wissen wollen, wie Sie Ihre Programme dazu veranlassen können, Ihre RAM-Disk als Speicherort für die temporären Dateien zu verwenden.

Leider kann hier keine generelle Regel aufgestellt werden, da viele Programme - aus welchen Gründen auch immer - sich nicht an den inzwischen existierenden Standard halten.

Um jedoch die Programme, die sich daran halten, zumindest auf Ihre RAM-Disk aufmerksam zu machen, befehlen Sie - am besten in Ihrer AUTOEXEC.BAT - mit der Zeile

```
SET TEMP=N:
```

daß die temporären Dateien auf dem mit N: anzugebenden Laufwerk angelegt werden sollen. Zur Sicherheit fügen Sie noch die Zeile

```
SET TMP=N:
```

hinzu, dann haben Sie auch die Programme erfaßt, die nach einem anderen Namen suchen.

Was bewirkt nun diese Zeile? Nun, der Kommandoprozessor COMMAND.COM - Sie erinnern sich: Die Betriebssystem-Datei, die alle internen Befehle beinhaltet sowie Ihre Befehle entgegennimmt und ausführt - ist so prominent, daß er einen eigenen Speicherbereich hat, der in seiner unmittelbaren Umgebung im Speicher eingerichtet wird und der daher auch Umgebungsspeicher (engl. Environment) genannt wird.

Dort werden bestimmte von ihm benötigte Werte (etwa der Prompt) hinterlegt. Doch auch andere Werte können dort hinterlegt werden, die nicht der Kommandoprozessor, sondern andere Programme dort abholen. Die Variable TEMP bzw. TMP mit dem Wert des gewünschten Laufwerks wird dort also hinterlegt, um einem Programm, das Temporärdateien anlegt (und dort nachfragt) den richtigen Weg zu weisen.

In Kapitel 10 gehen wir auf den Umgebungsspeicher noch einmal ein.

Hinweis: Einen wichtigen Sicherheitshinweis wollen wir hier bereits geben: Viele Programme erlauben es, über einen sogenannten DOS-Ausgang kurzfristig - quasi durch ein Fenster - zurück zu MS-DOS zu gelangen, um dort DOS-Befehle einzugeben. Löschen Sie, wenn Sie diesen DOS-Ausgang benutzt haben, keine Dateien, schon gar nicht eine temporäre Datei, die meist am Namensbestandteil TMP oder $$$

erkennbar ist. Da diese Dateien möglicherweise von der gerade laufenden Anwendung benutzt werden, ist das ein ziemlich sicherer Weg zu Datenverlust!

4.9 Datentransfer zwischen Laufwerken unterschiedlicher Rechner

Seit der Version 6.0 gibt es erstmals die Möglichkeit, Daten von einem Rechner zum anderen zu übertragen, ohne den Umweg über das lästige und zeitaufwendige Kopieren auf Disketten machen zu müssen. Das funktioniert nach einem bekannten Prinzip:

Ein Rechner übernimmt die Aufgabe des Servers, er stellt seine Laufwerke dem anderen Rechner, der Client genannt wird, zur Verfügung, der nun seinerseits mit den normalen Befehlen für das Kopieren von Dateien Daten mit dem Server austauschen kann.

Die Verbindung der Rechner erfolgt über die Schnittstellen des Systems, wobei entweder eine parallele Verbindung oder eine Verbindung über die serielle Schnittstelle erfolgt - für beide Verbindungen sind spezielle Kabel nötig, auf die wir noch zurückkommen werden.

So bauen Sie also eine Verbindung zwischen zwei Rechnern auf:

① Die beiden Rechner werden mit einem Kabel zwischen zwei seriellen oder parallelen Schnittstellen verbunden.

② Auf dem Rechner, der passiv seine Daten bereitstellt - Server genannt - werden durch das Programm INTERSVR die gewünschten Laufwerke freigeschaltet. Der Server ist in dieser Zeit für andere Aufgaben gesperrt.

③ Der Rechner, der auf den anderen zugreifen will, der Client, wird mit dem Gerätetreiber INTERLNK.EXE gestartet, der erstens auf dem Client den Zugriff auf die Laufwerke des Servers überwacht und zweitens die Verbindung - wenn gewünscht - sofort herstellt.

Nach dem Start des Client mit dem Treiber werden die Laufwerke des Servers auf dem Client als logische Laufwerke sichtbar: Das Laufwerk C: des Servers erscheint als Laufwerk D: des Client etc.

Dabei ist streng darauf zu achten, daß etwaige Beschränkungen des Client, die aus dem verwendeten Betriebssystem herrühren, natürlich für den Zugriff auf den Server auch gelten.

So kann vom Client nicht mit einer DOS-Version unterhalb 4.0 auf einen Server zugegriffen werden, der eine Festplatten-Partition aufweist, die größer als 32 MByte ist.

Die Installation des Servers

Auf dem Server steuert eine Software den Zugriff auf den Rechner über die gewählte Schnittstelle, die recht einfach installiert ist. Mit dem Befehl

```
INTERSVR
```

machen Sie einen Rechner zum Server in einem INTERLNK-Netz. Dafür muß die Verbindung zum anderen Rechner noch nicht hergestellt sein, der Befehl erlaubt also nur den Zugriff auf den Server. Ohne Angabe von Laufwerken werden alle Laufwerke - auch Diskettenlaufwerke - des Servers dem Client angedient, wobei CD-ROM-Laufwerke und Netzwerklaufwerke nicht zur Verfügung gestellt werden. Wollen Sie die Auswahl auf bestimmte Laufwerke beschränken, geben Sie dies an:

```
INTERSVR A: B: C:
```

wird die angegebenen Laufwerke für den Client zugänglich machen, etwaige weitere Laufwerke sind für den Client nicht sicht- und erreichbar.

Standardmäßig werden alle vorhandenen Schnittstellen des Servers abgesucht, um die Verbindung herzustellen. Wenn Sie dies auf eine bestimmte Art - etwa die serielle - oder eine spezielle Nummer beschränken möchten, können Sie das tun, indem Sie die Art oder die Art und Nummer angeben:

```
INTERSVR A: B: C: /COM:3
```

bestimmt, daß die Verbindung über die dritte serielle Schnittstelle hergestellt werden soll.

Die Installation des Clients

Die Überwachung der Verbindung zum Server wird auf dem Client mit einem Gerätetreiber durchgeführt, der beim Start des Rechners geladen werden muß.

Tip: Hilfreiches Startmenü
Hierfür kann Ihnen ein dafür eingerichtetes Startmenü sicher gute Dienste leisten. Lesen Sie unter 10.5 nach, wie Sie dies einrichten.

Beim Start ist es nicht nötig, daß der Server verbunden oder mit INTERSVR freigeschaltet ist, dies kann auch nach dem Starten des Rechners nachgeholt werden.

Denn der Gerätetreiber kann so verwendet werden, daß er einerseits alle Dienste einrichtet, andererseits nach dem Start des Rechners als ganz normaler Befehl die Verbindung des Clients mit dem Server nachholt. Bei der Einbindung des Treibers INTERLNK.EXE haben Sie einiges zu beachten:

① Der Treiber muß nicht mit DEVICEHIGH in den hohen Speicher geladen werden, das wird standardmäßig versucht, wenn UMB-Bereiche erkannt werden.

② Wenn Sie den Treiber ohne nähere Angaben laden, so verschwenden Sie wahrscheinlich Speicherplatz: Ohne Angabe einer bestimmten Schnittstellenart (seriell oder parallel) werden beide Schnittstellenarten überwacht, ob eine Verbindung hergestellt wird. Auch werden die Programmteile geladen, die auch die Druckerumleitung einrichten, was möglicherweise nicht benötigt wird.

③ Binden Sie in jedem Fall in die CONFIG.SYS den Befehl LASTDRIVE ein, da ohne ihn standardmäßig nur Laufwerke bis zum Buchstaben E: erlaubt sind. Mit

```
LASTDRIVE=H
```

bestimmen Sie das Laufwerk H: als letzten gültigen Laufwerknamen.

④ Die Position des Treibers in der CONFIG.SYS hat möglicherweise einen Einfluß auf die Laufwerkbezeichnungen: Wenn Sie eine

RAM-Disk verwenden und den Treiber RAMDRIVE.SYS *vor* dem Treiber INTERLNK.EXE einbinden, wird die RAM-Disk den Laufwerkbuchstaben D: bekommen, wenn Sie nur eine Festplattenpartition betreiben. Die INTERLNK-Laufwerke werden die nächsten freien Laufwerknamen belegen. Wenn der INTERLNK. EXE vor dem RAM-Disk-Treiber erscheint, wird die RAM-Disk den Laufwerkbuchstaben bekommen, der nach allen logischen INTERLNK-Laufwerken frei ist.

⑤ Wenn Sie eine Maus an der seriellen Schnittstelle betreiben, sollten Sie in jedem Fall, um Konflikte zu vermeiden, beim Aufruf des Treibers die freie serielle Schnittstelle angeben. Dies gilt insbesondere, wenn diese Maus unter Windows benutzt wird.

⑥ Wenn für die seriellen Schnittstellen andere als die Standardadressen (3F8 und 2F8) benutzt werden, ist dies anzugeben. Sie sehen beim Start des Rechners meist in den Meldungen über das SETUP, welche Adressen benutzt werden.

⑦ Wenn Sie Windows auf dem Client betreiben und die Drucker ebenfalls auf die Druckerports des Servers umleiten, müssen Sie die Drucker LPT1.DOS oder LPT2.DOS in der Systemsteuerung von Windows anmelden, da Windows die Schnittstellen normalerweise unter Umgehung des MS-DOS ansteuert und eine Umleitung daher nicht erkannt würde.

Wenn Sie den Start des Client mit dem Treiber INTERLNK.EXE so durchführen wollen, daß auf dem Server bis zu fünf Laufwerke angesprochen werden können und der zweite serielle Port benutzt wird, so lautet der Aufruf in CONFIG.SYS:

```
DEVICE=C:\DOS\INTERLNK.EXE /DRIVES:5 /COM:2 /AUTO /NOPRINTER
```

Die beiden Optionen /AUTO und /NOPRINTER richten den Treiber so ein, daß der Treiber nur geladen wird, wenn eine funktionierende Verbindung zum Server hergestellt werden kann (/AUTO), und daß keine Druckerdienste (/NOPRINTER) eingerichtet werden.

Wenn Sie die Option /NOSCAN befehlen, wird der Treiber normal installiert, doch es wird keine Verbindung zum Server hergestellt. Der Treiber wartet also passiv im Speicher auf den Befehl, der ihn aktiviert:

```
INTERLNK  H=C
```

verbindet das - nunmehr existierende - logische Laufwerk H des Clients mit dem Laufwerk C des Servers, auf dem dafür in der Zwischenzeit das Programm INTERSVR gestartet worden sein muß. Wenn Sie die Verbindung wieder auflösen wollen, geben Sie das verbundene Laufwerk ohne das Laufwerk auf dem Server an:

```
INTERLNK H=
```

Beachten Sie, daß Sie keine Verbindung zu einem Server herstellen können, auf dem das Programm INTERSVR nicht gestartet wurde. Die Verbindung dorthin wird zwar als zusätzliche Laufwerke angezeigt, diese Laufwerke sind für Sie jedoch "leer". Um auf diese Laufwerke zugreifen zu können, muß auf dem Server das Programm INTERSVR gestartet werden, das die Verbindung sozusagen autorisiert.

Der Befehl INTERLNK kann auch benutzt werden, um Informationen über den Status der INTERLNK-Verbindungen zu erhalten - geben Sie dazu den Befehl ohne einen Parameter ein.

Die Kabelverbindungen

Die Verbindung zwischen den beiden Rechnern geschieht entweder über die Verbindung der seriellen Schnittstellen oder aber eine parallele Verbindung.

Für beide sind besondere Kabel nötig, wovon Sie das Kabel für die serielle Verbindung als sog. *Null-Modem* problemlos käuflich erwerben können, das für die parallele nicht unbedingt.

5. Mit Dateien arbeiten

Die Dateien sind das A und O des PCs: Alle zusammengehörenden Informationen sind in einer bestimmten Art und Weise auf dem Datenträger abgelegt, sie bilden eine Datei.

Ob Sie mit einem Programm eine Konstruktionszeichnung erstellen oder ein Logo für Ihre Briefbögen entwerfen, ob Sie einen Brief mit der Textverarbeitung schreiben oder eine Berechnung mit der Tabellenkalkulation anstellen, alle Ergebnisse Ihrer Arbeit werden als zusammengehöriges Ganzes, als Datei abgespeichert. Der Vergleich mit einem Vorgang, der zusammengehörende Daten enthält, ist sicher nicht weit hergeholt.

5.1 Die Arten von Dateien

Man unterscheidet zwei große Gruppen von Dateien:

Da sind zum einen die Datendateien. Sie sind aus einer Anwendung heraus entstanden, eben jener Brief aus der Textverarbeitung. Diese Dateien sind vollkommen passiv. Allerdings werden sie in einem ganz bestimmten Format abgespeichert, das für das jeweilige Anwendungsprogramm, aus dem sie entstanden sind, typisch ist. Die Daten aus einem Datenbankprogramm werden z. B. in einer Struktur auf dem Datenträger abgelegt, die in der Zwischenzeit zu einem Standard für nahezu alle Datenbanken geworden ist. Dies hat den unbestreitbaren Vorteil, daß die Daten des einen Programms in das andere eingelesen werden können.

Eine Sonderform der Datendateien sind die reinen Textdateien oder auch ASCII-Dateien, die, anders als die Datendateien aus Anwendungsprogrammen, nur Text, also nur Buchstaben und Satzzeichen enthalten können, nicht aber Steuerzeichen, wie sie zur Codierung der Strukturen einer Datendatei benutzt werden.

Der Name ASCII leitet sich ab aus "**A**merican **S**tandard **C**ode of **I**nformation **I**nterchange". Das ist ein normierter Code für die 256 Zeichen, die der Computer darstellen kann. Diese Zeichen sind von 32 - 255 durchnumeriert. Die Zeichen 0 bis 127 sind auf allen Computern und in allen Softwarepaketen der Welt gleich - der sogenannte erweiterte ASCII-Code von 128 bis 255 sind entweder Grafikzeichen oder Zeichen anderer Sprachen.

Unter Windows wird dagegen der bis zum Zeichen mit der Nummer 128 mit dem ASCII-Zeichensatz identische ANSI-Zeichensatz verwendet (**A**merican **N**ational **S**tandard **I**nstitute).

Die reinen Textdateien oder ASCII-Dateien enthalten nur die Zeichen zwischen ASCII 32 und 255; die Zeichen 0 bis 31 werden als Steuerzeichen reserviert und dürfen in dieser Art Datei nicht enthalten sein.

Die CONFIG.SYS und die AUTOEXEC.BAT müssen Textdateien sein. Daher darf für ihre Erstellung oder Änderung (Editierung) nur ein Editor verwendet werden, der solche ASCII-Dateien erstellt, wie der bei DOS mitgelieferte Editor EDIT.

Wegen des verschiedenen Dateiformates gelingt auch der Transfer von Daten zwischen verschiedenen Programmen manchmal nur über den (unkomfortablen) Umweg, aus dem einen Programm eine reine Textdatei zu erstellen und diese dann in das andere Programm einzulesen.

Die andere Gruppe sind die Programmdateien. Diese Dateien enthalten einen von einem Programmierer entwickelten Code, der zwar auch zuerst einmal passiv auf der Platte "herumliegt", der jedoch als Programm gestartet werden kann. Die in dieser Datei gespeicherten Steuerzeichen erwecken den PC zum Leben: Eröffnungsbilder werden gezeigt, Daten können eingegeben und verarbeitet werden.

Da diese Dateien im Gegensatz zu den völlig passiven Datendateien ausgeführt werden können, nennt man sie auch ausführbare Dateien.

Eine Sonderform der Programmdateien sind die sogenannten Batch-Dateien (Batch engl. = Stapel). Diese sind eigentlich ein Zwitter: Einerseits sind es reine Textdateien, enthalten also keine Steuerzeichen, andererseits sind es in der Tat Programme, die wie jedes andere Programm ausgeführt werden können.

5.2 Der Dateiname

Eine sehr wichtige Rolle spielt für das Betriebssystem und Sie als Anwender der Dateiname, anhand dessen eine Datei im System eindeutig bestimmt und identifiziert werden kann.

Daher ist die erste Regel einleuchtend: Eine Datei unter DOS muß einen Namen haben. Eine Datei ohne Namen wäre nicht mehr identifizier- und damit nicht mehr auffindbar.

Dieser Name kann bis zu acht Zeichen umfassen, mehr Zeichen werden nicht zugelassen (in Anwendungsprogrammen) bzw. einfach ignoriert (von MS-DOS).

Hinweis: Jedes Zeichen, das die höchstzulässige Anzahl überschreitet, wird von MS-DOS nicht zurückgewiesen. Wenn Sie z. B. einer Datei den Namen

```
LANGERNAME
```

zuordnen, werden die letzten zwei Zeichen ignoriert und Sie finden im Inhaltsverzeichnis eine Datei

```
LANGERNA
```

vor. Das kann - wie man sich denken kann - zu großen Problemen führen!

Andererseits steht nirgendwo geschrieben, daß etwa

```
A
```

kein gültiger Dateiname ist - natürlich ist er das. Sie sollten jedoch derartig kurze Dateinamen vermeiden, da zum einen nach kurzer Zeit niemand mehr weiß, welchen Inhalt diese Datei haben könnte und zum anderen eine Verwechslung mit einem Laufwerknamen nur allzu leicht möglich ist.

Übrigens: Es ist Ihnen inzwischen sicher längst klar, warum die Laufwerknamen immer mit Doppelpunkt angegeben werden, denn ohne den Doppelpunkt wird in einem Befehl aus dem Laufwerk A: schnell die Datei A - mit möglicherweise schlimmen Folgen.

Nun steht jeder Anwender immer wieder vor der schwierigen Aufgabe, für eine Datei einen Namen und dabei die Quadratur des Kreises zu erfinden: Einerseits muß er einen möglichst deskriptiven Namen vergeben, der ihm auch noch in Monaten etwas sagt, andererseits darf man nicht mehr als acht Zeichen verwenden.

Eine allgemeingültige Regel für die Vergabe eines Dateinamens kann nicht gegeben werden, doch dürfte es sicher einleuchtend sein, daß der Name einen Bezug zum Inhalt der Datei haben sollte. Wenn mehrere Personen auf die gleichen Dateien zugreifen, sollte man präzise Regeln erstellen, damit die Namen für alle aussagekräftig genug sind.

Die Erweiterung

Es wird Ihnen schon mehrfach aufgefallen sein, daß der Name der Datei durch drei Zeichen ergänzt wird, etwa AUTOEXEC.BAT oder COMMAND.COM - diese sogenannte Erweiterung kennzeichnet den Typ der Datei, um welche Art von Datei es sich also handelt. So kennzeichnet die Erweiterung BAT den Typ Batch-Datei, die Erweiterung TXT eine Datei aus einer Textverarbeitung etc. Diese Erweiterung kann bis zu drei Zeichen haben und wird vom Dateinamen mit einem Punkt abgetrennt. Vor oder nach dem Punkt ist keine Leertaste erlaubt:

```
NAME.ERW
```

Zwei Erweiterungen wollen wir hier näher beleuchten, nämlich die Erweiterungen COM und EXE. Diese beiden Erweiterungen (und nur diese!) kennzeichnen Programme und bilden zusammen mit den Batch-Dateien (Erweiterung BAT) die ausführbaren Dateien, also jene Dateien, die Sie auf Ihrem PC ausführen können: Wenn Sie die Datei WORD.EXE beispielsweise starten, indem Sie

```
WORD
```

eintippen und mit [Enter] an den Kommandoprozessor übergeben, wird der gesamte Programmcode des Textprogramms, der in dieser Datei enthalten ist, gestartet. Um eine ausführbare Datei zu starten, müssen wir die Erweiterung also nicht angeben.

Falls Sie nun meinen, mit der Erweiterung sei das Dilemma mit der etwas eingeengten Namensgebung gelöst, so müssen wir Sie enttäuschen:

Die Erweiterung darf nur in den seltensten Fällen für eine weitere Kennzeichnung der Datei von Ihnen frei vergeben werden, sondern sie wird von den Anwendungsprogrammen vergeben. So sucht das (und nicht nur das) Textprogramm MS-Word - wenn Sie nichts anderes befehlen - nach einer Datei mit der Erweiterung TXT. Aus diesem Grunde steht Ihnen für die Arbeit mit Anwendungsprogrammen also lediglich der Dateiname selbst zur Verfügung.

Übrigens: Man könnte meinen, daß eine Erweiterung drei Zeichen haben muß, doch das stimmt nicht, es sind auch zwei Zeichen oder gar nur eines erlaubt.

Die Zeichen im Dateinamen und der Erweiterung

Es dürfen durchaus nicht alle Zeichen im Dateinamen oder der Erweiterung verwendet werden. Zugelassen sind alle Buchstaben von A bis Z sowie alle Zahlen, wobei der Name durchaus mit einer Zahl oder einem zugelassenen Sonderzeichen beginnen darf, der Dateiname

```
3_VON_7.TXT
```

ist genauso zulässig wie

```
(HELGA).DOC
```

Folgende Sonderzeichen sind erlaubt:

```
#  %  $  (  )  &  -  _  ~  {  }  !  @  ^  °  '  '
```

Dagegen auf keinen Fall erlaubt sind die Leertaste sowie all jene Sonderzeichen, die unter DOS eine eigene Bedeutung haben, nämlich

```
+  :  ;  .  ,  \  /  =  >  <  [  ]
```

Die Zeichen

```
Ä  Ö  Ü  ß
```

dürfen zwar verwendet werden, doch sind sie mit Vorsicht zu genießen, denn da es diese Zeichen in den USA nicht gibt, viele Programme jedoch aus Amerika kommen, kann es passieren, daß der Programmierer dort schlicht vergessen hat, diese Möglichkeit vorzusehen. In einem solchen Fall kann es vorkommen, daß Ihr Anwendungsprogramm eine Datei mit einem solchen Zeichen im Dateinamen nicht findet, obwohl die Datei physisch vorhanden ist.

Die letzte Regel, die Sie kennen müssen, ist diese: Wie bei der Eingabe eines Befehls, ist auch bei den Dateinamen die Schreibweise mit Groß- und Kleinbuchstaben zugelassen.

```
gross.txt
```

ist identisch mit

```
GROSS.TXT
```

Hinweis: Beachten Sie bitte, daß beim Wiederherstellen einer Datei mit UNDELETE (Windows-Version) der Version 6.0 nicht die Gültigkeit der Dateinamen für die wiederherzustellende Datei geprüft wurde, also unerlaubte Dateinamen durchaus auf diese Weise zustandekommen können. Dies ist in der Version 6.2 behoben.

Von MS-DOS reservierte Namen

Folgende Namen sind von DOS für interne Geräte oder Schnittstellen vorgesehen und dürfen nicht für Dateien vergeben werden:

CON	COM1	LPT1	PRN	CLOCK$
AUX	COM2	LPT2	NUL	
	COM3	LPT3		
	COM4			

Die Reservierung beschränkt sich jedoch auf einen Dateinamen ohne Erweiterung - die Datei

```
AUX.TXT
```

darf es natürlich geben, da für DOS eine hinreichende Unterscheidung möglich ist.

Der Dateiname und das Laufwerk

Um Dateien auf den unterschiedlichen Laufwerken auseinanderhalten bzw. präzise ansprechen zu können, ist es möglich, zum Namen der Datei eine Angabe zum Laufwerk zu machen. Dafür wird dem Dateinamen einfach der Laufwerkname hinzugefügt:

```
A:MEINTEXT.TXT
```

bezeichnet die Datei MEINTEXT.TXT auf Laufwerk A:, also dem ersten Diskettenlaufwerk. Hier handelt es sich nicht mehr um einen einfachen Dateinamen, sondern um eine sogenannte Pfadangabe, eine Angabe also, die DOS den Pfad (Weg) zu einer Datei weist.

Da zum Dateinamen ergänzend ein Laufwerkname erlaubt ist, gilt auch hier die Grundregel, die sich wie ein roter Faden durch das Betriebssystem zieht:

Wenn Sie kein Laufwerk zum Dateinamen angeben, bezieht DOS einen Befehl immer auf das Standardlaufwerk, also das Laufwerk, auf dem Sie sich gerade befinden.

Wenn Sie sich auf C: befinden und eine Datei auf A: ansprechen wollen, müssen Sie DOS explizit einen Pfad dahin weisen.

Die Stellvertreterzeichen im Dateinamen

Der Dateiname spielt, wie man sich denken kann, bei der Verwaltung Tausender von Dateien eine große Rolle: Sie müssen ihn immer dann angeben, wenn Sie eine Datei präzise beschreiben wollen, etwa um diese Datei im System zu kopieren oder sie zu löschen, also vom Datenträger zu entfernen.

Doch was wäre es für ein Aufwand, wenn Sie für Ihre Verwaltungsaufgaben immer nur eine Datei für eine bestimmte Tätigkeit auswählen könnten, wenn Sie also für das Kopieren von hundert Dateien einhundert Befehle geben müßten. Um Gruppen von Dateien zu bilden, verwenden Sie im Dateinamen bestimmte Zeichen, die dort als Stellvertreter fungieren und so erlauben, verschiedene Dateien zusammenzufassen.

Diese Stellvertreterzeichen werden analog zum Kartenspiel Joker genannt, in der Literatur findet sich auch noch das amerikanische Wort Wildcard. DOS kennt zwei solcher Joker: Den * und das ?. Beide werden im Namen und/oder der Erweiterung der Datei verwendet, um Zeichen zu ersetzen, die man entweder nicht angeben kann oder will.

Sie können Joker in nahezu allen Befehlen des Betriebssystems einsetzen, wo die Angabe eines Dateinamens erlaubt oder vorgeschrieben ist. Einige wenige Befehle - TYPE für das Anzeigen einer Textdatei am Bildschirm gehört dazu - dürfen nicht mit Jokern verwendet werden. In einem solchen Falle weisen wir jedoch ausdrücklich darauf hin.

*Der Joker **

Der Stern steht im Dateinamen und der Erweiterung für beliebig viele beliebige Zeichen:

Mit dem Befehl

```
DIR  *.TXT
```

wird Ihnen das Inhaltsverzeichnis gezeigt, allerdings beschränkt auf die Dateien mit der Erweiterung .TXT, da durch die Verwendung des * im Dateinamen dieser nicht abgefragt wird. Folgendes Beispiel macht deutlich, warum wir bei einer Codierung der Art eines Textes empfehlen, diesen an den Anfang des Namens zu setzen:

```
DIR  B*.*
```

zeigt alle Dateien an, die mit einem B im Namen beginnen. Ein letztes Beispiel für das Stellvertreterzeichen *: Wenn Sie alle Dateien meinen, so verwenden Sie die Definition

```
*.*
```

Auf eines wollen wir an dieser Stelle bereits hinweisen:

Ein Denkfehler führt immer wieder zu der Annahme, man könne den Stern auch folgendermaßen verwenden, indem man festlegen will, wie der Name einer Datei aufhört:

```
DIR  *BRF.*
```

soll etwa alle Dateien anzeigen, deren letzte drei Buchstaben des Dateinamens BRF sind.

Wenn Sie dies so verwenden, werden Sie eine Überraschung erleben, die bei näherem Hinsehen eigentlich keine ist: DOS zeigt alle Dateien, verwendet also

```
*.*
```

Der Grund ist einfach erläutert: Da der Stern bedeutet, daß beliebig viele Zeichen ersetzt werden, wird nach einem Stern im Dateinamen der Rest einfach ignoriert.

Der Joker ?

Der andere Joker des Betriebssystems MS-DOS ist das Fragezeichen - es steht im Namen der Datei für ein beliebiges Zeichen, etwa

```
MA?ER.TXT
```

wenn Sie nicht wissen, ob der Herr Maier sich mit i oder y schreibt. Allerdings sollten Sie unbedingt beachten, das auch hier gilt, was wir bereits sagten: Daß die Datei

```
MALER.TXT
```

auch in der obigen Definition enthalten ist, wird nur allzu gern übersehen! Mit einem anderen Mißverständnis wollen wir an dieser Stelle auch gleich aufräumen:

Das Fragezeichen bedeutet nicht, daß an dieser Stelle im Dateinamen ein Zeichen stehen muß, sondern es bedeutet, daß dort ein beliebiges (also auch kein) Zeichen stehen darf: Die Datei

```
MER.TXT
```

ist in der Definition

```
M??ER.TXT
```

durchaus enthalten!

Die beiden Jokerarten dürfen selbstverständlich auch gemischt verwendet werden, etwa

```
BRIEF??.*
```

für eine Datei mit maximal sieben Zeichen im Dateinamen, der lediglich mit BRIEF anfangen muß und eine beliebige Erweiterung hat.

5.3 Kopieren von Dateien

Eine der wichtigsten Verwaltungstätigkeiten ist das Kopieren von Dateien, bei der Sie eine 1:1-Kopie der Datei an einem anderen Ort des Systems ablegen. Grundsätzlich gilt dabei, daß - wie beim Bürokopierer - die Vorlage, also die Datei, die wir kopieren, unberührt bleibt.

Die verschiedenen Kopierbefehle und ihre Wirkungsweise

DOS kennt eine ganze Reihe von Befehlen, die Kopien von Dateien anlegen, die jedoch unterschiedlichste Aufgaben übernehmen können und die jeweils Stärken und Schwächen haben. Welchen Sie also jeweils anwenden, wird vom Ziel abhängen, das Sie mit dem Befehl erreichen wollen.

COPY	kopiert Dateien und Dateigruppen, die der Anwender angeben muß, zwischen Laufwerken und/oder Verzeichnissen, ist also ein universeller Kopierbefehl. COPY kann auch Dateien zu anderen Geräten des Systems kopieren, etwa zum Drucker.
MOVE	ist streng genommen ein Kopierbefehl, denn die Daten werden ins Ziel kopiert und an der Quelle gelöscht. Dieser (erstaunlicherweise erst seit 6.0 vorhandene Befehl) verschiebt also die Datei, wobei sie im Ziel auch noch gleich einen neuen Namen bekommen kann.
XCOPY	ist als einziger Kopierbefehl in der Lage, ganze Verzeichnisse mitsamt Inhalt zu kopieren und damit ganze Verzeichnisstrukturen zu kopieren. Außerdem ist XCOPY der schnellste der Kopierbefehle, da er ein ganzes Segment auf einmal einliest.
REPLACE	kann Dateien kopieren und dabei den Kopiervorgang auf jene Dateien beschränken, die im Ziel bereits vorhanden sind, also Dateien *ersetzen*. Wenn Sie Sicherungskopien Ihrer Daten in kleineren Mengen erstellen wollen, ist REPLACE daher ein geeigneter Befehl.
MSBACKUP	Anders MSBACKUP: Dieses Programm kann Dateien kopieren, die größer sind als die Kapazität einer Diskette. Daher ist MSBACKUP für das Erstellen von Sicherungskopien großer Datenbestände geeignet. Der Nachteil: Die Kopien werden in einem Spezialformat angelegt und müssen daher durch MSBACKUP wieder zurückkopiert werden, um sie verwenden zu können. MSBACKUP ist Thema des Kapitels 9.3.

Dateien kopieren mit COPY

Unter den Kopierbefehlen des MS-DOS ist COPY der einzige interne Befehl - er wird vorzugsweise verwendet, wenn Sie Dateien oder Dateigruppen von einem Laufwerk oder Verzeichnis zu einem anderen kopieren wollen, ohne jedoch das Verzeichnis selbst zu kopieren.

COPY hat eine recht einfache Syntax:

```
COPY [ QUELLE ] {ZIEL} {/V} {/Y|-Y}
```

Die beiden möglichen Parameter bestimmen also zum einen, was Sie kopieren wollen (dieser Parameter muß angegeben werden!) und zum anderen, wohin Sie kopieren wollen - dieser Parameter ist nicht vorgeschrieben.

Lassen Sie uns diesen wichtigen Befehl anhand mehrerer Beispiele erläutern:

Wenn Sie alle Dateien mit der Erweiterung .TXT auf die Diskette in Laufwerk B: kopieren wollen, sähe das so aus:

```
COPY *.TXT B:
```

Eine andere Anwendung ist diese: Sie möchten eine Datei nach A: kopieren, dort soll sie jedoch einen anderen Namen bekommen:

```
COPY WICHTIG.TXT A:WICHTIG1.TXT
```

Die Datei WICHTIG.TXT wird also auf dem Laufwerk A: unter dem neuen Namen WICHTIG1.TXT abgelegt.

Hinweis: Dabei werden allerdings Datum und Uhrzeit der Datei, die im Inhaltsverzeichnis angegeben werden, nicht geändert, denn die Datei selbst wurde nicht geändert. Eine Änderung des Namens bewirkt keine Änderung dieser Angaben. Und: Ein eventueller Schreibschutz, den Sie mit dem Befehl ATTRIB vergeben haben, wird nicht übernommen.

Dieses Anlegen einer Kopie mit gleichzeitiger Vergabe eines neuen Namens können Sie sich immer dann zunutze machen, wenn Sie an einer wichtigen Datei - etwa CONFIG.SYS oder AUTOEXEC.BAT - Änderungen vornehmen. Legen Sie vorher mit

```
COPY CONFIG.SYS CONFIG.BAK
```

eine Kopie dieser Datei an, auf die Sie im Notfall zurückgreifen können.

Verifizieren einer mit COPY erstellten Kopie

Wenn Sie sehr wichtige Dateien kopieren, können Sie noch ein wenig für die Datensicherheit tun: Mit der Option /V weisen Sie das Betriebssystem an, zu überprüfen, ob die erstellte Kopie lesbar ist. Sie können also ohne eine entsprechende Meldung sicher sein, daß die Datei nicht auf einem unlesbaren Sektor abgelegt wurde.

COPY und die Datensicherheit

Sie erhalten von COPY als einer der wenigen Befehle des Betriebssystems eine umfangreiche Vollzugsmeldung (s. Abb. nächste Seite). Zur Sicherheit (s. u.) werden Ihnen die Namen der kopierten Dateien ange zeigt sowie am Ende die Anzahl der Dateien, die Copy im Ziel erstellt hat. Diese Zahl muß mit der Anzahl der kopierten Dateien identisch sein.

Diese Vollzugsmeldung ist ungewöhnlich ausführlich - und das hat auch bis Version 6.0 einen guten Grund: Das Kopieren von Dateien mit COPY birgt einige Tücken, ohne deren Kenntnis man durchaus auch schon mal die eine oder andere Datei verlieren kann.

Dazu zwei Beispiele, die dies durchaus eindrucksvoll belegen:

Nehmen Sie an, Sie kopierten eine Datei nach Laufwerk A: und haben nicht daran gedacht, daß es dort bereits eine Datei mit diesem Namen gibt.

Die Folge ist dies: Sie überschreiben die andere Datei und haben sie damit endgültig und unwiderruflich gelöscht.

Daher wird auch ab der Version 6.2 in einem solchen Falle auf das Vorhandensein einer gleichnamigen Datei hingewiesen. Erst wenn der Anwender dies ausdrücklich wünscht, wird die Datei im Ziel überschrieben. Wir gehen auf diese Neuerung weiter unten noch einmal ein.

```
C:\DOS »» copy *.com b:
COMMAND.COM
DISKCOPY.COM
DOSKEY.COM
DOSSHELL.COM
EDIT.COM
FORMAT!.COM
KEYB.COM
LOADFIX.COM
MIRROR.COM
MODE.COM
MORE.COM
MOUSE.COM
OHNENUM.COM
SYS.COM
TREE.COM
UNFORMAT.COM
       16 Datei(en) kopiert

C:\DOS »»
```

Abb. 17: Bildschirmmeldung von COPY

Das Überschreiben einer Datei ist ein physikalischer Löschvorgang, der durch kein Hilfsmittel wieder repariert werden kann.

Das zweite Szenario ist dies: Sie wollen einige Dateien nach Laufwerk A: kopieren:

```
COPY *.COM A:
```

vergessen jedoch den Doppelpunkt des Laufwerknamens:

```
COPY *.COM A
```

DOS erkennt nun A als einen Dateinamen und kopiert alle Dateien mit der Erweiterung COM in diese Datei hinein - alle Dateien werden quasi aneinandergehängt. Die daraus entstehende Datei namens A ist natürlich vollkommen unbrauchbar, doch die Bildschirmmeldung hätte es Ihnen bereits gesagt. COPY meldet also, wie viele Dateien im Ziel angelegt wurden - und in diesem Falle ist das eben nur eine!

```
C:\DOS »» copy *.com a
COMMAND.COM
DISKCOPY.COM
DOSKEY.COM
DOSSHELL.COM
EDIT.COM
FORMAT!.COM
KEYB.COM
LOADFIX.COM
MIRROR.COM
MODE.COM
MORE.COM
MOUSE.COM
OHNENUM.COM
SYS.COM
TREE.COM
UNFORMAT.COM
        1 Datei(en) kopiert

C:\DOS »»
```

Abb. 18: Bildschirmmeldung von COPY nach dem Zusammenkopieren

Steuern der Überschreiboption

Im Normalfall, also ohne Ihr Eingreifen, wird, wie wir es besprochen haben, eine Datei gleichen Namens im Ziel nicht überschrieben.

Hinweis: Dies gilt nicht für eine Batch-Datei: Wenn Sie COPY aus einer Batch-Datei heraus aufrufen, wird die Zieldatei gleichen Namens ohne Rückfrage überschrieben.

Die Option /Y erlaubt nun, dies zu steuern: Möchten Sie in einem Batch vorher gefragt werden, wenn die zu kopierende Datei bereits im Ziel existiert, geben Sie die Option /-Y in Ihrem Batch an.

Mit der Option /Y wird die Überschreibwarnung auch im normalen Betrieb ausgeschaltet.

Tip Überschreiboption generell steuern

Ab der Version 6.2 können Sie mit der Umgebungsvariablen COPYCMD die Ausführungsweise dieser wichtigen Option generell festlegen. Mit

```
SET COPYCMD=/-Y
```

legen Sie beispielsweise fest, daß generell, auch wenn Sie nichts angeben oder in Ihrem Batch keine ausdrückliche Anweisung erteilt wird, die Option /-Y voreingestellt ist. Die Variable wird auch in dieser Weise für XCOPY und MOVE verwendet. Beachten Sie: Eine Angabe beim Befehlsaufruf hat jedoch den Vorrang vor der Angabe im Umgebungsspeicher.

Kopieren auf und von Geräten

Nicht nur zwischen Laufwerken und (wie zu besprechen sein wird) zwischen Verzeichnissen können Dateien kopiert werden, auch die anderen Geräte des PC-Systems können mit dem Kopierbefehl COPY - und nur mit diesem - bedient werden:

```
COPY MEINTEXT.TXT PRN
```

kopiert die genannte Datei zum Drucker an der ersten parallelen Schnittstelle - die Datei wird ausgedruckt. Wenn Sie einmal "auf die Schnelle" die Druckerschnittstelle überprüfen wollen, ist dies sicher schneller, als eine Anwendung aufzurufen und durch sie einen Druckbefehl zu geben.

Natürlich ist dies nicht die Hauptaufgabe von COPY, dafür ist der Druckbefehl Ihres Anwendungsprogramms oder der DOS-Befehl PRINT wesentlich besser geeignet. Es mag jedoch aufzeigen, wie variabel Sie diesen Kopierbefehl handhaben können.

Mit einer Kopie von oder auf das Gerät CON kann man auch allerlei trickreiche Dinge erreichen: Das Gerät CON ist ein Doppelgerät, nämlich die Tastatur als Eingabegerät und der Bildschirm als Ausgabegerät, Kopien nach CON können also nur zum Bildschirm gelangen (da die Tastatur nichts entgegennehmen kann), Kopien von CON können dagegen nur von der Tastatur kommen, da man auf dem Bildschirm keine Eingaben machen kann - die Tatsache, daß es bereits sogenannte Touch-Screens mit Eingabemöglichkeit gibt, lassen wir einmal außer Betracht.

Der Befehl

```
COPY  *.TXT  CON
```

kopiert die Dateien mit der Erweiterung TXT zum Bildschirm, zeigt sie also an. Damit umgehen Sie die Einschränkung von TYPE, nicht mehrere Dateien am Bildschirm anzeigen zu können.

Auch für das Erstellen von Textdateien können wir eine Kopie vom Gerät CON verwenden: Wenn Sie schnell mal eine kleine Batch-Datei erstellen wollen, die nur wenige Zeilen aufweist, erstellen Sie eine Kopie, die Sie vom Gerät CON empfangen mit

```
COPY  CON  TEST.BAT
```

Der Cursor springt in die nächste Zeile und erwartet Ihre Eingabe, Sie können nun Text schreiben, soviel Sie wollen. Die Taste [Enter] hat nun die Funktion einer Zeilenschaltung, wobei Sie jedoch bitte beachten, daß Sie nicht mehr in die Zeile darüber zurück können. Wenn Sie auf eine komfortable Editiermöglichkeit nicht verzichten wollen, müssen Sie diese Datei mit dem Editor von MS-DOS erstellen.

Wenn Sie mit der Eingabe fertig sind, müssen Sie DOS mitteilen, daß diese Datei nun abgespeichert werden soll - dafür betätigen Sie die Tastenkombination [Strg]+[Z] oder - mit gleicher Wirkung - die Funktionstaste [F6]. Es wird am Bildschirm das Zeichen ^Z für Dateiende (EOF, End of File) ausgegeben. Wenn Sie dieses Zeichen mit [Enter] ebenfalls anfügen, wird die Datei auf dem Datenträger abgespeichert.

Dateien ersetzen mit REPLACE

War COPY ein universeller Kopierbefehl, ist REPLACE ein ausgesprochener Spezialist, denn REPLACE kopiert entweder nur Dateien, die es im Ziel bereits gibt, ersetzt diese Dateien also, oder kopiert Dateien, die es im Ziel nicht gibt. Diese flexible Handhabung und die Tatsache, daß Sie zusätzlich noch festlegen können, jeden einzelnen Kopiervor gang mit [J] für JA oder [N] für NEIN bestätigen oder verwerfen zu können, machen REPLACE zu einem sehr variablen Kopierbefehl für die Sicherungskopie "zwischendurch".

Wie Sie unserem Kapitel über Datensicherheit entnehmen können, empfehlen wir allen Anwendern, die ständig mit wichtigen Datendateien zu tun haben, sich neben den globalen Maßnahmen der Datensicherung jeweils aktuelle Kopien auf Diskette von jenem Stand der Dinge zu erstellen, den man auf keinen Fall mehr missen möchte. Solange die Größe der zu sichernden Datei die Kapazität einer Diskette nicht übersteigt, ist REPLACE der Kopie mit MSBACKUP vorzuziehen, da die Disketten im Ziel im DOS-Format vorliegen und sofort benutzt werden können, eine mit MSBACKUP erstellte Kopie dagegen erst wieder zurückkopiert werden muß.

Um REPLACE wirkungsvoll anwenden zu können, muß man sich das grundlegende Arbeitsprinzip dieses Befehls vor Augen halten, das sich auch aus dem Namen ableiten läßt: REPLACE kopiert nur jene Dateien, die es im Ziel bereits gibt.

Wenn Sie also Kopien auf Diskette mit REPLACE erstellen wollen, müssen Sie einmal die Dateien, die Sie dort immer wieder sichern wollen, mit einem anderen, nicht selektiven Kopierbefehl (COPY oder XCOPY) dorthin kopiert haben.

Das hat einen entscheidenden Vorteil (neben den anderen Möglichkeiten der Dateiselektion): Sie müssen nur noch befehlen, daß kopiert werden soll, nicht was. Die Auswahl erfolgt durch die im Ziel bereits vorhandenen Dateien.

Die Syntax von REPLACE:

```
REPLACE [ Dateiname ] [ Ziel ] {/A} {/P} {/S} {/U}
```

/A	Es werden jene Dateien kopiert, die sich auf dem Datenträger nicht befinden.
/P	Der Kopiervorgang kann für jede Datei einzeln mit JA / NEIN bestätigt werden.
/S	Es werden auch in den Verzeichnissen ab dem angegebenen Pfad Dateien ersetzt.
/U	Es werden im Ziel nur die Dateien ersetzt, die älter als die Quelldateien sind.

Folgende Situation soll Ausgangspunkt unserer Betrachtungen sein:

Sie erarbeiten mit Ihrer Textverarbeitung eine Reihe von Texten, die Sie in gewissen Abständen auf eine Diskette sichern wollen:

```
REPLACE *.TXT A: /U
```

Die Dateien auf A:, die älter sind, als die Dateien, die Sie erstellt haben, werden ersetzt.

Dadurch verhindern Sie, daß Sie eine Datei durch ihre frühere Version überschreiben.

Oder Sie möchten alle Dateien mit der Erweiterung DBF sichern, möchten jedoch jeweils eine Entscheidung am Bildschirm treffen, ob Sie kopieren wollen oder nicht:

```
REPLACE *.DBF B: /P
```

Sie werden dann zu jedem Kopiervorgang befragt

```
B:\TELEFON.DBF ersetzen (J/N)?
B:\KUNDEN.DBF ersetzen (J/N)?
```

und können entscheiden, ob Sie die Datei zum jetzigen Zeitpunkt auf Laufwerk B: durch eine neuere Version ersetzen wollen oder nicht.

Die Meldungen von REPLACE zeigen Ihnen die Anzahl der Dateien auf, die ersetzt oder hinzugefügt wurden:

```
xxx Datei(en) hinzugefügt

xxx Datei(en) ersetzt.
```

Die Unterschiede zwischen den beiden Kopierbefehlen COPY und REPLACE verdeutlichen, daß es sich durchaus lohnt, sich über das "Wie" einfacher Vorgänge wie das Kopieren von Dateien Gedanken zu machen.

5.4 Löschen von Dateien

Ein wichtiges Instrumentarium bei der Verwaltung eines Datenträgers ist es, Dateien, die nicht mehr benötigt werden, zu löschen, sei es, weil man Platz auf dem Datenträger schaffen möchte, sei es, daß man den Datenträger überschaubarer machen möchte.

Nach dem Löschvorgang, für den wir den Befehl DEL verwenden, wird die Datei nicht mehr im Inhaltsverzeichnis aufgeführt und ist für das System nicht mehr existent.

Doch die Datei wird nicht wirklich vom Datenträger gelöscht, sondern wird - aus Gründen der Geschwindigkeit - in der Dateizuordnungstabelle lediglich als gelöscht markiert und die von dieser Datei beanspruchten Sektoren auf dem Datenträger werden wieder zur Benutzung freigegeben. Diesen Löschvorgang nennt man im Gegensatz zum physikalischen Löschen logisches Löschen.

Ein erneuter Schreibvorgang auf den Datenträger - etwa ein Kopiervorgang - kann also diesen Bereich wieder benutzen, d. h. überschreiben. Dann allerdings ist die Datei auch physikalisch gelöscht.

Hinweis: Ein logischer Löschvorgang kann vom Betriebssystem unter bestimmten Umständen mit dem Befehl UNDELETE wieder rückgängig gemacht werden, ein physikalischer Löschvorgang ist dagegen irreversibel.

Daher muß ein Rettungsversuch auch unmittelbar nach dem versehentlichen Löschvorgang gestartet werden, um zu verhindern, daß ein Schreibvorgang die Sektoren zwischenzeitlich wieder belegt. In diesem Zusammenhang muß nochmals erwähnt werden, daß das Überschreiben mit einem Kopierbefehl wie COPY oder REPLACE einen physikalischen Löschvorgang darstellt, da die neuen Daten die alten überschreiben.

Die Syntax von DEL:

```
DEL   [ Datei ]   {/P}
```

Neben der obligatorischen Angabe der zu löschenden Datei ist nur noch eine - zugegebenermaßen wichtige - Option möglich. Auch die ältere Schreibweise DELETE ist noch erlaubt, jedoch seit 6.0 nicht mehr die ältere Schreibweise ERASE.

Joker dürfen für die Angabe von Dateien selbstverständlich verwendet werden. Doch hier genau setzt auch die Gefährlichkeit eines Löschvorgangs ein: Solange Sie eine einzige Datei namens ALT.WKS mit

```
DEL  ALT.WKS
```

löschen, ist der Vorgang noch überschaubar und sicher. Doch wenn Sie nicht genau wissen, ob sich der Herr Mayer mit ay oder ai schreibt und befehlen

```
DEL  M??ER.TXT
```

wird Ihnen möglicherweise erst hinterher auffallen, daß die Dateien

```
MAIER.TXT
MEIER.TXT
MAYER.TXT
MEYER.TXT
MOSER.TXT
MALER.TXT
METER.TXT
```

- wenn es sie vorher gab - ebenfalls gelöscht sind.

Sie merken es: Gerade mit Jokern kann der Löschbefehl zu empfindlichem Datenverlust führen, da oft Dateien in den Definitionen enthalten sind, an die man im ersten Augenblick nicht denkt, zumal DEL nicht mit einer Sicherheitsabfrage noch einmal Einhalt gebietet.

Zu diesem Zweck wurde die Option /P eingeführt: Sie bestimmt, daß der Löschvorgang für jede Datei (auch aus einer Definition mit Jokern) einzeln mit [J] für JA bestätigt werden muß oder aber mit [N] für NEIN verworfen werden kann. Wenn Sie also einen Löschbefehl mit Jokern in der Dateiangabe versehen, sollten Sie sich angewöhnen, aus Gründen der Datensicherheit die Option /P zu verwenden. Wenn Sie allerdings mit

```
DEL  *.*
```

befehlen, alle Dateien des Laufwerks (bzw. wie wir noch sehen werden, des Verzeichnisses) zu löschen, ist das auch dem Betriebssystem nicht geheuer, es erfolgt eine sehr deutliche Sicherheitsabfrage:

```
Alle Dateien im Verzeichnis werden gelöscht!
Sind Sie sicher (J/N)?
```

Erst, wenn Sie diese unmißverständliche Frage mit [J] für JA beantworten, werden die Dateien gelöscht.

Tip: Datensicherheit
Wenn Sie eine Datei vor dem Löschen oder Überschreiben schützen wollen, müssen Sie sie mit einem Schreibschutz versehen. Lesen Sie dazu bitte in 5.10 über den Befehl ATTRIB nach.

5.5 Verschieben von Dateien

Das Kopieren von Dateien legt im Ziel eine 1:1-Kopie der Quelldaten an. Diese Tätigkeit wurde bislang jedoch jeden Tag hunderttausendfach durchgeführt, weil eine andere Tätigkeit nicht möglich war: Das Verschieben von Dateien an einen anderen Ort im System.

Das ist seit der Version 6.0 anders: Microsoft hat sich endlich bequemt, einen Befehl zum Verschieben zu integrieren, was unter der DOS-Shell (siehe Kapitel 7) und im Datei-Manager von Windows längst möglich war. Dutzende von Hilfsprogrammen haben sich dieses Themas angenommen, nun ist es offiziell.

Das Verschieben mit MOVE ist recht einfach:

```
MOVE  [ Quelle ]  [ Ziel ]  {/Y|-Y}
```

Ein Beispiel mag die Syntax erläutern: Sie möchten die Datei HIERNICH.TXT nach Laufwerk A: verschieben:

```
MOVE  HIERNICH.TXT  A:
```

Sie erhalten von MOVE eine Vollzugsmeldung:

```
C:\VERZ\HIERNICH.TXT => A:\HIERNICH.TXT [ok]
```

Das Verschieben kann auch - im Gegensatz zu den erwähnten Benutzeroberflächen - auf ein anderes Laufwerk geschehen.

Sogar das Verschieben und gleichzeitige Umbenennen ist möglich, allerdings nur, wenn Sie keine Joker verwendet haben:

```
MOVE  HIERNICH.TXT  A:\TEXTE\DORTJA.DOC
```

ist also ein durchaus erlaubter Befehl.

Doch da das Überschreiben einer Datei durch neue Informationen immer die ärgerlichste Form des Datenverlustes ist - weil irreparabel -, hier ein wichtiger Hinweis:

Hinweis: Wenn Sie eine Datei verschieben, die es im Ziel bereits gibt, wird erst ab der Version 6.2 vor dem Überschreiben gewarnt. In der Vorgängerversion wird die Datei ohne Nachfrage im Ziel überschrieben. Die Steuerung über den Parameter /Y entspricht der des Befehls COPY.

5.6 Umbenennen von Dateien

Es kann viele Gründe geben, einer Datei einen neuen Namen zu geben:

- Sie stellen fest, daß Sie sich unter dem alten Namen nichts vorstellen können und wollen den Namen mehr auf den Inhalt der Datei abheben.
- Der Name paßt nicht mehr so recht in die Struktur der Namen, die sich langsam herausgebildet hat.
- Sie möchten eine Datei auf einen Datenträger kopieren, doch dort gibt es eine andere Datei mit demselben Namen - eine von beiden muß also umbenannt werden.
- Eine Sicherungskopie mit der Erweiterung SIK soll wieder als Textdatei mit der Erweiterung TXT verwendet werden.

Grundsätzlich gilt: Die Datei bekommt lediglich einen anderen Namen im Inhaltsverzeichnis - Inhalt, Entstehungsdatum und -uhrzeit bleiben unverändert.

Der Befehl für das Umbenennen einer Datei ist REN - Sie können auch die ältere Schreibweise RENAME benutzen.

Die Syntax ist logischerweise

```
REN  [ Alter Name ]   [ Neuer Name ]
```

Der alte Name der Datei, also die Angabe, welche Datei mit einem neuen Namen versehen werden soll, sowie der neue Name müssen angegeben werden:

```
REN  OPA.TXT  OMA.TXT
```

benennt die Datei OPA.TXT um.

Joker sind bei Umbenennen erlaubt, doch sind diese sehr vorsichtig anzuwenden, insbesondere dann, wenn es darum geht, nur Teile des Namens zu ändern. Das folgende Beispiel zeigt deutlich, in was für eine Lage Sie sich bringen können:

Wenn Sie die Dateien

```
AACHEN.DAT
AUGSBURG.TXT
AALEN.DBF
BERLIN.DOC
BONN.SIK
BREMEN.WKS
```

mit dem Befehl

```
REN  B*.*  A*.*
```

versehentlich umbenennen, so lautet das Ergebnis

```
AACHEN.DAT
AUGSBURG.TXT
AALEN.DBF
AERLIN.DOC
AONN.SIK
AREMEN.WKS
```

Falls Ihnen dies - was anzunehmen ist - nicht gefällt, müssen Sie die Dateien einzeln wieder mit dem ursprünglichen Namen versehen, denn falls Sie auf die Idee kommen, den Spieß einfach mit

```
REN  A*.*  B*.*
```

wieder umzudrehen, lautet das Ergebnis dieses Vorgangs

```
BACHEN.DAT
BUGSBURG.TXT
BALEN.DBF
BERLIN.DOC
BONN.SIK
BREMEN.WKS
```

und das dürfte keineswegs Ihre Absicht gewesen sein.

Andererseits ist das Verwenden von Jokern beim Umbenennen oft recht nützlich: Sie haben etwa ein Namenssystem für Ihre Rechnungen erfunden, etwa RG001.TXT etc.

Nun reicht die Anzahl der Stellen nicht mehr aus, doch aus Gründen der Sortierung soll die Zahl in jedem Falle vierstellig werden:

```
REN  RG???.*  RG0???.*
```

Alle Dateien, deren Name mit RG anfängt und bis zu drei weitere Stellen hat, wird in RG0 umbenannt, wobei die weiteren drei Stellen an diesen Namensteil angehängt werden. Eine Einschränkung gilt es zu beachten: Wenn es einen Namen bereits gibt, darf am selben Ort keine andere Datei mit diesem Namen existieren, also auch nicht mit einem bereits existierenden Namen umbenannt werden. Sie erhalten sonst die Fehlermeldung

```
Doppelt vorhandener Dateiname oder Datei nicht gefunden!
```

Das heißt: Entweder hat DOS die umzubenennende Datei nicht gefunden oder der angegebene neue Name ist bereits für eine andere Datei verwendet worden. Eine kleine, nützliche Eigenart von REN gilt es noch zu besprechen: Wenn Sie beim neuen Namen den Joker * verwenden, wird dieser Namensteil beim Umbenennen unberücksichtigt gelassen, also nicht umbenannt. Das kann man sich natürlich zunutze machen:

Statt umständlich zu befehlen

```
REN  MEINTEXT.TXT MEINTEXT.DOC
```

kann man für den Teil des Namens, der unberührt bleibt, den Joker verwenden:

```
REN  MEINTEXT.TXT *.DOC
```

5.7 Vergleichen von Dateien

Der augenfälligste Nachteil einer magnetisch gespeicherten Information ist der, daß sie visuell nicht erkennbar ist, sondern lediglich mit denen für das Medium geeigneten Funktionen. Dies gilt sowohl für unsere Compact-Cassetten als auch für Daten auf einem magnetischen Datenträger.

Wenn wir Dateien kopieren oder löschen wollen, hat dies nicht so gravierende Auswirkungen, denn wir können uns des Inhaltsverzeichnisses bedienen, um zumindest zu wissen, ob die Datei vorhanden ist oder nicht.

Anders wird das, wenn wir wissen wollen, ob zwei Dateien identisch sind oder nicht. Hier hilft das Inhaltsverzeichnis möglicherweise auch weiter, denn wenn die eine dort mit 1.024 Byte Größe und die andere mit 2.048 Byte verzeichnet ist, wird niemand auf die Idee kommen, diese für gleich zu halten, da die eine augenscheinlich doppelt so groß wie die andere ist.

Doch wie ist es, wenn beide gleich groß sind?

Hier kann das Inhaltsverzeichnis nicht weiterhelfen, sondern nur der Befehl FC (von File Compare), der in der Lage ist, zwei Dateien miteinander zu vergleichen und dem Anwender mitzuteilen, ob diese Dateien gleich oder nicht gleich sind bzw. wo die Unterschiede sind.

Der Befehl untersucht jedes Zeichen der zu vergleichenden Dateien, wenn ein Unterschied gefunden wurde, wird danach sofort überprüft, ob der nachfolgende Teil der Datei wieder identisch ist. Wenn ja, wird weiter verglichen, als sei nichts gewesen.

Auch die Ausgabe der Unterschiede erfolgt in einer Weise, die Ihnen erlaubt, Textdateien aus einer Textverarbeitung auf identischen Text bzw. Änderungen abzuklopfen.

Die Syntax des Befehls FC:

```
FC [ Datei 1 ]  [ Datei 2 ] {/A} {/C} {/L} {/LBn} {/N} {/T} {/W}
   {/nnn} {/B}
```

Nach der Angabe der zu vergleichenden Dateien können Sie bestimmen, wie FC verfahren soll.

Wenn Sie eine Datei ohne Steuerzeichen - Textdateien etwa - vergleichen, müssen Sie keine weiteren Angaben machen. Wenn Sie jedoch möchten, daß etwa Groß- und Kleinschreibung gleich behandelt werden, oder daß Tabulatoren und Leerzeichen gleich behandelt werden, müssen Sie dies angeben.

/A	Wenn Sie Textdateien vergleichen, werden nur die erste und letzte Zeile mit Unterschieden am Bildschirm ausgegeben.
/B	Vergleich von Binärdateien, also Dateien, die Steuerzeichen enthalten. Dieser Parameter darf nur alleine, also ohne einen anderen benutzt werden.
/C	Groß- und Kleinschreibung werden gleich behandelt.
/L	Vergleich von Textdateien (Angabe aller Zeilen mit Unterschieden). Diese Einstellung ist Standard bei Dateien, die nicht die Erweiterung COM, EXE, SYS, OBJ, LIB oder BIN haben.
/LBn	Hier können Sie die maximale Zahl unterschiedlicher Zeilen angeben. Werden mehr als diese Anzahl Zeilen als unterschiedlich festgestellt, wird der Vergleich abgebrochen.
/N	Zeigt zusätzlich die Zeilennummern an.
/T	Tabulatorzeichen werden nicht als Leerzeichen behandelt.
/W	Tabulatorzeichen und Leerzeichen werden als einzige Leerstelle behandelt.

5.8 Dateien drucken

So sehr es die Aufgabe des Betriebssystems ist, die angeschlossenen Geräte zu verwalten, so wenig ist es die Aufgabe von MS-DOS, Dateien auszudrucken, denn jedes Anwendungsprogramm verfügt über eine eigenes Druckmodul, das die Dateien dieses Programms auf dem Drucker ausgibt.

Gleichwohl kann man natürlich das Betriebssystem dazu bewegen, Dateien auszudrucken, etwa einen Ausdruck der Konfigurationsdateien AUTOEXEC.BAT und CONFIG.SYS. Den Ausdruck Ihres 200-seitigen Romans dagegen sollten Sie Ihrer Textverarbeitung überlassen.

DOS verfügt über ein eigenes Programm für den Ausdruck von Textdateien, den Befehl PRINT. Dieser vergleichsweise leistungsstarke Befehl dient dazu, mehrere Textdateien auf einmal aus einer sogenannten Warteschlange heraus auszudrucken, während Sie im Vordergrund weiter am PC arbeiten können.

Doch auch ohne dieses Programm kann man unter DOS eine ASCII-Datei ausdrucken: Der Kopierbefehl COPY z. B. ist in der Lage, eine Datei zum Drucker zu schicken - befehlen Sie als Kopierziel lediglich den Namen des gewünschten Druckers:

```
COPY  DATEI.TXT  LPT2
```

druckt die Datei DATEI.TXT auf dem Drucker aus, der an der zweiten parallelen Schnittstelle angeschlossen ist.

Möchten Sie den Ausdruck auf dem Drucker an der ersten parallelen Schnittstelle, befehlen Sie anstelle von LPT2 die Schnittstelle LPT1 oder das Gerät PRN als Kopierziel. Um die AUTOEXEC.BAT auszudrucken, müssen Sie also diese Datei zum Drucker schicken:

```
COPY  AUTOEXEC.BAT  PRN
```

Der Befehl PRINT

Der PRINT-Befehl hat nicht, wie man meinen könnte, die Aufgabe, Dateien auszudrucken; das kann man anders auch erreichen, wie wir gesehen haben.

PRINT hat eine andere Aufgabe: Wenn Sie eine Reihe von Dateien zum Drucker schicken wollen - welchen Grund Sie dafür haben könnten, besprechen wir noch -, so blockiert der Ausdruck den PC nicht so lange, bis die letzte Datei gedruckt worden ist, sondern PRINT übernimmt die zu druckenden Dateien abschnittweise und sendet sie zum Drucker, während Sie im Vordergrund wie gewohnt weiter am PC arbeiten können.

Der Drucker-Spooler PRINT ist also ein Programm, das den Ausdruck im Hintergrund steuert, während Sie im Vordergrund weiter arbeiten können.

Doch warum sollten Sie eine Datei von DOS aus ausdrucken, wenn wir sagten, daß man die Dateien vom Anwendungsprogramm möglichst auch aus diesem heraus ausdrucken sollte?

Viele Anwendungsprogramme erlauben das Erstellen einer Druckdatei - das ist eine Datei, die anstelle eines Ausdrucks auf dem Drucker angelegt wird. Alle Zeichen - also Steuerzeichen für den Drucker sowie der zu druckende Text - werden in dieser Datei abgelegt. Der Datenstrom zum Drucker wird, wenn Sie so wollen, in dieser Datei abgefangen. Wenn Sie diese Datei zu einem späteren Zeitpunkt zum Drucker schicken, werden die Daten so ausgedruckt, als wären sie direkt zum Drucker geschickt worden.

Sie erstellen also während des Tages eine Reihe von Datendateien (Texte, Kalkulationen), die dann zu einem bestimmten Zeitpunkt gesammelt ausgedruckt werden - und genau dafür ist der Befehl PRINT gedacht.

Wenn Sie PRINT verwenden wollen, müssen Sie den Befehl zweimal aufrufen, nämlich einmal, um PRINT zu konfigurieren, also anzugeben, auf welcher Schnittstelle des Systems der Ausdruck erfolgen soll etc. Diese Konfiguration erfolgt nur einmal, nämlich beim allerersten Aufruf von PRINT. Die dort festgelegten Einstellungen werden bis zum Ausschalten des Rechners verwendet.

Der zweite Aufruf ist die Verwaltung der Warteschlange (die man auch Queu nennt), also das Anhängen einer zu druckenden Datei in die Schlange, das Löschen einzelner Dateien aus der Reihe der zu druckenden Dateien oder gar das vorzeitige Beenden der Warteschlange. Diese Befehle dürfen natürlich so oft gegeben werden, wie die Umstände es erfordern.

Das Konfigurieren der PRINT-Warteschlange

Wenn Sie PRINT das erste Mal aufrufen, wird verlangt, daß Sie den Drucker bestimmen, den PRINT verwenden soll:

```
Name des Ausgabegerätes [PRN]:
```

Wenn der gewünschte Drucker wie vorgegeben auf der ersten parallelen Schnittstelle angeschlossen ist, können Sie diese Frage mit `Enter` übergehen bzw. die Vorgabe übernehmen. Wenn nicht, geben Sie den Drucker LPT2 für den zweiten parallelen Port bzw. COM1 oder COM2 für eine der seriellen Schnittstellen an. Diese Eingabe muß mit `Enter` an DOS übergeben werden.

Hinweis: Wenn Sie PRINT über Ihre AUTOEXEC.BAT starten oder aus einer anderen Batch-Datei heraus aufrufen, haben Sie die Möglichkeit, den Drucker gleich mitanzugeben, die Abfrage am Bildschirm unterbleibt dann:

```
PRINT  /D:nnnn
```

wobei nnnn für den anzugebenden Namen der Schnittstelle steht. Nach der Angabe der Druckerschnittstelle erhalten Sie noch die Meldung

```
Residenter Teil von PRINT geladen
Die Druckerwarteschlange ist leer
```

Die Anzahl der Dateien, die in die Warteschlange aufgenommen werden können, ist nicht unbegrenzt - im Normalfall sind zehn Einträge in der Liste vorgesehen. Wenn mehr als zehn Dateien in die Warteschlange eingereiht werden sollen, meldet DOS

```
Die Warteschlange ist voll
```

Wollen Sie mehr als diese maximal zehn Dateien vorsehen, müssen Sie dies ausdrücklich bei der Konfiguration von PRINT befehlen:

```
PRINT  /Q:25
```

sieht anstelle des Standards von zehn Dateien maximal 25 Dateien vor - Sie können bis zu 32 Dateien vorsehen. Auch diese Option kann man natürlich in einer Zeile der AUTOEXEC.BAT verwenden. Eine letzte wichtige Option ist die Festlegung der Größe des Hauptspeichers, den PRINT für sich reservieren darf. Je größer dieser Speicher ist, desto weniger muß PRINT auf der Festplatte auf die Datei zugreifen, was natürlich einen Einfluß auf die Geschwindigkeit des Systems im Vordergrund hat. Standardmäßig werden dort 512 Byte vorgesehen, was allerdings sehr wenig ist. Mit der Option /B können Sie mehr Arbeitsspeicher reservieren:

```
PRINT  /Q:20  /B:4096
```

reserviert einen Speicher von 4 KByte für den Spooler sowie 20 Dateien in der Warteschlange. Die Angabe für /B: ist in Byte zu machen, die maximale Größe ist 16.384 Byte, also 16 KByte.

Verwalten der Warteschlange

Um eine Datei über die Warteschlange auszudrucken, können Sie zu jedem Zeitpunkt mit

```
PRINT  DATEINAME
```

arbeiten.

Die Datei wird in die Warteschlange eingereiht. Auch der Aufruf von

```
PRINT  *.TXT
```

für den Ausdruck aller Dateien mit der Erweiterung TXT ist möglich; doch wie viele Dateien an die Warteschlange gehängt werden, hängt davon ab, welchen Wert Sie mit der Option /Q: zugelassen haben oder ob die Standardeinstellung verwendet wird. Die Warteschlange wird natürlich erst aktiv, wenn Sie mehr als eine Datei zum Druck aufrufen. Wenn Sie den erwähnten Befehl zum Ausdruck aller Textdateien als ersten nach der Einrichtung des Print-Spoolers geben, erhalten Sie die Meldung:

```
D:\TEXTE\MEINTEXT.TXT wird gerade gedruckt
D:\TEXTE\DEINTEXT.TXT in der Warteschlange
```

Die erste Datei wird also sofort ausgedruckt, die andere wird in die Warteschlange gestellt. Jede weitere von Ihnen mit PRINT aufgerufene Datei wird an diese Schlange angehängt.

Auch der Aufruf in dieser Weise ist möglich:

```
PRINT  MEINTEXT.TXT  ADRESSEN.DBF  KOSTEN.WKS  LOLITA.PCX
```

also der Aufruf mehrerer Dateien in der Kommandozeile ohne Verwendung von Jokern; in diesem Falle trennen Sie die Dateien durch jeweils mindestens eine Leertaste.

Sollten Sie die Meldung

```
Ausgabegerät ist eventuell ausgeschaltet
oder nicht 'ONLINE'. Bitte überprüfen.
```

erhalten, so kann PRINT nicht drucken, da der Drucker nicht druckbereit ist.

Dateien selektiv aus der Warteschlange entfernen

Wenn Sie Dateien aus der Warteschlange entfernen wollen, bedienen Sie sich der Option /C (Cancel):

```
PRINT  KEINTEXT.TXT  /C
```

entfernt die Datei aus der Warteschlange, ganz gleich, ob sie gerade gedruckt wird oder nicht. Wenn sie sich zu der Zeit gerade im Druck befindet, ertönt ein Klingelzeichen am Drucker und der Druck wird abgebrochen.

Sie können in einer Kommandozeile auch Dateien aus der Warteschlange löschen und andere hinzufügen. Die Option /P befiehlt, eine oder mehrere Dateien der Warteschlange hinzuzufügen:

```
PRINT  KEINTEXT.TXT  /C  MEINTEXT.TXT /P DEINTEXT.TXT
```

fügt die letzten beiden Texte hinzu, während der erste aus der Warteschlange entfernt wird. Jede der Optionen /C und /P bezieht sich auf die davorstehenden Dateinamen und die nachfolgenden, bis eine andere Option verwendet wird.

Beenden der Warteschlange

Der Ausdruck der Warteschlange wird normalerweise beendet, wenn die letzte Datei ausgedruckt wurde. PRINT bleibt weiterhin im Speicher und wartet, daß Sie erneut anfangen zu drucken.

Falls Sie den Ausdruck der in der Warteschlange befindlichen Dateien vorzeitig abbrechen wollen, verwenden Sie die Option /T:

```
PRINT /T
```

bricht die Queue ab. Auch der Druck einer Datei wird abgebrochen, wobei die Daten aus dem Speicher des Druckers auch hier noch ausgedruckt werden.

Um Mißverständnissen vorzubeugen: Das Programm PRINT wird damit jedoch nicht beendet - es verbleibt im Hauptspeicher bis zum Ausschalten des Rechners.

Falls Sie also den Speicherplatz wieder für andere Programme verfügbar machen wollen, müssen Sie den Rechner durch ein Reset oder einen Warmstart neu starten.

Der Ausdruck des aktuellen Bildschirms

Eine Sonderform des Ausdrucks ist es, wenn Sie den aktuellen Bildschirminhalt ausdrucken wollen, etwa, wenn Sie einer Software-Firma eine Ihnen unverständliche Fehlermeldung aufzeigen wollen.

Der Ausdruck des aktuellen Bildschirms, auch Hardcopy genannt, wird mit der Tastenkombination `Umschalt`+`Druck` oder nur `Druck` erstellt - das ist von der BIOS-Version Ihres Rechners abhängig. Probieren Sie die richtige Kombination ggf. vorher aus.

Diese Funktion ist jedoch nur für einen Textbildschirm verfügbar, der aus den Zeichen des erweiterten ASCII-Zeichensatzes zusammengesetzt ist, im Grafikmodus eines Programms kann dies nur mit speziellen Programmen oder aber durch das bei MS-DOS mitgelieferte Programm GRAPHICS ermöglicht werden:

Bevor Sie die Hardcopy anfertigen, installieren Sie mit einem einfachen Aufruf von

```
GRAPHICS
```

das residente Programm, das auch mit LOADHIGH in den Bereich des Upper Memory geladen werden kann, wenn dieses installiert ist (siehe 10.4).

Optional kann beim Aufruf ein bestimmter Drucker und eine bestimmte Druckausgabe (farbig oder invers) angegeben werden - lesen Sie dazu die Informationen im Referenzteil.

5.9 Dateien suchen

Wer auch nur einmal verzweifelt nach einer Datei auf einer Festplatte gesucht hat, wird wissen, warum dieses Kapitel so wichtig ist. Denn hier offenbart sich der bereits beschriebene Nachteil einer magnetisch gespeicherten Information gegenüber einer gedruckten:

Wenn Sie ein Schriftstück auf Ihrem Schreibtisch suchen, konzentrieren Sie sich auf das Ihnen bekannte Aussehen dieses Schriftstückes oder auf bestimmte andere Merkmale, die Ihnen sofort "ins Auge fallen".

Eine Datei sehen Sie dagegen lediglich im Inhaltsverzeichnis bzw. Sie sehen, daß Sie sie nicht sehen. Das Suchen einer Datei über das Inhaltsverzeichnis wird zudem dadurch erschwert, daß sie - wie wir noch sehen werden - nicht alle zusammen auf dem Laufwerk abgelegt werden, sondern in kleinere, handliche Einheiten, den Verzeichnissen, zusammengefaßt werden. Das Inhaltsverzeichnis beschränkt sich bei normalem Aufruf nur auf die Anzeige des Verzeichnisses, in dem Sie sich befinden oder das Sie angeben.

Zwei Möglichkeiten stehen Ihnen zur Verfügung, um eine Datei auf einem Datenträger eindeutig zu suchen, so daß sie, wenn Sie sie mit einer dieser Methoden nicht finden, auf diesem Datenträger unter diesem Namen ganz sicher nicht existiert.

Suchen einer Datei mit der DOS-Shell

Die erste Möglichkeit ist die, daß Sie DOS-Shell starten und den Menüpunkt *Datei/Suchen* aufrufen. Geben Sie in der Dialogbox den Namen der zu suchenden Datei (auch mit Joker) ein und kreuzen an, daß Sie den ganzen Datenträger durchsuchen wollen.

Diese Methode hat den Nachteil, daß Sie erst die DOS-Shell starten müssen; dagegen steht der Vorteil, daß auch der unerfahrene Anwender diese Prozedur leicht nachvollziehen kann.

Suchen mit dem Befehl DIR

Doch auch der Befehl DIR bietet die Möglichkeit, eine vermißte Datei aufzuspüren. Man kann sich dafür zwei Dinge zunutze machen: Zum einen kann man bei DIR durch Angabe eines Dateinamens (auch mit Jokern) das Inhaltsverzeichnis auf die genannte Datei oder die genannten Dateien beschränken, zum anderen, und genau das hilft uns jetzt weiter, können Sie mit der Option /S über die Grenzen jener Verzeichnisse hinweg den ganzen Datenträger auflisten bzw. die genannten Dateien anzeigen lassen.

Angenommen, Sie suchten eine Datei WEG.TXT auf dem Datenträger C: - der Aufruf des Inhaltsverzeichnisses lautete dafür

```
DIR D:\WEG.TXT /S /P
```

Die Angabe D:\WEG.TXT bedeutet, daß Sie auf Laufwerk D: ab dem obersten Verzeichnis (auch Hauptverzeichnis genannt) das Inhaltsverzeichnis sehen wollen, beschränkt allerdings auf die Datei WEG.TXT. Die Option /S befiehlt, diese Suche von dort aus über den ganzen Datenträger auszudehnen. Mit der Option /P schließlich sorgen wir sicherheitshalber dafür, daß das Inhaltsverzeichnis nicht am Bildschirm vorbeirollt, wenn die Liste länger werden sollte.

Der Backslash \ in der Angabe der zu suchenden Dateien weist DOS an, die Suche im obersten Verzeichnis zu beginnen. Es wird auf der Tastatur mit der Taste [ß] erzeugt, die Sie zusammen mit der Taste [Alt Gr] betätigen. Wir werden auf diese Wegbeschreibung noch zu sprechen kommen, wenn wir im nächsten Kapitel über Verzeichnisse sprechen.

Nach Start des Befehls erhalten Sie die Anzeige, in welchen Verzeichnissen DOS diese Datei gefunden hat:

```
 Datenträger in Laufwerk D ist H_DISK
 Datenträgernummer: 18EA-9F5C
Verzeichnis von D:\WORD5\TEXTE
WEG      TXT       4.096 25.12.92    10:48
       1 Datei(en)        4.096 Byte
Anzahl angezeigter Dateien:
       1 Datei(en)        4.096 Byte
                    382.812.160 Byte frei
```

Diese Methode, eine Datei zu suchen, hat für den erfahreneren Anwender den Vorteil, daß man den Befehl "schnell mal hingeschrieben" hat, ohne die DOS-Shell aufrufen zu müssen. Der Einsteiger wird, wenn er das Zeichen \ in der Angabe der zu suchenden Dateien vergißt, möglicherweise nicht den gewünschten Erfolg bei seiner Suche haben.

5.10 Die Attribute

Jede Datei hat vier Attribute, die ihr fest zugeordnet sind, und die den Wert ON oder OFF annehmen können, also Attribut gesetzt oder Attribut nicht gesetzt.

Die vier Attribute sind:

H	versteckt (engl.: hidden)
S	Systemdatei
A	Archivdatei
R	Schreibschutz (engl.: read only)

Die Attribute können sowohl von MS-DOS und Anwendungsprogrammen vergeben werden, doch auch der Anwender kann an Dateien bestimmte Attribute vergeben, um damit Dateien vor Zugriff zu schützen, für selektives Kopieren vorzubereiten etc. Der Befehl, der die Attribute direkt ändert ist ATTRIB, doch auch andere Befehle verändern Attribute, etwa MSBACKUP oder XCOPY.

Versteckte Dateien: Attribut H

Das Attribut H einer Datei bedeutet, daß diese Datei versteckt ist, sie taucht z. B. im Inhaltsverzeichnis nicht auf. Doch auch für das Betriebssystem selbst ist diese Datei (scheinbar) nicht existent:

Wollen Sie eine versteckte Datei bearbeiten, also diese Datei löschen oder kopieren, wird gemeldet

```
Datei nicht gefunden
```

Die drei Betriebssystem-Dateien IO.SYS, MSDOS.SYS und DBLSPACE.BIN haben ein gesetztes Attribut H, es sind versteckte Dateien. Dateien mit diesem Attribut können Sie im Inhaltsverzeichnis sichtbar machen, wenn Sie die Option /A: verwenden:

```
DIR  C:  /A:H
```

ist die Anweisung, die Dateien des Datenträgers C: zu zeigen, selbst wenn sie versteckt sind. Wenn Sie einen bootfähigen Datenträger auf diese Weise untersuchen, können Sie die versteckten Dateien des Betriebssystems sichtbar machen:

```
 Datenträger in Laufwerk C ist SYSTEM
 Datenträgernummer: 18EA-9F5C
 Verzeichnis von C:\
IO       SYS      40.226 11.11.93   12:00
MSDOS    SYS      37.512 11.11.93   12:00
MIRORSAV FIL          41 24.08.92    8:13
386SPART PAR  40.488.960 24.08.92    8:13
        4 Datei(en)    40.560.090 Byte
                       45.785.088 Byte frei
```

Bitte beachten Sie in diesem Zusammenhang, daß die Option /A:H befiehlt, daß nur die Dateien gezeigt werden, die dieses Attribut haben.

Systemdateien: Attribut S

Eine Systemdatei mit dem Attribut S wird auf dem Datenträger auf einem festgelegten Bereich abgelegt und ist ebenfalls vor Zugriffen der

Anwender geschützt. Auch dieses Attribut verhindert ein Löschen oder Überschreiben dieser Datei, doch die Restriktionen gehen noch weiter: Die Datei darf nicht auf dem Datenträger an eine andere Stelle verbracht werden, Programme zum Reorganisieren der Festplatte verschieben diese Datei also nicht.

Die Systemdateien des Betriebssystems sind also nicht ohne Grund mit dem Attribut System versehen.

Schreibschutzattribut: Attribut R

Das Schreibschutzattribut verhindert, daß eine derart geschützte Datei gelöscht oder überschrieben wird. Sollte es dennoch einen Versuch geben, meldet DOS

```
Zugriff verweigert/Nicht möglich  - NAME
```

Der Name der Datei, auf die zugegriffen werden sollte, wird noch einmal erwähnt - dies ist nötig, wenn Sie einen Löschbefehl mit Jokern gegeben haben, der diese schreibgeschützte Datei beinhaltete.

Der Schreibschutz funktioniert nicht nur unter DOS, auch ein Anwendungsprogramm kann den Schreibschutz nicht umgehen. Wenn Sie also eine schreibgeschützte Datei in Ihrer Textverarbeitung bearbeiten wollen, müssen Sie den Schreibschutz erst vorher aufheben oder aber die Datei unter einem anderen Namen abspeichern.

Hinweis: Ein Hinweis ist sehr wichtig: Wenn Sie eine mit Schreibschutz versehene Datei kopieren, so hat die Kopie das Attribut nicht!

Schreibschutz als Schutz der Programme

Man liest hier und da, daß Virenprogramme eine Datei, die einen Schreibschutz hat, nicht angreifen. Daß ist nur insoweit richtig, als es in früheren Jahren Virenprogramme gab, die sich durch diesen (leicht zu knackenden) Schreibschutz davon abhalten ließen, diese Dateien zu befallen. Gegen diese eher harmlosen Viren schützt das zwar immer noch, doch die heute gängigen Viren umgehen den Schreibschutz ohne Probleme.

Das sollte Sie jedoch keinesfalls davon abhalten, Ihre Programme vor dem versehentlichen Löschen zu schützen. Versehen Sie daher die Dateien mit folgenden Erweiterungen mit dem Attribut R:

COM	BIN	EXE	OVR	SYS	OVL

Wenn Sie mit Windows arbeiten, sollten Sie noch die Dateien mit der Erweiterung DLL mit einem Schreibschutz versehen.

Hinweis: Auf keinen Fall schreibschützen dürfen Sie Dateien, die verändert werden müssen, etwa Dateien mit der Erweiterung INI. Ob ein Programm Dateien verändert und welche, können Sie leicht ausprobieren: Setzen Sie nach der Installation mit ATTRIB (s. u.) das Archiv-Attribut zurück und arbeiten eine Zeit mit dem Programm. Sehen Sie sich daraufhin die Attribute der Dateien im Programmverzeichnis an - etwaige Dateien mit einem gesetzten Archiv-Attribut werden vom Programm selbst geändert und dürfen nicht schreibgeschützt werden.

Archivdateien: Attribut A

Das Attribut A ist das Archiv-Attribut. Jedesmal, wenn Sie eine Datei in irgendeiner Form ändern - und sei es eine noch so geringfügige Änderung, wird das Attribut auf ON gesetzt. DOS-Befehle wie X-COPY, jedoch auch Datensicherungsprogramme wie MSBACKUP, setzen das Attribut A wieder zurück; Dateien mit dem gesetzten Attribut A sind also seit der letzten Datensicherung mit MSBACKUP oder einer Kopie mit XCOPY geändert oder neu angelegt worden. Das erlaubt Ihnen, Ihre Datensicherung jeweils auf die Dateien zu beschränken, die seit der letzten Sicherung geändert oder angelegt worden sind.

Allerdings bietet dieses Attribut auch die Möglichkeit, selektive Datensicherung durchzuführen - ein Beispiel dafür geben wir unten.

Der Befehl ATTRIB

Der Befehl, mit dem Sie die Attribute verändern oder anzeigen lassen, heißt ATTRIB. Dieser Befehl arbeitet als einer der wenigen des Betriebssystems mit sogenannten Schaltern, denn wenn Sie das Attribut R für den Schreibschutz ändern wollen, müssen Sie befehlen, ob Sie es an- oder ausschalten wollen.

```
ATTRIB {+R | -R} {+A | -A} {+S | -S} {+H | -H} [Datei] {/S}
```

Sie befehlen also (mit einer Leertaste getrennt) welches der Attribute Sie wie beeinflussen wollen, wobei sich von selbst versteht, daß ein Attribut nur ein- oder ausgeschaltet werden kann.

```
ATTRIB +R  WICHTIG.DBF
```

versieht die Datei WICHTIG.DBF mit einem Schreibschutz, kann also danach nicht gelöscht werden. Mit dem Befehl

```
ATTRIB -R  WICHTIG.DBF
```

wird der Schreibschutz für diese Datei wieder zurückgenommen.

Es können in einer Kommandozeile auch mehrere Attribute gesetzt werden:

```
ATTRIB +R +H WICHTIG.DBF
```

setzt für die Datei das Schreibschutzattribut und versteckt sie gleichzeitig.

Hinweis: Befehle, die die Dateizuordnungstabelle des Datenträgers neu schreiben, etwa FORMAT, kümmern sich um einen Schreibschutz herzlich wenig.

Das Weglassen irgendeines Schalters weist DOS an, die Attribute der gefundenen Dateien anzuzeigen:

```
ATTRIB C:\*.*
```

zeigt eine Liste der Dateien des Hauptverzeichnisses von Laufwerk C:, die Attribute der Dateien werden in der Spalte davor ausgegeben:

```
     SH     C:\IO.SYS
     SH     C:\MSDOS.SYS
     SH     C:\DBLSPACE.BIN
  A  HR     C:\NICHTDA.TXT
  A         C:\AUTOEXEC.BAT
  A         C:\COMMAND.COM
  A         C:\CONFIG.SYS
```

Die drei Systemdateien haben die Attribute H und S, NICHTDA.TXT hat die Attribute A, H und R und so fort.

Die Option /S wird analog zu der gleichen Option beim Befehl DIR verwendet: Wenn Sie die Änderung der Dateiattribute oder das Anzeigen der vergebenen Attribute auf dem ganzen Datenträger vornehmen wollen, verwenden Sie die Option /S - für das Sichern aller Programmdateien mit der Erweiterung COM sähe das also so aus:

```
ATTRIB +R C:\*.COM /S
```

versieht alle entsprechenden Dateien des Datenträgers (ab dem obersten Verzeichnis) mit einem Schreibschutz.

Für Fortgeschrittene: Die Tatsache, daß man mit ATTRIB und der Option /S über Verzeichnisgrenzen hinweg arbeiten kann, erlaubt, den Befehl etwas zweckentfremdet einzusetzen:

Sie haben eine Datei, die im Dateinamen die Zeichen 009 enthält. Nun ist es nicht möglich, eine Jokerdefinition zu kreieren, die es erlaubte, diese Datei mit DIR zu finden, denn die Möglichkeit, eine Zeichenkette in einem Dateinamen an beliebiger Stelle anzugeben, ist nicht vorgesehen.

Dennoch können Sie diese Datei finden:

```
ATTRIB C:\*.* /S | FIND "009"
```

Sie lassen sich ab Hauptverzeichnis von C: ab die Attribute aller Dateien des Datenträgers anzeigen. Die Ausgabe dieses Befehls übergeben Sie an den Filterbefehl FIND, der wiederum daraus alle Zeilen (= Dateinamen) heraussucht, die diese Zeichenkette enthalten.

Beachten müssen Sie bei diesem kleinen Trick nur, daß die in Anführungszeichen zu setzende Zeichenkette, wenn es nicht, wie in unserem Beispiel, Zahlen sind, in Großbuchstaben geschrieben werden muß.

6. Mit Verzeichnissen arbeiten

Kein Mensch käme auf die Idee, die Schriftstücke und Vorgänge in einem Unternehmen auf einen oder mehrere große Haufen Papier abzulegen, da dieses Ablagesystem binnen kurzer Zeit zu einem totalen Chaos führen würde, denn der Zugriff auf die dort abgelegten Vorgänge würde sehr lange dauern, wäre er überhaupt noch möglich.

Um einen raschen und dennoch präzisen Zugriff auf die archivierten Unterlagen zu ermöglichen, bedient man sich eines Ablagesystems, das der Organisationsstruktur des Unternehmens angepaßt ist.

Auf einem magnetischen Datenträger ist das nicht anders, mehr noch: Dort wäre bereits nach wesentlich kürzerer Zeit das Ende der Handhabbarkeit erreicht, was wir uns an einem einzigen Beispiel vor Augen führen können: Der Dateiname mit bis zu acht Zeichen erlaubt zwar eine recht hohe theoretische Anzahl von Namen, doch in der Praxis werden die meisten theoretisch möglichen Namen nicht vergeben, denn mit dem Namen

```
&YK$L)°^.H#A
```

kann man nicht viel anfangen, auch wenn er erlaubt ist. Die notwendige Regel, daß ein Dateiname nicht doppelt vergeben werden darf, würde den Anwender nach kurzer Zeit dazu zwingen, Dateien zu entfernen.

Wenn es also nicht gelingt, Dateien in verschiedene, voneinander abgegrenzte Bereiche - wenn Sie so wollen: Ordner - abzulegen, wird der Anwender nach einiger Zeit die Übersicht verlieren, wenn er sie denn überhaupt auf einem Datenträger mit mehreren tausend Dateien je hatte...

Genauso ist die Situation bei den Anwendungsprogrammen, die häufig aus sehr vielen Dateien bestehen, etwa Konfigurations-Dateien, Overlay-Dateien oder Dateien, in denen die vom Anwender vorgenommenen Einstellungen gespeichert werden. Wenn es nicht möglich ist, die einzelnen Programme voneinander isoliert auf dem Datenträger abzulegen, wird es nicht möglich sein, die Programme stabil und ohne Probleme zu betreiben, denn irgendwann werden die Programme aufgrund des Engpasses bei der Namensvergabe auf Dateien von anderen Programmen zurückgreifen.

Falls das alles noch nicht ausreicht, um den Anwender von der Notwendigkeit der Verzeichnisse zu überzeugen, so mag dieses Beispiel überzeugen:

Die Reinstallation eines schadhaften Programms - etwa nach einem Virenbefall - ist nur dann möglich, wenn das Programm mit all seinen Dateien vom Datenträger entfernt und von den Originaldisketten (besser: von den Kopien der Originaldisketten) erneut installiert werden kann.

Doch wie das Programm löschen? Welche Dateien gehören dazu? Nicht alle Software-Hersteller fügen Listen mit den Namen der Dateien des Programms sowie deren Größe bei.

Um dem Anwender Möglichkeiten der Organisation seiner Daten an die Hand zu geben und um Anwendungsprogrammen eine eigene, von anderen Programmen unabhängige Arbeitsumgebung zu schaffen, gibt es seit der Version 2.0 die Möglichkeit, logisch abgegrenzte Bereiche auf einem Datenträger anzulegen, die Verzeichnisse.

Und ein letztes Beispiel: Eine wichtige Regel für die Vergabe des Dateinamens ist die, daß ein Dateiname nur einmal vergeben werden darf. Doch was tun, wenn Sie von einer Datei mehrere Versionen bearbeiten? Auch hier hilft das Anlegen von Verzeichnissen. Dateien in unterschiedlichen Verzeichnissen dürfen durchaus gleiche Namen haben, denn durch die Unterbringung in den Verzeichnissen sind sie für DOS (und Sie als Anwender) unterscheidbar.

Dieses Organisations-Prinzip, das an ein ähnliches System beim Betriebssystem UNIX angelehnt ist, weist bestimmte Merkmale auf, auf die wir im folgenden eingehen.

6.1 Das Prinzip der Hierarchie

Das System der Verzeichnisse ist hierarchisch strukturiert, also in einer Abhängigkeit des unteren Elementes vom jeweilig oberen. Um diese etwas nüchtern klingende Definition etwas mit Leben zu erfüllen, betrachten wir ein Warenhaus: Das Warenhaus als oberste Einheit ist gegliedert in mehrere Abteilungen: Lebensmittel, Bekleidung, Schuhe etc. Die Abteilung Schuhe wiederum wird von den dort tätigen Angestellten wieder als Einheit mit Untereinheiten geführt: Damenschuhe, Herrenschuhe, Sportschuhe und Kinderschuhe. In der Abteilung für Sportschuhe stehen die Tennisschuhe zusammen mit den Bergsteigerstiefeln. Und in den anderen Abteilungen des Warenhauses gibt es ähnlich strukturierte Untergliederungen, die es sowohl dem Kunden ermöglichen, sich zurechtzufinden, als auch dem Angestellten, einen organisatorischen Überblick über die einzelnen Warengruppen zu behalten, etwa für die Inventur oder eine Verkaufsstatistik.

Es ist leicht einsehbar, daß jede dieser Einheiten von der höheren Einheit abhängt: Wenn Sie in der Information des Warenhauses nach dem Weg zu "den Tennisschuhen" fragen, wird man Ihnen vielleicht antworten: "In der Schuhabteilung hinten rechts, wo die Sportschuhe sind."

Diese Wegbeschreibung wird durch ein derart strukturiertes - eben hierarchisches - System eindeutig und unverwechselbar.

Auf dem PC-System, wo es noch mehr auf Eindeutigkeit ankommt (Systemabstürze sind meist auf undefinierte Programmzustände zurückzuführen!), ist ein solches System ebenfalls installierbar und erlaubt so, die Daten in klar abgegrenzten Bereichen abzulegen und dadurch überschaubare Einheiten zu bilden.

Insofern gleicht unser PC dem Warenhaus, nur daß es eben nicht Waren, sondern Daten sind, die abgelegt und katalogisiert werden. Die Dateien, die auf dem Datenträger erstellt, gespeichert und kopiert werden, entsprechen quasi den Waren im Warenhaus. Und anstelle der Einführung von neuen Warengruppen wird ein neues Programm installiert, das neue Datentypen auf dem Datenträger nötig macht.

Lassen Sie uns das Beispiel des Warenhauses auf den PC umprägen: Das Warenhaus, jenes Element, das als oberstes in der Hierarchie alle anderen beherbergt, also der Stamm dieses sich verzweigenden Baumes ist - man nennt diese Struktur daher auch Baumstruktur -, beinhaltet eine Abteilung (= ein Verzeichnis) für die Textverarbeitung, in der alles abgelegt wird, was auch nur im Entferntesten mit Texten zu tun hat.

Da wäre das Verzeichnis, in dem das Textprogramm selbst abgelegt ist, nennen wir es Text - Sie werden es vielleicht WORD, WRITER oder WP nennen, wenn Sie MS-WORD, Star-Writer oder Wordperfect betreiben. Dieses Verzeichnis beinhaltet nichts anderes, als das Programm bzw. die dazu gehörenden Dateien. Neben diesen Dateien enthält dieses Verzeichnis jedoch weitere Verzeichnisse, Unterverzeichnisse des übergeordneten Verzeichnisses Text. Diese untergeordneten Verzeichnisse dienen der Aufnahme der Texte, die der Anwender mit seinem Textprogramm erstellt.

Hinweis: Niemals sollten Programm- und Datendateien zusammen in einem Verzeichnis abgelegt werden - dadurch werden alle Vorteile einer strukturierten Ablage wieder zunichte gemacht.

Ob der Anwender nur ein Verzeichnis benötigt, weil er nicht viele unterschiedliche Texte erstellt, die es getrennt abzulegen gilt, oder ob er ein sehr fein verästeltes Ablagesystem einrichtet, hängt von den Gegebenheiten ab. Schauen Sie sich diese Verzeichnisstruktur, die uns ab jetzt als Beispiel dienen soll, einmal genauer an:

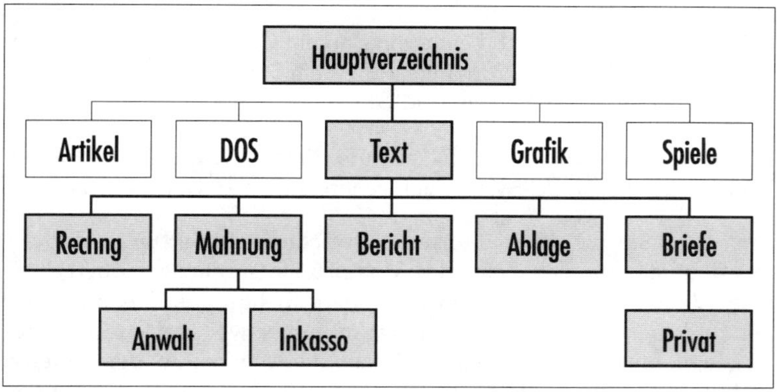

Diese Struktur ist auch einleuchtend, wenn Sie sie zum ersten Mal sehen:

Das Hauptverzeichnis enthält fünf Verzeichnisse, in denen jeweils die Programme (und das Betriebssystem MS-DOS selbst) untergebracht sind eines davon, nämlich TEXT, enthält die Textverarbeitung.

Das Programmverzeichnis TEXT enthält weitere Unterverzeichnisse, die die Daten aus diesem Programm aufnehmen, doch beileibe nicht beliebige Daten: Im Unterverzeichnis RECHNG werden die geschriebenen Rechnungen aufbewahrt, es existiert ein Verzeichnis für die Berichte, eines für die Briefe, die der Anwender erstellt hat.

Einige dieser Verzeichnisse enthalten zur feineren Untergliederung weitere Unterverzeichnisse: Das Verzeichnis MAHNUNG enthält zwar alle Mahnungen, die Sie mit Ihrer Textverarbeitung geschrieben haben; die Korrespondenz mit dem Anwalt und dem Inkassobüro jedoch, so Sie dies brauchen, wird in eigens dafür angelegten Verzeichnissen abgelegt. Auch private Briefe haben nichts im Verzeichnis für die Geschäftsbriefe zu suchen, sondern werden in einem eigens erstellten Verzeichnis untergebracht.

Diese Verzeichnisstruktur muß nun keineswegs so aussehen, und wir wetten, daß es genau die Struktur, wie wir sie im Beispiel verwenden, nirgendwo gibt. Denn der große Vorteil dieses Ordnungssystems ist, daß es nicht von außen aufgezwängt wird, sondern der Anwender es sich so einrichten kann, wie es seine Arbeitsumgebung erfordert.

Doch wo Licht ist, ist auch Schatten: Diese Variabilität führt häufig dazu, daß Anwender sich keineswegs an ein Ordnungsprinzip halten, sondern eben doch alle Vorgänge auf einem Stapel aufbewahren, weil sie "nicht zu faul zum Suchen sind".

Was in einem Büro allenfalls als unordentlich bezeichnet werden kann, ist auf einem PC-System der sicherste Weg zu Datenverlust.

Betrachten Sie noch einmal unsere Verzeichnisstruktur: Eines wird sofort deutlich, nämlich daß jedes Verzeichnis ein einziges übergeordnetes Verzeichnis hat, doch in die andere Richtung ist das nicht eindeutig. Wenn Sie sich auf einem Baum immer weiter nach unten bewegen, kommen Sie zwangsläufig an die Wurzel. In der anderen Richtung sind durch die möglichen Verzweigungen keine eindeutigen Wege erkennbar. Dies wird noch Grundlage weiterer Erörterungen sein.

Halten wir zuerst fest: Jeder Datenträger hat zumindest ein Verzeichnis, nämlich das Hauptverzeichnis. Es wird beim Formatieren des Datenträgers angelegt und kann nicht bearbeitet, also gelöscht oder verschoben werden.

Der Anwender kann in diesem Hauptverzeichnis beliebige viele Unterverzeichnisse anlegen, die wieder in Unterverzeichnisse aufgeteilt werden können.

6.2 Der Verzeichnisname

Für die Vergabe des Verzeichnisnamens gelten exakt dieselben Regeln, wie sie für die Dateinamen gelten:

Zugelassen sind die Buchstaben von A bis Z sowie alle Zahlen, wobei der Name durchaus mit einer Zahl oder einem zugelassenen Sonderzeichen beginnen darf, ein Verzeichnis

```
!WERBUNG
```

darf es also geben. Folgende Sonderzeichen sind erlaubt:

```
# % $ ( ) & - _ ~ { } ! @ ^ ° ' '
```

Dagegen auf keinen Fall erlaubt sind die Leertaste sowie all jene Sonderzeichen, die unter DOS eine eigene Bedeutung haben, nämlich

```
+ : ; . , \ / = > < [ ]
```

Die Zeichen

```
Ä Ö Ü ß
```

dürfen Sie wie im Dateinamen zwar verwenden, doch sind sie wie dort mit Vorsicht zu genießen: Da es diese Zeichen in den USA nicht gibt, kann es passieren, daß der Programmierer dort schlicht vergessen hat, diese Möglichkeit vorzusehen. In einem solchen Fall kann es vorkommen, daß Ihr Anwendungsprogramm ein Verzeichnis mit einem solchen Zeichen im Namen nicht findet. Und da das Umbenennen von Verzeichnissen ungleich schwerer ist als das Umbenennen einer Datei, sollte man sich einen Verzeichnisnamen vorher gut überlegen. Eine Erweiterung, wie sie für den Dateinamen vorgesehen ist, dürfen Sie - entgegen einer weit verbreiteten irrigen Meinung - für einen Verzeichnisnamen ebenfalls vergeben, das Verzeichnis

```
WORD.50
```

darf selbstverständlich angelegt werden.

Das wundert auch nicht so sehr, wenn man weiß, daß ein Verzeichnis für DOS eigentlich nichts anderes ist, als eine Datei mit einem bestimmten Attribut. Doch eines darf nicht passieren: Sie dürfen keinen Verzeichnisnamen vergeben, wenn es diesen Namen als Dateinamen bereits gibt.

Beispiel:

In Ihrem Verzeichnis BRIEFE gibt es eine Datei namens PRIVAT (ohne Erweiterung). Dann hätte ein Versuch, das in unserer Struktur enthaltene Verzeichnis gleichen Namens zu erstellen, zu der - nicht sehr aussagekräftigen - Meldung

```
Verzeichnis kann nicht angelegt werden!
```

geführt. Allerdings gilt das nur für Dateinamen ohne eine Erweiterung - hätte die Datei PRIVAT.TXT geheißen, kann der Verzeichnisname ohne Einschränkung verwendet werden, da für DOS eine hinreichende Unterscheidung möglich ist.

Und noch eine Einschränkung gilt es zu beachten: Ein Verzeichnisname darf in demselben Verzeichnis nicht mehrfach vergeben werden (die Eindeutigkeit...), dagegen darf ein Verzeichnis, das in einem anderen Pfad liegt, durchaus denselben Namen bekommen:

Im Verzeichnis TEXT gibt es ein Verzeichnis namens ABLAGE, also darf es in diesem Verzeichnis TEXT kein weiteres Verzeichnis mit diesem Namen geben. Das Verzeichnis BERICHT hingegen darf natürlich ein Verzeichnis ABLAGE bekommen, wenn Sie vorhaben, dort Ihre älteren Geschäftsberichte zu deponieren, anstatt sie zu löschen.

6.3 Anlegen eines Verzeichnisses

Der Vorgang ist recht einfach: Sie geben an, daß Sie ein Verzeichnis anlegen wollen und wie es heißen soll. Zusätzlich können Sie noch angeben, wo es in der Struktur der Verzeichnisse positioniert werden soll.

Geben Sie nicht an, wo es angelegt werden soll, wird es als Unterverzeichnis des aktuellen Verzeichnisses angelegt.

Das Anlegen eines Verzeichnisses mit dem Befehl MD

Der Befehl für das Anlegen eines Verzeichnisses lautet schlicht MD (von Make Directory). Sie dürfen auch die etwas ältere Schreibweise MKDIR verwenden.

Zum Befehl ist nur noch der Name des gewünschten Verzeichnisses anzugeben, etwa

```
MD TEXT
```

um das Verzeichnis Text anzulegen. Dabei ist allerdings etwas zu beachten:

Wenn Sie diesen Befehl in dieser Form eingeben, wird das Verzeichnis TEXT als ein Unterverzeichnis des Verzeichnisses angelegt, in dem Sie sich befinden.

Um also das Verzeichnis TEXT mit dem Befehl

```
MD TEXT
```

genauso anzulegen, wie es in unserem Beispiel positioniert ist, nämlich als Unterverzeichnis des Hauptverzeichnisses, wäre dafür Voraussetzung, daß Sie sich im Hauptverzeichnis befinden. Solange das der Fall ist, ist der genannte Befehl durchaus richtig.

Wenn Sie ein Verzeichnis angelegt haben, erscheint es in spitzen Klammern mit Uhrzeit und Datum im Inhaltsverzeichnis:

```
   Datenträger in Laufwerk C ist PLATTE_1
   Datenträgernummer: 18EA-9F5C
   Verzeichnis von C:\

TEXT       <DIR>     13.11.93   17:19
        1 Datei(en)            0 Byte
                    45.785.088 Byte frei
```

Das Datum und die Uhrzeit werden danach nicht mehr geändert, Dateibewegungen in diesem Verzeichnis haben also auf das Datum des Anlegens keinen Einfluß.

6.4 Die Pfadangabe

Doch wie ist es, wenn Sie sich im Verzeichnis DOS befinden? Dann hätte der Befehl

```
MD TEXT
```

nicht die gewünschte Auswirkung, sondern es würde ein Unterverzeichnis von dem Verzeichnis angelegt, in dem Sie sich gerade befinden, nämlich ein Unterverzeichnis von DOS, was sicher nicht die Absicht ist. In Ergänzung einer bereits bekannten Regel gilt, daß - wenn nichts anderes befohlen wird - ein Befehl immer nur für das Verzeichnis gilt, in dem man sich befindet. Dieses Verzeichnis wird das *aktuelle Verzeichnis* oder das *Standardverzeichnis* genannt. Diese Regel gilt also nicht nur für die verschiedenen Laufwerke, sondern auch für die Verzeichnisse.

Um von jedem Ort des Systems, also jedem Laufwerk und/oder jedem Verzeichnis aus eine Datei oder ein Verzeichnis präzise ansprechen zu können, verwendet man eine Pfadangabe, was nichts weiter ist, als eine eindeutige (also nicht verwechselbare) Wegbeschreibung. Diese Wegbeschreibung funktioniert nach einem sehr primitiven, aber wirkungsvollen System: Sie geben einfach den Anfangspunkt an und nennen jedes Verzeichnis, durch das DOS hindurch muß, um zu dem von Ihnen gewünschten Ziel zu gelangen. Um die einzelnen Elemente (die Meilensteine, wenn man so will) auseinanderhalten zu können, werden die einzelnen Bestandteile durch den Backslash \ voneinander getrennt:

Das Verzeichnis

```
TEXT\PRIVAT
```

ist dadurch ebenso eindeutig beschrieben wie die Datei

```
TEXT\MAHNUNG\ANWALT\MAYER.TXT
```

ganz präzise beschrieben ist, denn Sie können den Weg anhand der Verzeichnisse auf dem Pfad eindeutig nachvollziehen. Ein Dilemma löst diese Art der Pfadangabe nicht: Wenn Sie sich im Verzeichnis DOS befinden und ein Verzeichnis als Unterverzeichnis von TEXT einrichten wollen, können Sie nicht einfach den Pfad mit

```
TEXT\BRIEFE\PRIVAT
```

oder ähnlich beschreiben, denn es gilt, wie wir wissen:

Der Startpunkt eines derart beschriebenen Verzeichnisses ist immer das aktuelle Verzeichnis - und das ist das Verzeichnis DOS. Die Lösung ist: Man beschreibt in einem solchen Fall den Pfad in einer denkbar eindeutigen Weise, nämlich vom Hauptverzeichnis aus. Diese Beschreibung des Pfades ist nicht relativ (nämlich vom eigenen Standort aus), sondern absolut, denn jedes Verzeichnis hat nur einen einzigen eindeutigen Pfad zum Hauptverzeichnis. Um zu befehlen, daß der Pfad nicht im aktuellen Verzeichnis beginnt, sondern im Hauptverzeichnis, wird am Beginn der gesamten Pfadangabe ebenfalls der Backslash - auch als der *führende* Backslash bezeichnet - verwendet.

Die Pfadangabe

```
\TEXT\BRIEFE\PRIVAT
```

ist nun, wie gefordert, eindeutig (Sie können sie mitverfolgen): Im Hauptverzeichnis muß es ein Verzeichnis namens TEXT geben, das wiederum hat ein Unterverzeichnis BRIEFE, in diesem Verzeichnis befindet sich entweder eine Datei oder ein Verzeichnis namens PRIVAT.

Wenn Sie einen Befehl anwenden, der nur für Dateien erlaubt ist, etwa DEL, so ist die Angabe eines Verzeichnisses nicht etwa für diesen Befehl nicht erlaubt, sondern wird kurzerhand als alle Dateien dieses Verzeichnisses interpretiert!

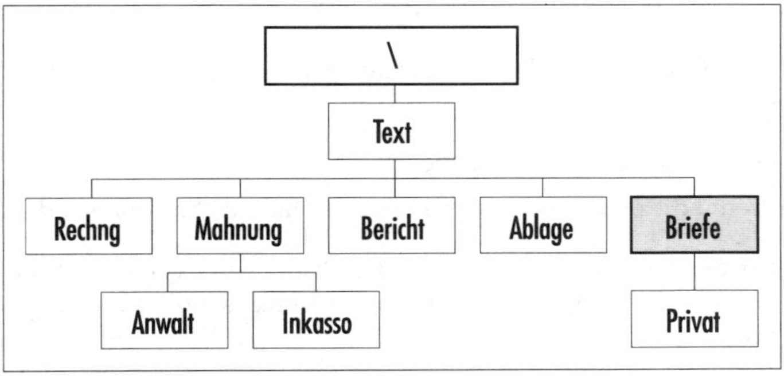

Machen wir uns das noch an einem anderen Beispiel klar: Wenn Sie sich im Hauptverzeichnis befinden, ist die Pfadangabe

```
TEXT\BERICHT\BILANZ.TXT
```

eindeutig: Der Pfad beginnt im aktuellen Verzeichnis, also dem Hauptverzeichnis, in dem sich ein Verzeichnis BERICHT mit der Datei BILANZ.TXT befinden muß. Wenn Sie sich dagegen im Verzeichnis ANWALT befinden, so wäre die Pfadangabe

```
TEXT\BERICHT\BILANZ.TXT
```

nicht richtig, denn dann würde TEXT als ein Verzeichnis des aktuellen Verzeichnisses gesucht, was es genausowenig gibt wie das andere Verzeichnis. In einem solchen Fall, wenn Sie sich also nicht selbst irgendwo in dem zu beschreibenden Pfad befinden, müssen Sie eine komplette Pfadangabe machen, die im Hauptverzeichnis beginnt und alle Verzeichnisse aufführt, durch die DOS auf seinem Weg zum Ziel hindurch muß. Der Backslash am Anfang der Pfadangabe (er heißt daher auch führender Backslash) befiehlt also, daß die folgende Beschreibung des Pfades im Hauptverzeichnis beginnt, doch nicht nur das: Der Backslash steht für das Hauptverzeichnis selbst. Wenn Sie in einem Befehl das Hauptverzeichnis als Parameter oder Teil eines Parameters angeben möchten, verwenden Sie den Backslash:

```
DIR \
```

zeigt, egal, an welchem Ort des Systems Sie sich befinden, den Inhalt des Hauptverzeichnisses. Eine andere Anwendung:

```
COPY A:\ C:
```

kopiert die Dateien des Hauptverzeichnisses von Laufwerk A: nach Laufwerk C:.

Der Backslash hat also drei Aufgaben:

① Er trennt die einzelnen Bestandteile der Pfadangabe voneinander.

② Wird der Backslash am Anfang der Pfadangabe verwendet, beginnt der Pfad nicht im aktuellen Verzeichnis, sondern im Hauptverzeichnis.

③ Der Backslash steht auch für das Hauptverzeichnis oder die darin befindlichen Dateien.

Eines müssen wir der Vollständigkeit halber an dieser Stelle noch anfügen: Es verwundert natürlich nicht, daß zu der Pfadangabe auch noch ein Laufwerk angegeben werden kann, etwa

```
C:\TEXT\BERICHT\BILANZ.TXT
```

Wenn Sie sich auf dem Laufwerk befinden, das durch die Pfadangabe angesprochen werden soll, ist diese Angabe natürlich nicht nötig, aber falsch ist sie nicht.

6.5 Wechseln des aktuellen Verzeichnisses

Um sich innerhalb der Verzeichnisstruktur zu bewegen, also in ein anderes Verzeichnis zu wechseln, befehlen Sie

```
CD {Pfad}
```

Nach dem Befehl folgt also die Pfadangabe zu dem Verzeichnis, das nach diesem Wechsel das aktuelle Verzeichnis sein soll. Geben Sie den Befehl ohne einen Parameter an, also nur

```
CD
```

so wird Ihnen angezeigt, wo Sie sich gerade befinden. Dies ist nur eine Nebenfunktion, denn der Prompt zeigt den aktuellen Pfad auch an, ohne daß Sie dafür einen Befehl eintippen müßten.

Beim Wechsel des Verzeichnisses können Sie entweder den kompletten Pfad angeben, etwa

```
CD \TEXT\BERICHT
```

wobei natürlich alle bereits bekannten Regeln über die Pfadangabe auch hier gelten. Es ist allerdings auch möglich, die Stufen zum gewünschten Verzeichnis nacheinander herunterzusteigen:

```
CD \TEXT
```

und

```
CD BERICHT
```

würden erst in das Verzeichnis TEXT und anschließend in das Verzeichnis BERICHT wechseln.

Die Anzeige des Inhaltsverzeichnisses in einem Verzeichnis

Etwas fällt sofort ins Auge, wenn Sie in einem Unterverzeichnis das Inhaltsverzeichnis aufrufen: Die ersten beiden Zeilen der Dateiliste enthalten keine Namen von Dateien, sondern zwei Zeilen, die als Verzeichnisnamen einen bzw. zwei Punkte haben.

```
 Datenträger in Laufwerk D ist PLATTE_2
 Datenträgernummer: F8EA-AF5C
 Verzeichnis von D:\TEXT

.            <DIR>       12.07.93   12:43
..           <DIR>       12.07.93   12:43
STANDARD TBS      23.040 26.08.93   13:40
STANDARD DFV       3.584 20.08.93   12:01
HPBASPB  DBS       3.025 23.02.91   12:00
PSCRIPT  DBS      23.447 25.07.91   12:00
PSCRIPTB DBS      23.991 23.02.91   12:00
WORD     EXE     638.511 01.06.92   12:17
        6 Datei(en)     3.038.982 Byte
                      380.649.472 Byte frei
```

Mit diesen Punkten hat es eine besondere Bewandtnis, auf die wir an dieser Stelle eingehen wollen. Sie bedeuten zuerst einmal eines: Sie sehen nicht das Inhaltsverzeichnis des Hauptverzeichnisses, sondern eines untergeordneten Verzeichnisses, denn im Hauptverzeichnis sehen Sie diese Einträge nicht.

Zum anderen aber dienen diese beiden Einträge für DOS dazu, sich innerhalb einer - oft recht komplexen - Verzeichnisstruktur zu orientieren, die Verzeichnisse zusammenzuhalten. Dabei steht der Einerpunkt für das aktuelle Verzeichnis, der Zweierpunkt dagegen für das übergeordnete Verzeichnis.

Wenn Sie also das Inhaltsverzeichnis des Verzeichnisses TEXT sehen, das ja ein Unterverzeichnis direkt unter dem Hauptverzeichnis ist, so bedeuten die Punkte folgendes:

Der Einerpunkt steht für das Verzeichnis TEXT selbst, der Zweierpunkt steht für das übergeordnete Verzeichnis, also für das Hauptverzeichnis.

Wäre dies alles, so wäre es allenfalls ganz interessant, doch mehr nicht. Doch nicht nur DOS nutzt diese Einträge, auch Sie als Anwender können die Punkte verwenden:

Immer dann, wenn Sie das aktuelle Verzeichnis in einem Befehl bezeichnen wollen, verwenden Sie den Punkt; wenn Sie das jeweils übergeordnete Verzeichnis meinen, verwenden Sie den Zweierpunkt.

Und so kann das aussehen:

```
COPY . ..
```

kopiert alle Dateien des aktuellen Verzeichnisses (repräsentiert durch den Punkt) in das übergeordnete (repräsentiert durch den Zweierpunkt).

Eine andere Möglichkeit ist, mit dem Befehl

```
CD ..
```

in das übergeordnete Verzeichnis zu wechseln. Wenn Sie also einmal vergessen haben sollten, daß

```
CD \
```

ins Hauptverzeichnis wechselt, können Sie durch mehrfaches Verwenden dieses Befehls ins Hauptverzeichnis zurückkehren. Der Vorteil ist der, daß .. immer das jeweilige übergeordnete Verzeichnis ist, dessen Name also nicht bekannt sein muß.

Das Standardverzeichnis nach einem Laufwerkwechsel

Eine winzige Kleinigkeit bei der Behandlung des aktuellen Verzeichnisses führt immer wieder zu Verwirrung, obwohl es bei näherem Hinsehen sehr logisch ist. Um Ihnen diese Eigenart des MS-DOS näherzubringen, konstruieren wir eine Situation:

Sie befinden sich auf Laufwerk C: mit der bekannten Verzeichnisstruktur aus unserem Beispiel im Verzeichnis DOS. Nun wechseln Sie mit

```
A:
```

das Laufwerk und befehlen

```
COPY *.* C:
```

geben also für das Kopierziel nur das Laufwerk an, jedoch kein Verzeichnis. Wohin werden die Dateien auf C: kopiert?

Falls Sie der Meinung sind, es werde ins Hauptverzeichnis von C: kopiert, liegen Sie falsch: Das Betriebssystem merkt sich auf jedem Laufwerk das jeweilig letzte aktuelle Verzeichnis. Wenn Sie nun dieses Laufwerk ansprechen, ohne eine komplette Pfadangabe (also mit einer Verzeichnisangabe) zu machen, so wird das dortige ehemalige aktuelle Verzeichnis angenommen.

Wenn Sie also mit

```
C:
```

wieder auf Ihr Laufwerk C: zurückwechseln, ist dort wieder das Verzeichnis das Standardverzeichnis, was es vor Ihrem Wechsel auf das andere Laufwerk war.

In diesem Zusammenhang ist auch die Frage interessant, was eigentlich der Befehl

```
CD C:\
```

macht, wenn Sie sich nicht auf diesem Laufwerk befinden? Der naheliegende Schluß, daß dieser Befehl Laufwerk und Verzeichnis in einem Arbeitsgang wechselt, ist - leider - falsch.

Es wird auf dem angegebenen Laufwerk das Verzeichnis zwar gewechselt, doch ein Laufwerkwechsel findet nicht statt. Den Wechsel des aktuellen Verzeichnisses auf C: werden Sie erst feststellen, wenn Sie dorthin gehen.

6.6 Die Verzeichnisstruktur ändern

Die Verzeichnisstruktur wächst mit den Anforderungen des Benutzers. Programme kommen hinzu, neue Datentypen müssen untergebracht werden, Verzeichnisse werden angelegt, um Programme zu testen - kurz: Die Verzeichnisse müssen flexibel gehandhabt werden.

Verzeichnis umbenennen

Das Umbenennen eines Verzeichnisses wird mit dem Befehl MOVE durchgeführt, der uns schon für das Verschieben von Dateien begegnet ist.

Die Syntax lautet schlicht:

```
MOVE [Pfadangabe für altes Verzeichnis] [Neuer Name]
```

Diese Syntax macht dem Eingeweihten sofort etwas klar, nämlich was MOVE *nicht* kann: Mit MOVE können Sie Verzeichnisse in der Struktur nicht umhängen, ein Verzeichnis also nicht in einen anderen Pfad einbinden. Dies erkennt man daran, daß die Angabe eines neuen Pfades nicht erlaubt ist. Dies ist unter DOS immer noch nicht möglich, mit dem Datei-Manager von Windows allerdings ist dies eine Sache von Sekunden.

Um mit MOVE das Verzeichnis C:\WORD\TEXTE\PRIVAT in C:\WORD\TEXTE\GEHEIM umzubenennen, müssen Sie also am Prompt diesen Befehl eintippen:

```
MOVE C:\WORD\TEXTE\PRIVAT GEHEIM
```

Sie erhalten folgende Meldung:

```
C:\WORD\TEXTE\PRIVAT => C:\WORD\TEXTE\GEHEIM [ok]
```

Verzeichnisse löschen

Es gibt seit der Version 6.0 zwei Möglichkeiten, ein Verzeichnis zu löschen:

① Der klassische Befehl RD löscht ein Verzeichnis, doch dafür gelten einige sehr lästige Restriktionen, die wir weiter unten besprechen.

② Der seit 6.0 neue Befehl DELTREE löscht Verzeichnisse mitsamt weiteren Unterverzeichnissen, selbst wenn diese nicht leer sind. Dies ist ein Befehl, den es seit vielen Jahren in dieser Form als Hilfsprogramm gab und der schon vielen Anwendern viel Zeit erspart hat, doch auch schon viel Daten ins Nirwana befördert hat, denn dieser Befehl kann dadurch zu einem gigantischen Löschbefehl werden.

Das Löschen eines Verzeichnisses mit RD

Dem Einsteiger und dem Vorsichtigen sei für das Löschen eines Verzeichnisses der Befehl RD empfohlen, auch wenn die Einschränkungen diese Arbeit nicht gerade angenehm machen:

Ein Verzeichnis darf nur gelöscht werden, wenn es absolut leer ist, also weder Dateien noch Unterverzeichnisse enthält. Das zu löschende Verzeichnis darf nicht das aktuelle Verzeichnis sein.

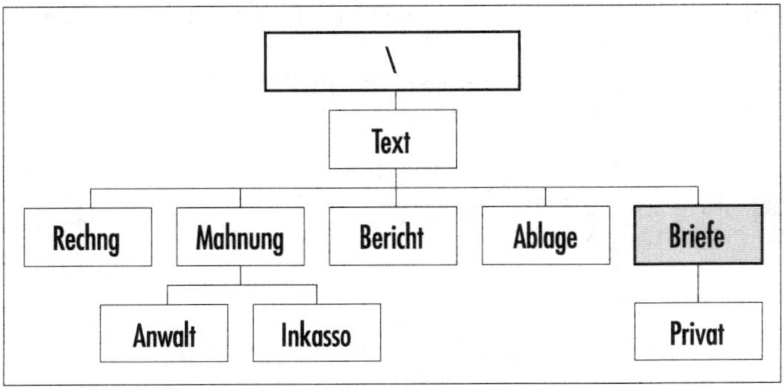

Unterstellen wir einmal, Sie wollten das Verzeichnis \TEXT\BRIEFE löschen. Folgende Tätigkeiten stehen an:

① Wechsel in das Verzeichnis PRIVAT

② Löschen aller Dateien in diesem Verzeichnis - wenn Sie diese Dateien behalten wollen, müssen sie vorher in ein anderes Verzeichnis kopiert werden.
③ Wechsel in ein übergeordnetes Verzeichnis, etwa BRIEFE
④ Löschen aller Dateien aus dem Verzeichnis BRIEFE.
⑤ Wechsel in ein übergeordnetes Verzeichnis, etwa nach TEXT
⑥ Löschen des Verzeichnisses BRIEFE
⑦ Löschen des Verzeichnisses PRIVAT

Sie sehen also, daß das Löschen eines Verzeichnisses ungleich mehr Aufwand bedeutet, als es anzulegen.

Der Befehl für das Löschen eines Verzeichnisses ist RD für Remove Directory, Sie können auch noch die frühere Schreibweise RMDIR verwenden.

Die Syntax ist wie bei den anderen beiden Befehlen für das Anlegen eines Verzeichnisses bzw. den Wechsel des Standardverzeichnisses sehr kurz und einfach:

```
RD  [ Pfad ]
```

Neben dem Befehl müssen Sie also lediglich den Namen des zu löschenden Verzeichnisses angeben, wobei Sie natürlich darauf zu achten haben, daß vorher die beschriebenen Voraussetzungen erfüllt sind.

Bedenken Sie bitte, daß ein Verzeichnis nur dann leer ist, wenn das Inhaltsverzeichnis so aussieht:

```
 Datenträger in Laufwerk D ist PLATTE_2
 Datenträgernummer: F8EA-AF5C
 Verzeichnis von D:\TEST

.            <DIR>     12.11.93   12:43
..           <DIR>     12.11.93   12:43
        2 Datei(en)          0 Byte
                   383.659.472 Byte frei
```

Nur ein Verzeichnis, dessen Inhaltsverzeichnis wie oben gezeigt aussieht, kann gelöscht werden. Bei allen Verzeichnissen, die entweder Dateien oder weitere Verzeichnisse enthalten, meldet DOS

```
Ungültiger Pfad, kein Verzeichnis
oder Verzeichnis nicht leer.
```

Diese Meldung erhalten Sie übrigens auch, wenn Sie mit RD ein Verzeichnis löschen wollen, das es nicht gibt.

Hinweis: Wenn Sie ein Verzeichnis gelöscht haben, sind die ehemals darin enthaltenen Dateien unrettbar verloren, es sei denn, Sie benutzen UNDELETE in der Version für Windows. Die DOS-Version kann Verzeichnisse nicht wiederherstellen. Das Löschen eines Verzeichnisses sollten Sie also auch mit RD nur durchführen, wenn Sie ganz sicher sind, daß Sie dieses auch wollen. Im Zweifel legen Sie ein Verzeichnis an, in das Sie alle Dateien mit MOVE verschieben, von denen Sie nicht sicher sind, ob Sie sie nicht vielleicht doch noch brauchen und das Sie in regelmäßigen Abständen leeren. Sie ahnen nicht, welche "Schätzchen" man da manchmal findet.

Löschen eines Verzeichnisses mit DELTREE

Um es gleich vorwegzunehmen: Wir als Autoren sind froh, daß es ihn endlich gibt, den Befehl, mit dem man ganze "Verzeichnisäste absägen" kann. Doch wir wissen auch, daß diesem Befehl Milliarden von Bytes ungewollt zum Opfer fallen werden.

Hinweis: Der Befehl DELTREE kann bei unsachgemäßer Handhabung zu riesigem Datenverlust führen. Überlegen Sie sehr gut, was Sie tun! DELTREE nimmt auch keine Rücksicht auf eventuelle Attribute wie "versteckt" oder "schreibgeschützt".

Die Anwendung ist sehr einfach: Sie befehlen DELTREE und geben den Namen des Verzeichnisses an, von dem ab die Verzeichnisse samt Inhalt gelöscht werden sollen. Nach der Eingabe und dem Start des Befehls mit `Enter` werden Sie noch einmal gefragt, ob Sie das Verzeichnis mitsamt allen Unterverzeichnissen löschen wollen und mit `J` legt MS-DOS los.

Und genau darin liegt die Gefahr: Man benötigt ein bestimmtes Verzeichnis nicht mehr und löscht es, ohne daran zu denken, daß dieses Verzeichnis weitere Unterverzeichnisse enthalten könnte, die wiederum mit Daten (wichtigen Daten) nur so überquellen. Diese Verzeichnisse werden alle gelöscht. Es gilt für das Wiederherstellen eines Verzeichnisses, was wir weiter oben bereits beim Löschen mit RD an gemerkt haben: Nur die Windows-Version von UNDELETE kann gelöschte Verzeichnisse bzw. die darin ehemals enthaltenen Dateien wiederherstellen, die DOS-Version kann das nicht.

Hinweis: Wenn Sie mit UNDELETE die Löschaktionen protokollieren lassen, können Sie die Chancen für eine erfolgreiche Wiederherstellung erheblich verbessern.

Um Ihnen die genannten Probleme zu ersparen, hier unser Ratschlag für einen sinnvollen Ablauf:

① Bevor Sie ein Verzeichnis zum Löschen mit DELTREE befehlen, sehen Sie sich die Verzeichnisstruktur mit TREE an, wie wir es weiter unten beschreiben.

② Sie sehen mit

```
DIR  Verzeichnisname
```

in das Verzeichnis, um sich zu vergewissern, daß sich keine wichtigen Dateien darin befinden. Im Zweifel verschieben Sie diese Dateien in ein zu diesem Zweck geschaffenes Verzeichnis.

③ Wenn das Verzeichnis weitere Unterverzeichnisse enthält, sollten Sie sich den Inhalt mit DIR ebenfalls ansehen.

④ Erst jetzt löschen Sie mit DELTREE das Verzeichnis.

6.7 Kopieren von Verzeichnissen

Der Kopierbefehl COPY hat zwei entscheidende Nachteile:

① Seine Auswirkung ist auf jeweils ein Verzeichnis beschränkt. Es ist also nicht möglich, verzeichnisübergreifend zu kopieren.

② Sie können mit diesem Befehl lediglich *die Dateien eines Verzeichnisses* kopieren, nicht aber das Verzeichnis selbst mitsamt Inhalt. Wenn Sie also befehlen

```
COPY  C:\TEXT  B:
```

wird nicht das Verzeichnis nach B: kopiert, sondern die darin enthaltenen Dateien; die Verzeichnisstruktur wird also auf B: nicht angelegt.

Doch genau das ist es, was sehr häufig notwendig wird: Daß wir in der Lage sind, ein Verzeichnis oder eine gesamte Verzeichnisstruktur an einen anderen Ort im System zu kopieren.

Für diesen Zweck benutzen wir nicht COPY, sondern XCOPY, einen externen Befehl, der neben seinen Eigenschaften als zusätzlicher Befehl für das Anlegen von Sicherungskopien noch eine erfreuliche Eigenschaft hat: Er kopiert ganze Verzeichnisstrukturen inklusive der darin enthaltenen Dateien.

Verzeichnisse kopieren mit XCOPY

Die wichtigsten Merkmale der Syntax von XCOPY:

```
XCOPY [ Quelle ]  [ Zielpfad ]  {/A}  {/E}  {/S}  {/M}  {/P}
      {/W}  {/Y}  {/-Y}
```

XCOPY wird wie jeder Kopierbefehl von MS-DOS benutzt: Nach der Angabe der Quelle, also was kopiert werden soll, folgt das Kopierziel, also wohin kopiert werden soll.

Wenn wir die Optionen momentan einmal unberücksichtigt lassen, so macht folgendes Beispiel die Anwendung sehr deutlich:

```
XCOPY C:\TEXT B:\
```

kopiert alle Dateien des Verzeichnisses C:\TEXT in das Hauptverzeichnis von B: - soweit nichts Neues, außer, daß vor dem Kopieren die Meldung

```
Einlesen der Quelldatei(en) ...
```

erscheint. Vollkommen anders jedoch verhält sich XCOPY mit einem Male, wenn das Ziel nicht das Hauptverzeichnis sein soll, etwa mit diesem Befehl:

```
XCOPY C:\TEXT\BRIEF.TXT A:\TEXT
```

Nur wenn es das Verzeichnis \TEXT auf A: bereits gibt, wird die Datei sofort dorthin kopiert. Gibt es dieses Verzeichnis dort jedoch nicht, so ist nicht klar, ob Sie die Datei BRIEF.TXT nach A:\ kopieren wollen und dort den Namen TEXT vergeben wollen, oder ob Sie die Datei in ein Verzeichnis namens TEXT kopieren wollen - DOS fragt Sie

```
Ist das Ziel TEXT ein Dateiname
oder ein Verzeichnisname
(D = Datei, V = Verzeichnis) ?
```

Die möglichen Antworten auf diese Frage sind einfach erläutert: Mit [D] für Datei bestimmen Sie, daß die angegebenen Datei(en) im Ziel unter dem neuen Namen abgelegt werden.

Antworten Sie dagegen mit [V] für Verzeichnis, so wird im Ziel das Verzeichnis TEXT angelegt und BRIEF.TXT dort hineinkopiert. Interessant allerdings wird es, wenn Sie die Option /S hinzuziehen, die Sie bei vielen Befehlen des Betriebssystems finden und die dort ausnahmslos bestimmt, daß die Aktion des Befehls für alle Verzeichnisse ab dem angegebenen Pfad gelten soll. So auch hier: Der Befehl

```
XCOPY  C:\TEXT  A:\TEXT  /S
```

befiehlt, daß ab Quellpfad kopiert wird. Es werden neben C:\TEXT auch alle weiteren Unterverzeichnisse mitsamt ihren Dateien kopiert - Sie haben also eine komplette Verzeichnisstruktur von C: nach A: übertragen, ohne ein einziges Verzeichnis dafür anlegen zu müssen. Ein anderes Beispiel: Sie möchten aufgrund einer Änderung der Arbeitsumgebung (oder als Sicherungskopie) die Dateien der Festplatte C: komplett (also auch inklusive ihrer Verzeichnisse) nach D: übertragen:

```
XCOPY  C:\  D:\  /S
```

Alle Verzeichnisse und Dateien ab Quellpfad (nämlich dem Hauptverzeichnis von C:) werden nach D: übertragen. Allerdings birgt X-COPY genau an dieser Stelle eine kleine Tücke, die manche Anwender schon zur Verzweiflung gebracht hat:

XCOPY kopiert mit der Option /S nur Verzeichnisse einer Struktur, die nicht leer sind. Wenn Sie also eine Verzeichnisstruktur kopieren möchten, die im Ziel exakt so aufgebaut ist wie im Quellpfad, lautete der Befehl

```
XCOPY C:\ D:\ /S /E
```

Eine weitere kleine Schwierigkeit ist das Verständnis der Syntax von XCOPY, wenn Verzeichnisse mitsamt weiterer Unterverzeichnisse kopiert werden sollen. Wir sollten uns das einmal an einem Beispiel anschauen, das exakt verdeutlicht, wo die Verständnisprobleme liegen könnten:

Dies ist die Struktur von Laufwerk C:

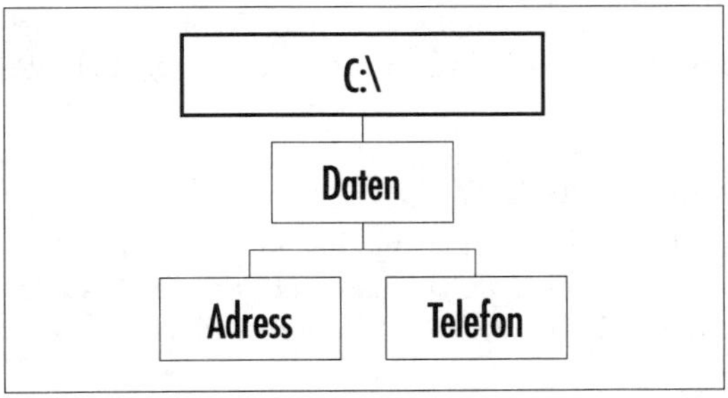

Diese befindet sich auf Laufwerk B:

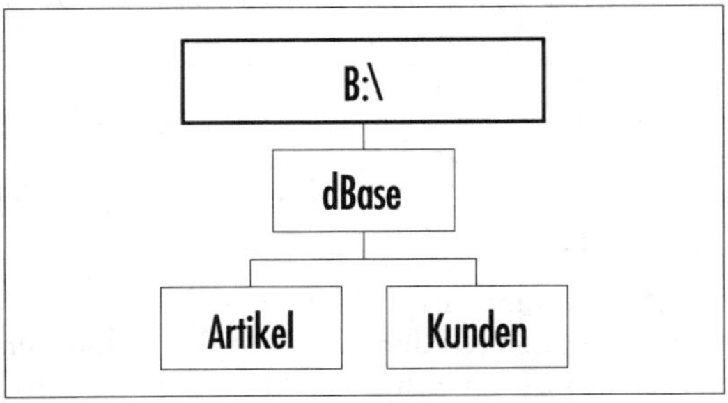

Wenn Sie nun befehlen

```
XCOPY B:\DBASE C:\DATEN /S
```

so wird der Name des Quellverzeichnisses selbst nicht in die neue Verzeichnisstruktur übernommen, wohl aber deren Dateien. Die neue Struktur auf C: sieht nach dem Kopieren folgendermaßen aus:

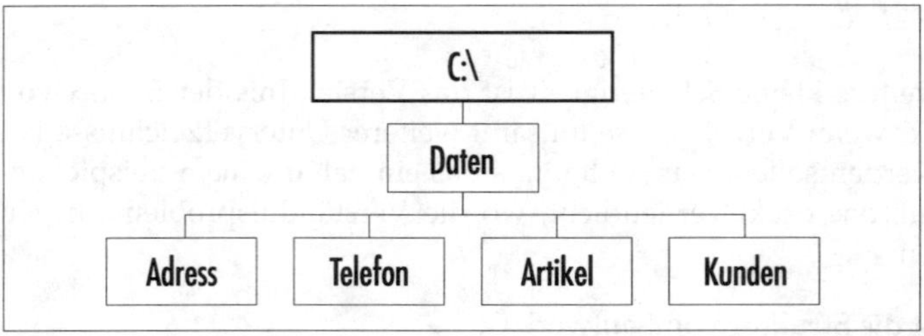

Damit es ganz deutlich wird: Der Inhalt von B:\DBASE wird nach C:\DATEN kopiert, der Name des Verzeichnisses allerdings nicht geändert.

Die übrigen Optionen von XCOPY

Zwei Optionen von XCOPY betreffen nicht das Kopieren von Verzeichnissen, sondern dienen dazu, XCOPY als Befehl für das Erstellen von Sicherungskopien (ähnlich MSBACKUP) zu verwenden:

/A	kopiert nur die Dateien, die seit dem letzten XCOPY oder MSBACKUP erstellt oder verändert worden sind. Das Archiv-Attribut bleibt unverändert.
/M	Es werden nur jene Dateien kopiert, die seit dem letzten MSBACKUP oder XCOPY erstellt oder verändert worden sind. Das Archiv-Attribut wird zurückgesetzt.

Verweis: Komplette und teilweise Datensicherung → Kapitel 9.3

Diese Optionen und ihre Anwendungsmöglichkeiten sind Thema von Kapitel 9.3. Die anderen wichtigen Optionen von XCOPY machen deutlich, daß jeder Kopierbefehl seine Verdienste hat.

XCOPY beispielsweise erlaubt wie REPLACE, am Bildschirm eine Dateiauswahl zu treffen - jede Datei kann bestätigt oder verworfen werden:

```
MEINTEXT.TXT (J/N)?
```

Diese Möglichkeit hat man bei COPY wahrscheinlich oft genug vermißt, wenn man mal wieder keine Jokerdefinition für einen Kopiervorgang gefunden hat, die alle zu kopierenden Dateien enthielt.

Existiert im Ziel eine gleichlautende Datei, so wird ab MS-DOS 6.2 standardmäßig nachgefragt, ob diese Datei überschrieben werden soll oder nicht. Verantwortlich dafür ist der Parameter /-Y. Schon lange gefordert, ist dieses Mehr an Sicherheit nun verwirklicht. Wollen Sie aber diese Einstellung revidieren, verwenden Sie den Parameter /Y, der bewirkt, daß bei gleichnamigen Dateien nicht rückgefragt wird. Die aktuellen Einstellungen der Befehle COPY, MOVE, XCOPY finden Sie in der Umgebungsvariablen COPYCMD.

6.8 Anzeigen der Verzeichnisstruktur

Das Inhaltsverzeichnis ist sicher das wichtigste "Navigationsinstrument", wenn es darum geht, sich ein Bild über die Situation auf einem Datenträger zu machen. Doch es hat einen sehr gravierenden Nachteil: Sie sehen immer nur die Unterverzeichnisse, die direkt in der Ebene darunter liegen.

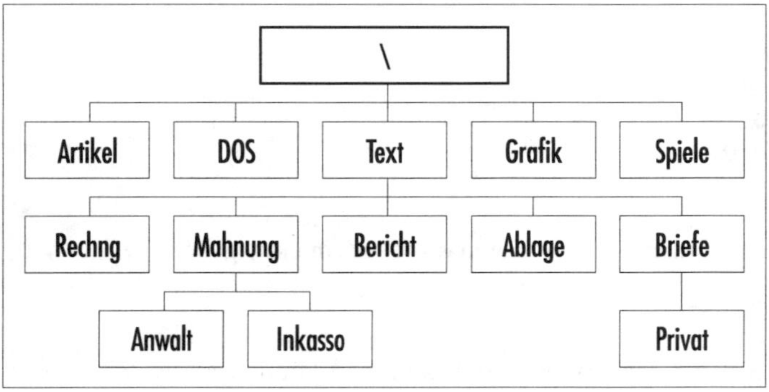

Wenn Sie das Inhaltsverzeichnis vom Hauptverzeichnis mit

```
DIR \
```

aufrufen, sehen Sie die fünf Verzeichnisse darunter, doch die darunterliegende Ebene ist Ihnen verborgen - es bliebe Ihnen nichts anderes übrig, als sich nun das Inhaltsverzeichnis von TEXT anzeigen zu lassen, um die darin enthaltenen Verzeichnisse zu sehen, und so fort.

Eine andere Möglichkeit ist diese: Sie verwenden die Option /S und die Option /A:D zusammen - Sie sehen dann die Verzeichnisse

(Option /A:D) über Verzeichnisgrenzen hinweg. Die Struktur selbst ist allerdings auf diese Weise nur sehr schwer erkennbar; insbesondere bei einer komplexen Struktur kann die Anzeige schon einige Meter lang sein.

Für das Anzeigen der Verzeichnisstruktur ist DIR also ungeeignet, dafür verwenden wir TREE, einen externen Befehl, der lediglich die Verzeichnisstruktur anzeigt, die dafür um so schöner und übersichtlicher. So nämlich sähe die Anzeige von TREE für das Laufwerk C: mit den obigen Verzeichnissen aus.:

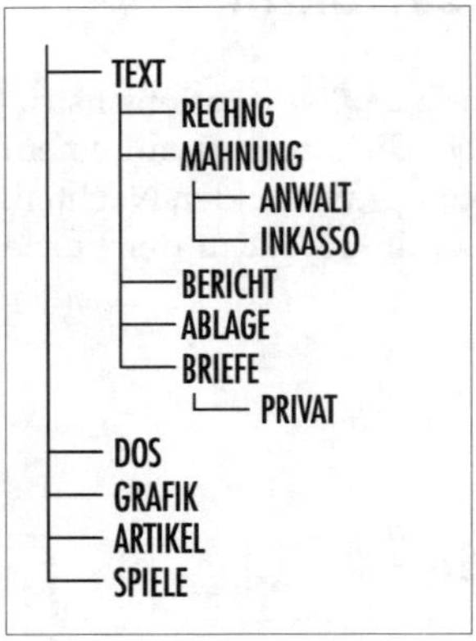

Der Befehl TREE wird einfach in dieser Form eingegeben:

```
TREE  {Pfad}
```

wobei Sie mit der Pfadangabe bestimmen können, ab welchem Verzeichnis Sie die Unterverzeichnisse sehen möchten. Geben Sie dort nichts an, wird das aktuelle Verzeichnis des Datenträgers angenommen. Wenn Sie also ganz sicher ab Hauptverzeichnis alle Verzeichnisse des Datenträgers sehen wollen, müssen Sie das auch angeben:

```
TREE  C:\
```

Wollen Sie diese Anzeige ausdrucken lassen, müssen Sie durch eine Umleitung der Standardausgabe (das ist der Bildschirm) die Anzeige zum Drucker schicken:

```
TREE  C:\  >PRN
```

schickt die Ausgabe, anstatt auf den Bildschirm, auf den Drucker. Sollten die Grafikzeichen der Ausgabe auf dem Drucker nicht so schön aussehen, liegt das daran, daß Ihr Drucker die verwendeten Zeichen nicht in dieser Weise ausdrucken kann. Verwenden Sie dann die Option /A, um die Grafikzeichen durch Textzeichen ersetzen zu lassen. Der Befehl sieht dann wie folgt aus:

```
TREE C:\ /A >PRN
```

6.9 Verzeichnisse und Programme

Es gibt viele gute Gründe, die verschiedenen Programme, die auf der Festplatte betrieben werden, in unterschiedlichen Verzeichnissen abzulegen; wir haben sie weiter oben angesprochen.

Der Anwender, der unseren Rat befolgt und sich eine derart übersichtliche Organisationsstruktur auf seiner Festplatte schafft, wird jedoch für diesen Ordnungssinn, so scheint es, bestraft:

Denn die Regel, daß ein Befehl immer nur für das angegebene oder das aktuelle Verzeichnis gilt, ist natürlich nicht mit einem Male außer Kraft gesetzt.

Wenn Sie also im Verzeichnis BRIEFE sind und den externen DOS-Befehl LABEL für das Vergeben eines Datenträgernamens aufrufen, meldet DOS

```
Befehl oder Dateiname nicht gefunden
```

Um zu verstehen, warum DOS den Befehl nicht ausführt, müssen wir uns klarmachen, was passiert, wenn Sie den Befehl LABEL starten:

Der Kommandoprozessor COMMAND.COM übernimmt den Befehl und überprüft, ob LABEL ein interner Befehl ist, den er selbst ausführen kann, was natürlich nicht der Fall ist. Der nächste Schritt: Es wird im aktuellen Verzeichnis nach einer Datei LABEL.COM gesucht; wird sie gefunden, wird das Programm ausgeführt.

Kann COMMAND.COM diese Datei nicht finden, sucht er nach LABEL.EXE. Auch hier: Findet er sie im aktuellen Verzeichnis, führt er sie aus.

Als letztes schließlich wird eine Datei LABEL.BAT gesucht, die so es sie gibt, gestartet wird. Wenn es diese Datei allerdings auch nicht gibt, wird die beschriebene Fehlermeldung ausgegeben.

COMMAND.COM sucht also immer nur im aktuellen Verzeichnis. Das können Sie umgehen, indem Sie einen Pfad angeben, also

```
\DOS\LABEL
```

befehlen oder aber vorher in dieses Verzeichnis wechseln.

Das alles jedoch ist unbefriedigend, denn falls man nicht mehr genau weiß, wie das Programmverzeichnis des zu startenden Programms heißt, sind erst einmal umfangreiche Recherchen mit DIR notwendig.

Der Suchpfad mit PATH

Abhilfe schafft ein Befehl, der es ermöglicht, trotz unterschiedlicher Programmverzeichnisse jedes Programm (und natürlich auch jeden externen MS-DOS-Befehl) ohne Pfadangabe nur mit dem Namen des Programms zu starten: PATH.

Der Befehl PATH macht nichts anderes, als in einem Speicherbereich in der direkten Umgebung des Kommandoprozessors (der daher auch Umgebungsspeicher heißt) eine Liste jener Verzeichnisse zu hinterlegen, in denen MS-DOS nachsehen soll, wenn das aufgerufene Programm im aktuellen Verzeichnis nicht gefunden wird. Diese Liste nennt man auch einen Suchpfad. Und so lautet die Syntax von PATH:

```
PATH  {Verzeichnis;...;Verzeichnis}
```

Nach dem Befehl geben Sie das erste Verzeichnis an, in dem nach der Programmdatei gesucht werden soll. Wollen Sie mehrere Verzeichnisse durchsuchen lassen, fügen Sie die nächsten Verzeichnisse - jeweils durch ein Semikolon getrennt - dieser Liste an:

```
PATH  C:\;C:\DOS;C:\TEXT;D:\ARTIKEL;C:\SPIELE
```

In unserem Beispiel werden neben dem aktuellen Verzeichnis vier Verzeichnisse nach der Programmdatei durchsucht. Folgende Hinweise sollten Sie bei der Angabe des Suchpfades beachten:

- Um den Suchpfad nicht jedesmal am Anfang Ihrer Sitzung eingeben zu müssen, sollten Sie ihn durch die AUTOEXEC.BAT starten.

- Im Umgebungsspeicher ist standardmäßig nur für 127 Zeichen Platz - falls Sie einen zu langen Suchpfad definieren, gilt die Beschränkung, daß COMMAND.COM nur 127 Zeichen entgegennehmen kann. In diesem Falle sollten Sie den Pfad über die CONFIG.SYS einstellen. Da diese Datei nicht den Kommandoprozessor heranzieht, wird ein längerer Suchpfad akzeptiert. Binden Sie dafür die Zeile

  ```
  SET PATH=Ihr Suchpfad
  ```

  in die CONFIG.SYS anstatt in die AUTOEXEC.BAT ein. Dann ist die maximale Größe des Suchpfades 64 KByte, was für alle Fälle ausreichen dürfte.

- Der Suchpfad wird in der von Ihnen angegebenen Reihenfolge durchsucht - Sie sollten daher die Verzeichnisse, auf die in Ihrem System erfahrungsgemäß öfter zugegriffen wird, an den Anfang des Suchpfades stellen.

- Mit

  ```
  PATH ;
  ```

  wird der Suchpfad gelöscht. Sie müssen einen Pfad jedoch nicht löschen, wenn Sie einen neuen definieren wollen: Jeder neue Suchpfad überschreibt den vorigen.

- PATH wird nur für die Suche nach Programmdateien mit der Erweiterung COM, EXE und BAT verwendet - auch Gerätetreiber mit der Erweiterung SYS und Overlay-Dateien mit der Erweiterung OVL oder OVR werden - je nach Laune des Programmierers - im Suchpfad mit PATH gesucht. Datendateien dagegen, etwa Texte aus der Textverarbeitung werden in den Verzeichnissen dieser Liste nicht gesucht.

- Wenn Ihr Suchpfad bei der Ausgabe mit SET am Ende "abgeschnitten" erscheint, muß das nicht heißen, daß der Pfad wirklich nicht komplett wirksam ist. Überprüfen Sie das am besten durch den Aufruf eines Programms, das im letzten Verzeichnis des Pfades untergebracht ist.

7. Die DOS-Shell einsetzen

Seit der Version 6.2 ist die DOS-Shell nicht mehr die offizielle Benutzeroberfläche des MS-DOS und ist daher auf die Zusatzdiskette verbannt, auf der sich auch die anderen nicht mehr offiziell zu MS-DOS gehörenden Befehlsdateien befinden. Wir wissen jedoch, daß viele Anwender noch nicht mit Windows arbeiten und daher auf diese Benutzeroberfläche angewiesen sind und haben daher die Anleitung für die Benutzung dieser Oberfläche — wenn auch viel kürzer, als in früheren Auflagen — wieder in dieses Buch aufgenommen.

Die DOS-Shell ist eine grafische Benutzeroberfläche, die das Arbeiten mit MS-DOS sehr erleichtern kann - allerdings mit der Einschränkung, daß man auch den Umgang mit dieser Oberfläche sehr wohl erlernen muß. Die Vorteile einer Benutzeroberfläche liegen 1) im Wegfall der manuellen Eingabe von komplexen Befehlen und 2) in der Vermeidung von Fehlbedienungen.

Allerdings liegt es nicht jedem, ein Programm über eine grafische Oberfläche zu bedienen, doch wird man im Hinblick auf die zunehmende Bedeutung grafischer Oberflächen nicht umhin kommen, sich an eine etwas andere Bedienung zu gewöhnen.

Es ist bereits heute abzusehen, daß es wohl in Zukunft keine andere Bedienung mehr als die über eine grafische Bedieneroberfläche geben wird.

7.1 Die Bedienung der DOS-Shell

Die DOS-Shell ist nach dem sogenannten SAA-Standard (System Application Architecture) konzipiert worden, einem Standard, der von IBM für den Aufbau von Bildschirmen in Anwendungsprogrammen entwickelt wurde.

Dieser Standard wird inzwischen von den meisten Programmierern für die Benutzerführung in einem Programm verwendet. Der Vorteil ist leicht einsehbar: Wenn man einmal mit einer SAA-Oberfläche gearbeitet hat, wird man jedes andere Programm, das diesen Standard unterstützt, nahezu 'im Schlaf' bedienen können. Die Bedienung der Menüs, die Mausleisten am rechten und unteren Rand, der "Fahrstuhl" für das Scrollen des Bildes, all dies ist standardisiert. Auch der Editor, der mit dem Betriebssystem MS-DOS ausgeliefert wird, ist an diesen Standard angelehnt und wird weitgehend identisch bedient.

Starten der DOS-Shell

Zum Starten der DOS-Shell geben Sie ein:

```
DOSSHELL
```

und betätigen `Enter`. Die DOS-Shell wird so gestartet, wie Sie sie das letzte Mal verlassen haben.

Beenden der DOS-Shell

Um die DOS-Shell zu beenden, gibt es zwei Möglichkeiten:

Entweder Sie betätigen die Tastenkombination `Alt`+`F4` oder Sie beenden die Shell mit dem Menüpunkt *Datei/Beenden*. Sie befinden sich danach wieder am DOS-Prompt.

Die Bildschirmelemente

Wenn Sie die DOS-Shell gestartet haben, erscheint dieser Bildschirm:

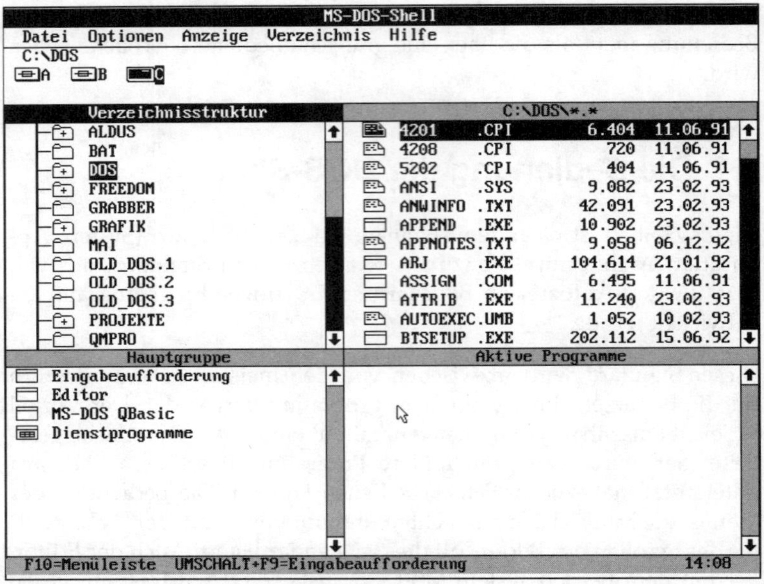

Abb. 19: Der Eingangsbildschirm

Die einzelnen Bereiche des Bildschirms haben folgende Bedeutung:

Menüleiste	In dieser Zeile befindet sich das Menü der DOS-Shell mit den auswählbaren Menübefehlen *Datei*, *Optionen*, *Anzeige* etc.
Pfadangabe	Hier wird das aktuelle Laufwerk sowie das aktuelle Verzeichnis aufgezeigt.
Laufwerksymbole	An dieser Stelle werden alle derzeit im System verfügbaren Laufwerke angezeigt, also alle Festplatten, Diskettenlaufwerke, Netzwerklaufwerke. Um ein Laufwerk zu wechseln, können Sie das gewünschte Laufwerk aus den dargestellten Symbolen auswählen.
Bildlaufleiste	In allen Bereichen können Sie eine längere Liste einsehen, z. B. die Liste der Verzeichnisse oder der Dateien in einem Verzeichnis.
Verzeichnisliste	In dem linken Fenster werden Ihnen die Verzeichnisse des aktuellen Laufwerks angezeigt.
Dateiliste	Diese Liste enthält die Dateinamen im aktuellen Verzeichnis oder vom gesamten Laufwerk, und zwar in der von Ihnen festgelegten Sortierreihenfolge.

Hauptgruppe	Wenn im Menü *Anzeige* der Menüpunkt *Programme und Dateien* gewählt wurde, werden in diesem Fenster alle Programme und Programmgruppen, die Sie auswählen und starten können, angezeigt.
Statuszeile	In der Statuszeile erhalten Sie Hinweise darüber, welche Funktionen Sie von der aktuellen Situation aus durchführen können.
Aktive Programme	Wenn Sie im Menü *Optionen* die Option *Programmumschaltung aktivieren* ausgewählt haben, ist die untere Hälfte des Bildschirms zweigeteilt: Die rechte Seite zeigt in einem Fenster dann die aktiven Programme, die durch den Task Switcher geöffnet auf der Festplatte abgelegt wurden.

Auswahl eines Bereichs

Was ist ein Bereich? Als Bereich bezeichnet man einen in sich geschlossenen Teil des Bildschirms, etwa die Pfadangabe oder die Verzeichnisliste. Um in einem Bereich zu arbeiten, z. B. um im Verzeichnisbaum ein Verzeichnis auszuwählen, müssen Sie diesen Bereich vorher aktivieren. Dafür bietet Ihnen die DOS-Shell zwei Möglichkeiten: Mit der linken Maustaste klicken Sie einmal innerhalb dieses Bereichs auf das Element oder auf den Bereichstitel, das/den Sie auswählen möchten, also ein Verzeichnis im Verzeichnisbaum oder eine Datei aus der Dateiliste. Der Bereich ist somit aktiviert und das angeklickte Feld gilt als ausgewählt.

Hinweis: Wenn Sie sich mit den Cursortasten [↑] oder [↓] bewegen wollen, gilt dies ausschließlich für das aktivierte Fenster. Wenn Sie die Dateiliste aktiviert haben, markieren Sie mit den Cursortasten jeweils die nächste Datei. Wenn Sie mit der Tastatur einen Bereich aktivieren möchten, verwenden Sie dafür die Tabulatortaste: Sie springen mit der [Tab]-Taste von Bereich zu Bereich. Wollen Sie rückwärts springen, so können Sie das mit [Umschalt] +[Tab].

Auswahl der Menüs

Der bereits erwähnte SAA-Standard legt fest: Ein Menü wird mit der [Alt]-Taste aktiviert. Nachdem das Menü aktiviert ist, bewegen Sie sich auf der horizontalen Menüleiste mit den Cursortasten [→] und [←] und können einen Menüpunkt auswählen, der dann hervorgehoben wird. Mit [Enter] wird dieser Menüpunkt aktiviert, das dazugehörige Pulldown-Menü klappt vertikal auf.

Der schnellere Weg zum Aufruf eines Menüpunkts erfolgt jedoch durch Tippen des gekennzeichneten Buchstabens, etwa

Alt+A

für das Menü *Anzeige*. Sie müssen die Tasten nicht gemeinsam betätigen: Alt aktiviert das Menü und zeigt den Aufrufbuchstaben, den Sie dann für den Aufruf dieses Menüpunkts eintippen.

Anders ist es, wenn sich nach dem horizontalen Hauptmenü ein Pulldown-Menü öffnet: Dort müssen Sie die Taste Alt nicht mehr betätigen, es reicht der Buchstabe des Menüpunkts.

Die Bedienung mit der Maus ist ebenso einfach: Bewegen Sie den Mauszeiger auf den gewünschten Menüpunkt und drücken einmal kurz die linke Maustaste.

Wenn Sie ein Menü ohne Folgen abbrechen wollen, klicken Sie irgendwo außerhalb des Menüs oder betätigen die Taste Esc. Auch bei geöffnetem Pulldown-Menü können Sie mittels der Cursortasten → und ← ein anderes Menü auswählen.

Starten von Menübefehlen

Durch die Aktivierung eines Menüpunkts starten Sie den dort hinterlegten Befehl: So wird nach der Auswahl von *Datei/Drucken* die markierte Datei sofort ausgedruckt.

Doch bei den Befehlen in den Menüs gibt es Unterschiede: Einige Befehle, wie der beschriebene Befehl zum Drucken, werden sofort ausgeführt, bei anderen werden von Ihnen noch weitere Angaben verlangt. Wieder andere Befehle sind ausgeblendet, d. h. sie sind entweder nicht sichtbar oder grau eingefärbt, sofern sie nicht logisch ausgeführt werden können, wie etwa der Menüpunkt *Löschen*, wenn keine Datei zum Löschen markiert ist.

Zum Starten der Menübefehle stehen Ihnen wieder mehrere Möglichkeiten zur Verfügung:

Mit der Maus klicken Sie auf den Menübefehl, über die Tastatur wählen Sie den gewünschten Menüpunkt mit den Cursortasten ↓ und ↑ aus und starten mit Enter den Befehl.

Schneller geht dies natürlich mit den hervorgehobenen Buchstaben des Menüpunkts: z. B. [Alt]+[D] für *Datei* sowie [B] für *Beenden* beendet die DOS-Shell. Der einfachste und schnellste Weg ist - sofern vorgesehen - die Auswahl über die angegebene Funktionstaste oder Tastenkombination. Der Befehl wird sofort ohne den Umweg über das Menü gestartet - in unserem Beispiel beendet [Alt]+[F4] die Shell - eine Tastenkombinationen, die Sie in nahezu allen Programmen von Microsoft für diese Funktion verwenden können und die Sie aus diesem Grunde durchaus einüben sollten.

Die Dialogboxen

Häufig ist es erforderlich, zu einem Menüpunkt noch weitere Angaben zu machen, etwa den Namen des zu erstellenden Verzeichnisses, wenn Sie den Menüpunkt *Datei/Verzeichnis erstellen...* ausgewählt haben.

Um sich innerhalb der Bereiche und von Feld zu Feld zu bewegen, schalten Sie mit [Tab] (vorwärts) und [Umschalt]+[Tab] (rückwärts) hin und her. Mit der Maus klicken Sie in den gewünschten Bereich bzw. in das entsprechende Feld, das Sie bearbeiten möchten.

Oft besteht die Möglichkeit oder Notwendigkeit, eigene Angaben in den Feldern der Dialogbox vorzunehmen, wie z. B. die Angaben zum Namen einer Datei, unter der diese gespeichert werden soll, oder den Verzeichnisnamen beim Erstellen eines neuen Verzeichnisses.

Wenn ein solches Textfeld bereits eine vorgegebene Eingabe enthält und Sie diese Standardvorgabe nicht übernehmen möchten, so wird durch Ihre Eingabe die Vorgabe überschrieben. Wenn Sie die Vorgabe geändert oder ergänzt übernehmen wollen, so bewegen Sie den Cursor [→] und [←] an die entsprechende Stelle und geben Ihre Änderung ein. Dafür dürfen Sie jedoch vorher kein Zeichen tippen, da jedes Zeichen die Vorgabe bereits löscht.

Neben diesen Textfeldern gibt es Listen mit vorgegebenen Möglichkeiten, aus denen Sie jeweils nur eine auswählen können - etwa ein Verzeichnis, ein Laufwerk etc. beim Laden einer Datei. Mittels [Tab] plazieren Sie den Cursor auf den gewünschten Parameter und betätigen [Enter]. Mit der Maus klicken Sie das gewünschte Feld an.

Eine weitere Möglichkeit, in Dialogboxen Ihre eigene Auswahl zu treffen, bieten verschiedene Optionen, von denen jeweils eine oder mehrere auszuwählen sind:

Wenn Sie die Optionen in runden Klammern mit einem Punkt (•) gekennzeichnet sehen, handelt es sich um Optionen, von denen Sie nur eine auswählen dürfen, weil sie sich mit den anderen logisch ausschließt. Dagegen dürfen Sie in den Feldern mit eckigen Klammern [x] durchaus mehrere Optionen "ankreuzen".

Abb. 19 ist die Dialogbox des Menüpunkts *Optionen/Dateianzeige*. Sie enthält Beispiele für beide Arten von Optionen: Die Optionen auf der linken Seite dürfen beide angekreuzt werden, von den Optionen auf der rechten Seite darf nur jeweils eine aktiviert sein.

Sie treffen Ihre Auswahl, indem Sie den Cursor mit Tab auf die entsprechende Option bewegen und mit der Leertaste die Option an- (wird durch ein Kreuz oder einen Punkt markiert) oder ausschalten. Mit der Maus klicken Sie in die eckige oder runde Klammer vor der Option, es erscheint dann ein Kreuz bzw. der Punkt; die Option ist ausgewählt. Wollen Sie eine Option in eckigen Klammern wieder ausschalten, gehen Sie genau so vor: Anklicken mit der Maus oder Ausschalten durch die Leertaste. Bei den Optionen mit den runden Klammern reicht es logischerweise aus, eine andere Option auszuwählen.

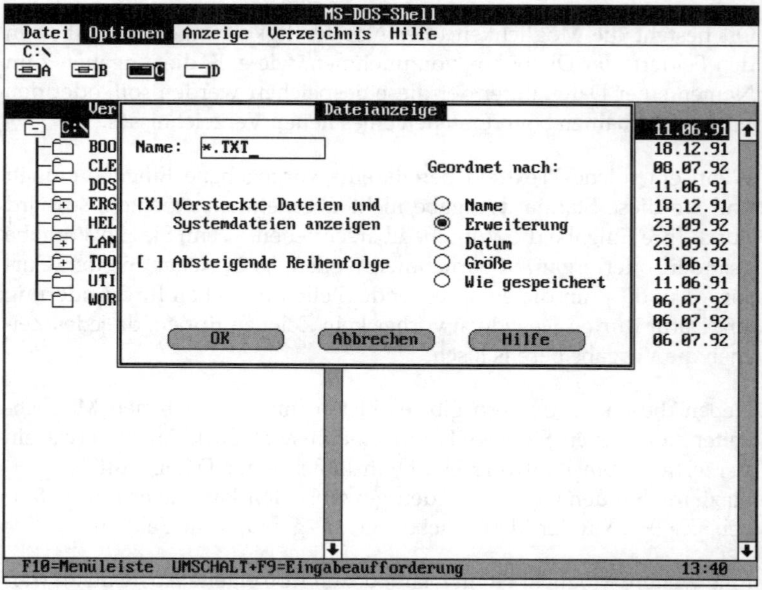

Abb. 20: Die Dialogbox "Optionen/Dateianzeige"

In allen Dialogboxen befinden sich im unteren Bereich die Schaltflächen *OK* und *Abbrechen*, häufig gibt es auch noch die Schaltfläche *Hilfe*. Diese Schaltflächen dienen nicht nur den Mausbenutzern.

Um Ihre Eingaben zu bestätigen, d. h. an das Programm zur Ausführung zu übergeben, bewegen Sie den Cursor mit `Tab` auf die Schaltfläche und betätigen `Enter` oder Sie klicken mit der Maus auf die Schaltfläche *OK*.

7.2 Arbeiten mit Laufwerken, Verzeichnissen und Dateien

Wechseln von Laufwerken

Um das aktuelle Laufwerk zu wechseln, stehen Ihnen die Laufwerksymbole unterhalb der Menüleiste zur Verfügung. Hier werden alle derzeit im System verfügbaren Laufwerke einschließlich der logischen Laufwerke angezeigt. Möchten Sie ein Laufwerk wechseln und befinden sich bereits in der Zeile der Laufwerksymbole, so können Sie mittels Cursortasten Ihre Auswahl treffen. Natürlich reicht es auch aus, eines der Laufwerksymbole mit der Maus anzuklicken.

Der Dateimanager

Für unsere Arbeit mit Dateien und Verzeichnissen benutzen wir den Dateimanager - die Fenster mit der Verzeichnisstruktur und der Dateiliste zusammen bilden dieses Kernstück der Shell.

Mit dem Menüpunkt *Anzeige* bestimmen Sie, wie der Dateimanager Ihnen die Verzeichnisse und Dateien anzeigen soll:

Die Standardanzeige ist die *Einfache Dateiliste*. Es werden die Dateien aus einem Verzeichnis gezeigt. Links wird die Verzeichnisstruktur des aktuellen Laufwerks angezeigt, rechts sehen Sie die Dateien des aktuellen Verzeichnisses. Die Art der Anzeige kann ebenfalls bestimmt werden. Bei der Wahl von *Anzeige/Zweifache Dateiliste* werden die Dateilisten von zwei verschiedenen Verzeichnissen angezeigt. Zuerst jedoch sehen Sie die Anzeige in doppelter Form, da nur ein Verzeichnis gewählt wurde. Wählen Sie ein weiteres Verzeichnis aus, so sehen Sie im zweiten Fenster die Dateien dieses zweiten Verzeichnisses.

Sie können somit ständig zwei Verzeichnisse im Zugriff haben. Die Verzeichnisse können sich auch auf unterschiedlichen Laufwerken befinden.

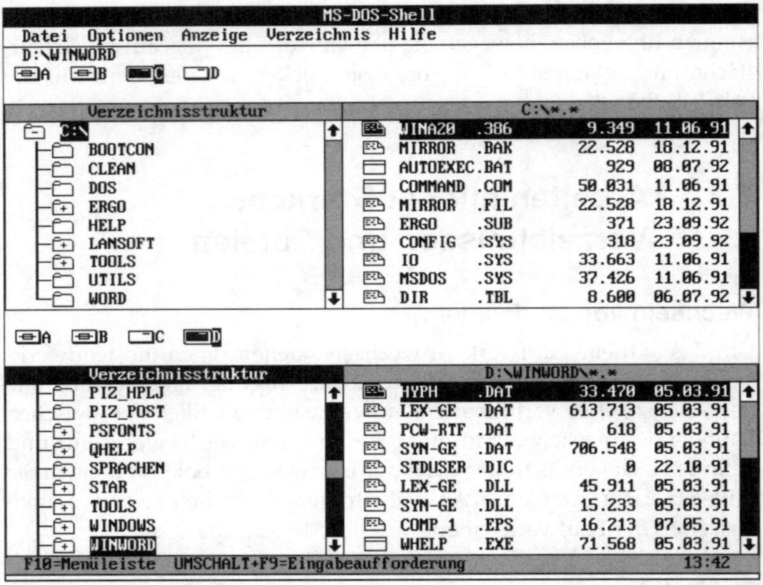

Abb. 21: Anzeige einer zweifachen Dateiliste

Haben Sie im Menü *Anzeige* den Menüpunkt *Nur Dateien* gewählt, so werden verzeichnisübergreifend die Dateien des gesamten Laufwerks angezeigt, und zwar entsprechend der von Ihnen im Menü *Optionen* festgelegten Sortierreihenfolge.

Hinweis: Wenn Sie aus dieser Liste eine Datei zum Löschen auswählen, so ist Vorsicht geboten, da dort Dateinamen auch doppelt vorkommen können, denn es werden Ihnen die Dateien verzeichnisübergreifend angezeigt. Achten Sie also in einem solchen Falle darauf, daß Sie die richtige Version Ihrer Datei markieren.

Verzeichnis wechseln

Klicken Sie im Verzeichnisbaum das gewünschte Verzeichnis an, und ab sofort ist dieses Verzeichnis das aktuelle Verzeichnis. Im Dateifenster werden Ihnen die Dateien des neuen Verzeichnisses angezeigt. Über die Tastatur können Sie selbstverständlich auch ein Verzeichnis wechseln. Wechseln Sie mit [Tab] in den Bereich des Verzeichnisbaums und wählen mit den Cursortasten [↓] und [↑] das Verzeichnis aus. In der Dateiliste rechts erscheinen die dazugehörigen Dateien. Das aktuelle Verzeichnis wird im Textmodus durch einen Pfeil → markiert, im Grafikmodus erhält das Symbol eine andere Farbe. Mit [Pos1] oder [Ende] können Sie in das Hauptverzeichnis bzw. in das letzte Verzeichnis der Liste wechseln.

Anzeige von Unterverzeichnissen

Nachdem Sie die DOS-Shell gestartet haben, sehen Sie nur die erste Ebene der Verzeichnisse. Enthält ein Verzeichnis weitere Verzeichnisse, so werden diese nicht angezeigt. Ob ein Verzeichnis ein- oder mehrstufig ist, d. h. ob es Unterverzeichnisse enthält, erkennen Sie an einem Pluszeichen innerhalb des Symbols (im Grafikmodus) oder an einem Pluszeichen in einer eckigen Klammer vor dem Verzeichnisnamen (Textmodus). Die Abbildung 22 zeigt einen Verzeichnisbaum im Grafikmodus, der sowohl einstufige als auch mehrstufige Verzeichnisse enthält.

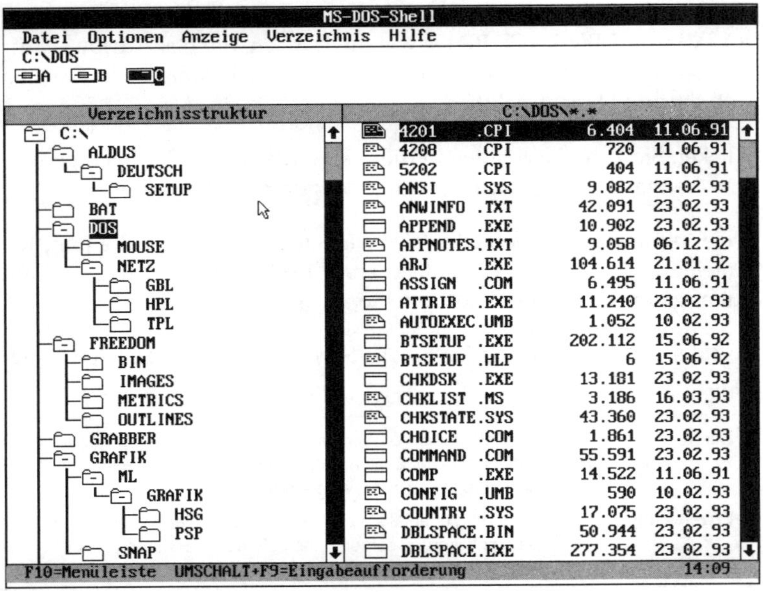

Abb. 22: Verzeichnisbaum

Wenn Sie die Unterverzeichnisse sehen wollen, so gibt es mehrere Möglichkeiten. Um die erste Ebene hinter dem betreffenden Verzeichnis sichtbar zu machen, klicken Sie mit der Maus auf das Pluszeichen. Es wird das direkt nachfolgende Unterverzeichnis angezeigt und das Pluszeichen verwandelt sich in ein Minuszeichen. Für Tastaturanwender: Wechseln Sie mit den Cursortasten ↑ und ↓ auf das Verzeichnis und betätigen das Pluszeichen auf der numerischen Tastatur (das ist wichtig!) auf der rechten Seite.

Optionen der Dateianzeige

Die Art der Dateianzeige in der Dateiliste können Sie im Menü *Optionen/Dateianzeige* festlegen. Im Feld *Name*: können Sie bestimmen, welche Dateien angezeigt werden sollen - wenn Sie z. B. nur Dateien mit der Erweiterung EXE sehen wollen, tragen Sie dort *.EXE ein. Leider hat man (auch in Windows) noch nicht daran gedacht, dort mehrere Definitionen nebeneinander zuzulassen, die nicht durch eine Definition mit Jokern erreichbar sind.

Wenn Sie die Option *Versteckte Dateien und Systemdateien anzeigen* auswählen, so werden die versteckten Systemdateien MSDOS.SYS, IO.SYS und DBLSPACE.BIN sowie die Dateien, die das Attribut H für Hidden (= versteckt) haben, angezeigt. Normalerweise sind Dateien mit Attribut H nicht sichtbar.

Klicken Sie zum Auswählen in die eckige Klammer oder betätigen Sie die «Leertaste», wenn sich der Cursor auf dem Feld befindet.

Die Option *Absteigende Reihenfolge* wählen Sie, wenn Sie die jüngsten Dateien (=die Dateien, die zuletzt erstellt oder geändert wurden) am Anfang der Auflistung sehen möchten.

Auf der rechten Seite können Sie die Sortierungsart der Dateien festlegen:

Name	Die Dateinamen werden alphabetisch (A-Z) sortiert. Beginnen Dateinamen mit Zahlen, werden diese *vor* den Dateien, die mit Buchstaben beginnen, eingeordnet.
Erweiterung	Sortierung ebenfalls alphabetisch. Es wird jedoch nach der Dateierweiterung sortiert, innerhalb der Erweiterung wieder nach den Dateinamen.

Datum	Es wird nach Datum sortiert; die zuletzt erstellten oder geänderten Dateien stehen unten. Möchten Sie die "jungen" Dateien wegen der Übersichtlichkeit lieber oben angezeigt bekommen, kreuzen Sie die Option *Absteigende Reihenfolge* an.
Größe	Anzeige der Dateien nach Dateigröße, beginnend mit der kleinsten Datei.
Wie gespeichert	Die Dateien werden so angezeigt, wie sie auf dem Datenträger physikalisch angeordnet sind.

Bestätigen Sie Ihre Eingaben mit `Enter` oder klicken Sie *OK* an. Mit *Abbrechen* oder `Esc` wird ohne eine Änderung des Anzeigemodus abgebrochen.

Aktualisieren eines Verzeichnisses

Mit der Tastenkombination `Umschalt`+`F9` können Sie die DOS-Shell vorübergehend beenden, um z. B. am Prompt ein Verzeichnis anzulegen. Kehren Sie anschließend mit EXIT wieder zur DOS-Shell zurück, hat das Programm die Informationen über die neue Struktur jedoch noch nicht. Um diese Information dem Programm mitzuteilen, wählen Sie den Menüpunkt *Anzeige/ Aktualisieren* oder `F5`. Nach kurzer Zeit erhalten Sie die aktualisierte Anzeige.

Bildschirmanzeige neu aufbauen

Wenn Sie mit einem speicherresidenten Programm gearbeitet haben und dieses verlassen, so wird die DOS-Shell durch das letzte Bild dieses Programms verdeckt. Um wieder die DOS-Shell-Bedieneroberfläche zu erhalten, wählen Sie aus dem Menü *Anzeige* die Funktion *Anzeige neu aufbauen*. Die Tastenkombination dafür ist `Umschalt`+`F5`.

Auswahl von Dateien

Bei den meisten Befehlen müssen vorher Dateien oder Verzeichnisse ausgewählt werden, etwa bei dem Menübefehl *Verschieben* - es muß dem Programm mitgeteilt werden, welche Dateien oder Verzeichnisse verschoben werden sollen.

Die Auswahl einer Datei mit der Tastatur: Wechseln Sie mit `Tab` in die Dateiliste und plazieren den Balkencursor mit den Cursortasten `↑` oder `↓` auf die zu markierende Datei.

Zur Auswahl mit der Maus klicken Sie nur auf den Namen der Datei in der Dateiliste, die Datei wird durch den Balkencursor hervorgehoben und ist markiert.

Mit der Taste `Pos1` bewegen Sie den Cursor auf die erste Datei, mit der Taste `Ende` auf die letzte Datei der Liste.

Auswahl von Dateigruppen

Um mehrere übereinander angeordnete Dateien auszuwählen, etwa um diese zu löschen, markieren Sie die Dateien mit der Maus auf folgende Weise: Klicken Sie die erste zu markierende Datei an, betätigen Sie anschließend die Taste `Umschalt` und halten sie gedrückt und klicken nun die letzte zu markierende Datei an. Alle Dateien zwischen dem ersten und letzten Anklicken sind markiert.

Auch mit der Tastatur können Sie mehrere Dateien gleichzeitig markieren: Mit den Cursortasten `↑` oder `↓` bewegen Sie den Cursor auf die erste zu markierende Datei, danach plazieren Sie den Cursor bei gedrückter `Umschalt`-Taste auf die letzte zu markierende Datei.

Es wird jedoch vorkommen, daß Sie zwar mehrere Dateien markieren wollen, diese jedoch nicht übereinander angeordnet sind. Dies geht ganz einfach: Sie klicken jede Datei bei gedrückter `Strg`-Taste an.

Sie können auch aus verschiedenen Verzeichnissen Dateien auswählen: Wählen Sie hierzu im Menü *Optionen* die Funktion *Aus mehreren Verzeichnisse auswählen*. Die Funktion wird mit der Raute ◆ als aktiviert gekennzeichnet. Ab jetzt sind die oben beschriebenen Markierungsarten möglich.

Um alle Dateien zu markieren, wählen Sie die Funktion *Datei/Alles auswählen*; alle Dateien werden markiert.

Aufheben einer Auswahl

Um eine einzelne Markierung aufzuheben, wählen Sie nur eine andere Markierung. Mit der Maus reicht es also aus, auf irgendeine Datei zu klicken, bei Tastaturbedienung bewegen Sie den Cursor einmal nach unten oder oben (d. h. Sie markieren die dortige Datei) und die Markierung ist aufgehoben.

Wenn Sie innerhalb einer markierten Gruppe eine Markierung aufheben möchten, so müssen Sie nur den Vorgang der Markierung

(Umschalt+F8 sowie mit Leertaste auswählen) für die Dateien noch einmal wiederholen. Mit der Leertaste schalten Sie quasi an und aus.

Zur Aufhebung sämtlicher Markierungen wählen Sie die Funktion *Auswahl aufheben* im Menü *Datei*.

Erstellen von Verzeichnissen

Das Erstellen von Verzeichnissen mit der Shell hat den Vorteil, daß Sie die aktuelle Verzeichnisstruktur während Ihrer Arbeit vor Augen haben.

Zuerst wählen Sie das Verzeichnis aus, zu dem Sie ein Unterverzeichnis anlegen wollen. Nun wählen Sie im Menü *Datei* die Funktion *Verzeichnis erstellen...* Es öffnet sich eine weitere Dialogbox.

In dieser Dialogbox wird noch einmal die genaue Pfadangabe des Verzeichnisses angezeigt.

Zuständig ist derselbe Menüpunkt *Umbenennen*, mit dem Sie Dateien umbenennen können. Ist eine Datei markiert, wird diese Datei umbenannt, ist ein Verzeichnis markiert, wird dieses Verzeichnis umbenannt.

Zum Umbenennen eines Verzeichnisses markieren Sie es wie gewohnt und wählen den genannten Menüpunkt *Umbenennen*. Nach der Eingabe des neuen Namens bestätigen Sie mit *OK* oder Enter.

Umbenennen von Verzeichnissen

Zuständig für das Umbenennen von Verzeichnissen ist der Menüpunkt *Umbenennen*, mit dem Sie Dateien umbenennen können. Ist eine Datei markiert, wird diese Datei umbenannt, ist ein Verzeichnis markiert, wird dieses Verzeichnis umbenannt.

Zum Umbenennen eines Verzeichnisses markieren Sie es wie gewohnt und wählen den genannten Menüpunkt *Umbenennen*. Nach der Eingabe des neuen Namens bestätigen Sie mit *OK* oder Enter.

Löschen von Verzeichnissen

Markieren Sie das zu löschende Verzeichnis und wählen Sie im Menü *Datei* den Menübefehl *Löschen*.

Selbstverständlich gelten beim Löschen eines Verzeichnisses mit der DOS-Shell dieselben Regeln, die auch unter DOS für den Befehl RD gelten:

① Das zu löschende Verzeichnis muß leer sein, d. h. es darf weder Dateien noch weitere Verzeichnisse enthalten.

② Das Hauptverzeichnis kann nicht gelöscht werden.

Und so gehen Sie vor: Wechseln Sie mit `Tab` in das Fenster mit der Verzeichnisstruktur, markieren das gewünschte Verzeichnis, indem Sie den Cursor darauf plazieren und wählen den Menüpunkt *Datei/ Löschen* aus. Das Verzeichnis wird gelöscht.

Wie Sie im Pulldown-Menü sehen können, erfolgt auch eine Löschung, wenn Sie das Verzeichnis markiert haben und dann die Taste `Entf` betätigen.

Kopieren von Dateien

Der unbestreitbare Vorteil der Shell beim Kopieren ist dieser: Während Sie am Prompt nur die Dateien in einem Kopiervorgang kopieren konnten, für die eine Definition mit Jokern möglich war, so können Sie aus der Shell heraus durch Markieren der Dateien LABEL.EXE und FORMAT.COM durchaus einen einzigen Kopiervorgang für diese Dateien durchführen, für die sich in der Kommandozeile kein gemeinsamer Nenner zu einer Definition mit Jokern finden ließ.

Wenn Sie kopieren wollen und dazu die Tastatur verwenden möchten, gehen Sie wie folgt vor: Markieren Sie eine oder mehrere Dateien und wählen aus dem Menü *Datei* den Menüpunkt *Kopieren* oder die Kurzwahl `F8`. In der Dialogbox geben Sie den Zielpfad an, also wohin die Datei kopiert werden soll. Der Zielpfad kann ein Laufwerk, ein Verzeichnis, eine Datei oder eine Kombination aus allen sein. Wenn Sie keinen Dateinamen angeben, behält die Datei im Ziel den bisherigen Namen.

Hinweis: Sie können also kopieren und gleichzeitig umbenennen. Dies geht allerdings nur, wenn Sie den Kopiervorgang über das Menü gewählt haben; beim Kopieren mit `F8` geht dies nicht.

Mit der Maus ist das Kopieren von Dateien sehr einfach: Zuerst richten Sie sich die Bildschirmanzeige so ein, daß sowohl die zu kopierenden Dateien als auch das Ziel sichtbar sind.

Die nächsten Schritte:

① Markieren Sie die zu kopierenden Dateien.

② Wenn sich das Ziel auf dem gleichen Laufwerk befindet, so betätigen Sie zum Kopieren `Strg` und halten die Taste gedrückt. Ist das Ziel ein anderes Laufwerk, so ist es nicht nötig, die Taste `Strg` zu betätigen.

③ Verschieben Sie die Maus von der Markierung bei gedrückter Maustaste zum Ziel. Abhängig von der von Ihnen gewählten Einstellung verändert sich der Mauscursor: Im Grafikmodus verwandelt er sich in ein Dateisymbol (wenn Sie eine Datei ausgewählt haben) oder in drei aufeinander folgende Symbole (bei Auswahl von mehreren Dateien). Im Textmodus erhält der Mauscursor einen Punkt.

④ Im Ziel lassen Sie die Maustaste wieder los. Während des Kopierens wird in der Statuszeile angezeigt, was Sie tun, z. B. kopieren nach D:\WORD\TEXTE.

Nachdem Sie die folgende Sicherheitsabfrage beantwortet haben, wird der Kopiervorgang durchgeführt.

Hinweis: Haben Sie beim Kopieren innerhalb desselben Laufwerks vergessen, die Taste `Strg` zu drücken, so werden die Dateien nicht kopiert, sondern verschoben.

Das Verschieben von Dateien

Das Verschieben aus der Shell heraus bewegt die Datei auf dem Datenträger nicht, sondern ändert nur den Eintrag in der Dateizuordnungstabelle bzw. im Inhaltsverzeichnis.

Analog zum Vorgang des Kopierens von Dateien werden auch Dateien verschoben: Markieren Sie wie gewohnt Ihre Datei(en) und wählen Sie im Menü *Datei* den Menüpunkt *Verschieben*. In der folgenden Dialogbox geben Sie den Zielpfad an.

Hinweis: Dies ist allerdings nur innerhalb desselben Laufwerks möglich, ein Verschieben auf ein anderes Laufwerk ist nicht möglich!

Haben Sie nur eine Datei zum Verschieben markiert, so können Sie in der Dialogbox die Datei auch gleichzeitig noch umbenennen durch

Eingabe eines neuen Namens. Bei mehreren markierten Dateien ist nur das Verschieben möglich, da Sie dann lediglich den Zielpfad angeben können.

Wesentlich schneller als mit der Tastatur geht es auch diesmal (wie beim Kopieren) mit der Maus, wo Sie auch hier nur die Datei "greifen" und über den Bildschirm zum Ziel ziehen. Das Verschieben mit der Maus entspricht der Vorgehensweise des Kopierens. Der einzige Unterschied: Anstatt der Taste `Strg` betätigen Sie die Taste `Alt`.

Löschen von Dateien

Zuerst markieren Sie die zu löschende(n) Datei(en) und rufen dann im Menü *Datei* den Menübefehl *Löschen* auf.

Um versehentliches Löschen zu verhindern, können Sie nach Aufruf von *Optionen/Bestätigen...* in der Dialogbox das Feld *Beim Löschen bestätigen* ankreuzen; es erfolgt dann bei jedem Löschvorgang eine Sicherheitsabfrage, die Ihnen die Möglichkeit gibt, Ihr Tun noch einmal genau zu überprüfen.

Aber außer der Möglichkeit, über das Menü zu löschen, gibt es noch einen schnelleren Weg: Nachdem die Dateien markiert sind, betätigen Sie die Taste `Entf`.

Tip: Löschvorgang rückgängig machen

Wollen Sie einen Löschvorgang rückgängig machen, starten Sie nach dem Löschen sofort den DOS-Befehl UNDELETE. Informieren Sie sich vorher ausführlich über die Wirkungsweise dieses Befehls in Kapitel 9.4.

Suchen von Dateien

Wenn Ihnen eine Datei offensichtlich "verlorengegangen" ist, können Sie über den Menübefehl *Datei/Suchen...* nach dieser Datei suchen.

In der sich öffnenden Dialogbox sind folgende Angaben zu machen:

① Name der zu suchenden Datei. Wenn Sie nicht ganz sicher sind, wie die Datei hieß oder wenn Sie mehrere Dateien suchen, die z. B. alle die Endung .TXT haben, so können Sie die Joker * und ? verwenden, etwa M??ER.TXT oder *.TXT.

② Sie können noch bestimmen, ob der gesamte Datenträger nach der(den) Datei(en) durchsucht werden soll. Wählen Sie diesen Menüpunkt nicht aus, so wird nur das aktuelle Verzeichnis durchsucht.

Nach dem Start des Suchvorgangs werden Ihnen alle Dateien, die Ihrer Definition entsprechen, mit Pfadangabe in einem neuen Fenster angezeigt. Die dort angezeigten Dateien können Sie wie jede Dateiliste bearbeiten, also die Dateien öffnen, kopieren, verschieben etc.

Anzeigen von Dateiinhalten

Der Menüpunkt *Dateiinhalt anzeigen* (oder Kurztaste `F9`) ermöglicht Ihnen, sich den Inhalt einer Datei (Textdatei oder Programmdatei) anzuschauen. Bei einer Textdatei können Sie den Inhalt am Bildschirm lesen, sie wird im sogenannten Textmodus dargestellt. Eine Programmdatei dagegen können Sie im hexadezimalen Modus ansehen, jedoch nicht ändern.

Attribute von Dateien

Attribute setzen

Um ein Attribut zu vergeben oder zu ändern, müssen Sie zuerst die entsprechende Datei markieren. Dann rufen Sie im Menü *Datei* den Menüpunkt *Attribute ändern...* auf. In der folgenden Dialogbox wählen Sie die gewünschten Attribute aus.

Hat diese Datei bereits ein oder mehrere Attribute, so werden diese durch ein Dreieck gekennzeichnet. Sie können auch gleichzeitig mehreren Dateien Attribute zuweisen: Markieren Sie alle Dateien und rufen *Datei/Attribute ändern...* auf. Es erscheint eine Dialogbox, die Sie danach fragt, ob die Attribute für alle Dateien gemeinsam oder für jede Datei einzeln gesetzt werden sollen.

Wenn Sie auswählen, daß das Attribut gemeinsam vergeben werden soll, so sehen Sie nicht, welche Attribute die einzelnen Dateien bereits haben.

Attribute ändern

① Bewegen Sie sich mit der Taste `Tab` auf das entsprechende Attribut.

② Mit der `Leertaste` schalten Sie das Attribut ein oder aus.

Mit der Maus klicken Sie das Attribut an: War es bereits gesetzt, wird es zurückgesetzt, war es noch nicht gesetzt, so wird es angeschaltet.

7.3 Starten eines Programms

Die Hauptaufgabe am PC ist jedoch nicht, Dateien zu kopieren oder Verzeichnisse zu verschieben, sondern Programme zu starten. Diese Tätigkeit läßt sich unter der DOS-Shell sehr einfach durchführen.

Anstatt wie am Prompt den Namen des Programms zu tippen, bewegen Sie den Balkencursor auf die Programmdatei und starten es mit `Enter`. Die Shell lädt das Programm und entfernt sich (bis auf einen kleinen unbedeutenden Rest) aus dem Speicher.

Mit der Maus geht es noch schneller: Plazieren Sie den Mauszeiger auf die Programmdatei und starten das Programm mit dem sogenannten Doppelklick, d. h. Sie klicken zweimal schnell hintereinander.

Wollen Sie hingegen eine andere Datei aufrufen, z. B. eine Datei aus Ihrer Textverarbeitung, so muß diese vorher mit dem Programm verbunden werden, das diese Textdatei aufruft. Doch dazu weiter unten mehr.

Das Programm wird also gestartet und die DOS-Shell wird im Hauptspeicher auf eine Minimalgröße von 9 KByte reduziert. Weiter werden alle zum Zeitpunkt des Starts geöffneten Dateien zwischengespeichert. Nach Beendigung des Programms wird die DOS-Shell wieder geladen.

Verknüpfen von Dateien mit einem Programm

Sie können nur Dateien mit der Erweiterung .COM, .EXE oder .BAT direkt starten, da nur diese Dateien Programme enthalten und daher ausführbar sind. Doch die DOS-Shell hält einen wesentlichen Vorteil bereit, der das Arbeiten mit einer Oberfläche dieser Art schon etwas erleichtert:

Wenn Sie aber einen Text aus Ihrer Textverarbeitung laden möchten, um ihn zu bearbeiten, so benötigen Sie dazu neben dem Text selbst auch noch das Anwendungsprogramm, nämlich das Textprogramm, mit dem der Text erstellt wurde.

Eine derart verknüpfte Datendatei kann indirekt gestartet werden, d. h., daß erst das betreffende Anwendungsprogramm gestartet wird und sofort die Datendatei geladen wird. Eine solche Verknüpfung einer Datendatei mit ihrem Programm können Sie über die DOS-Shell mit der Funktion *Verknüpfen* erreichen:

① Wählen Sie in der Dateiliste die zu startende Datei (Textdatei) aus und markieren diese mit der `Leertaste`.

② Aktivieren Sie die Menüleiste mit `Alt` und rufen das Menü *Datei* mit `Enter` auf.

③ Bewegen Sie den Cursor mit den Cursortasten auf den Menüpunkt *Verknüpfen* oder springen Sie direkt in das Feld durch Drücken des Buchstabens `V` an.

In der sich öffnenden Dialogbox haben Sie die Möglichkeit, die Datei mit dem dazugehörigen Programm zu verbinden, z. B. eine .TXT-Datei wird mit dem Programm WORD verbunden. In Zukunft wird also immer, wenn Sie eine dieser Dateien mit der Erweiterung .TXT auf die oben beschriebene Art und Weise anwählen, automatisch das Textverarbeitungsprogramm gestartet und die markierte Datei geladen.

Hinweis: Eine Namenserweiterung (in unserem Beispiel .TXT) können Sie nur einem Programm zuordnen, jedoch können Sie einem Programm mehrere Erweiterungen zuordnen. So können dem Textverarbeitungsprogramm WORD etwa die Erweiterung .TXT sowie die Erweiterung .DOC zugeordnet werden. Umgekehrt darf die Erweiterung .TXT nicht zwei Programmen zugeordnet werden, da dies zu einer nicht eindeutigen Situation führt, was, wie wir wissen, der Todfeind eines PC-Systems ist.

Aufhebung einer Verknüpfung

Nichts einfacher als das: Markieren Sie die Datei, deren Verknüpfung Sie aufheben möchten und rufen das Menü *Datei/Verknüpfen...* auf. Der Name des verknüpften Programms erscheint im Eingabefeld, löschen Sie ihn mit der Taste `Entf` und bestätigen Sie Ihre Eingaben mit *OK*. Die Verknüpfung für die Dateien mit der betreffenden Erweiterung ist aufgehoben und kann nun mit einer anderen Programmdatei durchgeführt werden.

Starten eines Programms mit Parametern

Wenn Sie ein Programm mit der Maus oder über das Menü *Datei/Öffnen* starten, so haben Sie keine Möglichkeit, einen Parameter mit anzugeben, der die Programmausführung beeinflussen soll.

Wenn Sie den Startvorgang nicht über den Menüpunkt *Datei/Öffnen*, sondern über *Datei/Ausführen...* wählen, haben Sie zwar die Möglichkeit, neben dem Programmnamen noch weitere Parameter anzugeben, doch das ist im Prinzip nichts anderes, als das Eintippen am Prompt und daher keine Arbeitserleichterung.

Hinweis: Falls für das Programm kein Suchpfad mit PATH in der AUTOEXEC.BAT-Datei hinterlegt wurde, müssen Sie beim Start über *Datei/Ausführen...* den gesamten Pfad mit angeben.

Es gibt daher weitreichende Möglichkeiten, den Programmaufruf mit Parametern sehr effektiv durchzuführen, doch müssen Sie sich dies erst einrichten. Wie das geht, besprechen wir weiter unten.

7.4 Der Programm-Manager

Die Vorteile einer Bedieneroberfläche liegen weniger im komfortablen Kopieren und Löschen von Dateien, sondern hauptsächlich im Starten von Programmen. Hierfür bietet Ihnen der Programm-Manager im unteren Drittel des Bildschirms hilfreiche Möglichkeiten an.

Dort können nämlich Anwendungen mit einem eigenen Menüpunkt hinterlegt werden, die von Ihnen für Ihre eigenen Bedürfnisse eigens konfiguriert werden, etwa der Start Ihres Textprogramms mit einer bestimmten Bildschirmdarstellung oder der Aufruf Ihrer Datenbank mit mehreren, immer gleichen Parametern.

Mehr noch: Zusammengehörende Anwendungen können in Programmgruppen zusammengefaßt werden, um so die Übersichtlichkeit zu erhöhen.

Die Standardanwendungen

Wenn die DOS-Shell gestartet wird, erscheint im unteren Bildschirmbereich die *Hauptgruppe*, die eine einzige Programmgruppe enthält, nämlich die Gruppe *Dienstprogramme*.

Weiterhin sind einige Beispielanwendungen bereits als Menüpunkte sowohl in der Gruppe *Dienstprogramme* als auch in der *Hauptgruppe* eingerichtet, um Ihnen aufzuzeigen, wie so etwas aussieht und funktioniert. Sollten Sie diese Programme und die Gruppe nicht benötigen, können Sie sie natürlich entfernen.

Folgende Menüpunkte sind bereits in der *Hauptgruppe* standardmäßig enthalten:

Eingabeaufforderung

Wenn Sie dieses Feld anklicken, wird die DOS-Shell vorübergehend verlassen über den sogenannten DOS-Ausgang oder das DOS-Fenster und Sie gelangen auf die altbekannte DOS-Oberfläche. Der Cursor befindet sich in der Befehlszeile hinter dem Standard-Prompt C:\> und wartet auf die Eingabe Ihrer DOS-Befehle.

Um wieder zurück zur DOS-Shell zu gelangen, geben Sie am Prompt

```
EXIT
```

ein; der DOS-Ausgang wird geschlossen und es erscheint wieder die DOS-Shell.

Wenn Sie nicht so geübt mit der Maus sind, können Sie den DOS-Ausgang auch über die Tastenkombination `Umschalt`+`F9` erreichen.

Hinweis: Verlassen Sie den DOS-Ausgang immer mit EXIT und nicht durch einen Neustart der DOS-Shell, denn sonst haben Sie die DOS-Shell zweimal im Speicher. Dies ist unnötig und verbraucht kostbaren Speicherplatz.

Nochmals der Hinweis: Laden Sie vom DOS-Ausgang aus auf keinen Fall speicherresidente Programme, da dies zu Problemen in der Speicherbelegung bis hin zum Absturz des Systems führen kann.

Haben Sie mit diesem Menüpunkt ein Programm gestartet, erscheint nach Beenden des Programms nicht sofort die Benutzeroberfläche DOS-Shell, sondern es wird auf dem Bildschirm die folgende Meldung ausgegeben:

```
Eingabetaste <Enter>, um zur Dateiverwaltung zurückzukehren!
```

Der Grund hierfür: Falls beim Verlassen des Programms noch eine wichtige Meldung ausgegeben wird, würden Sie diese durch das sofortige Einblenden der DOS-Shell nicht mehr lesen können.

Editor

Mit dem Editor können Sie Notizen oder Textdateien erstellen, Änderungen Ihrer AUTOEXEC.BAT- und CONFIG.SYS-Datei durchführen usw. Der Editor ist dafür geeignet; eine richtige Textverarbeitung ist er allerdings nicht.

Nach dem Aufruf des Editors können Sie in einer Dialogbox den Namen eines zu ladenden Textes eingeben. Möchten Sie sofort ein "leeres Blatt" laden, übergehen Sie dieses Feld mit `Enter`.

MS-DOS QBasic

Wenn Sie mit der Programmiersprache QBasic arbeiten wollen, starten Sie diesen Menüpunkt. Es folgt ebenfalls eine Dialogbox, in der Sie eine mitzuladende Datei (alt oder neu) angeben können.

Dienstprogramme

Dies ist eine Programmgruppe, hinter der sich weitere Programme verbergen. Im Grafikmodus erkennen Sie dies bereits am Symbol. Das Symbol enthält weitere Kästchen, ist quasi gefüllt. Die Symbole der oben erwähnten Menüpunkte dagegen sind leer. Im Textmodus erkennbar an den eckigen Klammern. Wenn Sie diesen Menüpunkt starten, so öffnet sich ein Untermenü, in dem alle Programme aufgelistet werden, die standardmäßig in dieser Gruppe enthalten sind:

Hauptgruppe	ermöglicht die Rückkehr in die übergeordnete Hauptgruppe.
Diskette kopieren	Diese Funktion entspricht dem DOS-Befehl DISKCOPY, der wie gewohnt gestartet wird.
MS Anti-Virus	Dieser Programmpunkt ruft das Antiviren-Programm MSAV auf
MS Backup	entspricht dem Befehl MSBACKUP, d. h. Sie können komfortabel Sicherheitskopien Ihrer Festplatte erstellen.
QuickFormat	startet das Programm FORMAT mit der Option /Q zum schnellen Formatieren einer Diskette.

Datenträger formatieren	ist der Formatierbefehl ohne die für QuickFormat verantwortliche Option /Q.
Datei wiederherstellen	startet UNDELETE für das Wiederherstellen gelöschter Dateien.

Öffnen einer Gruppe

Um die Programme in einer Gruppe starten zu können, muß diese Gruppe geöffnet werden. Dafür stehen Ihnen zwei Möglichkeiten zur Verfügung:

① Sie bewegen den Mauszeiger auf die entsprechende Gruppe und öffnen diese mit einem Doppelklick.

② Mit der Tastatur wählen Sie mit den Cursortasten die gewünschte Gruppe aus und betätigen [Enter]. Die Programmgruppe öffnet sich, und Sie können in dem Menü Ihr Programm aussuchen.

Es kann immer nur eine Gruppe geöffnet sein, d. h. wenn Sie eine neue Programmgruppe öffnen wollen, wird die zu diesem Zeitpunkt geöffnete Gruppe geschlossen.

Erstellen einer Programmgruppe

Ist im unteren Bereich des Bildschirms der Programm-Manager sichtbar, können Sie sofort beginnen. Klicken Sie einen beliebigen Punkt im Programm-Manager an, oder aktivieren Sie den Programm-Manager mit der Taste [A].

Ist der Programm-Manager nicht sichtbar, so wählen Sie im Menü *Anzeige* den Menüpunkt *Nur Programme* oder *Programme und Dateien*. Der Programm-Manager wird eingeblendet und Sie können im Programm-Manager arbeiten.

Wenn Sie nicht der Hauptgruppe, sondern einer anderen Programmgruppe eine Gruppe hinzufügen möchten, so müssen Sie diese vorher öffnen. Dies erfolgt wie immer entweder über den Doppelklick auf den Namen der Programmgruppe oder Sie wählen sie mit den Cursortasten aus und bestätigen mit [Enter].

Ab jetzt stehen Ihnen im Menü *Datei* neue Menüpunkte zur Verfügung. Wählen Sie den Menüpunkt *Neu* und es öffnet sich die Dialogbox *Neues Programmobjekt*.

Hier können Sie bestimmen, ob das neue Objekt ein Programm oder eine Programmgruppe sein soll. Wenn Sie Programmgruppe auswählen, klappt eine weitere Dialogbox auf. In der folgenden Abbildung haben wir für Sie diese Dialogbox aufgezeigt.

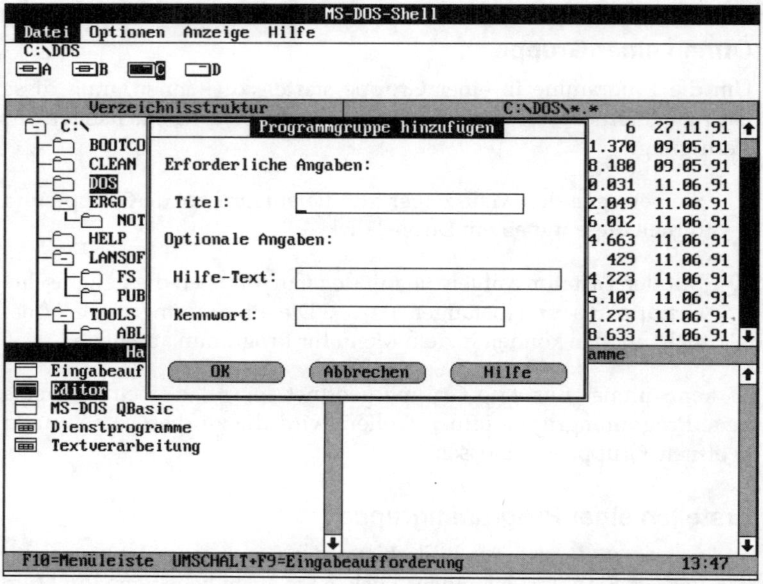

Abb. 23: Die Dialogbox "Programmgruppe"

Im ersten Eingabefeld werden Sie nach dem Namen der Gruppe gefragt.

Diese Angabe müssen Sie machen. Geben Sie jetzt den Namen der neuen Programmgruppe ein, wobei Sie bitte darauf achten, nicht mehr als 27 Zeichen zu verwenden.

Im nächsten Feld können Sie einen Hilfetext eingeben. Dieser Hilfetext wird später eingeblendet, wenn jemand beim Aufruf dieser Gruppe die Taste F1 betätigt. Hinweis: D<er Hilfetext kann aus maximal 255 Zeichen bestehen.

Der Hilfetext wird automatisch formatiert, damit er in das Hilfefenster paßt.

Wenn der Text einen erzwungenen Zeilenumbruch enthalten soll, so erreichen Sie dies, indem Sie an der entsprechenden Stelle ^m einfügen.

Eine Leerzeile im Hilfetext erhalten Sie durch zweimaliges Einfügen von "^m".

Im letzten Eingabefeld haben Sie die Möglichkeit, ein Paßwort zu vergeben. Es kann bis zu 20 Zeichen (incl. Leertaste!) lang sein. Ohne dieses Paßwort kann die Programmgruppe nicht aufgerufen oder verändert werden, also ein (relativ) wirksamer Schutz vor Fehlbedienungen und Mißbrauch.

Ändern der Eigenschaften einer Programmgruppe

Um den Namen einer Programmgruppe, den Hilfetext oder das Paßwort zu ändern, rufen Sie den Menüpunkt *Datei/Eigenschaften* auf. In der Dialogbox geben Sie in den entsprechenden Eingabefeldern, die Sie mit der Taste `Tab` oder durch Anklicken aktivieren können, Ihre Änderungen ein und bestätigen diese mit *OK*.

Hatten Sie der Programmgruppe ein Paßwort zugeteilt, so erscheint vorher eine Dialogbox, die das Paßwort erfragt. Erst nach korrekter Eingabe öffnet sich die Dialogbox zum Ändern der Eigenschaften.

Löschen einer Programmgruppe

Wenn Sie eine Programmgruppe löschen wollen, so müssen Sie zuerst alle darin enthaltenen Untergruppen und Programme entfernen. Analog zum DOS-Befehl RD (Löschen eines Verzeichnisses) darf eine Programmgruppe nur dann gelöscht werden, wenn sie leer ist!

Wählen Sie die zu löschende Programmgruppe aus und rufen das Menü *Datei* auf. Mit dem Menüpunkt *Löschen*, der auch Dateien und Verzeichnisse löscht, wird die Programmgruppe gelöscht. Das Löschen mit der Taste `Entf` ist ebenfalls möglich.

Nach Eingabe eines eventuellen Paßworts und dem Bestätigen der anschließenden Sicherheitsabfrage wird die Gruppe gelöscht.

Einbinden eines Programms in eine Programmgruppe

Rufen Sie das Menü *Datei* auf und wählen den Menüpunkt *Neu* aus. Es öffnet sich wieder die Dialogbox *Neues Programmobjekt*.

Wählen Sie hier *Programm* aus, indem Sie es anklicken oder mit den Cursortasten und [Enter] ankreuzen. In der folgenden Dialogbox können Sie weitere Angaben machen:

Im Textfeld *Programmtitel* wird der Name des Programms angegeben, der im Menü erscheinen soll. Der Name darf bis zu 27 Zeichen einschließlich Leertaste lang sein, z. B. Starten von Wordperfect.

Im Eingabefeld *Befehl(e)* können Sie den Aufrufbefehl, mit dem das Programm gestartet wird, eingeben.

Hinweis: Wenn Sie für das Verzeichnis, in dem sich das Programm befindet, keinen Suchpfad mit PATH hinterlegt haben, so müssen Sie den gesamten Pfad mit angeben, etwa C:\WP\WP.

An dieser Stelle können Sie weitere Befehle mit eingeben, die beim Starten des Programms abgearbeitet werden sollen. Die Befehle werden jeweils durch ein Semikolon getrennt und die Eingabe darf maximal 255 Zeichen umfassen. Ihre Eingabe könnte vielleicht so aussehen:

```
C:;APPEND C:\WP\WP\TEXTE;CD C:\WP;WP
```

In unserem Beispiel wird zuerst auf Laufwerk C: gewechselt und der Suchpfad für Datendateien eingestellt. Nach dem Wechsel in das Verzeichnis \WP erfolgt der Start des Programms.

Sie können auch mit Parametern arbeiten - verwenden Sie dafür die vielleicht aus der Batch-Sprache bekannten Platzhalter, von denen Sie auch hier bis zu neun verwenden dürfen:

```
WP %1 %2
```

startet Wordperfect mit einer Dialogbox, in der Sie die zusätzlichen Parameter angeben können, etwa einen Dateinamen oder andere Optionen für die Programmausführung.

Um diese Parameter beim Start des Programms abfragen zu lassen, müssen Sie jedoch - natürlich nur einmal - einige Vorbereitungen treffen; wir haben sie weiter unten für Sie aufbereitet.

Definieren der Eigenschaften eines Programms

Im Eingabefeld der Dialogbox *Programmeigenschaften* haben Sie die Möglichkeit, eine Tastenkombination zum Aufruf des Programms zu bestimmen.

Es sind fast alle Kombinationen von Buchstaben oder Zahlen zusammen mit den Tasten [Alt], [Umschalt] und [Strg] möglich.

Wenn Sie sich im Eingabefeld *Abkürzungstaste für Programm* befinden, betätigen Sie einfach die gewünschte Tastenkombination.

Folgende Tastenkombinationen sind bereits vorbelegt und daher nicht erlaubt:

[Strg]+[5]	[Umschalt]+[Strg]+[5]
[Strg]+[C]	[Umschalt]+[Strg]+[C]
[Strg]+[H]	[Umschalt]+[Strg]+[H]
[Strg]+[I]	[Umschalt]+[Strg]+[I]
[Strg]+[J]	[Umschalt]+[Strg]+[J]
[Strg]+[M]	[Umschalt]+[Strg]+[M]

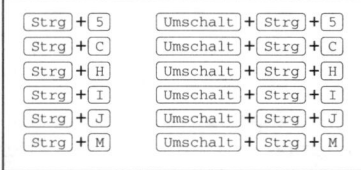

Die Option *Warten nach Beenden* legt fest, daß nach Beendigung des betreffenden Programms nicht sofort in die Shell zurückgekehrt wird. Diese Option sollten Sie ankreuzen, da hierdurch eventuelle Hinweis- oder Fehlermeldungen des Programms nicht überschrieben werden können. Die Hinweismeldung am Bildschirm lautet dann:

```
Eingabetaste, um zur Dateiverwaltung zurückzukehren!
```

Die Vergabe eines Paßwortes ist auch hier wieder möglich (max. 20 Zeichen incl. Leerzeichen). Wenn Sie Ihre Definitionen abgeschlossen haben, können Sie mit *OK* Ihre Eingaben bestätigen oder mit *Abbrechen* folgenlos das Menü verlassen. Mit *Hilfe* können Sie die Hilfefunktion zu dieser Dialogbox aufrufen. Durch Anklicken oder Auswählen der Schaltfläche *Weitere* öffnet sich eine weitere Dialogbox, in der Sie Angaben machen können, die nur während des Umschaltens zwischen Programmen benötigt werden.

Bearbeiten eines Programmpunkts

Um Änderungen der Programmeigenschaften durchzuführen, wählen Sie das entsprechende Programm aus und rufen den Menüpunkt *Eigenschaften* auf. In der sich öffnenden Dialogbox führen Sie Ihre Änderungen oder Ergänzungen durch und bestätigen diese Eingaben wie immer mit *OK*. Wenn Sie für dieses Programm einen Paßwortschutz vergeben hatten, öffnet sich die Dialogbox erst nach Eingabe des korrekten Paßwortes.

Kopieren eines Programmpunkts

Das Kopieren eines Programmpunkts ist dann interessant, wenn Sie ein anderes Programm mit fast den gleichen Programmeigenschaften verbinden möchten. Um nicht sämtliche Eingaben neu vornehmen zu müssen, können Sie sich den Programmpunkt kopieren.

Sie markieren das zu kopierende Programm und rufen das Menü *Datei* auf. Dort wählen Sie den Menüpunkt *Kopieren* aus. In der Statuszeile erscheint die folgende Meldung:

```
öffnen Sie die Zielgruppe und drücken Sie <F2>
```

Soll das Programm in einer anderen Zielgruppe eingebunden werden, so öffnen Sie die entsprechende Zielgruppe und drücken `F2` - der Programmpunkt wird in der Gruppe angelegt. Wenn das neue Programm in derselben Gruppe angelegt werden soll, so betätigen Sie sofort `F2`, der Programmpunkt wird sofort verdoppelt.

Jetzt ändern Sie die entsprechenden Parameter (Programmtitel, Aufrufbefehl etc.) wie oben mit dem Menüpunkt *Eigenschaften* und bestätigen zum Schluß mit *OK* Ihre Eingabe.

Ändern der Reihenfolge von Programmpunkten

Ein neuer Programmpunkt wird immer an den letzten Programmpunkt angefügt. Diese Anordnung entspricht aber wohl kaum der von Ihnen gewünschten Reihenfolge.

Um die Reihenfolge zu ändern, wählen Sie den Programmpunkt, den Sie verschieben wollen, mit der Maus oder den Cursortasten aus und wählen den Menüpunkt *Datei/Umordnen*. Bewegen Sie den Cursor an die Stelle, an der das Programm eingeordnet werden soll und betätigen `Enter`. Mit `Esc` brechen Sie ohne eine Aktion ab.

Starten eines Programmpunkts

Analog zum Starten eines Programms starten Sie auch einen Programmpunkt im Programm-Manager:

Bewegen Sie den Mauszeiger auf den gewünschten Programmpunkt und klicken zweimal schnell hintereinander - der sogenannte Doppelklick. Mit der Tastatur starten Sie den Programmpunkt, indem Sie den Balkencursor auf den entsprechenden Programmpunkt bewegen und betätigen `Enter` - auch hier wird das Programm sofort gestartet.

7.5 Umschalten zwischen mehreren Programmen

Mit der Version DOS 5.0 wurde zum ersten Mal die Funktion des sogenannten "Task-Switcher" zur Verfügung gestellt. Diese Funktion erlaubt, zwischen mehreren Programmen hin- und herzuschalten. Diese einzelnen Programme werden Tasks genannt, wenngleich es sich hier nicht um ein Multitasking handelt, in dem die Programme weiterlaufen, die zur Seite gelegt wurden.

Um in ein anderes Programm zu schalten, wird das derzeit geöffnete Programm vorübergehend auf die Festplatte ausgelagert, dort eingefroren, und das neue Programm wird gestartet. Möchten Sie nach Beendigung wieder das vorherige Programm haben, so schalten Sie einfach wieder um. Das "alte" Programm wird wieder in den Hauptspeicher geladen, und Sie können exakt an der Stelle weiterarbeiten, wo Sie es vorher verlassen hatten.

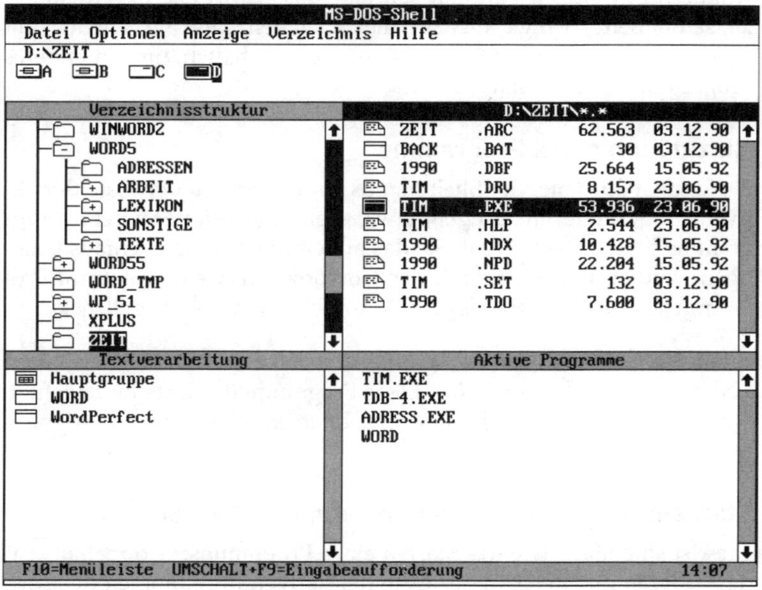

Abb. 24: Task-Liste von aktiven Programmen

Um die Funktion Programmumschaltung zu aktivieren, gehen Sie wie folgt vor:

Sie wählen im Menü *Optionen* den Menüpunkt *Programmumschaltung aktivieren* aus. Er wird mit der Raute ♦ als aktiviert gekennzeichnet. Nun sehen Sie neben der Hauptgruppe die (zu diesem Zeitpunkt noch leere) Liste der aktiven Programme.

Programme, die in dieser Liste aufgeführt sind, befinden sich in Ihrem sofortigen Zugriff, da sie startfähig auf der Festplatte bereitgehalten werden. In der vorstehenden Abbildung sehen Sie diese Liste.

Ausführen von mehreren Programmen

Zuerst starten Sie Ihre erste Anwendung wie gewohnt. Wollen Sie diese nun vorübergehend einfrieren, betätigen Sie die Tastenkombination [Strg]+[Esc]. Das Programm wird angehalten, die DOS-Shell wird geöffnet und der Name des eben verlassenen Programms erscheint in der Liste der aktiven Programme. Nun können Sie wie gewohnt ein zweites Programm starten - das wird ohne Geschwindigkeitseinbußen solange im Speicher gehalten, bis Sie wieder mit [Strg]+[Esc] in den Programm-Manager umschalten, um ein anderes Programm auszuwählen.

Hinzufügen eines Programms

Sie können auch aus der Shell heraus ein Programm der Liste der aktiven Programme hinzufügen, etwa, wenn Sie beim Start eines Programms bereits wissen, daß Sie das andere Programm ebenfalls benötigen werden. Wählen Sie mit den Cursortasten wie gewohnt Ihr Programm aus. Drücken Sie [Umschalt] und halten die Taste gedrückt.

Wenn Sie nun ein Programm doppelklicken - als wollten Sie es starten - oder [Enter] betätigen, wird dieses Programm der Liste hinzugefügt, ohne es zu starten. Es steht Ihnen zur Laufzeit eines anderen Programms startbereit zur Verfügung.

Start eines aktiven Programms von der DOS-Shell aus

Dies ist so einfach wie das Starten eines Programms: "Doppelklicken" des Programmnamens in der Liste der aktiven Programme oder Auswahl mit Cursortasten und [Enter]. Der Vorteil:

Sie rufen die Anwendung so auf, wie Sie sie verlassen haben, also an derselben Stelle im Text, demselben Datensatz oder derselben Adresse in der Tabellenkalkulation.

Umschalten zwischen aktivierten Programmen

Wenn Sie [Alt] betätigen und gedrückt halten, schalten Sie mit [Tab] von einem der aktivierten Programme zum anderen.

Hinweis: Lassen Sie bitte die [Alt]-Taste erst los, wenn Sie endgültig zu dem Programm wechseln wollen, das im oberen Bereich des Bildschirms angezeigt wird.

Wenn Sie jedoch sofort in die nächste Anwendung (= nächste in der Liste) wechseln wollen, also nicht erst den Namen der Anwendung sehen wollen, verwenden Sie die Tastenkombination [Alt]+[Esc]. Mit [Umschalt]+[Alt]+[Esc] wechseln Sie rückwärts von Programm zu Programm.

Zurückschalten aus einem Programm in die Shell

Wenn Sie zurück in die Shell möchten, um etwa zwischen zwei Sitzungen Dateioperationen vorzunehmen, schalten Sie mit [Strg]+[Esc] wieder in die Shell, oder aber Sie bewegen sich bei gedrückter [Alt]-Taste solange mit [Tab] durch die aktiven Programme, bis der Name MS-DOS-Shell erscheint und lassen dann [Alt] wieder los.

Beenden eines Programms und Entfernen aus der Liste

Das ist ein zu erwartender Ablauf: Sie wechseln von der Shell aus in das Programm und beenden es durch die eigene Funktion für das Beenden, etwa Q für Quitt bei MS-Word 5.0 oder *Datei/Beenden* bei Word 5.5 - das Programm wird geschlossen und erscheint in der Liste nicht mehr.

Sie können eine Anwendung jedoch auch anders beenden: Wählen Sie mit den Cursortasten oder der Maus das gewünschte Programm aus der Liste der aktiven Programme aus, ohne es jedoch durch zweimaliges Klicken oder [Enter] zu starten, sondern löschen es mit [Entf] aus der Liste, nachdem Sie die nun folgende Sicherheitsabfrage mit *OK* beantwortet haben.

Hinweis: Daten des Anwendungsprogramms, die noch nicht auf die Festplatte abgespeichert wurden, sind dann allerdings unrettbar verloren!

8. Texte editieren mit EDIT

Seit der Version 5.0 wird mit EDIT anstelle des guten, alten EDLIN ein Editor mitgeliefert, der weitgehend die Funktionen bereithält, die man von einem Editor erwartet, also kopieren, verschieben, löschen etc.

8.1 Die Bedienung des Editors

Dieser Editor wurde von der mitgelieferten Programmierumgebung QBasic "ausgeliehen". Wenn Sie also auch mit dem QBasic-Programm arbeiten, ist die Bedienung des Editors identisch.

EDIT erstellt wie jeder Editor reine Textdateien, also Dateien ohne Steuerzeichen, auch als ASCII-Dateien bezeichnet, ist also für Änderungen in der AUTOEXEC.BAT- oder CONFIG.SYS-Datei (und diese müssen immer reine Textdateien sein) sehr gut geeignet.

Starten des Editors

Der Editor wird mit folgender Syntax gestartet:

```
EDIT {Dateiname}
```

Nach dem Start erscheint der folgende Bildschirm:

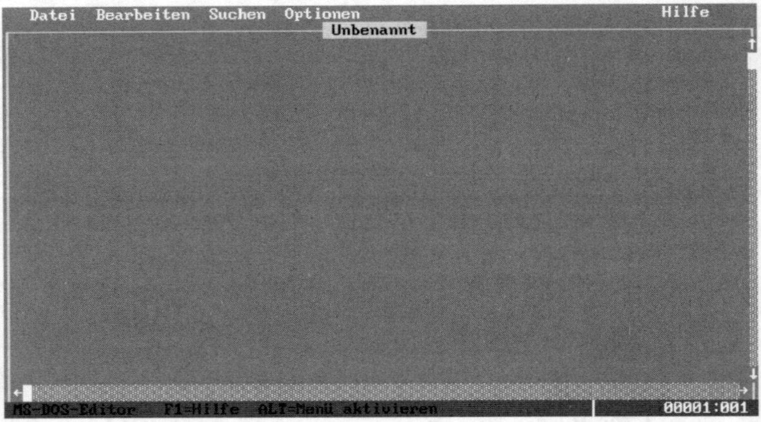

Abb. 25: Der Bildschirm des Editors

Nach dem Start des Editors befinden Sie sich im Schreibmodus. Sie können jetzt also Text eingeben und/oder ändern. Die Statuszeile sieht dann folgendermaßen aus:

```
[F1]=HILFE   [Alt]=Menü aktivieren
```

Neben der Eingabe von Text können Sie also mit [Alt] das Menü aktivieren sowie mit der Funktionstaste [F1] Hilfe anfordern.

Speichern von Text und Beenden des Editors

Wenn Sie den Editor beenden wollen, ist es notwendig, die bearbeitete Datei vorher abzuspeichern, unabhängig davon, ob es sich um eine neue oder eine bestehende Datei handelte, in der Sie nur eine Änderung vorgenommen haben. Sie können also keinen Text "verlieren", da Sie den Editor nicht verlassen können, ohne vorher zu speichern.

Zum Abspeichern einer Datei wählen Sie im Menü *Datei* den Menüpunkt *Speichern*, sofern die Datei bereits einen Namen hat.

Handelt es sich um eine neue Datei, so wählen Sie den Menüpunkt *Speichern unter*. Es öffnet sich eine Dialogbox, in der Sie den Dateinamen eingeben.

Möchten Sie eine "alte" Datei unter einem anderen Namen abspeichern, weil Sie etwa die alte Version auch behalten möchten, so wählen Sie ebenfalls den Menüpunkt *Speichern unter*. Neben dem Dateinamen können Sie auch noch das Laufwerk und das Verzeichnis bestimmen, in dem die Datei gespeichert werden soll.

Selbstverständlich gelten für den Dateinamen auch im Editor die bekannten DOS-Regeln für die Vergabe eines Dateinamens.

Wenn Sie zum Speichern der Datei den Menüpunkt *Speichern* gewählt hatten, so wird eine bestehende Kopie mit demselben Namen auf der Festplatte überschrieben, und es wird keine Sicherheitskopie angelegt.

8.2 Erstellen und Bearbeiten von Text

Wenn Sie EDIT gestartet und eine Datei geladen haben, so befinden Sie sich im Schreibmodus, d. h. jedes Betätigen einer Taste schreibt den entsprechenden Buchstaben oder die Zahl. In diesem Modus können Sie keine Befehle eingeben. Hierzu müßten Sie das Menü mit der Taste `Alt` oder durch Anklicken aktivieren. Doch bleiben wir beim Schreibmodus. Sie können nun Ihren Text eingeben. Sie geben den Text an der Cursorposition ein, evtl. bereits vorhandener Text wird nach rechts verschoben. Sie schreiben also im sogenanntem Einfügemodus (Standardeinstellung). Der Cursor wird als blinkender Unterstreichstrich dargestellt. Wollen Sie bereits geschriebenen Text überschreiben, so wählen Sie mit der Taste `Einfg` oder `Strg`+`V` den Überschreibmodus, zu erkennen an dem großen rechteckigen Cursor. Um in den Einfügemodus zurückzuschalten, betätigen Sie erneut `Einfg`. Der Editor ist keine Textverarbeitung. Dies bedeutet für Sie, daß jede Zeile mit `Enter` umbrochen werden muß. Ein automatischer Zeilenumbruch wie in einer Textverarbeitung erfolgt nicht.

Markieren von Text

Mit der Maus wird wie folgt markiert: Bewegen Sie die Maus bei gedrückter linker Maustaste vom Anfang bis zum Ende der Markierung. Dort lassen Sie die Maustaste los, der Text ist markiert (hell hervorgehoben).

Um Text mittels der Tastatur zu markieren, bewegen Sie den Cursor auf das erste zu markierende Zeichen. Bei gedrückter `Umschalt`-Taste bewegen Sie den Cursor mit einer der Cursortasten in die entsprechende Richtung, bis der gewünschte Textteil markiert ist - die Taste `Ende` markiert bei gedrückter `Umschalt`-Taste also von der aktuellen Cursorposition bis zum Zeilenende. Der markierte Text wird hell unterlegt. Zum Aufheben einer Markierung klicken Sie mit der Maus außerhalb der Markierung, sie wird sofort aufgehoben. Wenn Sie die Markierung mit der Tastatur aufheben möchten, so bewegen Sie eine Cursortaste, ohne die Taste `Umschalt` zu drücken.

Kopieren von Textteilen

Um einen Textteil zu kopieren, muß er vorher markiert werden. Danach wird er mit der Tastenkombination `Strg`+`Einfg` in eine sogenannte Zwischenablage kopiert. Bewegen Sie nun den Cursor an die Stelle, an der der Text eingefügt werden soll und betätigen Sie `Umschalt`+`Einfg`. Der Text kann beliebig oft eingefügt werden.

Wenn Sie sich die Tastenkombination nicht sofort merken können, so haben Sie die Möglichkeit, auch über das Menü Textteile (auch Blöcke) genannt zu kopieren. Markieren Sie zuerst den Block, wählen Sie im Menü *Bearbeiten* den Menüpunkt *Kopieren*. Bewegen Sie den Cursor an die Stelle, an der der Textblock eingefügt werden soll und rufen erneut das Menü *Bearbeiten* auf. Mit dem Menüpunkt *Einfügen* fügen Sie den Textblock an der Stelle ein.

Hinweis: Es befindet sich immer nur der zuletzt kopierte oder gelöschte Text in der Zwischenablage. Wollen Sie einen Textblock mehrmals einfügen, so dürfen Sie in der Zwischenzeit keinen anderen Text in die Zwischenablage kopieren oder löschen.

Verschieben von Textteilen

Das Verschieben von Text geschieht analog zum Kopieren, nur daß der Text an der alten Stelle gelöscht wird. Unter Verschieben versteht man, daß ein markierter Text gelöscht wird. Er wird in der Zwischenablage gespeichert und an anderer Stelle wieder eingefügt. Markieren Sie den zu verschiebenden Text wie beschrieben und löschen ihn mit `Umschalt`+`Entf` - diese Tastenkombination löscht den Text in die Zwischenablage, oder Sie wählen im Menü *Bearbeiten* die Funktion *Ausschneiden*, doch Tastenkombinationen sind wesentlich schneller zu bedienen.

Bewegen Sie dann den Cursor an die Stelle, an der der Text eingefügt werden soll und betätigen die Tastenkombination `Umschalt`+`Einfg`. Im Menü *Bearbeiten* ist die Funktion *Einfügen* dafür zuständig. Selbstverständlich können Sie diesen Textblock beliebig oft in Ihren Text einfügen.

Hinweis: Wenn Sie mit dem Menü arbeiten und im Menü *Bearbeiten* einige Funktionen grau dargestellt sind, so haben Sie keinen Text markiert oder die Markierung aus Versehen wieder gelöscht.

Löschen von Text

Während des Eingebens von Text stehen Ihnen zwei Möglichkeiten zum Löschen zur Verfügung:

Mit der Taste `←` löschen Sie ein oder mehrere Zeichen links vom Cursor, wobei auch diese Taste - wie nahezu alle - eine Wiederholfunktion hat: Die Funktion der Taste ist solange aktiv, wie die Taste gedrückt wird.

Mit der Taste `Einfg` löschen Sie das Zeichen unter dem Cursor, der Text rechts vom Cursor wird herangezogen. Es wird solange gelöscht, bis Sie die Taste wieder loslassen. Sie können mit `Entf` auch ganze Textteile löschen, die müssen allerdings vorher markiert werden. Der Text wird endgültig gelöscht, er wird nicht in der Zwischenablage gespeichert.

Suchen von Textstellen

Das automatische Suchen ist in längeren Texten sehr hilfreich. Sie können nach einzelnen Zeichen, Wörtern, Sätzen oder ganzen Textteilen suchen. Im Menü *Suchen* wählen Sie den Menüpunkt *Suchen* aus. In der sich öffnenden Dialogbox können Sie das gesuchte Wort, den gesuchten Satz etc. eingeben. Haben Sie einen Textteil markiert, so wird dieser im Feld *Suchen nach:* vorgegeben und Sie brauchen nur noch mit `Enter` oder *OK* zu bestätigen. Haben Sie nichts markiert, so wird der Text am Cursor vorgegeben. Ferner können Sie hier festlegen, ob die Schreibweise (Groß- oder Kleinschreibung) beachtet werden soll und ob nur ganze Wörter gesucht werden sollen.

Wenn Sie z. B. nach dem Wort "Computer" suchen lassen und Sie haben die Option *Ganzes Wort* gewählt, so werden die Worte "Computeranlage" und "Computersystem" nicht gefunden, sondern nur das Wort "Computer".

Haben Sie Ihre Eingaben beendet, so bestätigen Sie Ihre Eingabe mit Enter oder klicken auf die Schaltfläche *OK*, es wird dann in der von Ihnen vorgegebenen Weise gesucht. Wird der Begriff gefunden, so wird er komplett markiert, da Sie ihn möglicherweise ändern, löschen oder bearbeiten wollen.

Wird der Begriff gefunden, können Sie den Text entweder weiterbearbeiten oder mit dem Menüpunkt *Suchen/Weitersuchen* (Kurzwahl: F3) die Suche erneut starten, die der vorgenommenen Definition entspricht.

Wenn der Begriff nicht gefunden wird, öffnet sich die Dialogbox *Suchbegriff nicht gefunden*. Überprüfen Sie noch einmal Ihre Eingaben und versuchen es erneut.

Suchen und Ersetzen von Text

Mit dieser Funktion können Sie nicht nur Text suchen, sondern gleichzeitig auch durch einen anderen Text ersetzen. Um Text zu ersetzen, rufen Sie die Funktion *Suchen/Ändern* auf - es erscheint die folgende Dialogbox:

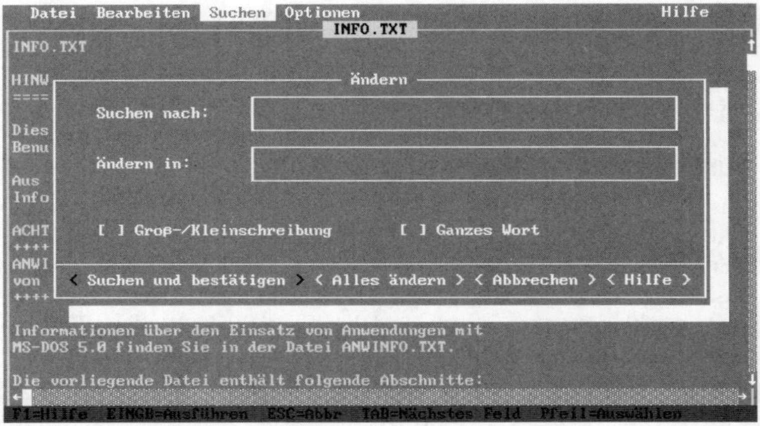

Abb. 26: Die Dialogbox "Suchen/Ändern"

Hier geben Sie zuerst den zu suchenden Text ein. Haben Sie Text markiert, wird dieser im Feld Suchen nach: vorgegeben. Ist kein Text markiert, wird der Text am Cursor im Gegensatz zur Funktion *Suchen* nicht vorgegeben.

Den vorgegebenen Text können Sie auch ändern. Wenn Sie in das Feld schreiben, wird der vorgegebene Text automatisch gelöscht.

Im Feld *Ändern in:* geben Sie den Text ein, der an Stelle des zu suchenden Textes eingefügt werden soll.

Die beiden nächsten Felder sind identisch in ihrer Funktion mit den gleichnamigen Feldern im Menü *Suchen*. Die Schaltflächen *Suchen und Bestätigen* und *Alles ändern* haben folgenden wichtigen Unterschied:

Bei *Suchen und Bestätigen* wird jedes gefundene Wort markiert und Sie können bestimmen, ob es ersetzt werden soll, ob Sie es übergehen möchten und mit dem nächsten weitermachen oder ob Sie abbrechen wollen.

Wählen Sie dagegen *Alles ändern,* wird jeder gefundene Textteil ohne Rückfrage ersetzt.

Hinweis: Da es keine Funktion für das Rückgängigmachen gibt, sollten Sie diese Option nur dann wählen, wenn Sie ganz sicher sind, daß das Wort oder der Textteil wirklich im gesamten Text ersetzt werden soll. Am besten speichern Sie Ihren Text vorher ab!

8.3 Verwalten von Dateien

Erstellen einer neuen Datei

Um eine neue Datei zu erstellen, wählen Sie im Menü *Datei* den Menüpunkt *Neu*. Wenn Sie zu diesem Zeitpunkt eine Datei bearbeiten, die noch nicht gesichert ist, werden Sie aufgefordert, diese Datei erst abzuspeichern. Wählen Sie dafür die Schaltfläche *JA*. Danach wird ein leeres Textfeld geladen. Wenn Sie *NEIN* wählen, wird die Datei nicht gesichert und ein leeres Textfeld wird geladen.

Öffnen einer bestehenden Datei

Um eine bereits existierende Datei zu laden, wählen Sie den Menüpunkt *Öffnen...* Es öffnet sich eine Dialogbox, und im ersten Eingabefeld können Sie den Namen der Datei eingeben. Sie haben aber auch die Möglichkeit, mit `Tab` und `Enter` eine Datei aus der angezeigten Dateiliste auszuwählen. Mit der Maus klicken Sie in der Liste nur die Datei an.

Drucken einer Datei

Sie können den gesamten Text einer Datei oder auch nur einen bestimmten Teil ausdrucken. Hierzu wählen Sie im Menü *Datei* den Menüpunkt *Drucken...* In der folgenden Dialogbox können Sie auswählen, ob Sie nur markierten Text oder das ganze Dokument drucken möchten. Vorgegeben ist Ganzes Dokument.

Ein Hinweis: Wenn Sie den Menüpunkt *Drucken...* auswählen, so wird immer an der ersten parallelen Schnittstelle (LPT1) gedruckt.

Um Texte aus der Hilfedatei auszudrucken, rufen Sie den entsprechenden Hilfebildschirm auf. Markieren Sie den gewünschten Textteil und starten den Befehl *Datei/Drucken...*

8.4 Übersicht: Die Tasten und Tastenkombinationen des Editors

Alt	Menü aktivieren.
Esc	Befehl oder Eingabe folgenlos abbrechen.
Einfg/Strg+V	Umschalten zwischen Überschreib-/Einfügemodus.
Strg+Q F	Funktion *Suchen* starten.
F3	Suche wiederholen.
→	Cursor ein Zeichen nach rechts bewegen.
←	Cursor ein Zeichen nach links bewegen.
↑	Cursor eine Zeile höher bewegen.
↓	Cursor eine Zeile tiefer bewegen.
Pos1	Cursor springt auf erstes Zeichen der Zeile.
Ende	Cursor springt auf letztes Zeichen der Zeile.
Strg+→	Beginn des nächsten Wortes.
Strg+←	Beginn des vorigen Wortes.
Strg+Enter	An den Anfang der nächsten Zeile springen.
Bild↑	Eine Seite nach oben blättern.
Bild↓	Eine Seite nach unten blättern.
Strg+Q E	An den oberen Rand des Bildschirmfensters springen.
Strg+Q X	An den unteren Rand des Bildschirmfensters springen.
Strg+Pos1/Strg+Q R	Zum Anfang des gesamten Textes springen.
Strg+Ende/Strg+Q C	Zum Ende des gesamten Textes springen.
Strg+Bild ↓	Bildschirm nach links verschieben.
Strg+Bild ↑	Bildschirm nach rechts verschieben.
Rück	Zeichen links vom Cursor löschen.

Entf / Strg + G	Markierten Bereich löschen (nicht in Zwischenablage).
Strg + T	Wort unter dem Cursor löschen, Cursor auf erstes Zeichen.
Umschalt + Entf	Markierten Text in die Zwischenablage löschen.
Strg + Y	Aktuelle Zeile in Zwischenablage löschen.
Strg + Q Y	Ab Cursor bis Zeilenende in Zwischenablage löschen.
Umschalt + Einfg	An Cursorposition Text aus der Zwischenablage einfügen.
Strg + Einfg	Markierten Text in die Zwischenablage kopieren.
Umschalt ↑ / ↓ / → / ←	Markieren ab Cursorposition (bei gedrückter Umschalt-Taste!).

9. Daten problemlos sichern

Wie Sie Datenverlust vorbeugen, eine komplette Datensicherung vornehmen, gelöschte Dateien wiederherstellen und Computerviren abwehren, erfahren Sie in diesem Kapitel.

9.1 Grundlagen

Die Daten auf einem Massenspeicher sind äußerst gefährdet - neben den jedem Anwender bekannten Datenverlusten durch falsches Kopieren (= Überschreiben) oder voreiliges Löschen sind es sehr viele Einwirkungen, die für den Anwender einen partiellen oder totalen Datenverlust nach sich ziehen und damit einen erheblichen Mehraufwand bedeuten:

- Bedienungsfehler
- Stromausfall
- mechanische Fehler des Datenträgers
- Headcrash der Festplatte
- Feuer
- Wasser
- Sabotage
- Diebstahl

Um einem möglichen Datenverlust vorzubeugen, ist eine Datensicherung unerläßlich, dies kann nicht eindringlich genug gesagt werden. Ja, wir möchten noch einen Schritt weiter gehen: Je wichtiger Ihre Daten sind, um so wichtiger ist eine ständige Datensicherung, denn es ist keine Frage, ob die Festplatte kaputt geht, sondern nur wann.

Wenn wir von Datensicherung sprechen, meinen wir die primäre Datensicherung, also das direkte Sichern von Daten gegen einen Verlust. Diese direkten Sicherungsmaßnahmen wiederum können wir aufteilen in das Sichern von Daten durch Anlegen von Sicherungskopien und das Wiederherstellen von gelöschten oder anders zerstörten Dateien und/oder Datenträgern.

So können Sie während Ihrer Arbeit am PC aus jedem Anwendungsprogramm heraus zu jedem Zeitpunkt die gerade bearbeitete Datei mit einem bestimmten Befehl abspeichern und so einem Verlust der aktuellen Daten vorbeugen, denn der Hauptspeicher ist ein flüchtiger Speicher, der seine Daten bei einem Weg- oder Ausfall der Stromversorgung verliert, sei es, durch Abschalten des Rechners oder durch versehentliches Ziehen des Netzsteckers, sowie das durch einen Bagger in der Nähe durchtrennte Hauptkabel.

Diese Sicherung ist jedoch nur bedingt als Versicherung gegen einen Datenverlust anzusehen: Sollte nämlich die Festplatte in dem Moment ebenfalls ausfallen, nützt das Abspeichern herzlich wenig. Es müssen also Kopien dieser Daten angelegt werden, die es ermöglichen, die Daten wieder zu restaurieren - und dies mit möglichst aktuellen Kopien.

Hier nun gibt es viele Wege - vom Sichern der Datenbestände mit einem speziellen Bandgerät, einem Streamer, bis hin zu der Kopie der Datei auf eine Diskette.

Was auch immer Sie an Datensicherung für notwendig halten, hängt wohl im Wesentlichen davon ab, wie häufig sich Ihre Daten ändern und wie sehr Sie von der absoluten sofortigen Wiederherstellbarkeit der Daten abhängig sind.

9.2 Datenverlust vorbeugen

Es ist sicher sehr schön, wenn man im Falle eines Datenverlustes seelenruhig zu einer Diskette greift und mit einem einfachen Kopierbefehl die verlorenen Daten wieder zurück auf die Festplatte kopiert.

Doch grau ist alle Theorie, denn wie wir bereits besprochen haben, steckt in der Datensicherung ein Kernproblem: Die Zeit, die seit dem Sichern bis zum Datenunfall verstrichen ist.

Diese wird jedoch immer größer als Null sein, insofern ist Datenverlust immer mit Arbeit verbunden, etwa durch die Neueingabe eines verlorenen Textes oder umfangreiche Rekonstruktionen durch möglicherweise vorhandene Sicherungskopien.

Insofern kommt der Vorbeugung eine hohe Bedeutung zu. Auch Schutz vor Sabotage oder die langsam in den Rechner hineinlaufende Tasse Kaffee soll hier nicht Gegenstand einer - sicher interessanten - Betrachtung sein, sondern lediglich die Vorbeugemaßnahmen, die Sie ohne weiteres selbst durchführen können.

Überschreiben verhindern

Die häufigste Ursache für Datenverlust ist wohl das versehentliche Überschreiben oder Löschen von Dateien, wobei Letzteres noch u. U. reparabel ist, während eine überschriebene Datei hingegen physikalisch mit anderen Informationen überschrieben und daher unrettbar verloren ist:

Wenn Sie beispielsweise eine Datei, die Sie erstellt haben, abspeichern und wählen einen Namen, den es bereits in diesem Verzeichnis gibt, so wird die alte Datei durch die neue Datei überschrieben. Die Anwendungsprogramme weisen Sie auf diesen Umstand zwar hin, doch schnell hat man dieses endgültige und unwiderrufliche `Enter` betätigt.

Eine andere Gefahr lauerte bis Version 6.2 beim Kopieren: Wenn Sie eine Datei auf dem Datenträger in ein anderes Verzeichnis kopieren, wird eine eventuell dort bereits befindliche Datei gleichen Namens überschrieben, auch wenn sie tausendmal größer ist. Die restlichen Daten sind zwar noch vorhanden, können aber nicht wieder der alten Datei zugeordnet werden.

Hinweis: Zwar spät aber dennoch nützlich ist die Änderung, die die Befehle COPY, XCOPY und MOVE in der Version 6.2 erfahren haben: Voreingestellt ist die Option, das bei gleichnamigen Dateien im Ziel erst nachgefragt wird, ob die Datei überschrieben werden soll. So erlangen diese Befehle nach ca. 10 Jahren erstmals eine gewisse Sicherheit.

Vorsicht beim Löschen

Es gibt zwar mit UNDELETE die Möglichkeit, eine mit DEL gelöschte Datei wiederherzustellen, doch dies ist nicht immer zweifelsfrei möglich; es ist daher Vorsicht angesagt.

Insbesondere das Löschen mit Jokern ist eine beliebte Methode, viele andere Dateien mit ähnlichem Namen gleich mit zu entfernen. Hier bietet sich die Option /P an, die zwar jeden Löschvorgang einzeln abfragt, doch dafür die Gewähr bietet, daß man alle Dateien zum Löschen noch einmal vorher sieht.

Für das Wiederherstellen einer gelöschten Datei ist der Befehl UNDELETE zuständig, der, sofort nach dem Löschen angewendet, relativ sicher die Datei(en) wieder zum Leben erwecken kann.

UNDELETE kann jedoch auch resident in den Hauptspeicher des Rechners geladen werden, um dort Ihre Löschoperationen in einer Protokolldatei aufzuzeichnen, die im Hauptverzeichnis des jeweiligen Laufwerks unter dem Namen PCTRACKR.DEL angelegt wird. Diese Datei, von Microsoft liebevoll *Löschverfolgungsdatei* genannt, macht das Wiederherstellen von Dateien um ein Vielfaches sicherer. Sie können die Sicherheit sogar so weit treiben, daß Sie durch eine sog. *Löschüberwachung* Kopien der gelöschten Dateien in einem speziellen "Mülleimer" aufbewahren, der automatisch nach einer Reihe von Tagen endgültig gelöscht wird.

Wenn Sie ein Verzeichnis mit RD oder von der DOS-Shell aus löschen wollen, überlegen Sie immer vorher noch einmal, ob Sie die darin enthaltenen Dateien wirklich nicht mehr brauchen. Wenn das Verzeichnis erfolgreich gelöscht wurde, kann UNDELETE eine Datei dieses Verzeichnisses nur wiederherstellen, wenn Sie die Windows-Version von UNDELETE benutzen können, wenn Sie also Windows installiert haben.

Formatieren mit Umsicht

Das Formatieren eines Datenträgers kann unter ungünstigen Umständen (d. h. ohne Ihre Vorsorge) gleichbedeutend mit dem Verlust aller Daten auf diesem Datenträger sein.

Wir wollen hier nicht vom versehentlichen Formatieren der Festplatte reden, denn wer nach der unmißverständlichen Frage

```
ACHTUNG! Alle Daten auf der Festplatte in Laufwerk X: werden ge-
löscht.
Formatieren durchführen (J/N)?
```

noch [J] und [Enter] betätigt, weiß entweder, was er tut und warum er es tut oder darf hier getrost ignoriert werden.

Viel öfter wird eine Diskette "mal eben" formatiert (nämlich, um sie zu löschen), die falsch oder gar nicht etikettiert war und erst beim Suchen bestimmter Daten dämmert einem, was passiert ist.

Dabei bietet das Formatieren einer Diskette mit der Option /Q neben der Möglichkeit der Wiederherstellung auch noch den unschätzbaren Vorteil, daß der Formatiervorgang auf wenige Sekunden reduziert wird. Der einzige Nachteil: Sie können bei Verwendung dieser Option das Format der Diskette nicht ändern.

Regelmäßiger Check der Festplatte

Sie können außer vorsichtigem Transport des Rechners nichts tun, um die MTBF (Mean Time Between Failures) Ihrer Festplatte zu verlängern, jene Zeit, die im Hintergrund weiterläuft, während Sie im Vordergrund ruhig am PC arbeiten: Die MTBF ist die statistische Lebenserwartung Ihrer Festplatte.

Was Sie jedoch machen können, ist, die Platte regelmäßig auf Fehler zu überprüfen:

Mit dem etwas altmodischen CHKDSK oder dem neuen, empfehlenswerteren SCANDISK können Sie logischen Fehlern wie Dateiverkettungen auf die Spur kommen und (meist ohne Datenverlust) beheben. Wenn allerdings die Verkettung der Daten bereits sehr weit fortgeschritten ist, wird die Gefahr immer größer, daß diese Knoten nicht mehr ohne Verlust von Daten aufgelöst werden können.

Auch das regelmäßige Überprüfen der Oberfläche der Festplatte ist ein erheblicher Beitrag zur Datensicherheit, da dann die Gefahr, daß Daten auf nicht lesbaren Sektoren abgelegt werden, gegen Null gehend reduziert werden kann.

Regelmäßiges Reorganisieren

Wenn Sie keine Löschüberwachung einrichten (s. u.), sollten Sie in regelmäßigen Abständen Ihre Festplatte mit DEFRAG reorganisieren, da das Wiederherstellen einer gelöschten Datei mit UNDELETE ohne Löschüberwachung nur dann relativ sicher ist, wenn diese Datei nicht fragmentiert auf dem Datenträger vorgelegen hat. Wenn dies der Fall war, kann es Ihnen passieren, daß nur der erste Sektor der Datei wiederherstellbar ist - was in den meisten Fällen kaum ausreichen dürfte.

9.3 Komplette oder teilweise Datensicherung

Die Sicherung von Daten geschieht auf zwei Ebenen: Zum einen die Sicherung der jeweils in Bearbeitung befindlichen Daten, etwa der Datei, an der Sie gerade arbeiten und zum anderen das nachträgliche Sichern von ganzen Datenbeständen.

Das eine kann das andere nicht ersetzen, was ein Beispiel deutlich macht: Wenn Sie seit drei Tagen an einem umfangreichen Bericht oder einem Kapitel Ihres Romans arbeiten, nützt Ihnen die Sicherungskopie, die vor vier Tagen angefertigt wurde, rein gar nichts. Hätten Sie sich angewöhnt, den Stand von heute (oder den von eben) in Sekundenschnelle auf eine Diskette zu kopieren, wäre wenigstens diese Datei noch in einer sehr aktuellen Version vorhanden.

Andererseits: Wenn Sie Ihre wichtigsten aktuellen Arbeiten sichern, kann es Sie um Tage zurückwerfen, wenn die gesamte Rechnerumgebung mit Betriebssystem und allen Programmen nach einem Head-Crash der Festplatte wieder erstellt werden muß, ohne daß Sicherungskopien davon vorliegen.

Viele Anwendungsprogramme nehmen außerdem so umfangreiche Veränderungen an so vielen Dateien vor, daß die "Zwischendurch-Sicherung" auf Diskette nicht mit einem vertretbaren Aufwand möglich ist.

Datensicherung der aktuellen Bewegungsdaten

Anwendungsprogramme befinden sich zur Laufzeit im Hauptspeicher, da dieser die weitaus schnellste Zugriffszeit des Systems aufweist. Da sich jedoch die von Ihnen gerade bearbeitete Datei auch dort befindet, droht die Gefahr des Datenverlustes, denn ein Stromausfall oder nur ein harmloser "Hänger" des Programms verhindern, daß Sie eine Chance erhalten, die Früchte Ihrer Arbeit auf Festplatte zu sichern - die Daten, die Sie seit dem letzten Sichern eingegeben haben, sind verloren.

Gewöhnen Sie sich also an, während des Arbeitens am PC immer wieder einmal Ihre Arbeit auf die Festplatte abzuspeichern. Einige Anwendungsprogramme bieten die Möglichkeit, dieses Zwischenspeichern des aktuellen Standes in einem festzulegenden Zeitintervall automatisch durchführen zu lassen - Sie sollten eine solche Funktion in jedem Falle nutzen.

Hinweis: Doch Achtung: Überzeugen Sie sich, daß diese Funktionen des automatischen Sicherns Ihre Dateien nicht unter dem augenblicklichen Namen abspeichern, denn das könnte dazu führen, daß eine Version abgespeichert wird, die Sie so gar nicht abspeichern wollten.

Die Funktion des Sicherns von Daten aus einem Anwendungsprogramm heraus ist eine zwar oft vernachlässigte, aber doch einfache

Funktion, die nur leider einen Schwachpunkt hat: Wir vertrauen darauf, daß die Festplatte, der wir unsere Daten anvertrauen, diese auch wieder "herausrückt" - und genau das macht sie oft genug nicht.

Unser Rat: Erstellen Sie in einer Arbeitspause oder wenn Sie einen sehr wichtigen Stand der Arbeit erreicht haben, Sicherheitskopien der entsprechenden Dateien auf Diskette.

Die DOS-Befehle REPLACE und XCOPY eignen sich - jeder auf seine Art - sehr gut hierfür, da die daraus entstehenden Kopien sofort wieder verwendbar sind. Sie müssen nicht erst durch ein Spezialprogramm zurückkopiert werden.

Dateien sichern mit REPLACE

Ein Vorteil bei der Verwendung von REPLACE ist (gegenüber dem Kopieren mit COPY) der, daß Sie verhindern können, daß neue Dateien durch ihre älteren Versionen überschrieben werden.

Doch REPLACE hat lediglich zwei Anwendungsmodi:

- Ohne die Option /A befehlen Sie, daß nur die Dateien kopiert werden, die es im Ziel bereits gibt, mit der Option /U können Sie zusätzlich befehlen, daß nur Dateien kopiert werden, die jünger als die Dateien im Ziel sind.

- Mit der Option /A werden nur die Dateien kopiert, die es im Ziel noch nicht gibt.

Und genau diese beiden Optionen beinhalten Möglichkeiten für eine Sicherung der Daten "zwischendurch", die COPY nicht anbietet:

Nehmen wir einmal an, Sie arbeiteten als Journalist gerade an mehreren Artikeln für verschiedene Zeitungen. Diese 15 Textdateien werden von Ihnen im Laufe der nächsten Tage aufgerufen, wenn Ihnen zu dem einen oder anderen etwas einfällt.

Wenn Sie die entstehenden Dateien mit COPY kopieren wollten, müßten Sie sich immer aufschreiben, welche Dateien Sie bearbeitet haben - ein Unterfangen, das nach wenigen Tagen mangels Übersicht scheitern wird.

Mit REPLACE dagegen ist das sehr einfach: Sie kopieren einmal die zu sichernden Texte mit COPY auf die Sicherungsdiskette - von da an befehlen Sie einfach

```
REPLACE  C:\TEXTE  A:  /U
```

Es werden dann - ohne daß Sie eine weitere Angabe machen müßten - alle jene Dateien kopiert, die sich bereits in einer älteren Version auf der Diskette befinden, der Kopiervorgang gestaltet sich bequem und schnell.

Falls Sie da noch eine Auswahl am Bildschirm treffen wollen, weil Sie möglicherweise die eine oder andere Sicherungskopie nicht überschreiben wollen, bitte schön: Mit der Option /P können Sie auch das erreichen.

Oder der umgekehrte Fall: Wenn Sie alle Dateien sichern möchten, die Sie heute überhaupt noch nicht gesichert haben, verwenden Sie die Option /A, die DOS anweist, nur jene Dateien zu kopieren, die auf der Sicherungsdiskette noch nicht enthalten sind. Ein Überschreiben ist somit absolut ausgeschlossen.

Falls Sie sich unserem Vorschlag weiter unten anschließen und den Aufruf Ihrer Anwendungsprogramme durch eine Batch-Datei durchführen, die nach der Beendigung auch noch die Sicherungsmaßnahme einleitet, müssen Sie für eine wirksame partielle Datensicherung nicht einmal mehr einen Befehl eintippen.

Dateien sichern mit XCOPY

Hat REPLACE seine Stärken, wenn es um partielle Sicherungen geht, die sich auf bestimmte Dateien bezieht, so zeigt XCOPY da seine Stärken, wenn es darum geht, neue oder geänderte Dateien zu sichern - auch Sicherungen in Abhängigkeit vom Datum oder der Uhrzeit der Änderung sind möglich. Die Ähnlichkeiten mit den Möglichkeiten des MSBACKUP-Befehls sind nicht nur zufällig, Sie sind erwünscht: XCOPY verfügt neben seinen Fähigkeiten beim Kopieren von Verzeichnissen über nahezu alle Möglichkeiten, die der Befehl MS-BACKUP anbietet, der zusätzlich jedoch noch in der Lage ist, Dateien zu kopieren, die größer sind als die Kapazität der verwendeten Disketten.

Untersuchen wir XCOPY auf seine Tauglichkeit für Sicherungskopien:

```
XCOPY  [ Quelle ]  [ Zielpfad ]  {/A}  {/D}  {/E}  {/S}  {/M}  {/P}
       {/V}  {/W}  {/Y}  {/-Y}
```

Nach der Angabe der Quelldatei(en), also der zu sichernden Datei(en), wird wie bei jedem Kopierbefehl das Ziel angegeben. Es sind die Optionen, die das Erstellen von Sicherheitskopien mit XCOPY ermöglichen:

Die Option /A befiehlt, nur jene Dateien zu kopieren, die seit dem letzten Backup oder einer Kopie mit XCOPY erstellt oder verändert worden sind.

Die gleiche Wirkung hat auch die Option /M - worin sich beide Optionen unterscheiden, ist jedoch folgendes: Während /M das Archiv-Attribut (siehe Kapitel 5.10) zurücksetzt, die Dateien bei einem nächsten Sicherungslauf mit XCOPY nicht mehr erfaßt werden, wird das Attribut bei der Verwendung von /A nicht zurückgesetzt.

Verweis: Die Attribute → Kapitel 5.10

Wenn Sie also alle neuen oder veränderten Dateien mit der Option /A sichern, werden diese Dateien bei jedem Aufruf von XCOPY jedesmal wieder aufs Neue kopiert. Das mag ein Nachteil sein; der Vorteil ist jedoch, daß diese Dateien bei einer Sicherung der neuen Dateien, die Sie mit MSBACKUP durchführen, erfaßt werden, denn die partielle Sicherung orientiert sich am gesetzten Archiv-Attribut.

Wenn Sie XCOPY mit der Option /M verwenden, werden nur die neuen oder geänderten Dateien gesichert, selbst, wenn Sie die Jokerdefinition *.* verwenden - der Kopiervorgang ist also sehr effektiv.

Der Nachteil: Wenn Sie eine Datensicherung mit MSBACKUP durchführen, die ebenfalls nur die neuen oder geänderten Dateien erfaßt, werden die mit XCOPY gesicherten Dateien nicht mehr erfaßt, da das Archiv-Attribut zurückgesetzt wird.

Welche der beiden Optionen anzuraten ist, kann naturgemäß nicht allgemein gesagt werden, doch eine ständige Sicherung mit XCOPY und der Option /M sowie eine in regelmäßigen Abständen durchgeführte Komplettsicherung mit MSBACKUP ist unseres Erachtens eine sehr praxisnahe Lösung. Wenn die beiden Optionen nicht in Ihr persönliches Sicherheitskonzept passen, so könnte vielleicht die Option /D die Lösung sein, sie erlaubt nämlich, die Dateien zu sichern, die ab einem bestimmten Datum geändert oder erstellt wurden, wobei das Archiv-Attribut nicht zurückgesetzt wird:

```
XCOPY C:\DBASE\DATEN A: /D:12.9.92
```

sichert alle Daten, die am bzw. nach dem angegebenen Datum erstellt oder geändert wurden. Erwähnung verdient auch die Option /P, die wir bereits von REPLACE kennen: Hier wie dort erlaubt diese Option, eine Auswahl der zu sichernden Dateien am Bildschirm zu treffen. Hier ist ebenfalls ein Lösungsansatz: Wenn Sie

```
XCOPY C:\TEXTE\*.* /A /P
```

befehlen, werden alle neuen bzw. editierten Dateien am Bildschirm zur Auswahl mit [J] bzw. [N] angeboten.

Komplette Sicherung der Datenbestände

Spätestens jedoch, wenn innerhalb kurzer Zeit sehr viele Dateien verändert werden - etwa in einem Warenwirtschaftsprogramm mit integrierter Finanzbuchhaltung - oder die entstehenden Dateien zu groß sind, um sie mit einem normalen Kopierbefehl sichern zu können, muß man die Datenbestände mit speziellen Sicherungsmaßnahmen auf andere Datenträger kopieren.

Dafür gibt es sehr viele Sicherungssysteme, die spezielle Hardware einsetzen, etwa ein Bandgerät, das auf speziellen Bändern in kurzer Zeit sehr große Datenbestände sichert, der Streamer. Auch Geräte, die auf normale Video-Kassetten kopieren, werden angeboten. Über diese speziellen Sicherungsmaßnahmen wollen wir hier nicht sprechen, möchten jedoch sehr wohl anmerken, daß solche Systeme aufgrund ihrer Geschwindigkeit und Sicherheit für professionelle Anwendungen die einzige anzuratende Methode zum Sichern der Daten sind.

Worüber wir hier sprechen wollen, ist die verbreitetste Methode, nämlich das Sichern von Datenbeständen auf Disketten, wobei Sie entscheiden können, ob Sie sich ein Spezialprogramm kaufen wollen - mit allen Vorteilen an Komfort und Geschwindigkeit - oder ob Sie das bei MS-DOS mitgelieferte Programm MSBACKUP verwenden wollen. Dieses Programm wurde von Microsoft von der Firma Central Point Software hinzugekauft und hat das Uralt-Backup von DOS ersetzt, das wegen seiner problematischen und unkomfortablen Handhabung nicht sehr beliebt war und oft einen Hinderungsgrund für die notwendige Datensicherung darstellte.

Etwas sehr wichtiges an dieser Stelle:

Hinweis: Falls Sie ein BACKUP wieder zurückkopieren wollen, das mit der alten Version des Programms entstanden ist, verwenden Sie das im Lieferumfang enthaltene Programm RESTORE. Mit MSBACKUP können Sie auf diese Daten nicht zum Zurückkopieren zugreifen! Sollten Sie dieses Programm nicht benötigen, können Sie RESTORE. EXE löschen.

Für die Programme zur Datensicherung gilt: Da die Programme auch Daten kopieren können, die größer sind als die Kapazität einer Diskette, verwendet man ein spezielles Kopierformat, das heißt: Die Kopien sind in der Form, wie sie kopiert wurden, nicht sofort wieder verwendbar, sondern müssen vorher spiegelbildlich zurückkopiert werden, um wieder im DOS-Format vorzuliegen.

Sicherung von Datenbeständen mit MSBACKUP

Die Handhabung von MSBACKUP und MWBACKUP

Das BACKUP-Programm liegt, wenn Sie dies so installiert haben in einer Version für DOS und einer Version für Windows vor. Unsere Erläuterungen gelten für beide Programme, da die Bedienung bzw. der Ablauf nahezu identisch sind. Auch die verschiedenen Dateien sind untereinander kompatibel, Sie können also später auf die Windows-Version umsteigen, ohne eine erneute Konfiguration durchführen zu müssen.

Die Datensicherung mit MSBACKUP (DOS-Version) und MWBACKUP (Windows-Version) läuft vollkommen dialoggesteuert ab, Sie müssen also nicht mehr beim Start angeben, welche Dateien wohin gesichert werden sollen.

Konfigurieren von MSBACKUP

Um MSBACKUP betreiben zu können, muß das Programm erst einmal für Ihren Rechner eingerichtet werden, doch keine Angst: Das Programm erkennt, daß es noch nicht für Ihren PC konfiguriert wurde und nimmt die notwendigen Schritte nahezu ohne die Notwendigkeit eines Eingriffs Ihrerseits vor.

Der erste Bildschirm bietet nur zwei Möglichkeiten an:

Konfiguration starten	startet die Abstimmung auf Ihren Rechner
Beenden	beendet das Programm folgenlos

Die sich öffnende Dialogbox erlaubt Ihnen nun, verschiedene, für den Ablauf der Datensicherung nicht sonderlich relevanten Einstellungen wie das Aussehen des Bildschirms und die Parameter für die Maus einzugeben.

Die Voreinstellungen können Sie getrost übernehmen, da Ihre Hardwareparameter dem Programm längst bekannt sind. Wollen Sie dennoch eine Änderung durchführen, gehen Sie wie folgt vor:

① Bewegen Sie die Markierung mit `Tab` auf die Option, die Sie ändern wollen (`Umschalt`+`Tab` zurück) und betätigen `Enter`. Mit der Maus klicken Sie die Option einfach an.

② In der folgenden Popup-Box bewegen Sie den Cursor mit `Tab` oder einer der Cursortasten auf die gewünschte Einstellung und aktivieren sie mit der `Leertaste`. Mit der Maus reicht es aus, wenn Sie die Einstellung anklicken.

③ Mit `Enter` für OK oder Klick auf die gleichnamige Schaltfläche schließen Sie dieses Fenster und übernehmen die Einstellungen. Mit `Esc` oder Klick auf die Schaltfläche wird die Box geschlossen, ohne eine Änderung der Einstellung vorzunehmen.

Der nun folgende Test ist wesentlich wichtiger als die Einstellung der vorigen Dialogbox, die Sie natürlich jederzeit wieder ändern können:

Das Programm überprüft, welche maximale Geschwindigkeit verwendet werden darf. Dazu müssen Sie folgendes wissen: Aus Gründen der Backup-Geschwindigkeit versucht das Programm, die Daten unter Ausnutzung aller Systemressourcen zu kopieren, was jedoch erforderlich macht, daß diese Leistungsmerkmale (Prozessorgeschwindigkeit, Festplattengeschwindigkeit etc.) bekannt sind.

Nachdem diese Parameter festgestellt wurden, folgt der Test, ob das Backup mit den vom Programm ermittelten Parametern auch sicher durchgeführt werden kann, dazu müssen Sie zuerst die Disketten aus den Laufwerken entfernen, da das Programm überprüft, ob der Diskettenwechsel richtig erkannt wird.

Sie werden dann aufgefordert, zwei Disketten gleichen Typs bereitzuhalten.

Nachdem eine Anzahl von Daten gelesen wurden, geben Sie im folgenden Fenster an, welche Diskette welchen Typs Sie in welchem Laufwerk eingelegt haben.

Sollte die Diskette, die Sie eingelegt haben, Daten enthalten, werden Sie mit einem Hinweis gewarnt und erhalten Gelegenheit, die Diskette zu wechseln. Wenn Sie den Inhalt überschreiben wollen, klicken Sie auf *Überschreiben* oder wählen diesen Befehl durch `Tab` und `Enter` aus.

Es wird nun ein kleines Backup auf die angeforderten Disketten durchgeführt, wobei Sie außer dem Einlegen der Disketten keine weiteren Aktionen durchführen. Nach dem Backup werden Sie aufgefordert, die erste der beiden Test-Disketten einzulegen, damit die Daten mit den Originaldaten verglichen werden können. Ist dieser Test erfolgreich abgeschlossen, wird Ihnen wahrscheinlich mitgeteilt, so daß Ihr Rechnersystem die Prüfung bestanden hat, daß Sie zuverlässige Backups durchführen können.

Das Erstellen eines Backups

Das DOS-Programm wird mit

```
MSBACKUP
```

am Prompt gestartet.

Der Start des DOS-Backup-Programms erlaubt neben der Angabe der Bildschirmausgabe lediglich die Angabe einer Datei, in der Sie die zu sichernden Dateien und die Art der durchzuführenden Sicherung hinterlegt haben. Diese sog. SETUP-Datei ist jedoch nicht vorgeschrieben, sie erleichtert lediglich die Automatisierung der täglichen oder wöchentlichen Datensicherung. Wenn Sie die Windows-Version starten wollen, klicken Sie im Programm-Manager in der Gruppe *Microsoft Hilfsmittel* das Symbol für das Programm doppelt an.

Hinweis: Die folgenden Informationen gelten für beide Versionen des Programms, der Ablauf und die Bedienung ist für Tastatur- und Mausbenutzer nahezu identisch.

Nach dem Start des Programms liest das Programm zuerst einmal alle Informationen der Dateizuordnungstabelle über Ihre Verzeichnisse ein. Es erscheint die erste Dialogbox, die Ihnen die fünf Möglichkeiten anbietet:

Backup Startet die Datensicherung mit den eingestellten Parametern.

Vergleich Die gesicherten Daten auf den Disketten werden mit den Daten der Festplatte verglichen, um ein Höchstmaß an Sicherheit zu erreichen.

Restore Auf Diskette gesicherte Daten werden auf die Festplatte zurückkopiert.

Konfiguration Die Grundeinstellungen (Bildschirmdarstellung, Diskettenlaufwerk für die Sicherung etc.) können geändert werden.

Beenden Beenden von MSBACKUP, in der Windows-Version heißt es *Verlassen*, wobei die Tür dies unmißverständlich klarmacht. Alternativ zu diesen Schaltflächen können Sie beide Versionen auch durch einen Doppelklick auf das kleine Viereck in der linken Ecke des Fenstertitels beenden, das in einem Windows-Programm das System-Menü öffnet.

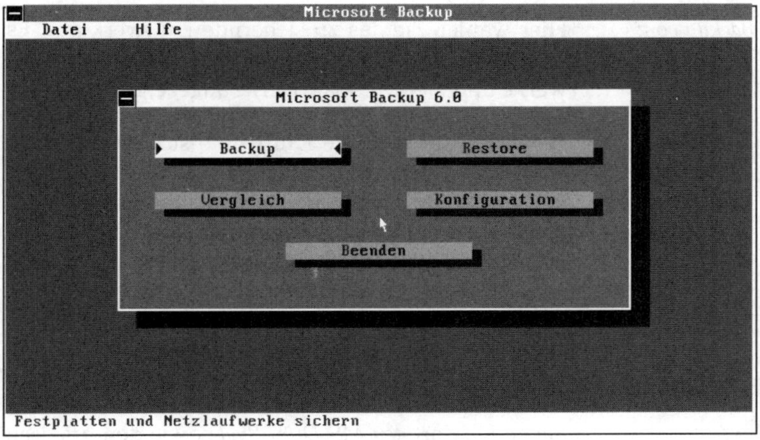

Abb. 27: Das MSBACKUP-Programm unter MS-DOS

Nachdem Sie in der DOS-Version mit der Schaltfläche *Backup* ausgewählt haben, eine Datensicherung durchzuführen, können Sie in der folgenden Dialogbox befehlen, wie Sie Ihre Datensicherung durchführen wollen.

Hinweis: Diese Eingabefelder sieht der Windows-Anwender direkt nach dem Start, der DOS-Anwender muß erst seine Auswahl treffen.

Um die verschiedenen Parameter Ihrer Datensicherung (zu sicherndes Laufwerk und die zu sichernden Dateien) festzulegen, springen Sie die einzelnen Eingabefelder, Listenfelder oder Schaltflächen mit `Tab` an oder wählen sie mit `Alt` und dem hervorgehobenen Aufrufbuchstaben aus, etwa `Alt`+`A` für die Funktion *Dateien auswählen*. Folgende Eingaben können bzw. müssen Sie dort machen:

SETUP-Datei Sie können die in dieser Dialogbox gemachten Einstellungen in einer Datei sichern, die Sie später für Wiederholungen dieses Backup-Typs aus diesem Listenfeld auswählen können. Wenn Sie kein Setup angeben, wird die Datei DEFAULT.SET verwendet. Sollten gespeicherte SETUP-Dateien vorliegen, können Sie diese Liste öffnen und eine Datei auswählen.

Backup von: Hier wählen Sie das zu sichernde Laufwerk aus. Es werden Ihnen alle physikalischen, logischen Laufwerke und Netzwerklaufwerke angezeigt.

Backup auf: Wenn Sie auf mehrere Laufwerke sichern möchten, wobei Sie durchaus bei zwei vorhandenen Laufwerken auf beide Laufwerke gleichzeitig sichern können, geben Sie hier diese Laufwerke an. Sollten Sie andere Diskettentypen als die bei der Konfiguration angegebenen verwenden wollen, geben Sie das hier ebenfalls an.

Wenn Sie nicht auf ein Diskettenlaufwerk, sondern eine Festplatte oder ein Bandgerät sichern wollen, geben Sie dort *den MS-DOS-Pfad* sowie den präzisen Pfad zum gewünschten Ziel an.

Dateien auswählen Wählen Sie hier aus, welche Dateien Sie für die Datensicherung auswählen wollen. Auf diese Auswahl gehen wir weiter unten noch einmal ein. Beachten

Sie jedoch, daß Sie dort mindestens *eine* Datei angeben müssen, damit die Schaltfläche *Backup starten* aktiviert und damit anwählbar wird.

Backup-Typ: Geben Sie an, ob Sie alle ausgewählten Dateien oder aber lediglich jene sichern möchten, die seit dem letzten Backup neu hinzugekommen oder geändert worden sind.

Nachdem Sie diese notwendigen Angaben gemacht haben, können Sie durch `Alt`+`S` oder Klick auf die Schaltfläche *Backup starten* das Backup beginnen. Sie können jedoch auch noch einige weitere optionale Einstellungen vornehmen - betätigen Sie dafür `Alt`+`O` oder klicken das entsprechende Schaltfeld an.

Es öffnet sich eine Dialogbox, in der Sie durch Tippen des hervorgehobenen Buchstabens zusammen mit `Alt` oder Anklicken mit der Maus die jeweilige Option ein- oder wieder ausschalten.

In der folgenden Liste der möglichen Einstellungen haben wir die Standardeinstellungen, die eingeschaltet sind, wenn Sie nichts befehlen, fett hervorgehoben:

Backup-Daten überprüfen (Lesen/Vergl.)
: *Wenn* Sie diese Option einschalten, werden die Daten auf den Disketten mit den gesicherten Daten der Festplatte noch einmal verglichen. Das dauert zwar um einiges länger, erhöht die Sicherheit jedoch beträchtlich.

Backup-Daten komprimieren (Zeit sparen)
: Die Daten können während des Schreibens komprimiert werden. Sie sparen dadurch Zeit, da der langsame Schreibvorgang auf die Diskette verkürzt wird.

Backup-Satz wird durch Kennwort geschützt
: Wenn Sie Ihr Backup durch ein Kennwort schützen, können die Daten nicht ohne dieses Kennwort zurückkopiert oder verglichen werden. Dieses Kennwort berücksichtigt Groß- und Kleinschreibung. Beachten Sie, daß Sie an die Daten ebenfalls nicht herankommen, wenn Sie das Kennwort vergessen haben.

Bestätigung vor Überschreiben
: Das Programm erkennt, wenn Sie eine Diskette als Backup-Dis

kette einlegen, die entweder Daten enthält oder aus einem früheren Backup stammt und informiert Sie darüber, so daß Sie ggf. die Diskette wechseln können.

Disketten formatieren

Diese Option weist das Programm an, jede Diskette, auch eine bereits formatierte, beim Backup-Vorgang automatisch zu formatieren. Dies dauert zwar dadurch wesentlich länger, erhöht aber die Sicherheit, weil durch den Formatiervorgang sichergestellt wird, daß alle nicht einwandfreien Sektoren unbenutzt bleiben.

Fehlerkorrektur für Disketten verwenden

Manche Disketten enthalten nicht einwandfrei lesbare Sektoren. Wenn die Option *Überprüfung* nicht aktiviert wurde, werden Daten auf diese Sektoren geschrieben. Wenn Sie diese Option aktivieren, werden Informationen über die Fehlerkorrektur auf die Diskette geschrieben, was etwa 10 % der Kapazität beansprucht. Diese Informationen werden bei einem Zurückkopieren der Daten für ihre Restaurierung verwendet. Die Sicherheit des Backups wird also erhöht.

Hinweis: Wenn Sie keine Überprüfung durchführen lassen wollen, sollten Sie diese Option aktivieren.

Alte Backup-Kataloge halten

Die Informationen über die Parameter eines Backups (gesicherte Dateien, verwendetes Setup etc.) werden in einer Katalog-Datei protokolliert. Der Name dieser Datei gibt Aufschluß über das Datum der Sicherung und die Art. Der Dateiname CD20630A.FUL sagt aus, daß bei der letzten Sicherung zuerst Laufwerk C: und zuletzt das Laufwerk D: gesichert wurden. Die Sicherung wurde am 30.06.92 durchgeführt. Die Erweiterung FUL zeigt an, daß ein vollständiges Backup durchgeführt wurde. Diese Katalogdateien werden normalerweise nach einem Backup gelöscht, so daß Sie immer nur die jeweils aktuelle Katalogdatei im Zugriff haben. Möchten Sie jedoch die alten Kataloge ebenfalls aufbewahren, können Sie das mit dieser Option befehlen.

Akustisches Signal

Sollten Fehler aufgetreten oder ein Diskettenwechsel angesagt sein, ist ein Signalton vorgesehen, den Sie hier abschalten können.

Nach Backup beenden

Diese etwas mißverständliche Formulierung sagt nichts anderes aus, als daß das Programm nach Beendigung des Backups ebenfalls beendet wird.

Wenn Sie das Backup starten, können Sie in dem Informationsfenster den Fortgang der Dinge beobachten:

Auf der rechten Seite unten sehen Sie, wie viele Disketten in welcher Zeit beschrieben werden und wie viele Dateien Sie zum Sichern ausgewählt haben. Diese Daten werden dem aktuellen Status gegenübergestellt. Auch der Name der Katalogdatei und die Art des Backups werden dort angezeigt. Links sehen Sie den Fortgang anhand eines bewegten Balkens, auch ein fälliger Diskettenwechsel ist dort unübersehbar abzulesen.

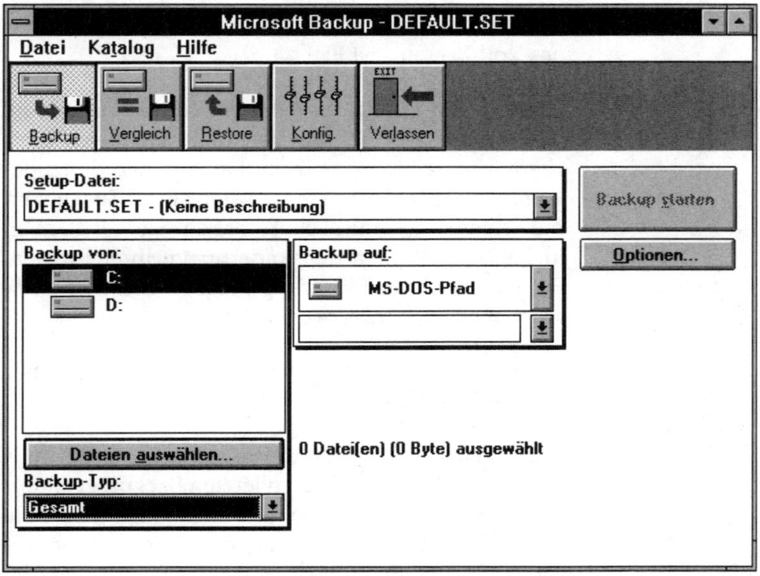

Abb. 28: Das Backup-Programm in Windows

Füttern Sie nun Ihren Rechner mit den verlangten Disketten, bis die Meldung erscheint, daß das Backup abgeschlossen sei. Diese Information benutzt das Programm nebenbei noch, um Ihnen eine Statistik des aktuellen Ablaufs anzuzeigen.

Die Backup-Typen

Beide Versionen stellen drei verschiedene Backup-Typen zur Verfügung:

Gesamt Es werden alle ausgewählten Dateien (s. u.) gesichert, ganz gleich, ob sie in dieser Version bereits einmal gesichert wurden oder nicht. Das Voll-Backup ist die Grundlage der zeitsparenden Teil-Backups, die nur noch veränderte oder neue Dateien sichern.

Bewahren Sie die Disketten eines Voll-Backups, zu dem Sie später Teil-Backups hinzugefügt haben, unbedingt auf, bis Sie das nächste Voll-Backup erfolgreich durchgeführt haben!

Die Namenserweiterung der Katalogdatei (s. o.) eines Voll-Backups ist FUL.

Zuwachs Dieses auch Zusatz-Backup genannte Verfahren ist sehr zeitsparend: Es werden nur die Dateien gesichert, die seit dem letzten Backup neu hinzugekommen oder geändert worden sind. Zusammen mit einem Gesamt-Backup haben Sie also einen lückenlosen Verlauf der Änderungen Ihrer Dateien. Bei einem nächsten Backup werden diese so gesicherten Dateien nicht mehr erfaßt.

Die Namenserweiterung für die Katalogdatei eines Zusatz-Backups ist INC.

Differential Die Dateien werden wie beim Zuwachs-Backup nur gesichert, wenn sie seit dem letzten Backup geändert oder erstellt wurden. Da das Archiv-Bit (lesen Sie unter "Datei-Attribut" nach) jedoch nicht zurückgesetzt wird, werden diese Dateien beim nächsten Mal wieder kopiert.

Die Namenserweiterung für die Katalogdatei dieser Art des Zusatz-Backups ist DIF.

Welche Sicherung ist wann zu empfehlen?

Diese Frage läßt sich wie jede globale Frage nur ebenso global beantworten, wir wollen dennoch versuchen, es etwas zu differenzieren.

Die volle Sicherung ist als Grundlage für die beiden zusätzlichen Backups zwingend, doch auch für Anwender, die ganz sichergehen wollen, ist ein Gesamt-Backup am Ende der Woche sicher sehr zu empfehlen.

Das Zuwachs-Backup ist dann empfehlenswert, wenn Sie daran interessiert sind, die verschiedenen Versionen bestimmter Daten zu archivieren, um den Stand eines bestimmten Tages rekonstruieren zu können, etwa die Finanzbuchhaltung vom 11.5.1993: Das Zuwachs-Backup des betreffenden Tages liefert Ihnen zusammen mit den Grunddaten des Gesamt-Backups diese Möglichkeit. Dies erfordert naturgemäß mehr Disketten als das differentielle Backup.

Das differentielle Backup ist dann anzuraten, wenn Sie mit wenigen Daten arbeiten, die sich ständig ändern, wenn Sie etwa an einem Roman arbeiten: Ihr Voll-Backup enthält die Grunddaten, das jeweilige differentielle Backup den aktuellen letzten Stand.

Die Auswahl von Dateien

Die Auswahl von Dateien für das Backup geschieht in zwei Fenstern, dem Verzeichnisfenster auf der linken Seite und dem Dateifenster auf der rechten Seite - den Windows-Anwendern wird dies wegen der Ähnlichkeit zum Datei-Manager keine Schwierigkeit machen.

Die Auswahl der zu sichernden Dateien ist denkbar einfach:

- Die Tastaturbenutzer wechseln mit `Tab` in das Verzeichnis- oder Dateifenster und wählen mit der `Leertaste` ein Verzeichnis (alle Dateien dieses Verzeichnisses) oder eine bzw. mehrere Dateien im Dateifenster aus.

- Für Mausbenutzer ist es noch einfacher: Im linken Verzeichnisfenster klicken Sie mit der rechten Maustaste das Verzeichnis an, das daraufhin markiert wird; alle Dateien des Verzeichnisses werden für das Backup ausgewählt.

- Wenn Sie mehrere Verzeichnisse oder alle auswählen möchten, ziehen Sie bei gedrückter rechter Maustaste die Maus am Verzeichnisbaum herunter.

- Wenn Sie eine Dateiliste für Dateien erstellen, die immer oder nie gesichert werden sollen, wählen Sie die Schaltflächen *Inklusive* oder *Exklusive* und geben die Dateien bzw. Dateigruppen dort an. So können Sie beispielsweise die Dateigruppe *.TMP von der Sicherung ausschließen.

  Wenn dies in allen Unterverzeichnissen des angegebenen Pfades gelten soll, ist diese Option anzukreuzen.

- In der Dialogbox, die Sie mit der Schaltfläche *Spezial* öffnen, können Sie angeben, ob Sie Dateien mit verschiedenen Attributen (etwa versteckte Dateien) sichern oder vom Backup ausschließen wollen. Auch einen Datumsbereich können Sie angeben und so nur Dateien sichern, die nach oder vor einem bestimmten Datum geändert oder erstellt wurden.

Grundsätzliche Regeln für das Sichern von Datenbeständen

- Wenn Sie Ihre Datensicherung auf Disketten durchführen, so verwenden Sie nur Qualitätsdisketten. Denn sollte es aufgrund schlechter Diskettenqualität zu Datenverlust kommen, merken Sie dies erst, wenn Sie auf die gesicherten Daten zugreifen wollen.

- Numerieren Sie die Sicherungsdisketten auf jeden Fall vor oder während des Backups gewissenhaft durch. Wenn Sie nachträglich numerieren müssen, sehen Sie sich mit DIR das Inhaltsverzeichnis der Sicherungsdisketten an - die Sicherungsdateien auf der Diskette haben einen Namen mit einer fortlaufenden Nummer.

- Verwenden Sie mindestens drei, besser fünf Diskettensätze, also für jeden Wochentag einen Satz, damit Sie nicht die Sicherungskopien des gestrigen Tages mit denen von heute überschreiben. Beschriften und numerieren Sie die Disketten entsprechend und benutzen die Diskettensätze nacheinander.

- Bewahren Sie Ihre Sicherungs-Disketten diebstahl- und feuersicher auf. Die Versicherung ersetzt Ihnen u. U. die Disketten, nicht aber die Daten, die sich darauf befinden.

- Dokumentieren Sie Ihre Sicherungsmaßnahmen durch einen Ausdruck der Logdatei, um ggf. bei einem Unfall die Datei auf Ihren Backup-Disketten wiederzufinden.

- Stellt Ihr BACKUP-Programm die Möglichkeit der Überprüfung der Disketten zur Verfügung, so sollten Sie auf jeden Fall die Backup-Kopien mit den Original-Dateien überprüfen lassen.

- Vor dem ersten Backup sollten Sie unbedingt den Rechner auf Viren untersuchen, denn dieses Backup muß u. U. als Basis für eine Restaurierung nach einem Virenangriff dienen.

- Auch das Überprüfen der logischen Struktur mit SCANDISK sollten Sie vorher durchführen, da Sie sonst möglicherweise Problemsituationen "mitsichern".

- Erstellen Sie möglichst nur Sicherungskopien Ihrer Datendateien; die Programmdateien (COM und EXE) ändern sich nicht. Außerdem können Sie bei einem Virenbefall nur so entsprechend reagieren und die Programme neu installieren. Ausführliche Erläuterungen lesen Sie in Kapitel 9.6.

- Machen Sie bitte nicht den fatalen Fehler, von Ihrer Festplatte C: ein BACKUP auf einer Partition D: zu machen, da ein mechanischer Fehler der Festplatte C: auch die Partition D: in Mitleidenschaft zieht mit der Folge eines totalen Datenverlustes.

- Machen Sie, wenn es geht, Ihre Datensicherung auf 3½-Zoll-Disketten, die wesentlich robuster sind als die alten "Floppies".

- Wenn Sie in Ihrem System neue Steckkarten installieren, sollten Sie die Backup-Software die neue Konfiguration prüfen lassen, denn es wird oft die Hardware bis an die Grenze ausgereizt, die sich durch die neue Karte verschoben haben könnte.

Das Zurückkopieren von Sicherungskopien

Das Zurückkopieren geschieht spiegelbildlich zum Kopieren der Daten:

① Wählen Sie nach dem Start die Funktion *Restore*.

② Geben Sie an, welcher Katalog für das Zurückkopieren verwendet werden soll.

③ Die voreingestellte Angabe des Diskettenlaufwerks können Sie meist übernehmen.

④ Geben Sie an, welche Dateien des Backups zurückkopiert werden sollen. Die Auswahl geschieht, wie wir es für das Backup beschrieben haben.

⑤ Wenn Sie *nicht* auf das ursprüngliche Laufwerk und in die Ursprungsverzeichnisse zurückkopieren möchten, wählen Sie bei *Restore auf* aus, ob es ein anderes Laufwerk, aber dasselbe Verzeichnis sein soll (*Andere Laufwerke*) oder aber ein anderes Verzeichnis (*Andere Verzeichnisse*). Sie werden dann direkt vor dem Zurückkopieren um die Eingabe des neuen Ziels gebeten.

Wenn Sie keine Optionen eingeben wollen, können Sie nun mit der Schaltfläche *Restore starten* das Zurückkopieren *starten*. Doch wie immer, wenn es um Datensicherheit geht, sind die Optionen u. U. von entscheidender Bedeutung, daher hier eine Erläuterung der möglichen Einstellungen. Diese sind standardmäßig alle deaktiviert bis auf das aktivierte akustische Signal, im Falle einer Nutzungsabsicht sind die Optionen also von Ihnen zu aktivieren.

Restore-Daten prüfen (Lesen/Vergleichen)
: Es wird ein Vergleich zwischen den zurückkopierten Daten und denen auf der Diskette durchgeführt. Das verlangsamt den Ablauf, erhöht jedoch die Datensicherheit.

Abfrage vor Verzeichniserstellung
: Wenn ein Originalverzeichnis erstellt werden soll, das nach der Sicherung gelöscht wurde, erhalten Sie vorher eine Möglichkeit, dies zu verhindern.

Abfrage vor Dateierstellung
: Auch wenn es eine Datei im Ziel nicht mehr gibt und sie daher erstellt werden muß, werden Sie vorher um Bestätigung gebeten.

Abfrage vor Überschreiben von Dateien
: Wenn es eine Datei im Ziel gibt, wird nicht durch die gesicherte Version überschrieben, bevor Sie diesen Vorgang nicht ausdrücklich bestätigt haben.

Leere Verzeichnisse wiederherstellen
: Wenn ein Verzeichnis im Backup-Satz gefunden wird, wird dieses, wenn es leer ist, nur wiederhergestellt, wenn Sie diese Option aktivieren.

Akustisches Signal

Das akustische Warn- und Hinweissignal kann hier abgeschaltet werden.

Nach Restore beenden

Nach dem Zurückkopieren wird das Programm sofort beendet.

Regeln für das Zurückkopieren von Datenbeständen:

- Die Disketten müssen beim Zurückkopieren genau in der Reihenfolge eingelegt werden, wie sie entstanden sind; numerieren Sie also beim Backup die Disketten.

- Achten Sie darauf, daß Sie keine Initialisierungsdateien (Erweiterung INI) von Programmen zurückkopieren, da diese sonst Ihre derzeit gültige Version überschreiben. Dies wäre also keine Datensicherung, sondern Datenverlust.

- Versuchen Sie, möglichst nur einzelne verlorene oder zerstörte Dateien zurückzukopieren, die Möglichkeit eines Fehlers ist wesentlich geringer.

- Die mit einem speziellen Datensicherungsprogramm entstandenen Sicherungskopien können meist nur mit derselben Version des Programms zurückkopiert werden. Bewahren Sie deshalb bei einem Update die alte Version unbedingt auf. Mit der Restore-Funktion des BACKUP-Programms können Sie keine Dateien zurückkopieren, die mit dem Befehl BACKUP vor 6.0 entstanden sind, dafür hat man das Programm RESTORE beibehalten.

9.4 Gelöschte Dateien wiederherstellen

Es ist unbestritten eine Möglichkeit der Datensicherung, wenn man gelöschte Dateien wiederherstellen kann, wie es seit Version 5.0 möglich ist.

Sie werden sich fragen, wieso man eine gelöschte Datei wiederherstellen kann? Nun, der Grund hierfür liegt in der Tatsache, daß beim Löschen mit DEL die Datei nicht physikalisch gelöscht wird, sondern nur logisch.

Das bedeutet folgendes: Wenn Sie mit DEL eine Datei löschen, so wird in der Dateizuordnungstabelle (FAT) der Eintrag dieser Datei gelöscht und der Platz auf dem Datenträger wieder als frei gekennzeichnet, indem das erste Zeichen des Dateinamens gelöscht wird. Wenn anschließend auf die Platte geschrieben wird, kann dieser Platz somit wieder belegt, d. h. überschrieben werden. Erst dann ist die Datei wirklich (physikalisch) gelöscht.

Hinweis: Deshalb ist es wichtig, daß Sie nach dem versehentlichen Löschen einer Datei sofort die Rettungsaktion mit UNDELETE starten bzw. in der Zwischenzeit alle Aktionen unterlassen, die auf den Datenträger schreiben. Denn jeder Schreibvorgang könnte den Sektor, auf dem die gelöschte Datei abgelegt ist, überschreiben - damit jedoch wäre die Datei unrettbar verloren.

UNDELETE liegt in zwei Versionen vor: Das Programm für die reinen DOS-Anwender und die Version für jene, die unter Windows arbeiten, wobei letztere ein etwas höheres Maß an Datensicherheit gewährt, da gelöschte Verzeichnisse ebenfalls wiederhergestellt werden können, was mit der DOS-Version nicht geht.

Hinweis: Auch das Wiederherstellen gelöschter Dateien mit UNDELETE gelingt ohne die Löschüberwachung nur bei nicht fragmentierten Dateien. Insofern ist regelmäßiges Reorganisieren mit DEFRAG (siehe Kapitel 4.7) ein Beitrag zur Datensicherheit.

Bevor wir uns der Syntax des Befehls und der Handhabung zuwenden, einige allgemeine Erläuterungen. Seit der DOS-Version 6.0 wird für das Wiederherstellen von Dateien ein Drei-Stufen-Modell angewendet:

Die höchste (und sicherste) Stufe ist die *Löschüberwachung*, bei der das Programm UNDELETE die gelöschten Dateien in einem versteckten Verzeichnis namens \SENTRY speichert, das in einer festzulegenden Anzahl von Tagen (Standard 7) geleert wird. Dies bietet den besten Schutz, da die Dateien zwar im aktuellen Inhaltsverzeichnis nicht mehr auftauchen, doch nicht gelöscht sind. Nachteil: Der Platz auf der Platte wird nicht wieder zur Verfügung gestellt. Die Daten werden in diesem Verzeichnis in voller Größe, jedoch unter anderem Namen gespeichert.

Hinweis: Der Zugriff auf die gelöschten Dateien gelingt also nur über das Wiederherstellen mit UNDELETE, da nur UNDELETE die Namen der Dateien rekonstruieren kann.

Die zweithöchste Stufe ist die Führung des *Löschprotokolls;* dies ist lediglich ein Speichern der Daten über die ehemalige Position der Datei, was zwar immer noch einen besseren Schutz gewährleistet, als die Standardmethode, doch der Schutz ist wesentlich geringer, als er durch die Löschüberwachung erzielt wird.

Die unterste Stufe ist die *Standardmethode,* die versucht, die Daten in der Dateizuordnungstabelle zu rekonstruieren, um den Eintrag in das Inhaltsverzeichnis wieder zu erreichen. Diese Methode gelingt jedoch nur, wenn die Datei nicht fragmentiert abgelegt ist und wenn der in der Dateizuordnungstabelle freigegebene Platz auf dem Datenträger nicht wieder belegt wurde. Diese Methode ist mit sehr vielen Unsicherheiten behaftet und daher nur als Ausnahme empfehlenswert.

Die Einstellung der Sicherheitsstufe geschieht im Windows-Programm dialogorientiert, in UNDELETE für DOS sind ein paar Schritte "per Hand" notwendig.

Das Einrichten der Löschüberwachung

In der Windows-Version ist dies einfach durchzuführen:

① Starten Sie UNDELETE aus der Programmgruppe *Microsoft Hilfsmittel* mit einem Doppelklick.

② Wählen Sie im Menü *Optionen* den Menüpunkt *Löschschutz konfigurieren.*

③ Wählen Sie in der Dialogbox die Option *Löschüberwachung* aus.

④ Bestimmen Sie, welche Dateien überwacht und welche nicht überwacht werden sollen, indem Sie unterhalb der vorhandenen Eingaben die Definition anfügen.

⑤ Legen Sie fest, ob im letzten Backup archivierte Dateien auch gespeichert werden sollen, nach wie vielen Tagen die Dateien endgültig entfernt werden sollen und wieviel Platz des Datenträgers für die gelöschten Dateien reserviert ist. Wird dieser Wert überschritten, werden die jeweils ältesten Dateien entfernt.

⑥ Wählen Sie das oder die zu überwachenden Laufwerke aus, indem Sie zuerst mit der Schaltfläche *Laufwerke* die Dialogbox öffnen und dort mit der Maus das Laufwerk anklicken. Die gewählten Laufwerke werden darunter aufgelistet.

Nach diesen Angaben werden Sie in zwei Dialogboxen gefragt, ob die notwendigen Änderungen in der AUTOEXEC.BAT vorgenommen werden sollen, was Sie getrost mit `Enter` für OK beantworten können.

Nach einem Neustart des Systems (und erst dann!) werden die Änderungen aktiv, Ihre gelöschten Dateien in einem Papierkorb aufbewahrt.

Unter DOS ist das Ganze etwas umständlicher:

① Laden Sie mit

```
EDIT  UNDELETE.INI
```

die Datei, aus der UNDELETE die Informationen für die Parameter der Löschüberwachung heranzieht. Wenn diese Datei nicht existiert, werden die Standardeinstellungen benutzt.

Dort bestimmen Sie, nach welcher Zeit der Papierkorb geleert wird, welche Dateien von der Überwachung ausgeschlossen werden etc.

Im Abschnitt "Die UNDELETE.INI-Datei" weiter unten lesen Sie nach, in welcher Form die Einträge in diese Datei zu geschehen haben.

② Ergänzen Sie Ihre AUTOEXEC.BAT durch die Zeile

```
UNDELETE  /LOAD
```

indem Sie mit

```
EDIT  \AUTOEXEC.BAT
```

die Konfigurationsdatei in den Editor laden und die Zeile anfügen. Der Aufruf sollte möglichst früh dort erscheinen, auf keinen Fall jedoch nach dem Aufruf von Windows.

③ Starten Sie Ihren Rechner neu.

Die UNDELETE.INI-Datei

Um für jeden Start der Löschüberwachung oder Löschverfolgung die entsprechenden Parameter einzustellen, wird in der DOS-Version die

Datei UNDELETE.INI herangezogen. Diese Datei wird, wenn Sie in der Windows-Version Änderungen der Parameter befehlen, automatisch geändert, für die DOS-Version müssen Sie diese Datei in einem Editor mit den entsprechenden Einträgen versehen.

In der Datei finden Sie verschiedene Sektionen vor, deren Namen in eckige Klammern erscheinen, ganz so, wie Sie es vielleicht aus der WIN.INI von Windows kennen:

[sentry.drives] Geben Sie hier die Laufwerke an, die Sie in die Löschüberwachung aufnehmen möchten. Die Laufwerke sind untereinander, mit einem nachgestellten Gleichheitszeichen und ausnahmsweise ohne Doppelpunkt, anzugeben.

```
C=
D=
```

Diese Einträge sind in der Priorität höher, als eventuell beim Aufruf von UNDELETE befohlene Laufwerke!

[mirror.drives] Wenn Sie die Löschverfolgung benutzen möchten, können Sie hier die zu überwachenden Laufwerke in der oben beschriebenen Art und Weise angeben.

[sentry.files] Hier geben Sie an, welche Dateien bei der Löschüberwachung im Papierkorb zwischengespeichert werden sollen und welche nicht. Die Dateien bzw. Dateigruppen (Joker sind erlaubt) sind durch Leertaste getrennt aneinanderzuhängen. Die Dateien, die von der Überwachung ausgenommen werden sollen, sind mit einem Minuszeichen zu versehen:

```
*.* -*.TMP -*.SWP -*.BAK -*.SIK
```

In unserem Beispiel werden erst alle Dateien (*.*) eingeschlossen, um danach drei Dateigruppen auszuschließen.

[configuration]

archive= Angabe, ob auch Dateien mit gesetztem Archiv-Bit (siehe 5.10) in die Überwachung aufgenommen

	werden sollen. Geben Sie hier TRUE (= engl. wahr) ein, wenn Sie diese wünschen. Wenn Sie FALSE (= engl. unwahr) eingeben, werden diese Dateien nicht überwacht, da man davon ausgeht, daß sie in einem aktuellen Backup gesichert sind. Dies ist auch die Standardeinstellung.
days=	Geben Sie hier die Anzahl der Tage ein, nach der der "Papierkorb" automatisch (und unwiderruflich) gelöscht werden soll. Vorgabewert ist 7 Tage.
percentage=	Hier geben Sie bitte an, wieviel Prozent des jeweiligen Datenträgers für die Löschüberwachung maximal verwendet werden dürfen. Wird dieser Wert erreicht, werden die ältesten Dateien gelöscht, um Platz für neue zu machen. Vorgabewert ist 20 %. Die Angabe hat ohne Prozentzeichen zu erfolgen.

[defaults]

d.sentry=	Wenn Sie die Löschüberwachung benutzen wollen, setzen Sie diese Option auf den Wert TRUE, die nächste Option auf den Wert FALSE.
d.tracker=	Die Löschverfolgung wird eingeschaltet, wenn diese Option auf TRUE und die vorige auf FALSE gesetzt wird.

Das Einrichten der Löschprotokollierung

Seit der Version 5.0 können Sie befehlen, daß ein residentes Programm alle Löschvorgänge protokolliert und in eine von Microsoft im schönsten Deutsch "Löschverfolgungsdatei" genannte Datei mit dem Namen PCTRACKR.DEL schreibt. Da dort die Positionen der Dateien festgehalten werden, ist es wesentlich einfacher, eine solche Datei wiederherzustellen.

Der Aufruf aus Windows heraus erfolgt wie oben beschrieben, nur daß Sie nicht die erste Option *Löschüberwachung*, sondern die zweite Option *Löschprotokoll* anwählen.

Unter DOS befehlen Sie lediglich

```
UNDELETE /TLw
```

wobei Lw für den Namen des zu überwachenden Laufwerks steht. Wenn Sie das Laufwerk C: überwachen möchten, lautet der Befehl also

```
UNDELETE  /TC
```

Binden Sie diese Zeile in Ihre AUTOEXEC.BAT ein, um diese Einstellungen nicht per Hand durchführen zu müssen.

Das Wiederherstellen einer Datei unter DOS

Die Syntax des Befehls UNDELETE für DOS:

```
UNDELETE {Lw:Pfad}
```

Sie geben also die wiederherzustellende(n) Datei(en) ein, wobei Sie die Dateien auch mit Jokern bezeichnen können. Befindet sich die Datei im aktuellen Verzeichnis, ist die alleinige Angabe des Dateinamens ausreichend, falls nicht, kann eine Pfadangabe mit Verzeichnis und ggf. Laufwerkangabe gemacht werden.

Sie möchten die Datei WICHTIG.TXT wiederherstellen:

```
UNDELETE  D:\WORD\TEXTE\WICHTIG.TXT
```

Der nun - unter Ihrer Mitwirkung - ablaufende Vorgang ist folgender: Sie erhalten als erstes die Meldung

```
Verzeichnis: D:\WORD\TEXTE
Dateiangaben: WICHTIG.TXT

  Löschverfolgungsdatei wurde nicht gefunden.

  Das MS-DOS-Verzeichnis enthält    9 gelöschte Dateien.
  Von diesen können    9 Dateien wahrscheinlich wiederhergestellt werden.

Das MS-DOS-Verzeichnis wird verwendet.

  ?ICHTIG  TXT    15872 31.08.92 15:50   ...A  Wiederherstellen (J/N)?
```

In den ersten zwei Zeilen erhalten Sie noch einmal Auskunft über die verwendeten Parameter, in unserem Falle die Verzeichnisangabe D:\WORD\TEXTE sowie die Angabe, daß Dateien mit der Erweiterung .TXT wiederhergestellt werden sollen.

Der nächste Satz klärt Sie darüber auf, daß Sie nicht befohlen haben, durch UNDELETE und die Option /TLw eine Protokollierung in einer sogenannten Löschverfolgungsdatei vornehmen zu lassen, was eine wesentlich sicherere Wiederherstellung ermöglicht.

DOS greift also auf die Dateizuordnungstabelle zu und findet dort neun als gelöscht gekennzeichnete Dateien, die alle wiederhergestellt werden könnten.

Die erste Datei namens WICHTIG.TXT wird Ihnen zum Wiederbeleben angeboten - Sie können entscheiden, ob Sie diese Datei nun wiederherstellen wollen oder nicht. Nacheinander werden alle durch die Jokerdefinition bestimmten Dateien so angeboten.

Wenn Sie keine Löschüberwachung befohlen haben, sind Sie nun an der Reihe: Da DOS den ersten Buchstaben der Datei nicht mehr kennt, müssen Sie einspringen und diesen Buchstaben eingeben:

```
Geben Sie den ersten Buchstaben des Dateinamens ein: ?ICHTIG .TXT
```

Geben Sie also den ersten Buchstaben ein, wobei es nicht der Buchstabe sein muß, den die Datei wirklich als erstes Zeichen im Dateinamen hatte.

Sie sollten sich jedoch darum bemühen, denn wenn Sie hier wahllos einen Buchstaben vergeben, kann es passieren, daß Sie eine bestehende Datei mit diesem Namen überschreiben.

DOS meldet Ihnen

```
Datei erfolgreich wiederhergestellt.
```

und Sie haben möglicherweise Grund zum Aufatmen.

Hinweis: In der Windows-Version von UNDELETE vor MS-DOS 6.2 wurden nicht erlaubte Zeichen in Dateinamen wie Leertaste, Umlenkungszeichen etc. nicht beanstandet, seien Sie also als Anwender dieser Version vorsichtig.

Nur sehr begrenzten Grund zum Aufatmen haben Sie, wenn Sie diese Meldung lesen:

```
"*" zeigt an, daß einige Zuordnungseinheiten der Datei verfügbar
sind.
```

Dann besteht Grund zu der Annahme, daß Sie Ihre Datei nicht wiederherstellen können - sollte es sich also um eine Programmdatei mit der Erweiterung .COM oder .EXE handeln, können Sie hier abbrechen, denn ein Wiederherstellen einer solchen Datei ist nur dann sinnvoll, wenn sie komplett wiederhergestellt werden kann. Bei einer Textdatei können Sie zumindest die Fragmente wiederherstellen, um den Rest zu ergänzen:

```
Bei dieser Datei sind nur einige Zuordnungseinheiten verfügbar. Soll die
Datei mit den verfügbaren Zuordnungseinheiten wiederhergestellt werden?
(J/N)
```

Sollte allerdings die Meldung

```
"**" zeigt an, daß keine Zuordnungseinheiten der Datei verfügbar sind.
```

auftreten, sind die Sektoren bereits wieder belegt und ein Versuch, diese Datei(en) wiederzubeleben, ist nicht mehr möglich:

```
     Bei dieser Datei sind keine Zuordnungseinheiten verfügbar.
     Die Datei kann nicht wiederhergestellt werden.
     Drücken Sie zur Fortsetzung eine Taste.
```

Sollten Sie unserem Rat gefolgt sein und eine Protokolldatei führen lassen, lautet die Meldung nach dem Start etwas anders:

```
Verzeichnis: C:\TEMP
Dateiangaben: *.TXT
   Löschverfolgungsdatei wird gesucht...
  Die Löschverfolgungsdatei enthält    1 gelöschte Einträge.
  Von diesen sind bei    1 Dateien alle Zuordnungseinheiten verfügbar,
                         0 Dateien einige Zuordnungseinheiten verfügbar,
                         0 Dateien keine Zuordnungseinheiten verfügbar.

  Das MS-DOS-Verzeichnis enthält    0 gelöschte Dateien.
  Von diesen können    0 Dateien wahrscheinlich wiederhergestellt werden.

Die Löschverfolgungsdatei wird verwendet.

Löschverfolgungsdatei wird gesucht...
   ANWINFO TXT    11.413 11.06.91 12:00   ...A  Gelöscht:  1.09.92 19:38
Alle Zuordnungseinheiten dieser Datei sind verfügbar. Wiederherstellen
(J/N)?
```

Es wird also angezeigt, wie viele der Dateien ganz, teilweise oder gar nicht wiederherstellbar sind.

Hinweis: Wir möchten nochmals darauf hinweisen, daß die Gefahr, eine Datei nicht wiederherstellen zu können, nicht besteht, wenn Sie die *Löschüberwachung* einrichten. Ein Grund dagegen kann nur sein, daß Sie nicht genug Platz auf der Festplatte haben.

Die Optionen von UNDELETE

Wichtige Möglichkeiten der Verwendung von UNDELETE werden erst bereitgestellt, wenn Sie die Optionen verwenden:

/LIST	zeigt lediglich eine Liste der wiederherstellbaren Dateien am Bildschirm, es wird also keine Änderung auf dem Datenträger vorgenommen. Dateien, die nicht wiederherstellbar sind, werden in dieser Liste mit ** gekennzeichnet. Diese Option gestattet also, vor dem Wiederherstellen zu analysieren, ob man überhaupt eine Chance hat, an die Daten wieder heranzukommen.
/ALL	stellt alle angegebenen Dateien ohne Rückfrage wieder her. Die wiederherstellbaren Dateien werden rekonstruiert, wobei das erste Zeichen des Dateinamens durch die Raute ♦ ersetzt wird. Sollte der dadurch entstehende Dateiname nicht eindeutig sein, werden folgende Zeichen in der aufgeführten Reihenfolge verwendet: `# % & - 0 1 2 3 4 5 6 7 8 9 A bis Z`
/DT	Die Löschprotokoll-Datei wird für das Wiederherstellen der Dateien verwendet. Dies wird ohne diese Angabe zwar zuerst versucht, aber falls die Protokolldatei nicht gefunden wird, bietet UNDELETE dann an, die Dateizuordnungstabelle und das DOS-Verzeichnis zu verwenden.
/DS	befiehlt, daß nur die Dateizuordnungstabelle verwendet werden soll, selbst wenn eine Protokolldatei existiert. /DOS und /DT schließen sich gegenseitig aus. Diese Option erlaubt das Wiederherstellen möglicherweise in nur sehr begrenztem Umfang.
/DOS	Es werden die Dateien wiederhergestellt, die als gelöscht registriert sind. Für jede wiederherzustellende Datei wird eine Bestätigung verlangt. Durch Angabe dieser Option wird eine Löschprotokolldatei ignoriert.
/LOAD	Startet UNDELETE als residentes Programm zur Löschüberwachung mit den in der Datei UNDELETE.INI niedergelegten Parametern. Wenn keine Datei UNDELETE.INI existiert, werden die Standardvorgaben verwendet.
/UNLOAD	Das residente Programm UNDELETE wird aus dem Arbeitsspeicher entfernt.
/PURGE	Löscht den Inhalt des Verzeichnisses der Löschüberwachung. Wenn Sie nicht mit /PURGE:Lw ein Laufwerk mit angeben, wird das Verzeichnis des aktuellen Verzeichnisses geleert.

/SLw	Die Option /S mit Angabe des gewünschten Laufwerks installiert die Löschüberwavchung.
/TLw	Die Option /T mit Angabe des Laufwerks und optional der Angabe der maximalen DAteieinträge aktiviert das Löschprotokoll.

Mit der Option /LIST können Sie den Vorgang simulieren: Lassen Sie sich alle wiederherstellbaren Dateien erst einmal anzeigen, um dann entscheiden zu können, wie Sie weiter vorgehen wollen.

So sehr die Option /ALL auch auf den ersten Blick eine Hilfe darstellen kann, so gefährlich kann es werden, diese Option zu verwenden: Wenn ein logischer Fehler auf einem Laufwerk dergestalt vorliegt, daß in der Dateizuordnungstabelle einem Sektor zwei Dateien zugeordnet werden (was logisch nicht möglich ist) und die wiederherzustellende Datei nicht als letzte der beiden Dateien gelöscht wurde, wird die andere Datei wiederhergestellt, was jedoch nicht Ihre Absicht war. Sie sollten also vermeiden, alle gelöschten Dateien in einem Durchgang wiederherzustellen, sondern selektiv vorgehen.

Wichtige Hinweise

- Beachten Sie unbedingt, daß Dateien aus einem mit RD oder DELTREE gelöschten Verzeichnis nur mit der Windows-Version von UNDELETE wiederhergestellt werden können! Als Nicht-Windows-Anwender sollten Sie also vor dem Löschen eines Verzeichnisses überlegen, ob sich nicht gelöschte Dateien in diesem Verzeichnis befinden könnten, die Sie wiederherstellen wollen.

- Sollten Sie ein Laufwerk mit SUBST umgeleitet haben, so müssen Sie erst die Umleitung aufheben und danach im Originalverzeichnis UNDELETE starten.

- Auf einem Netzwerklaufwerk ist die Verwendung von UNDELETE nur möglich, wenn eine Löschüberwachung eingerichtet ist.

- Aus dem Task-Switcher der DOS-Shell heraus darf UNDELETE nicht verwendet werden.

9.5 Formatierte Datenträger wiederherstellen

Die Daten eines Datenträgers werden beim Formatieren nicht immer wirklich gelöscht (außer bei der Verwendung der Option /U von FORMAT), sondern es wird - je nach verwendeter Option - lediglich ein neues Inhaltsverzeichnis und eine neue Dateizuordnungstabelle erstellt. Es handelt sich also um ein logisches Löschen, die Daten sind physikalisch unangetastet vorhanden.

Hinweis: Wichtig dafür ist allerdings, daß Sie nach dem Unfall auf keinen Fall auch nur eine Datei mit einem einzige Byte auf die Platte schreiben, da diese Datei die ursprünglichen Informationen überschreibt und so endgültig unzugänglich macht. Bedenken sollten Sie auch, daß eine Formatierung mit der Option /U nicht mit UNFORMAT rückgängig gemacht werden kann!

Die Syntax von UNFORMAT:

```
UNFORMAT [Laufwerk:] {/L} {/P} {/TEST}
```

9.6 Abwehr von Computerviren

Es kann und soll nicht Aufgabe dieses Buchs sein, das Thema Computerviren erschöpfend zu behandeln. Wir müssen an dieser Stelle auf die ständig wachsende Flut von Fachliteratur verweisen, die sich dieses Themas annimmt; an dieser Stelle nur einige wenige grundlegende Hinweise: Ein Computer-Virus ist ein kleines Computerprogramm, das von seinem "Erfinder" in ein Wirtsprogramm implementiert wird, das - in einem Spielchen oder einem anderen nützlichen Programm getarnt, also nach außen hin unverdächtig - in die Welt gesetzt wird und sich verbreitet: Beim Aufruf dieses Programms nistet sich der Virus im Hauptspeicher ein (und befällt möglicherweise sofort die dort abgelegten Informationen der Dateizuordnungstabelle und anderer wichtiger Elemente der Organisation).

Der residente Teil des Virus wartet im Hauptspeicher, bis Sie ein weiteres Anwendungsprogramm laden und nistet sich sofort in der Programmdatei ein und so fort, bis annähernd alle Programme infiziert sind. Sie als Anwender merken davon nichts, bis eines Tages - es mag ein Freitag, der 13. sein, es kann das Datum von Michelangelos Geburtstag sein oder der 1111. Start Ihres Rechners - der Virus sich nicht nur verbreitet, sondern zuschlägt: Ihr PC sei nun "stoned" teilt Ihnen einer der verbreitetsten Varianten mit und verlangt "Legalize Mariuhana!", obwohl Sie dazu weder die Lust noch die Macht haben.

Danach ist nichts mehr, wie es war: Seltsame Tastaturblockaden oder gelöschte Bildschirme sind eher harmlose "Späße". Schlimmer ist es sicher, wenn sofort mit einem Formatieren der Festplatte begonnen wird oder alle Dateien mit der Erweiterung .DBF und .TXT gelöscht werden. Ob es sich um einen harmlosen Virus handelt oder einen gefährlichen Datenkiller, weiß man meist erst, wenn es zu spät ist; daher muß unbedingt gelten: Vorbeugen ist besser als heilen. Grundsätzlich gilt: Wenn Sie nicht allerlei Programme auf Ihrer Festplatte betreiben, die ein Freund bei einem Freund kopiert hat, der diese wiederum von einem absolut vertrauenswürdigen Freund hat, so haben Sie gute Chancen, lange Zeit am PC arbeiten zu können, ohne von diesen lästigen und gefährlichen Produkten kranker Programmiererhirne behelligt zu werden. Auch ist nicht jede merkwürdige Reaktion des Rechners gleichbedeutend mit einem Virenbefall, sondern kann vielerlei Ursachen haben, denen man sorgsam auf den Grund gehen sollte.

Vorbeugen gegen Viren

Und wenn Sie folgende Hinweise befolgen, können Sie die Gefahr eines Virenbefalls deutlich reduzieren:

- Verwenden Sie das Schutzprogramm VSAFE, das viele Virenangriffe abwehren kann.

- Booten Sie niemals von einer Diskette unbekannter oder fragwürdiger Herkunft! Lassen Sie also bei einem Startvorgang keine solchen Disketten in Laufwerk A:.

- Außerdem gilt: Hände weg von unbekannten Programmen. Der Spaß eines noch so interessanten Spieles ist eher als gering anzusehen, wenn Sie feststellen müssen, daß Sie einen Virus im System haben.

- Falls Sie Disketten unbekannter Herkunft lesen müssen, so testen Sie diese auf jeden Fall mit einem Virensuchprogramm und konfigurieren VSAFE so, daß ein Schreibangriff auf die Festplatte vorübergehend unterbunden wird.

- Wenn Sie Public-Domain-Programme unbekannter Herkunft bekommen, sollten Sie sie im Zweifel nicht oder nur nach einer Überprüfung mit einem geeigneten Virensuchprogramm benutzen. Am besten kaufen Sie derartige Programme bei großen Anbietern, die Ihnen die Virenfreiheit garantieren.

- Ein Virus hat in der Regel kein Interesse an Datendateien, sein Interesse gilt zuerst immer Programmdateien mit der Erweiterung:

  ```
  COM
  EXE
  ```

  Zusätzlich sind noch die Dateien mit dieser Erweiterung von Interesse:

  ```
  SYS, BIN, OVL
  ```

  Machen Sie daher nur ausnahmsweise Sicherungskopien dieser Dateien, denn die werden nur in seltenen Fällen erlaubterweise geändert (und wenn, sind es COM- und EXE-Dateien, in denen Paßwörter etc. festgehalten werden). Wenn Sie diese Dateien mitkopieren, haben Sie möglicherweise ein Backup auch verseuchter Programme.

- Ein Schreibschutz von Dateien ist zwar von den meisten Viren zu überwinden, doch sollten Sie die Dateien mit den oben genannten Erweiterungen dennoch schreibschützen.

- Der mechanische Schreibschutz einer Diskette ist derzeit von einem Virus nicht zu überwinden, schützen Sie daher die Startdisketten mit einem Schreibschutz!

  Bedenken Sie, daß Sie eine "saubere" Diskette benötigen, um den Rechner zu starten, wenn Sie daran gehen, den Virus zu beseitigen.

- Wenn Sie sich über ein Modem mit der ganzen Welt verbinden lassen und in allen möglichen Mailboxen herumstöbern, bedenken Sie, daß Sie von dort auch alle Viren dieser Welt bekommen können!

Bekämpfung von Viren

Die Problematik einer Bekämpfung ist die, daß eine sichere Erkennung immer schwerer wird, da es immer neue Ableitungen bekannter Viren gibt und die Programmierer von Virensuchprogrammen (Virenscanner) es mit immer raffinierteren Verschlüsselungsmethoden und Angriffstaktiken zu tun bekommen. Niemand käme jedoch auf die Idee, im Winter keinen Pullover anzuziehen, da dieser gegen bestimmte Erkältungsarten nichts taugt - das heißt: Wer ab und zu mit fremden Datenträgern in Berührung kommt, sollte auf jeden Fall die seit der Version 6.0 enthaltenen Abwehrprogramme benutzen. Die Virenabwehr der neuen Version besteht aus zwei Ebenen:

- Die erste Ebene ist die Virenabwehr: Das residente Programm VSAFE nistet sich im Hauptspeicher ein und überwacht alle Aktivitäten im System. So werden gefährliche Angriffe, etwa das heimliche Formatieren der Festplatte, verhindert.

- Die zweite Ebene ist die Virenbekämpfung: Die Programme MSAV und MWAV, die - jeweils unter DOS und unter Windows - sind in der Lage, bereits in das System eingedrungene (bekannte) Viren zu erkennen und zu beseitigen.

Hinweis: Wenn Ihr System die Virenprüfung "bestanden" hat, so heißt das nicht, daß es nicht virulent ist, sondern das bedeutet, daß in Ihrem System kein bekannter Virus entdeckt wurde - ein unbekannter, wesentlich schlimmerer kann natürlich bereits auf den Geburtstag von Micky Maus oder den 29. Februar warten, um dann zuzuschlagen.

Die Anwendung von VSAFE

Die Anwendung dieses Schutzschildes ist denkbar einfach: Mit der schlichten Befehlszeile

VSAFE

wird das Programm in den Hauptspeicher geladen. Sie erkennen das daran, daß Sie die Copyright-Meldung sowie die Information über den verwendeten Hotkey sehen, jene Tastenkombination, die zu jederzeit das Menü aufruft, mit dem Sie die Konfiguration von VSAFE ändern können.

Dieses Menü erlaubt Ihnen die Einstellung der verschiedenen Parameter, die jedoch auch in der Befehlszeile für den Aufruf von VSAFE eingestellt werden können.

Die folgende Erläuterung beziehen Sie bitte auch auf die Einstellungen im Popup-Menü, das Sie standardmäßig mit [Alt]+[V] aufrufen und mit [Esc] wieder schließen.

Die wichtigsten Bestandteile der Syntax von VSAFE:

```
VSAFE {/Option{+|-}} /Ax /Cx /D /N /U
```

Mit den Optionen legen Sie fest, welche Aktivitäten VSAFE überwachen soll, die Angabe erfolgt mit einem nachgestellten + für das Einschalten und einem - für das Ausschalten der Option.

1	Warnt vor einem Low-Level-Formatiervorgang, der die jeweilige Festplatte komplett löschen könnte. Die Voreinstellung lautet "Aktiviert" (+).
2	Warnt vor dem Versuch eines Programms, im Arbeitsspeicher zu verbleiben. Die Voreinstellung lautet "Deaktiviert" (-), da auch normale Programme u. U. resident im Speicher bleiben.
3	Hindert Programme daran, auf einen Datenträger zu schreiben. Die Voreinstellung lautet "Deaktiviert" (-). Dies sollten Sie - insbesondere für die Festplatte - nur in sehr begründeten Fällen und nur ausnahmsweise einschalten.
4	Prüft ausführbare Dateien, also Dateien mit der Erweiterung .COM und .EXE, die von MS-DOS geöffnet werden. Die Voreinstellung lautet "Aktiviert" (+).
5	Prüft alle Datenträger auf Viren, die sich im jeweiligen Startsektor befinden. Die Voreinstellung lautet "Aktiviert" (+). Dies ist sehr wichtig, da der Boot-Sektor ein beliebter Ort für sehr viele Viren ist.
6	Warnt vor Versuchen, in den Startsektor oder die Partitionstabelle der Festplatte zu schreiben. Die Voreinstellung lautet "Aktiviert" (+).
7	Warnt vor Versuchen, in den Startsektor einer Diskette zu schreiben. Die Voreinstellung lautet "Deaktiviert" (-).
8	Warnt vor Versuchen, ausführbare Dateien zu ändern. Die Voreinstellung lautet "Deaktiviert" (-). Diese Einstellung sollten Sie ändern, da in den allerwenigsten Fällen COM- und EXE-Dateien geändert werden, es sei denn durch Viren.

Die zusätzlichen Optionen:

/Ax	Legt fest, daß die Aufruf-Tastenkombination aus der Taste [Alt] plus der angegebenen Taste besteht. Die Einstellung /Az aktiviert das Menü von VSAFE also mit [Alt]+[Z].
/Cx	Legt fest, daß die Aufruf-Tastenkombination aus der Taste [Strg] plus der angegebenen Taste besteht.
/D	Deaktiviert die Bildung der Prüfsumme.
/N	Ermöglicht es, Netzwerktreiber zu laden, nachdem VSAFE gestartet wurde.
/U	Löscht VSAFE aus dem Arbeitsspeicher.

Die Windows-Version des Programms finden Sie unter dem etwas kryptischen Namen MWAVTSR, den Sie natürlich mit *Datei/Eigenschaften* jederzeit ändern können. Nach einem Aufruf können Sie in der Dialogbox die oben besprochenen Optionen einstellen.

Zwei Dinge sind nötig, um VSAFE unter Windows nutzen zu können:

① Aufruf des Programms VSAFE *vor* dem Start von Windows, am besten durch die AUTOEXEC.BAT.

② Start des TSR-Managers MWAVTSR von Windows aus. Dieses Programm ermöglicht, daß die Meldungen des DOS-Programms VSAFE in Windows angezeigt werden. Am besten binden Sie das Programm in die Gruppe *Autostart* ein, um es nach dem Start als Symbol präsent zu haben.

Ein weiterer wichtiger Hinweise mag helfen, die Datensicherheit in Ihrem System noch weiter zu erhöhen:

Hinweis: Wenn Sie vorhaben, ein Programm mit einer Installationsroutine zu installieren, sollten Sie vorher unbedingt VSAFE deaktivieren, dies gilt insbesondere für Windows. Nachteil: Wenn das zu installierende Programm verseucht ist, werden Sie es nicht merken. Das Überprüfen des Datenträgers vor der Installation ist meist nicht möglich, da heutzutage die meisten Programme komprimiert geliefert werden, wo eine Überprüfung nicht oder nur mangelhaft möglich ist.

Die DOS-Version des Anti-Virus-Programms

Die DOS-Version des Anti-Virenprogramms, das ab Version 6.0 für zusätzliche Sicherheit sorgen hilft (und das von Central Point als abgespeckte Version dazugekauft wurde), läuft wie die Windows-Version im Dialog ab, Befehlszeilen-Parameter müssen also nicht eingegeben werden.

Daß man dennoch welche eingeben kann, hat einen einfachen Grund: Wenn Sie nach dem Systemstart einen Viren-Check durchführen möchten, so sollte dies natürlich nicht im Dialog, sondern - ausgelöst durch einen Befehl in der AUTOEXEC.BAT - automatisch geschehen. Der Aufruf ohne Optionen ermöglicht den Dialogbetrieb, der Aufruf mit Optionen hat so zu geschehen:

```
MSAV {Laufwerk:} {Laufwerk:} {Laufwerk:}
MSAV {Pfad} /Option
```

Sie geben also entweder die zu überprüfenden Laufwerke durch eine Leertaste getrennt an oder geben einen Pfad auf einem Laufwerk, also ein Verzeichnis oder eine Datei oder Dateigruppe in einem Verzeichnis an.

Die wichtigsten Optionen:

/S	Untersucht die angegebenen Datenträger sowie die auf diesen Datenträgern befindlichen Dateien, entfernt jedoch keine gefundenen Viren. Dies ist die Voreinstellung.
/C	Untersucht die angegebenen Datenträger sowie die auf diesen Datenträgern befindlichen Dateien und entfernt gefundene Viren.
/R	Legt eine MSAV.RPT-Datei an, in der folgende Informationen zusammengestellt werden: die Anzahl der Dateien, die MSAV auf Viren untersucht hat; die Anzahl der von MSAV gefundenen Viren; die Anzahl der von MSAV entfernten Viren. MSAV ist so voreingestellt, daß es keine Liste erstellt. Diese Liste sehen Sie übrigens am Bildschirm, nachdem MSAV seine Arbeit getan hat.
/A	Untersucht alle Laufwerke mit Ausnahme der Laufwerke A und B.
/L	Untersucht alle Laufwerke mit Ausnahme der Netzwerklaufwerke.
/N	Unterbindet die Anzeige der untersuchten Dateien am Bildschirm. Der Bericht wird in die Datei MSAV.TXT geschrieben. Dies sollten Sie einstellen, wenn Sie anderen Personen nicht in die Datei- und Verzeichnisstruktur Einblick gewähren wollen.
/P	Zeigt MSAV nicht im Grafikmodus, sondern im normalen Befehlszeilenmodus an. Zu empfehlen für den Start beim Booten des Rechners.
/F	Deaktiviert die Anzeige der Namen der untersuchten Dateien. Diesen Schalter sollten Sie nur zusammen mit einem der Schalter /N oder /P einsetzen.

Wenn Sie MSAV im Dialog betreiben wollen, reicht der einfache Aufruf von

```
MSAV
```

und der Eingangsbildschirm erscheint nach kurzer Ladezeit und dem Einlesen der Datei- und Verzeichnisinformationen.

Wenn Sie eine der fünf Möglichkeiten auswählen möchten, mit dem Programm fortzufahren, so tippen Sie den hervorgehobenen Buchstaben, etwa [E] für *Erkennung* oder klicken die Schaltfläche Ihrer Wahl mit der Maus an.

Erkennung — Startet eine Untersuchung des unter *Laufwerke* gewählten Laufwerks. Voreingestellt ist das aktuelle Laufwerk. Mit [Esc] oder [F3] kann der Vorgang angehalten oder abgebrochen werden.

Erkennung & Beseitigung
Die erkannten Viren werden nicht nur gemeldet, sondern auch entfernt. Auch dieser Vorgang kann abgebrochen werden.

Neues Laufwerk wählen
Erlaubt die Angabe eines neuen Laufwerks durch Anklicken eines der Laufwerksymbole in der linken oberen Ecke des Fensters unterhalb der Titelzeile oder Eintippen des neuen Laufwerkbuchstabens.

Optionen Einstellungen für die Arbeit des Programms können Sie nach Aufruf dieser Funktion vornehmen.

Beenden Beendet das Programm.

Die jeweiligen Funktionen sind auch über Funktionstasten anwählbar, die in alter Central-Point-Manier in der Fußzeile eingeblendet werden.

Diese Funktionstasten sind (da die Funktionen auch über den hervorgehobenen Buchstaben aufgerufen werden können) nicht so wichtig - bis auf eine: Mit der Taste `F9` öffnen Sie die Virenliste MSAVIRUS. LST, die Ihnen eine Übersicht über alle durch MSAV aufspürbaren Viren gibt.

Hinweis: Mit der MS-DOS-Version 6.2 erhalten Sie eine aktualisierte und erweiterte Virenliste.

Wenn Sie im Listenfeld mit den Cursortasten den Namen eines Virus markiert haben, bekommen Sie mit `Enter` oder Klick auf das Schaltfeld *Info* weitere Informationen.

Wesentlich wichtiger als die Namen der Viren und die Untaten, zu denen sie möglicherweise fähig sind, sind die Optionen, die Sie aus dem Eingangsbildschirm mit `O` oder einem Klick auf die Schaltfläche eingeben können:

Integrität prüfen Die Dateien werden mit der aufgestellten Liste verglichen und Unregelmäßigkeiten werden gemeldet. Dies erleichtert das Aufspüren unbekannter Viren. Diese Option ist standardmäßig aktiviert.

Neue Prüfsummen erstellen
Während der Arbeit erstellt MSAV in jedem überprüften Verzeichnis eine Datei namens CHKLST.MS mit den Informationen über die Dateien, ihre Größe etc. Diese Liste erleichtert das Auffinden unbekannter Viren.

Prüfsummen auf Diskette schreiben
Wenn Sie diese Option einschalten, werden auch beim Überprüfen einer Diskette Prüfdateien erstellt.

Bericht erstellen Diese standardmäßig nicht aktivierte Option wird gewählt, wenn Sie einen Bericht in der Datei MSAV. RPT haben möchten, der Angaben über die durchgeführten Prüfungen und ihre Ergebnisse enthält.

Virenfund melden Wenn ein Virus gefunden wird, hält das Programm inne und gibt Ihnen in einer Dialogbox die Möglichkeit, diesen Virus zu entfernen oder nicht. Wenn Sie diese Option deaktivieren, wird der Suchvorgang durchgeführt und alle gefundenen Viren entfernt.

Warnsignal ausschalten
Sie sollten das Warnsignal nur ausschalten, wenn Sie einen wirklich triftigen Grund nennen können.

Sicherungskopie anlegen
Diese Option ist gefährlich: Wenn Sie sie aktivieren, wird von einem infizierten und als infiziert erkannten Programm eine Kopie mit der Erweiterung VIR angelegt, bevor die Originaldatei gelöscht wird.

Diese Kopie jedoch ist immer noch infiziert, so daß eine erneute Benutzung das System wieder verseucht.

Anti-Stealth Stealth-Viren sind eine besonders gefährliche Virenart. Mit dieser Option bestimmen Sie, daß mit einer besonders gründlichen Suche diesen Viren nachgespürt wird. Der Vorgang dauert dadurch jedoch etwa doppelt so lange.

Alle Dateien überprüfen

Es werden alle Dateien überprüft, wenn diese Option aktiviert ist (Standardeinstellung). Bei Deaktivierung werden nur Programmdateien herangezogen (EXE, COM, BIN, OVL, SYS, CMD, OVR, APP).

Das Anti-Virus-Programm in der Windows-Version

Nach dem Start des Programms sehen Sie das Hauptfenster mit vier Schaltflächen, zwei davon oben links erlauben Ihnen die Auswahl der zu überprüfenden Laufwerke. Die beiden anderen starten die Funktionen *Erkennung von Viren* und *Erkennung und Beseitigung von Viren* - die Funktionen sind mit denen identisch, die wir weiter oben zur DOS-Version besprochen haben.

Das Menü *Durchsuchen*, das Sie mit einem Mausklick oder `Alt`+`A` öffnen, enthält neben den beiden Funktionen für *Durchsuchen* und Beseitigen, die auch durch die beschriebenen Knöpfe gestartet werden, die Menüpunkte für den Aufruf der Virusliste und das Beenden des Programms, das natürlich auch wie bei allen Windows-Programmen mit `Alt`+`F4` erfolgen kann.

Ein Menüpunkt, der in der DOS-Version kein Äquivalent hat, ist der Punkt *CHKLIST-Dateien löschen* im Menü *Durchsuchen*. Diese Funktion löscht die Dateien, in denen die Prüfsummen der Dateien hinterlegt sind, eine Überprüfung der Integrität kann nicht mehr erfolgen. Das Menü *Optionen* enthält nur zwei weitere Menüpunkte: Wenn Sie *Einstellungen beim Beenden speichern* deaktivieren (es ist standardmäßig aktiviert), werden die vorgenommenen Einstellungen (Optionen etc.) nicht gespeichert. Die Dialogbox für das Einstellen der Optionen wird mit *Optionen einstellen* geöffnet. Die Bedeutung der einzelnen Optionen lesen Sie bitte weiter oben nach, sie unterscheiden sich nicht von der Bedeutung der Optionen der DOS-Version.

Hinweis: Eine Option jedoch ist (unverständlicherweise) nur in der Windows-Version anwählbar: *Gelöschte Dateien überschreiben*. Wenn Sie diese Option (wie wir Ihnen empfehlen) aktivieren, wird eine gefundene infizierte Datei nicht gelöscht, also der Eintrag der Datei in der Dateizuordnungstabelle entfernt, sondern die Datei auf dem Datenträger physikalisch durch Überschreiben gelöscht. Dies ist die einzige Möglichkeit, den Virus wirklich zu entfernen, denn ein Löschen allein kann bei bestimmten Viren durchaus dazu führen, daß der Virus aktiv bleiben kann, denn manche Viren verewigen die Adresse, an der sie zu finden sind.

10. Die optimale Konfiguration

Der PC ist keineswegs ein Gerät, das man anschaltet und loslegt, auch wenn die Werbung einem dies gern zu suggerieren versucht. Das liegt unter anderem daran, daß der PC keineswegs nur ein Gerät ist, auch wenn es auf den ersten Blick so scheinen mag.

Genauer betrachtet ist der PC ein Motherboard mit Prozessor und Hauptspeicher, der Rest sind darum gruppierte Einzelgeräte, die der PC keineswegs für seine Arbeit braucht:

Der Bildschirm zeigt die Ausgabe einer Bearbeitung - doch die interessiert nicht den Rechner, sondern Sie als Anwender. Seine Aufgabe, nämlich Berechnungen anstellen, kann er auch ohne Bildschirm erfüllen.

Die Tastatur dient der Dateneingabe, denn wir möchten dem PC mitteilen, welche Daten er denn nun verarbeiten soll. Strenggenommen können wir auch dieses Gerät entfernen, ohne daß der Rechner in seiner Arbeit betroffen wäre. Es verwundert bei dieser Betrachtungsweise sicher nicht, wenn wir Massenspeicher ebenfalls aus dem Gehäuse entfernen, denn sie dienen der dauerhaften Konservierung von Daten, die Sie als Anwender brauchen. Für den Prozessor existieren diese Daten nach ihrer Deponierung dort nicht mehr.

Alle Einzelgeräte allerdings sind zu einem mehr oder weniger filigranen Gesamtsystem verknüpft, das erst in seiner Gesamtheit für uns Anwender einen Wert hat, können wir doch Daten eingeben, lesen, speichern, bearbeiten - eben den PC anwenden. Doch genau dieses hochkomplexe Gesamtsystem aus mehreren Komponenten ist zwar vom Hersteller zusammengebaut und (hoffentlich) lauffähig verschraubt und gelötet. Insoweit stimmt der Vergleich mit einem Auto noch: sich hineinsetzen und losfahren. Doch nur bis hier: Das Zusammenspiel der einzelnen Komponenten ist nicht vom Hersteller vorgegeben, denn auf Ihrem neuerworbenen 486er können Sie sowohl MS-DOS als auch UNIX oder OS/2 als Betriebssystem betreiben - oder vielleicht alle drei?

- Sie haben eine Festplatte? Nun, vielleicht wollen Sie eine zusätzliche Festplatte betreiben, weil die Kapazität der einen nicht mehr reicht?

- Wieso glauben Sie, daß alle Drucker dieser Welt (also auch Ihrer) mit Ihrem PC zurechtkommen?

- Wir gehen wie selbstverständlich davon aus, daß die Taste [Ä] links neben der Taste [Enter] ist. Doch werden für die USA, wo es die Umlaute nicht gibt, komplett andere PC gebaut? Sicher nicht.

- Wieso sind Sie eigentlich nicht verwundert, daß der PC (in Taiwan gebaut) mit einem amerikanischen Betriebssystem das Datum im gewohnten Format TT.MM.JJ ausgibt?

- Wo suchen eigentlich die Spanier ihr umgedrehtes Fragezeichen?

Sie sehen sofort, daß es keine allgemeinverbindliche Konfiguration eines PCs geben kann, sondern daß die Einstellung der gesamten Arbeitsumgebung eine Sache ist, die dem Anwender in sehr weiten Grenzen selbst überlassen bleibt.

10.1 Die Komponenten des Betriebssystems

Wenn MS-DOS installiert wird, geschieht eigentlich zweierlei: Zum einen werden die externen Befehle und die Gerätetreiber auf den Zieldatenträger (also meist die Festplatte) kopiert, zum anderen werden die drei versteckten Systemdateien MSDOS.SYS, IO.SYS und DBLSPACE.BIN sowie der Kommandoprozessor COMMAND.COM auf den Datenträger kopiert, damit diese Dateien von dort beim Starten des Rechners in den Hauptspeicher geladen werden können.

Dies sind also die Komponenten des Betriebssystems:

- Die drei versteckten Systemdateien, die entweder durch die Installationsroutine des MS-DOS auf den Datenträger oder durch einen Formatiervorgang mit der Option /S kopiert werden. Auch der Befehl SYS ist - im Gegensatz zu allen Kopierbefehlen des Betriebssystems - in der Lage, die Systemdateien zu kopieren.

- Der Kommandoprozessor COMMAND.COM, der die internen Befehle enthält und der die Befehle des Anwenders interpretiert und ausführt.
- Die externen Befehle und Dienstprogramme, die man aus Gründen der ökonomischen Verwaltung der Speicherplatz-Ressourcen nicht in den Kommandoprozessor integriert hat, sondern die bei Bedarf vom Datenträger nachgeladen werden.
- Die Gerätetreiber, die als hardwarenahe Software verschiedene Geräte steuern und überwachen.

Die Systemdateien

Die drei versteckten Systemdateien heißen bei MS-DOS IO.SYS, MS-DOS.SYS und DBLSPACE.BIN und sind als versteckte Systemdateien auf dem Datenträger abgelegt, d. h., daß sie durch die Attribute (siehe Kapitel 5.10) H für versteckt und S für System vor Überschreiben und Löschen geschützt und somit dem Zugriff des Anwenders entzogen sind. Beim Betriebssystem PC-DOS von IBM heißen die Dateien traditionell IBMIO.COM und IBMDOS.COM.

Diese drei Dateien bilden zusammen mit COMMAND.COM den Kern des Betriebssystems, mehr noch: sie sind eigentlich das Betriebssystem. Mit diesen Dateien können Sie Dateien kopieren und löschen sowie Verzeichnisse anlegen etc. Sämtliche wichtigen Befehle stehen Ihnen als interne Befehle des Kommandoprozessors zur Verfügung.

Allerdings: Ihre Tastatur wird sich etwas merkwürdig verhalten, denn es ist standardmäßig die amerikanische Tastaturbelegung geladen, bei der Y und Z vertauscht sind, die Umlaute fehlen etc. Falls Sie Ihre deutsche Tastaturbelegung haben möchten, geht dies nicht ohne ein externes Programm, nämlich KEYB.COM, mit dem Sie die Tastatur konfigurieren.

Auch das Datumsformat TT.MM.JJ kennt der PC zu diesem Zeitpunkt nicht, es ist standardmäßig das amerikanische Datumsformat MM/DD/YY vorgegeben - auch hier müssen Sie eine entsprechende Konfiguration vornehmen. Sie sehen also: Das Betriebssystem ist zwar komplett, aber eben nur für amerikanische Benutzer.

Der Kommandoprozessor COMMAND.COM

Der Kommandoprozessor wird zusätzlich zu den Systemdateien beim Starten in den Hauptspeicher geladen.

Dieses wichtige Programm übernimmt folgende Aufgaben:

- Zum einen enthält es die internen Befehle, die Ihnen überall im System zur Verfügung stehen.
- Zum anderen führt es den Dialog mit dem Benutzer und gibt, soweit nötig, Fehler- und Vollzugsmeldungen aus.
- Es liest Befehle von der Tastatur, interpretiert sie und überwacht ihre Ausführung.
- Es überwacht die Aus- und Eingabegeräte und Teile des Hauptspeichers.

Der Kommandoprozessor besteht aus einem residenten (Anteil: 1/10) und einem sogenannten transienten (Anteil: 9/10) Teil: Wenn ein Anwendungsprogramm geladen wird, wird der transiente Teil aus dem Speicher entfernt, um dem Anwendungsprogramm möglichst viel Speicher zur Verfügung zu stellen. Nach dessen Beendigung wird dieser Teil wieder nachgeladen.

Hinweis: Es muß daher dem System immer bekannt sein, wo sich der Kommandoprozessor befindet, da der transiente Teil dort gesucht wird. Sollte dieser transiente Teil nicht gefunden werden oder der COMMAND.COM selbst irgendeinen Schaden erlitten haben, führt dies zum sofortigen Systemstillstand!

Es gilt folgende Vereinbarung: Befindet sich der Kommandoprozessor im Hauptverzeichnis des Startdatenträgers, wird er automatisch gefunden. Befindet er sich nicht dort, müssen Sie mit SHELL einen Pfad dorthin weisen:

```
SHELL=C:\DOS\COMMAND.COM
```

legt fest, daß COMMAND.COM des Verzeichnisses DOS verwendet wird. Sie können bei dieser Gelegenheit auch gleich etwas mehr Umgebungsspeicher (s. u.) freimachen. Durch den SHELL-Befehl wird die Umgebungsvariable COMSPEC (s. u.) gesetzt, die den Pfad zum jeweiligen Kommandoprozessor weist. Dies wird von DOS automatisch durchgeführt.

Verwenden eines anderen Kommandoprozessors

Es ist nicht zwingend vorgeschrieben, den bei DOS mitgelieferten COMMAND.COM als Kommandoprozessor zu benutzen. Es gibt andere Prozessoren, die COMMAND.COM ersetzen und wesentlich leistungsfähiger sind als der originale Prozessor, etwa der in der Shareware-Szene bekannte 4DOS.

Doch ein anderer Prozessor, der mit SHELL geladen wird, muß einige wesentliche Voraussetzungen erfüllen:

- Die Programmdateien mit der Erweiterung COM und EXE sowie Batch-Dateien (Erweiterung BAT) müssen unterstützt werden.
- Die Möglichkeit, mit [Strg]+[C] Batch-Dateien und Laufwerkzugriffe sowie wesentliche Funktionen wie Programmabbruch an einer bestimmten Adresse sowie Programmabbruch bei Fehler müssen unterstützt werden.

Um einen anderen Kommandoprozessor zu verwenden, müssen Sie in der CONFIG.SYS den SHELL-Befehl verwenden:

```
SHELL=PFAD\NAME  /E:xxxx  /P
```

Nach der Angabe des Namens des zu verwendenden Prozessors bestimmen Sie mit /E: die Größe des Umgebungsspeichers des Prozessors (s. u.), mit /P befehlen Sie, daß der Kommandoprozessor permanent installiert werden soll.

Die internen Befehle in COMMAND.COM

Der Kommandoprozessor hat neben der Aufgabe, Ihre Befehle zu übernehmen und auszuführen, eine weitere eminent wichtige Aufgabe: Er stellt Ihnen 22 der wichtigsten Befehle generell und überall im System zur Verfügung - sie werden als integraler Bestandteil des COMMAND.COM ständig bereitgehalten.

BREAK	Abbruch von Laufwerkzugriffen ermöglichen.
CD	Wechsel des aktuellen Verzeichnisses.
CHCP	Laden einer Zeichensatztabelle.
CLS	Löschen des Bildschirms.
COPY	Kopieren von Datei(en).
CTTY	Änderung des Standardein- und -ausgabegerätes.
DATE	Einstellen des Systemdatums.

DEL	Löschen von Datei(en).
DIR	Anzeigen des Inhaltsverzeichnisses.
EXIT	Verlassen einer Kopie des Kommandoprozessors.
MD	Anlegen eines Verzeichnisses.
PATH	Festlegen eines Suchpfades.
PROMPT	Einstellen des Promptes.
REN	Umbenennen von Datei(en).
RD	Löschen eines Verzeichnisses.
SET	Anzeigen oder Ändern des Umgebungsspeichers.
TIME	Einstellen der Systemzeit.
TRUENAME	Anzeige des wirklichen Pfades auf logischen Laufwerken oder Verzeichnissen. Dies ist ein sog. "undokumentierter Befehl", den es offiziell also nicht gibt.
TYPE	Anzeigen einer Datei am Bildschirm.
VER	Anzeigen der DOS-Version.
VERIFY	Überprüfung von Kopiervorgängen ein- und ausschalten.
VOL	Anzeigen des Namens eines Datenträgers.

Alle anderen Befehle liegen als externe Befehle in einer eigenen Datei auf dem Datenträger vor.

Der Umgebungsspeicher

Für den Kommandoprozessor werden im Speicher in seiner direkten Nachbarschaft (also mit extrem schnellem Zugriff) einige Speicherstellen reserviert, die er benutzen kann, um dort Informationen zu speichern, die er selbst benötigt. Dieser Speicherbereich wird daher auch Umgebungsspeicher oder engl. Environment genannt.

Folgende Daten werden dort abgelegt:

- Der Prompt, sofern Sie einen anderen als den Standardprompt \$n\$g verwenden.
- Der mit PATH angelegte Suchpfad, sofern einer definiert wurde.
- Unter dem Variablennamen COMSPEC wird dort der Name des geladenen Kommandoprozessors sowie die präzise Pfadangabe dahin abgelegt. Da der transiente Teil des Kommandoprozessors im Speicher teilweise überschrieben wird, muß für ein schnelles Nachladen der Pfad bekannt sein.

- Wenn Sie die Option /X:ON von APPEND verwenden, wird der mit APPEND eingestellte Suchpfad ebenfalls im Umgebungsspeicher abgelegt.

- Von Anwendungsprogrammen benötigte Variablen, die mit dem Befehl SET den Wert und den Namen der Variablen dort ablegen wie etwa die Variable TEMP, die DOS verwendet, um vorübergehend angelegte (temporäre) Dateien in dem dort angegebenen Pfad abzulegen.

- Die Variable WINPMT definiert den Prompt in einer DOS-Box unter Windows. Dies ist anzuraten, wenn Sie öfter einmal eine DOS-Box betreiben — Sie können sich so durch einen speziellen Prompt daran erinnern lassen, daß Windows im Hintergrund auf Ihre Rückkehr wartet.

Man kann also sagen, daß der Umgebungsspeicher einerseits der "Notizblock" des Kommandoprozessors ist, andererseits die Funktion einer Pinwand hat, an der ein Anwendungsprogramm, das Betriebssystem und - wie noch zu sehen sein wird - der Anwender selbst Nachrichten hinterlassen können. Wenn Sie dort eine Nachricht

```
SET TMP=E:\WORDDIR
```

hinterlassen, so weiß Microsoft Word, daß Sie wünschen, daß Temporärdateien bitteschön auf der RAM-Disk E: im Verzeichnis \WORDDIR abgelegt werden sollen. Die Variable DIRCMD ist eine Notiz für den Befehl DIR, welche Optionen immer dann verwendet werden sollen, wenn Sie DIR aufrufen. Wenn Sie

```
SET DIRCMD=/O:E /P
```

befehlen, wird der Befehl

```
DIR
```

ohne weitere Parameter immer bedeuten, daß das Inhaltsverzeichnis seitenweise und nach der Erweiterung sortiert aufgerufen wird.

Der Umgebungsspeicher darf "serienmäßig" nur 256 Zeichen umfassen, was sicher in vielen Fällen kaum ausreichend sein wird, denn der Suchpfad mit PATH allein kann schon sehr umfangreich werden.

In einem solchen Fall sollten Sie den Befehl SHELL, der eigentlich für das Einbinden eines Fremdprozessors gedacht war, dafür mißbrauchen, mehr Umgebungsspeicher zu reservieren, der allerdings dem Arbeitsspeicher dann nicht mehr zur Verfügung steht:

```
SHELL C:\DOS\COMMAND.COM C:\DOS /E:1024 /P
```

lädt den gleichen Prozessor wie im vorigen Befehl, nur wird permanent ein Umgebungsspeicher von 1.024 Byte für die Belange des Kommandoprozessors freigehalten.

Hinweis: Beachten Sie, daß diese Änderungen in der CONFIG.SYS wie immer erst nach einem Neustart des Systems wirksam werden!

Der Befehl SET

Mit dem Befehl SET können Sie im Umgebungsspeicher eine Variable ablegen, etwa um anderen Programmen dort diese Nachricht zu hinterlassen.

Die Syntax ist

```
SET Variable={Wert}
```

Wenn Sie mit

```
SET  TEMP=C:\TEMP
```

die Variable mit dem Namen TEMP kreieren, weisen Sie ihr gleichzeitig den Wert C:\TEMP zu.

Alle mit Kleinbuchstaben eingegebenen Variablen werden in Großbuchstaben umgewandelt, außer dem Wert einer Variablen.

Der Befehl

```
SET  vorname=michael
```

würde im Umgebungsspeicher so aussehen:

```
VORNAME=michael
```

Die Namen dürfen beliebig lang sein, alle Zeichen, die in Dateinamen erlaubt sind, sind auch als Bestandteil eines Variablenwertes gültig. Der Wert ist beliebig, hier dürfen auch alle Sonderzeichen und die Leertaste auftauchen.

Die Angabe des Namens einer Variablen ohne einen Wert (aber mit Gleichheitszeichen) löscht die Variable ganz aus dem Umgebungsspeicher:

```
SET TEMP=
```

würde also die eben angelegte Variable (nicht nur den Wert!) löschen. Man muß, um den Wert einer Variablen zu verändern, diese nicht löschen, sondern kann die Variable durch einen neuen Wert überschreiben.

Der Aufruf von

```
SET
```

ohne Parameter zeigt den aktuellen Inhalt des Umgebungsspeichers an. Die Anzeige zeigt alle gespeicherten Variablen sowie deren Werte:

```
COMSPEC=C:\DOS\COMMAND.COM
PCTOOLS=C:\PCTOOLS\DATA
TEMP=E:\TEMP
TMP=E:\TEMP
PATH=C:\DOS;C:\WINDOWS;C:\;C:\UTILS;C:\TOOLS;C:\ERGO;D:\WORD5;D:\WIN
WORD
PROMPT=$P »»
WINDIR=C:\WINDOWS
```

Der Prompt

Der Prompt ist das Bereitschaftszeichen des Systems. Seine zweite Aufgabe ist es, Ihnen dabei zu helfen, sich in der verzweigten Arbeitsumgebung zurechtzufinden. Mit dem Befehl

```
PROMPT
```

ohne weitere Parameter wird der Standardprompt eingestellt, der Ihnen lediglich vor dem Zeichen > das aktuelle Laufwerk zeigt:

```
C>
```

Aber den Microsoft-Leuten ist wahrscheinlich auch aufgefallen, daß das etwas mager ist und stellen den Prompt bei der Installation so ein, daß er ihnen auch noch das aktuelle Verzeichnis anzeigt. Diese Einstellung können Sie auch selbst vornehmen, indem Sie

```
PROMPT $p$g
```

befehlen.

Hinweis: Der Prompt, den Sie einstellen, gilt immer nur bis zum Ausschalten, da der Hauptspeicher (und damit auch der Umgebungsspeicher) beim Ausschalten geleert werden. Binden Sie daher die Definition eines Prompts in die AUTOEXEC.BAT ein. Die folgenden Befehle sind möglich:

$B	Pipesymbol, erlaubt die Verwendung von SORT, MORE.
$D	zeigt das durch DATE eingestellte Systemdatum.
$E	ESCAPE-Zeichen.
$G	Zeichen >.
$H	löscht das vorangegangene Zeichen.
$L	Zeichen <.
$N	aktuelles Laufwerk, Standardprompt mit $g zusammen.
$P	aktuelles Verzeichnis.
$Q	=
$T	Anzeige der Systemzeit.
$V	Versionsnummer von DOS.
$_	Neue Zeile.

Weiterhin gilt als vereinbart, daß jeder andere Text keinen Befehl, sondern anzuzeigenden Text darstellt. Ein Beispiel dafür:

```
PROMPT  Das aktuelle Verzeichnis ist $p $g
```

gibt als Prompt den Text am Bildschirm aus und fügt den aktuellen Pfad an. Der Prompt kann auch mit Escape-Sequenzen farbig gestaltet werden:

```
PROMPT $e[30;41m $p $g $e[0m
```

erstellt einen Prompt mit schwarzer Schrift auf rotem Grund. Die Escape-Sequenz wird jeweils eingeleitet durch $e[, die nachfolgenden

Buchstaben repräsentieren jeweils die entsprechende Funktion. Beachten Sie, daß die ANSI-Sequenzen nur funktionieren, wenn Sie den Gerätetreiber ANSI.SYS geladen haben!

Die Variable COMSPEC

Wenn Sie mit SHELL in der CONFIG.SYS einen anderen als den im Hauptverzeichnis des Startlaufwerks befindlichen COMMAND.COM laden wollen, wird von DOS im Umgebungsspeicher eine Variable namens COMSPEC (*COM*MAND.COM *Spec*ification) angelegt, die den Pfad zum verwendeten Kommandoprozessor weist:

```
COMSPEC=C:\DOS\COMMAND.COM
```

Diese Variable müssen Sie nicht, wie häufig zu lesen ist, selbst anlegen: sie wird von DOS durch den Ort bestimmt, wo der Kommandoprozessor gefunden wurde. Dafür gibt es jedoch eine Ausnahme: Wenn Sie Ihren Rechner häufig von Diskette starten, müssen Sie jedesmal, wenn Sie eine Diskette gewechselt haben, die Diskette wieder einlegen, von der das Betriebssystem den Kommandoprozessor geladen hat.

Um dies zu umgehen, können Sie sich eine RAM-Disk anlegen (siehe Kapitel 4.8) und COMMAND.COM dorthin kopieren. Nun allerdings müssen Sie zusätzlich die Variable COMSPEC setzen, damit der Kommandoprozessor nicht von der Startdiskette, sondern von dort nachgeladen wird:

```
SET COMSPEC=E:\COMMAND COM
```

wenn die RAM-Disk unter diesem Namen geführt wird.

Laden einer Kopie des Kommandoprozessors

COMMAND.COM wird normalerweise beim Start des Rechners automatisch geladen. Doch auch der Anwender kann den Kommandoprozessor starten, befehlen Sie dafür einfach

```
COMMAND
```

Der Kommandoprozessor wird in einer Kopie geladen, der ursprünglich geladene primäre Prozessor gibt die Kontrolle vorübergehend an eine Kopie ab.

Das ist für den Anwender nur interessant, wenn er etwa mit einem komplett anderen Umgebungsspeicher arbeiten möchte, denn es gilt diese Regel:

Wenn eine Kopie des Kommandoprozessors geladen wird, können Sie den Umgebungsspeicher des neuen Kommandoprozessors vollkommen anders einstellen wie die des primären Prozessors, also einen anderen Pfad oder andere Variablen. Die Variablen des ersten Prozessors gelten in dieser neuen Umgebung also nur, solange sie nicht geändert werden.

Wenn Sie die Kopie dieses Prozessors jedoch verlassen, so gelten wieder die Werte des primären Prozessors. Um die Ebene des neuen Prozessors (und seiner Umgebung) wieder zu verlassen, befehlen Sie

```
EXIT
```

Dies gilt auch, wenn Sie eventuell noch eine Ebene weiter entrückt sind. Die letzte Ebene (nämlich der primäre Prozessor) kann nicht verlassen werden.

Die Gerätetreiber

Die Konstruktion, die Steuerung der Hardware durch externe Gerätetreiber durchzuführen, war einer der wesentlichen Gründe für den Erfolg des MS-DOS. Um dies zu erläutern, müssen wir uns ansehen, wie bei anderen Betriebssystemen - etwa auf Großrechenanlagen - die Steuerung der Hardwarebestandteile durchgeführt wird:

Dort ist die Hardwaresteuerung fest in das Betriebssystem implementiert, was jedoch den entscheidenden Nachteil hat, daß Änderungen oder Ergänzungen sehr schwer zu realisieren waren.

MS-DOS dagegen hatte von Anfang an folgende Konstruktion: Das gesamte System steuert die Hardware durch das BIOS, alle Anwendersoftware muß lediglich auf die Funktionen des BIOS ausgerichtet werden, der PC selbst kann dem Programmierer vollkommen schnuppe sein.

Genauso ging man bei der Steuerung zusätzlicher Geräte vor: Das Betriebssystem steuert die einzelnen Geräte nicht selbst, sondern führt die Steuerung durch externe Software - eben diese Treiber - durch, die durch diese "Stecker" an das System angeschlossen wurden.

Der Vorteil liegt auf der Hand: Es können Geräte angeschlossen werden, die (vereinfacht) nur einen Gerätetreiber aufweisen müssen, der die Konventionen des DOS einhält und so an das Betriebssystem paßt.

Mehr noch: Zum Zeitpunkt der Entwicklung des Betriebssystems müssen diese Geräte (und ihre Treiber) noch nicht einmal im Ansatz bekannt sein. Solange sich die Entwickler an die Spielregeln für das "Andocken" eines Gerätes an MS-DOS halten, können sie immer neue Geräte für den PC unter MS-DOS entwickeln und Ihnen erzählen, Sie müßten sich sofort ein solches kaufen, um überhaupt noch mit Ihrem PC richtig arbeiten zu können.

Gerätetreiber werden wie Programme in den Hauptspeicher geladen, doch im Gegensatz zu Programmdateien werden sie in einen hardwarenahen, reservierten Bereich geladen, da sie sehr eng mit der Hardware zusammenarbeiten.

Wir unterscheiden grob zwei Arten von Gerätetreibern: Die Zeichengerätetreiber und die Block-Gerätetreiber.

Auch eine andere Unterscheidung müssen wir noch einführen: Es gibt interne Treiber wie den Treiber CON für Bildschirm und Tastatur, die fest im Betriebssystem eingebaut sind und die Sie weder laden noch entfernen können.

Andere Gerätetreiber - etwa KEYBOARD.SYS für das Einstellen der Tastatur oder COUNTRY.SYS für länderspezifische Gegebenheiten wie das Datumsformat - sind externe Gerätetreiber, die nicht von MS-DOS automatisch beim Starten des PCs geladen werden, sondern nur, wenn Sie es befehlen:

Die Konfigurationsdatei CONFIG.SYS, die sofort nach dem Selbsttest des Rechners (s. u.) abgearbeitet wird, dient vornehmlich dem Laden von externen Gerätetreibern. Auch die Gerätetreiber für externe Geräte wie die Maus oder eine spezielle Steckkarte werden durch diese Konfigurationsdatei geladen.

Die Zeichen-Gerätetreiber

Zum einen gibt es die sogenannten Zeichen-Gerätetreiber, die die Kommunikation mit der angeschlossenen Hardware zeichenweise (Byte für Byte) durchführen.

Dazu gehört der Gerätetreiber CON, der die Tastatur und den Bildschirm zeichenweise steuert - jeder Druck auf die Tastatur erzeugt das vereinbarte Zeichen auf dem Bildschirm. Auch der Gerätetreiber PRN für den Drucker am ersten parallelen Port steuert den Drucker zeichenweise, also Byte für Byte. Ein Zeichentreiber ist von seinem Aufbau her immer für *ein* Gerät zuständig, so daß für jedes der damit betriebenen Geräte ein Gerätetreiber notwendig ist.

Die Block-Gerätetreiber

Anders verhalten sich die Block-Gerätetreiber: Da sie der Kommunikation des DOS mit Massenspeichern wie Festplatte oder Diskettenlaufwerk dienen, wird nicht jeweils ein Zeichen übertragen, sondern ein Block von Zeichen, dessen Größe von Gerät zu Gerät, ja, sogar auf ein und demselben Gerät variieren kann. Die Namen dieser Geräte (und damit der Gerätetreiber) sind nicht frei wählbar, denn die Verwaltung von Massenspeichern dieser Art geschieht nicht über den Namen, sondern über die Lage des Treibers in der hierarchischen Struktur: Die erste Festplatte, so es eine gibt, ist immer C:, das erste Diskettenlaufwerk immer A: und so weiter.

Und eine weitere Konvention ist einzuhalten: Die dermaßen angesprochenen Laufwerke müssen vereinbarungsgemäß über eine dort niedergelegte Dateizuordnungstabelle (File Allocation Table, FAT) nebst Sicherheitskopien verfügen sowie über ein Hauptverzeichnis - dies gilt übrigens auch für eine RAM-Disk oder andere logische Laufwerke.

Das Laden der Gerätetreiber des MS-DOS

Die internen Gerätetreiber werden beim Starten durch das BIOS gesteuert geladen, und zwar in folgender Reihenfolge:

NUL	Dummy-Gerät für Testzwecke
CON	Gerätetreiber für Tastatur und Bildschirm
AUX	erste serielle Schnittstelle
PRN	erste parallele Schnittstelle
$CLOCK	Gerätetreiber für die Systemuhr
A: und B:	Gerätetreiber für die Diskettenlaufwerke
C:	Gerätetreiber für die erste Festplatte oder RAM-Disk
COM1	erste serielle Schnittstelle
LPT1 bis LPT3	erste bis dritte parallele Schnittstelle
COM1 bis COM4	erste bis vierte serielle Schnittstelle

Hinweis: Die Namen dieser Gerätetreiber sind reserviert und dürfen daher nicht für andere Zwecke, etwa im Datei- oder Verzeichnisnamen vorkommen! Andere Gerätetreiber, etwa COUNTRY.SYS oder ANSI.SYS müssen in der CONFIG.SYS durch den Befehl DEVICE in den Speicher geladen werden. Wenn Sie nun einen Treiber durch die CONFIG.SYS laden, etwa mit der Zeile

```
DEVICE=ANSI.SYS
```

den Bildschirmtreiber ANSI.SYS, wird dieser nach dem Gerät NUL, aber vor allen anderen Treibern geladen:

```
NUL, ANSI, CON, AUX, PRN, $CLOCK
```

Der Grund für diesen Kunstgriff ist einleuchtend: Jeder Gerätetreiber muß Gelegenheit haben, einen anderen Treiber in seiner Funktion zu ersetzen, etwa, um dessen Aufgaben - in erweiterter oder verbesserter Weise - zu übernehmen.

Die externen Gerätetreiber des MS-DOS

ANSI.SYS	Gerätetreiber für Bildschirmausgaben, der unter DOS ermöglicht, Farben und andere Bildschirmattribute auszugeben. Anwendungsprogramme greifen unter Umgehung dieses Treibers direkt auf den Bildschirm zu.
DBLSPACE.SYS	Gerätetreiber, der nach dem Laden von DBLSPACE.BIN dessen Speicherposition korrigiert.
DISPLAY.SYS	Bildschirmtreiber für bestimmte Zeichensatztabellen, die jedoch meist nicht ausdrücklich definiert werden müssen, da der Standardzeichensatz für unseren Sprachraum vollkommen ausreicht.
DRIVER.SYS	ist ein zusätzlicher, erweiterter Laufwerktreiber, der externe Geräte (etwa ein drittes Diskettenlaufwerk) als logische Laufwerke im System verwaltet.
EGA.SYS	Wenn Sie den Task-Switcher der DOS-Shell (siehe Kapitel 7) auf einem Rechner mit EGA-Karte nutzen wollen, muß dieser Treiber installiert werden.
EMM386.EXE	Verwaltung des Expanded Memory sowie Bereitstellung und Verwaltung des Upper Memory.
HIMEM.SYS	Treiber zur Einrichtung des Extended Memory nach dem XMA-Standard.
INTERLNK.EXE	Dieser Gerätetreiber steuert das Zusammenspiel von Rechnern, die über die serielle Schnittstelle verbunden sind.
POWER.EXE	Dieser Treiber überwacht den Stromverbrauch auf Laptops.

PRINTER.SYS	Druckertreiber für Zeichensatztabellen. Hier gilt das zu DISPLAY.SYS Gesagte.
RAMDRIVE.SYS	Treiber für eine RAM-Disk.
SETVER.EXE	Emulation einer DOS-Version für Programme, die die aktuelle Version nicht unterstützen.
SMARTDRV.EXE	Cache-Speicher zur Optimierung von Festplattenzugriffen.

Die CONFIG.SYS

Die externen DOS-Gerätetreiber und externe Treiber für Peripheriegeräte oder Steckkarten werden durch die CONFIG.SYS beim Startvorgang geladen.

Beachten Sie für das Erstellen oder Ändern der CONFIG.SYS folgende Regeln:

- Die CONFIG.SYS muß als ASCII-Datei angelegt werden, darf also nur Text enthalten. Verwenden Sie deshalb für Ergänzungen oder Änderungen den bei MS-DOS mitgelieferten Editor EDIT (siehe Kapitel 8), der reine Textdateien ohne Steuerzeichen erstellt.

- Die Datei muß sich im Hauptverzeichnis des Startlaufwerks befinden, um als Konfigurationsdatei erkannt und abgearbeitet zu werden. Eine Datei dieses Namens in einem anderen Verzeichnis bleibt unberücksichtigt.

- In jeder Zeile dieser Datei darf nur ein Befehl stehen bzw. ein Gerätetreiber geladen werden.

- Die Reihenfolge der Treiber in der CONFIG.SYS ist meist, aber nicht immer unkritisch. Manche Treiber bzw. Befehle benötigen einen anderen Treiber, der vor ihnen geladen werden muß. In solchen Fällen haben wir dies ausdrücklich erwähnt.

- Die Gerätetreiber, die durch die CONFIG.SYS in das System geladen werden, können nicht auf andere Weise gestartet werden. Auch ein Entfernen der Treiber aus dem Speicher ist nur möglich, indem der Treiber aus der CONFIG.SYS entfernt und das System neu gestartet wird.

Der Befehl, mit dem wir einen Gerätetreiber in das System laden, lautet DEVICE, seine Syntax lautet

```
DEVICE=[Name und Pfad des Treibers]
```

Wenn Sie den Treiber ANSI.SYS laden wollen - ob und wann Sie dies tun sollten, erfahren Sie weiter unten im Abschnitt "Die richtige CONFIG.SYS und AUTOEXEC.BAT für Ihr System" - lautet die Zeile schlicht

```
DEVICE=C:\DOS\ANSI.SYS
```

Hinweis: Beachten Sie, daß zu dem Zeitpunkt, an dem die CONFIG. SYS abgearbeitet wird, noch kein Suchpfad mit PATH für das System definiert sein kann und demzufolge ein kompletter Pfad zu diesem Treiber angegeben werden muß.

Sie können durch die CONFIG.SYS auch residente Programme starten, die Sie normalerweise durch die AUTOEXEC.BAT aufrufen würden. Die Syntax lautet dann

```
INSTALL=PFAD\PROGRAMM
```

Wenn Sie also den deutschen Tastaturtreiber KEYB.COM über die CONFIG.SYS laden wollen, verwenden Sie diese Syntax:

```
INSTALL=C:\DOS\KEYB.COM GR,437,C:\DOS\KEYBOARD.SYS
```

Hinweis: Bei der Anwendung von INSTALL sind einige Dinge zu beachten:

- Zur Zeit der Abarbeitung der CONFIG.SYS existiert noch kein Suchpfad, daher muß der komplette Pfad angegeben werden.
- Es ist auch wichtig, zu wissen, daß ein Hochladen des Programms in den Bereich des Upper Memory mit diesem Befehl (siehe Kapitel 10.4) nicht möglich ist. Der einzige Vorteil von INSTALL ist der, daß kein Suchpfad mit abgespeichert und so etwas Speicherplatz gespart wird.
- Mit INSTALL sollten keine Programme geladen werden, die Umgebungsvariablen verwenden.

Folgende Programme können offiziell mit INSTALL geladen werden:

```
FASTOPEN
KEYB
SHARE
NLSFUNC
```

Wir haben jedoch nahezu alle bekannten residenten Programme probehalber mit INSTALL bzw. INSTALLHIGH (s.u.) geladen und keine Probleme feststellen können. Wenn DOS einen Treiber aufgrund einer falschen oder fehlenden Pfadangabe nicht findet, meldet DOS

```
Falsche(r) oder fehlende(r) ANSI.SYS
Fehler in der Datei CONFIG.SYS in Zeile xx
```

Sollten Sie dagegen einen nicht erlaubten Befehl in die CONFIG.SYS einbauen oder einen Syntaxfehler machen - etwa der beliebte Fehler, nach DEVICE das Gleichheitszeichen zu vergessen oder dort eine Leertaste zu verwenden -, meldet DOS

```
Unbekannter Befehl in der Datei CONFIG.SYS
Fehler in der Datei CONFIG.SYS in Zeile xx
```

Bemerkungen können Sie ebenfalls einbauen - dies raten wir Ihnen dringend an, wenn Ihre CONFIG.SYS sehr umfangreich werden sollte. Der Befehl REM sorgt (wie in einer Batch-Datei) dafür, daß der folgende Text nicht als Befehl interpretiert wird:

```
REM Dieser Treiber verwaltet den Scanner. Normalversion ohne Option /M
```

Ab der Version 6.2 dürfen Sie anstelle des Befehles REM auch das inzwischen in Programm-Code international übliche Semikolon als Zeichen vor die Zeile stellen:

```
;Dies ist ein Kommentar
```

Auf eines müssen wir an dieser Stelle hinweisen, da es gern vergessen wird: Die CONFIG.SYS ist eine Datei, die beim Starten abgearbeitet wird. Wenn Sie also eine Änderung an dieser Datei vorgenommen haben, werden diese Einstellungen erst beim nächsten Neustart gültig, nicht nach dem Abspeichern der CONFIG.SYS auf die Festplatte!

Die AUTOEXEC.BAT

Neben der CONFIG.SYS kann im System eine weitere Datei existieren, die MS-DOS beim Start erkennt und deren Befehle automatisch ausgeführt werden: Die AUTOEXEC.BAT. Diese Datei, die immer nach der CONFIG.SYS abgearbeitet wird, lädt im Gegensatz zu dieser keine Gerätetreiber, sondern kann jeden x-beliebigen DOS-Befehl enthalten, der beim Starten dann automatisch ausgeführt (*Auto Exec*ute) wird.

Diese Datei muß sich wie die CONFIG.SYS im Hauptverzeichnis des Startlaufwerks befinden, um von DOS erkannt und abgearbeitet zu werden.

Die Regeln für ihre Erstellung entsprechen denen, wie sie für alle Batch-Dateien gelten. Es ist also hier wie dort möglich, aus der AUTOEXEC.BAT ein kleines programmiertes Kunstwerk zu machen, doch meist wird dort sachlich ein Befehl nach dem anderen ausgeführt:

- Wenn Sie jeden Tag automatisch mit einem bestimmten Prompt arbeiten wollen, sollten Sie ihn durch die AUTOEXEC.BAT einstellen.
- Ein Suchpfad mit PATH kann man zwar jeden Morgen selbst eintippen, doch warum überlassen Sie das nicht der AUTOEXEC.BAT?
- Auch das Einstellen der deutschen Tastaturbelegung mittels KEYB.COM können Sie eintippen, doch auch hierfür ist die Startdatei sicher der bessere Weg.
- Ihre Festplatte soll durch FASTOPEN beschleunigt werden? Dann sollten Sie dieses Programm in Ihre Startdatei eintragen, damit es beim nächsten Start automatisch geladen wird.

Sie merken es: In diese Datei werden all jene Programme und Befehle eingebunden, mit denen wir täglich arbeiten möchten, ohne sie explizit zu starten - wir kommen dem Motto "einschalten und loslegen" immer näher.

Tip: TSR-Programme mit kompletter Pfadangabe

Wenn Sie innerhalb Ihrer AUTOEXEC.BAT speicherresidente Programme aufrufen, (etwa KEYB.COM oder residente Anwendungsprogramme), so sollten Sie diese mit kompletter Pfadangabe in die AUTOEXEC.BAT einbauen.

Wenn Sie nach der Definition des Suchpfades die Programme nur mit Namen aufrufen, wird der komplette Pfad mit in den Speicher geschrieben, obwohl die Pfadangaben dort nicht benötigt werden. Geben Sie jedoch den Pfad schon in der AUTOEXEC.BAT mit an, so spart dies oft einige Hundert Bytes wertvollen Hauptspeichers.

Auch hier gilt die Regel: Da die AUTOEXEC.BAT eine Startdatei ist, werden etwaige Änderungen natürlich erst wirksam, wenn der Rechner neu gestartet wird. Doch im Gegensatz zur CONFIG.SYS können Sie die Programme, die durch die AUTOEXEC. BAT gestartet werden, genauso gut "per Hand" installieren. Wenn Sie also den Aufruf von FASTOPEN in Ihre Startdatei eingetragen haben, müssen Sie Ihren PC nicht neu starten, sondern laden FASTOPEN dieses eine Mal mit einem normalen Aufruf am Prompt.

10.2 Das Einrichten einer Festplatte

Eine neue Festplatte ist in der gelieferten Form ein tatsächlich unbeschriebenes Blatt. Sie muß vom Händler oder Anwender erst grundsätzlich eingerichtet werden.

Ob Sie alle drei Tätigkeiten durchführen müssen oder keine von ihnen, hängt zum einen davon ab, welchen Typ Festplatte Sie benutzen, und zum anderen, ob der Lieferant des Rechners die notwendige Konfiguration bereits durchgeführt hat. Wenn Sie nach Laufwerk C: wechseln können und dort ein - wenn auch leeres - Inhaltsverzeichnis aufrufen können, ist die Festplatte für Ihr System bereits eingerichtet.

Wenn aber ein Wechsel auf die Festplatte mit dem Befehl

```
C:
```

mit der Meldung

```
Ungültige Laufwerkangabe
```

quittiert wird, muß die Festplatte konfiguriert werden und damit sind die folgenden Schritte nötig:

- Die *Low-Level-Formatierung*, eine Vorformatierung, die unabhängig vom Betriebssystem generell die Festplatte initialisiert. Bei den meisten Festplattentypen darf diese Art der Formatierung auch vom Anwender durchgeführt werden, bei AT-Bus-Festplatten darf dies nur der Hersteller.

- Die *Partitionierung* teilt die Festplatte in logische Bereiche, auf denen auch unterschiedliche Betriebssysteme betrieben werden können.

- Die *Formatierung* überprüft die Oberfläche der Platte auf schlecht oder nicht lesbare Sektoren und erstellt die Verwaltungselemente, die Dateizuordnungstabelle und das Inhaltsverzeichnis.

10.3 Komprimieren und Dekomprimieren von Laufwerken mit DBLSPACE

Seit der Version 6.0 besteht die Möglichkeit, die Kapazität Ihrer Festplatte durch ein bei MS-DOS mitgeliefertes Programm zu vergrößern. In der Version 6.2 wurde das Komprimierungsprogramm überarbeitet und erweitert, nach der Interimslösung ohne DoubleSpace (Version 6.21) erhielt es in 6.22 einen neuen Namen (DriveSpace), ohne daß sich in der Bedienung großartig etwas geändert hätte.

Verweis: MS-DOS 6.22 → Kapitel 13

Diesen nur auf den ersten Blicken merkwürdigen Umstand verdanken Sie einer in der EDV üblichen Technik, Daten, die in digitaler Form vorliegen, komprimieren, also verdichten zu können. Diese Komprimierung geschieht dergestalt, daß bei wiederholt auftretenden Bitmustern die sich wiederholenden Sequenzen nur noch mit einem Verweis auf die bereits erfolgte Nennung dieser Sequenz erfolgt. Wenn also sich wiederholende Zeichenfolgen auftreten, wird nicht mehr die Zeichenfolge selbst gespeichert, sondern nur noch der Verweis auf das erste Vorkommen dieser Zeichenfolge. Der Satz

```
Wenn Sie beim Tragen zu sagen wagen, daß der Segen des Regens gegen
Null geht, lagen Sie richtig.
```

enthält mehrere Wiederholungen, die so komprimiert werden können:

```
Wenn Sie beim Tragen zu s[9,4] w[11,4], daß der Segen des R[10,4]
g[11,4], l[38,4] [50,3] richtig.
```

Es wird also gespeichert, an welcher Stelle die Sequenz bereits vorkommt und wie viele Buchstaben sich von dort aus wiederholen.

Die unterschiedlichen Datendateien erlauben unterschiedliche Kompressionsgrade, wobei Bitmap-Grafikdateien am weitesten komprimiert werden können, denn wenn eine Fläche einfarbig ist, ist die Wiederholungsrate natürlich sehr hoch.

Den geringsten Verdichtungsgrad weisen Programmdateien auf, bereits komprimierte Dateien sind nicht mehr komprimierbar.

Diese Kompression hat man sich bei den sog. Archivprogrammen zunutze gemacht, die seit Jahren in der Szene herumgereicht werden.

Im Prinzip genauso wie diese Archivierungsprogramme funktioniert das Programm DBLSPACE, das Microsoft ihrem MS-DOS seit der Version 6.0 spendiert hat. Ein wesentlicher Unterschied zu den genannten Utilities (= nützliche Programme) ist jedoch der, daß bei DBLSPACE die Komprimierung und Entkomprimierung in Echtzeit vornimmt, vom den Anwender also keinerlei Aktivitäten zu ergreifen sind:

- Sie starten das Programm WORD - DBLSPACE dekomprimiert blitzschnell die Datei WORD.EXE. Mit einem kaum spürbaren Geschwindigkeitsverlust erscheint das Programm wie gewohnt am Bildschirm.

- Wenn Sie einen Text laden, wird dieser ebenfalls erst dekomprimiert.

- Beim Abspeichern des Textes wird er erneut komprimiert und abgelegt.

- Sie rufen das Inhaltsverzeichnis eines Laufwerks auf und erhalten die Anzeige über die Dateien, als handele es sich um ein normales Laufwerk, der Vorgang ist also für den Anwender vollkommen transparent.

Nun hat es Programme dieser Art bereits vor MS-DOS 6.2 gegeben und mancher Anwender wird bereits eine komprimierte Festplatte betreiben und sich fragen, ob es Sinn macht, auf DBLSPACE umzusteigen und wenn ja, welche Vorteile dieses Programm gegenüber anderen Programmen wie *Stacker, Superstor* bzw. *Double Disk* oder *Double Density* hat.

Der entscheidende Vorteil ist der, daß DBLSPACE in den Betriebssystem-Kern von MS-DOS integriert ist und so durchaus ein höheres Maß an Sicherheit anbietet. Es handelt sich nicht um ein "fremdes Programm", sondern ein dem IO.SYS bekanntes System, das beim Start des Rechners abgefragt wird und nicht erst durch die CONFIG.SYS gestartet wird und sich gleichsam über das System stülpt.

Nun muß man jedoch auch ehrlicherweise sagen, daß die Komprimierung nicht nur positive Auswirkungen hat - nämlich die Vergrößerung der Kapazität zum Nulltarif -, sondern daß es auch Probleme geben kann: Die Daten werden durch die Kompression gleichsam verschlüsselt, die verdichteten Daten sind also ohne den umgekehrten Vorgang der Dekompression nicht mehr lesbar. Sollte also - etwa durch einen Virus oder einen technischen Defekt - die Dekomprimierung der Daten nicht gelingen, sind die Daten verloren. Und da dies die gesamte Festplatte betrifft, sind die Daten der gesamten Platte verloren.

Aus diesem Grund hat man ab der Version 6.2 des Betriebssystems MS-DOS weitere Sicherungsmaßnahmen eingebaut, etwa das Modul **DoubleGuard**, das die Integrität der komprimierten Daten durch ein Prüfsummensystem überprüft.

Außerdem wird beim Erstellen der komprimierten Platte eine Oberflächenprüfung der Festplatte vorgenommen, damit im Falle von Fehlern sofort reagiert werden kann.

Vielleicht ist es jedoch ganz wichtig, wenn wir an dieser Stelle einmal unsere Erfahrungen einbringen: Wir hatten auf mehreren Schulungsrechnern DBLSPACE installiert und haben nicht einen einzigen Fehler feststellen können. Gleiches gilt auch für das neue DriveSpace. Wir haben im Gegenteil die Erfahrung gemacht, daß die komprimierte Platte sich ganz normal verhält. Sie müssen also nach unseren Erfahrungen nicht mit Problemen rechnen.

Auch ein anderer Hinweis muß an dieser Stelle einmal deutlich herausgearbeitet werden: Die maximale Größe für eine komprimierte Platte ist 512 MByte. Dies bedeutet, daß die unkomprimierte Platte nicht größer als 200 - 300 MByte sein darf.

Hinweis: Ein weiterer wichtiger Hinweis: Eine SCSI-Platte sollten Sie nicht komprimieren. Es hat einige Fälle gegeben, in denen die Anwender dies bitter bereut haben. Da jedoch eine SCSI-Platte meist ohnehin recht groß ausgelegt ist, wird auf einem derartigen System eine Komprimierung nicht "der letzte Ausweg" sein.

Und eine letzte Einschränkung: Windows NT erkennt (noch) keine komprimierten Laufwerke. Sollten Sie vorhaben, auf dieses Betriebssystem umzusteigen, sollten Sie also auf eine Kompression verzichten.

Die Arbeitsweise von DBLSPACE

Beim Installieren von DBLSPACE wird eine Datei angelegt, die *CVF* genannt wird, eine Abkürzung von *C*ompressed *V*olume *F*ile. In dieser Datei werden die Daten komprimiert abgelegt. Da diese Daten dort direkt aneinandergereiht werden, entsteht neben dem Komprimieren noch ein weiterer Vorteil: Die kleinste Zuordnungseinheit von DBLSPACE ist dadurch 512 Byte und nicht, wie auf Festplatten üblich, 2 KByte. Dadurch erhalten Anwender mit vielen kleinen Dateien diesen verschenkten Platz wieder zurück.

Die CVF wird von DOS wie ein weiteres Laufwerk angesehen, ein kleiner Teil des physikalischen Laufwerks bleibt unkomprimiert, dort werden die Bestandteile des Betriebssystems untergebracht, die ja zum Start des Systems nicht komprimiert vorliegen dürfen.

Auch eine permanente Swap-Datei von Windows - so es sie gibt - darf nicht komprimiert werden und wird dort abgelegt. Das dem Betriebssystem vorgegaukelte Laufwerk ist im System weiterhin als C: bekannt, das unkomprimierte Laufwerk bekommt einen Laufwerksnamen, der sich nach den im System bereits verwendeten Laufwerken richtet. Dieser neue Laufwerkname wird Ihnen nach erfolgter Installation mitgeteilt.

Ein Zugriff auf eine Datei des Laufwerks C: wird also eigentlich nicht von diesem Laufwerk gelesen, sondern aus der CVF gelesen und dekomprimiert.

Hinweis: Neben den erwähnten Dateien werden alle Dateien in dem unkomprimierten Laufwerk abgelegt, die das Attribut S für System haben, da DBLSPACE davon ausgeht, daß diese nicht komprimiert werden dürfen.

Ein weiterer zusätzlicher Vorteil: Das Cache-Programm SMARTDRV. EXE ab DOS 6.2 (nicht das von Windows 3.1!) wurde so überarbeitet, daß es hinter DBLSPACE arbeitet, es werden also die komprimierten Daten gepuffert, was die Trefferquote des Cache und damit seine Effizienz (geringfügig) erhöht.

Beim Start des Rechners werden also folgende Schritte vom Betriebssystem ausgeführt:

① Nach dem Einschalten wird die IO.SYS, eine der drei Dateien des Betriebssystem-Kerns, geladen. Diese erkennt, daß ein komprimiertes Laufwerk vorhanden ist und lädt DBLSPACE.BIN.

② DBLSPACE.BIN installiert die CVF als Laufwerk D: (oder eine andere Laufwerkkennung). Dies ist als ein entscheidender Vorteil gegenüber Fremdprogrammen wie Stacker etc. anzusehen, denn für diesen Schritt ist es nicht nötig, daß CONFIG.SYS und AUTOEXEC.BAT in zwei, möglicherweise inkonsistenten, Versionen auf D: und C: vorliegen.

③ Die Laufwerke D: und C: werden vertauscht, so daß das Laufwerk C: nunmehr das komprimierte Laufwerk ist und das Laufwerk D: das Laufwerk, das die CVF enthält.

④ Die Datei CONFIG.SYS wird normal von C: aus abgearbeitet.

⑤ Die AUTOEXEC.BAT wird ebenfalls wie gewohnt abgearbeitet.

Die Installation von DBLSPACE

Die Installation des Komprimierungsprogramms ist sehr einfach und von jedermann ohne Vorkenntnisse auszuführen. Die Installation ist auch sehr sicher, auch ein Stromausfall während des Komprimierens bedeutet kein Problem.

Grundsätzlich gilt jedoch: Auch sollten Sie sicherheitshalber vor dem Installieren eine Datensicherung durchführen, denn die Sicherheit von DBLSPACE mag hoch sein, doch wie hoch, wissen wir natürlich nicht.

Das Programm DBLSPACE läuft dialoggeführt ab und erlaubt, die Komprimierung in zwei Modi durchzuführen:

Express — Dieser Modus komprimiert das Laufwerk C:, alle Daten werden nach und nach komprimiert und erst nach einer Sicherheitsüberprüfung in der nichtkomprimierten Form gelöscht. Dieser Modus ist die einfachste Form.

Benutzerdefiniert — In diesem Modus können Sie die zu komprimierenden Laufwerke wählen, können ein neues, komprimiertes Laufwerk erstellen. In diesem Modus müssen Sie die Vorgehensweise selbst bestimmen.

Tip DBLSPACE und Windows
Wenn Sie zu diesem Zeitpunkt Windows nicht installiert haben, dies jedoch für einen späteren Zeitpunkt planen, sollten Sie den benutzergeführten Modus wählen, denn für Windows benötigen Sie eine unkomprimierte Platte für den virtuellen Speicher. Doch nur im benutzergeführten Modus erhalten Sie Gelegenheit, die Größe dieser Platte festzulegen.

Die Installation in beiden Modi wird zwar von Ihnen mit einem einzigen Befehl gestartet, nämlich

```
DBLSPACE
```

doch laufen danach (nahezu ohne Ihr Zutun) sehr umfangreiche und komplexe Prozesse ab.

Nach der Auswahl des Expreß-Modus sehen Sie auf dem folgenden Bildschirm die Aufforderung, die Taste [F] zu betätigen, wenn Sie fortfahren wollen. Mit [Esc] gelangen Sie zum vorigen Bildschirm zurück. Die geschätzte Dauer des Vorgangs wird Ihnen ebenfalls mitgeteilt. Dieser Angabe sollten Sie nur begrenzt Glauben schenken, denn die Zeit wird lediglich geschätzt. In Abhängigkeit von Zugriffszeit der Platte und dem Datendurchsatz im System wird es meist etwas schneller ablaufen als angegeben.

Als allererstes wird mit SCANDISK die Oberfläche der Platte überprüft. Dafür sollten Sie sich etwas Zeit nehmen; SCANDISK benötigt für eine 80 MByte-Platte etwa 25 Minuten. Wird ein Fehler gefunden, so wird dieser nicht automatisch beseitigt, denn im normalen Modus werden Fehler von SCANDISK nur gemeldet.

In einem solchen Falle müssen Sie SCANDISK ein weiteres Mal mit der Option /S für /SURFACE starten, also

```
SCANDISK /S
```

Nur mit dieser Option werden Fehler erkannt und beseitigt.

Nun sollte man meinen, daß ein erneuter Lauf von DBLSPACE erkennt, daß die Fehler beseitigt sind, doch weit gefehlt; SCANDISK wird erneut gestartet und ein weiteres Mal - wenn Sie Pech haben also das vierte Mal - durchgeführt.

Hinweis: Sollten Fehler auf Ihrer Platte festgestellt werden, sollten Sie das zum Anlaß nehmen, diese Überprüfung öfter einmal durchzuführen, da es Anzeichen für ein beginnendes Totalversagen der Platte sein können.

Nach der Oberflächenanalyse mit SCANDISK werden Sie informiert, daß die Datei DBLSPACE.BIN auf das unkomprimierte Laufwerk kopiert wird, dabei wird diese Datei im Verzeichnis gesucht, in der sich das Betriebssystem befindet.

Danach wird festgestellt, ob die Dateien fragmentiert auf der Platte vorliegen. Wenn dies der Fall ist, wird die Platte mit dem Programm DEFRAG (siehe Kapitel 4.7) einer Optimierung unterzogen.

Nach einer Analyse des Systems wird der Rechner neu gestartet, doch danach übernimmt DBLSPACE sofort wieder das Kommando, es erfolgt die eigentliche Installation:

- Die zunächst noch leere CFV wird erstellt.
- Jede einzelne Datei wird gelesen, komprimiert.
- Die CFV wird vergrößert.
- Die neue Datei wird in die CVF geschrieben.
- Der Schreibvorgang wird verifiziert.
- Die Originaldatei wird gelöscht.

Der Vorgang ist so angelegt, daß zu keinem Zeitpunkt Daten nur im Hauptspeicher vorhanden sind, und es wird ständig die AUTOEXEC. BAT so geändert, daß sie Auskunft über den Fortgang der Dinge geben kann und bei einem Neustart nach einem Abbruch (etwa durch einen Stromausfall) kein Datenverlust entsteht.

Daß dies seine Zeit dauert, kann sich jeder denken. Insofern verwundert es nicht, daß DBLSPACE auf einer mittelschnellen Platte eine Minute für 1 MByte Daten benötigt, planen Sie also je nach Größe der Platte etwas Zeit ein! Sie können während des Komprimierens den Fortgang der Dinge am Bildschirm verfolgen. Auch hier gilt: Die Zeitangaben sind nur geschätzt und können erheblich abweichen.

Nach dem Komprimieren folgt - ebenfalls ohne Ihr Eingreifen - der Abschluß: Das neue, komprimierte Laufwerk wird defragmentiert, allerdings nicht, um dort die Daten sequentiell abzulegen, sondern nur, um den freien Platz an das Ende des Laufwerks zu verschieben. Anschließend wird das gesamte System erneut überprüft. Erst, wenn dieser Check zur vollen Zufriedenheit ausfällt, wird der Vorgang beendet und Ihnen mitgeteilt, wieviel Speicherplatz auf der Platte freigemacht werden konnte und wie das neue Laufwerk für die unkomprimierten Daten heißt.

```
Microsoft DoubleSpace-Setup

    DoubleSpace hat die Komprimierung von Laufwerk C: beendet.

       Freier Speicher vor der Komprimierung:      16,1 MB
       Freier Speicher nach der Komprimierung:     48,2 MB
       Komprimierungsverhältnis:                   1,5 zu 1
       Gesamtzeit für Komprimierung:               39 Minuten

       DoubleSpace hat ein neues Laufwerk H: angelegt, das 5,9 MB
       nicht komprimierten Speicher enthält. Davon werden 3,9 MB von
       Microsoft Windows benutzt. Der restliche Speicher ist für Da-
       teien, die nicht komprimiert werden dürfen.

       Drücken Sie die Eingabetaste, um DoubleSpace zu beenden und
       Ihren Computer neu zu starten.
```

Diese Bildschirmmeldung ist selbsterklärend: Diese Platte ist in 39 Minuten von 80 auf 120 MByte "aufgeblasen" worden, die CVF und die Swap-Datei von Windows ist auf Laufwerk H: abgelegt, das nicht komprimiert wurde.

Nach einem Druck auf `Enter` wird der Rechner neu gestartet und Sie können auf der vergrößerten Platte weiterarbeiten, als sei nichts gewesen. Eine Kleinigkeit hat sich geändert: Wenn Sie DIR mit der Option /C aufrufen, erhalten Sie zusätzlich zu den bekannten Angaben Auskunft darüber, wie hoch der tatsächliche Komprimierungsgrad ist.

Das benutzergeführte Setup von DBLSPACE

Wenn Sie sich dafür entscheiden, statt des Express-Modus den benutzergeführten Modus zu verwenden, ist der Ablauf genau derselbe, nur daß Sie folgende Wahlmöglichkeiten haben:

① Wollen Sie das vorhandene Laufwerk, in den meisten Fällen also C:, komprimieren oder wollen Sie das Laufwerk C: unkomprimiert behalten und ein weiteres Laufwerk anlegen, das jedoch komprimiert sein soll.

② Die zweite Möglichkeit des Eingriff, ist die Angabe darüber, wie groß das unkomprimierte Laufwerk für die Aufnahme der CVF und weiterer, nicht komprimierter, Dateien sein soll und welchen Laufwerkbuchstaben Sie für dieses Laufwerk vergeben wollen.

Hinweis: An dieser Stelle ein Hinweis: Wenn Sie das vorhandene Laufwerk C: komprimieren, wird die CVF DBLSPACE.000 genannt. DBLSPACE kann natürlich, wenn Sie mehrere leere komprimierte Laufwerke anlegen, mehrere CVFs anlegen, die fortlaufend mit DBLSPACE.001, DBLSPACE.002 etc. numeriert werden. Die Laufwerkbuchstaben, weisen diesen Laufwerken in der Datei DBLSPACE.INI die entsprechenden Laufwerke zu. Die DBLSPACE.INI sollten Sie also auf keinen Fall "per Hand" ändern.

Auch folgende Informationen zur Zuweisung der Laufwerknamen sind für Sie möglicherweise von Interesse, insbesondere, wenn Sie ein Netzwerk installieren oder mit einer RAM-Disk arbeiten:

DBLSPACE weist dem Host-Laufwerk (das unkomprimierte Laufwerk), das die CVF und einige andere Dateien enthält, einen Namen zu, indem es die vier nächsten Laufwerknamen überspringt. Haben Sie auf Ihrem Laufwerk also die echten Laufwerke A:, B: und C:, so wird das Host-Laufwerk den Namen H: erhalten. Die Laufwerknamen D:, E:, F: und G: werden übersprungen. Wird nun ein weiteres Laufwerk komprimiert, erhält es den letzten freien Namen aus diesen vier, also G: usw. Damit wird sichergestellt, daß die nächsten Laufwerknamen für Netzwerklaufwerke ab I: verwendet werden können, ohne daß es zu Konflikten kommt.

Verwalten eines komprimierten Laufwerks

Im normalen Ablauf müssen Sie selten in die Verwaltung dieses Laufwerks eingreifen. "Selten" heißt jedoch eben nicht "nie", daher hier einige Anmerkungen.

Bei der Verwaltung eines komprimierten Laufwerks entsteht ein kleines Problem, das Sie als Anwender jedoch lösen helfen können: Wenn Sie im Normalfall einen Befehl aufrufen, der den restlichen freien Platz auf dem Datenträger ermittelt, so wird Ihnen exakt angezeigt, wieviel Platz die Dateien auf dem Datenträger belegen und wieviel physikalisch vorhandener freier Platz auf dem Datenträger ist.

Bei einem komprimierten Laufwerk ist dies nicht möglich, denn der freie Platz auf dem Datenträger hängt im wesentlichen davon ab, welche Art von Dateien Sie abspeichern. Wie wir erwähnt haben, ist der mögliche Komprimierungsgrad bei den Datendateien sehr unterschiedlich:

Grafikdateien	zwischen 2:1 und 20:1
Datenbank	zwischen 2:1 und 6:1
Tabellenkalkulation	zwischen 2:1 und 6:1
Textdateien	zwischen 1:1 und 2:1
Programmdateien	zwischen 1:1 und 2:1

Diese Aufstellung zeigt das Problem sehr deutlich: Wenn Sie in den nächsten Arbeitssitzungen eine Unzahl von kleinen PCX-Dateien (Grafikdateien im verbreitetsten Format) erstellen, ist der freie Platz des Datenträgers ungleich größer, weil der Komprimierungsgrad sehr viel höher ist.

Wenn Sie beispielsweise noch einen freien Platz von 2 MByte haben, werden Sie bei einem angenommenen Komprimierungsgrad von 2:1 eine 2,5 MByte große PCX-Grafikdatei noch auf diesem Laufwerk unterbringen können, eine 2 MByte große EXE-Datei jedoch wahrscheinlich nicht.

Tip Keine unsinnigen Kompressionsraten angeben

Sie sollten die vorgeschlagenen Kompressionsraten nicht oder nur sehr vorsichtig überschreiben. Ein Grund könnte sein, daß Sie sehr viele und große Grafikdateien kopieren wollen, die erfahrungsgemäß einen hohen Komprimierungsgrad erlauben. Wenn Sie den Wert zu hoch ansetzen, kann es passieren, daß DBLSPACE nicht erlaubt, ihn wieder zu reduzieren, die Angabe der verfügbaren Kapazität ist dann sehr mit Vorsicht zu genießen.

Wenn Sie dagegen eine Reihe von Programmen - insbesondere im EXE-Format - installieren, werden die weniger komprimierbaren Programm- und Textdateien den freien Platz sehr stark beanspruchen, da sie nur gering (teilweise gar nicht) komprimierbar sind.

Insofern ist die Angabe des freien Platzes auf dem Datenträger eine Schätzung auf der Basis eines bestimmten Komprimierungsverhältnisses.

Hilfe zur Abhilfe bietet hier ebenfalls das Programm DBLSPACE an, das Sie also nicht nur zur Installation benutzen. Wenn Sie DBLSPACE erneut aufrufen, wird erkannt, daß es sich nicht um eine Erstinstallation handeln kann, und es werden Ihnen alle komprimierten Laufwerke zum Zweck der Verwaltung angezeigt. Im Fenster in der Mitte wählen Sie das Laufwerk aus, das Sie bearbeiten wollen. Die vier Menüs öffnen sich, wenn Sie nach bekanntem SAA-Muster die Taste `Alt` und den hervorgehobenen Buchstaben drücken oder den Menüpunkt mit der Maus anklicken:

Laufwerk — Enthält die Menüpunkte für die Verwaltung der komprimierten Laufwerke und für das Beenden des Programms.

Komprimieren — Erlaubt das Komprimieren eines vorhandenen oder neuen Laufwerks.

Hilfsmittel — Die Menüpunkte dienen dem Reorganisieren und Überprüfen eines komprimierten Datenträgers. Neu ab MS-DOS 6.2 ist, daß beim Aufruf des Menübefehls CHKDSK darauf hingewiesen wird, SCANDISK aufzurufen. Ebenfalls neu ist die Möglichkeit zum Dekomprimieren von DBLSPACE-Laufwerken. Unter dem Menüpunkt *Optionen* wird auch DOUBLEGUARD und AUTOMOUNT aktiviert (voreingestellt) oder deaktiviert.

Hilfe — Bietet den Index der Hilfe, die Hilfe kann jedoch auch zu jeder Situation mit `F1` aufgerufen werden.

Die wichtigsten Menüpunkte sind im ersten Menü zusammengefaßt, das der Verwaltung komprimierter Laufwerke dient.

Info — Das Fenster, das Sie mit diesem Menüpunkt aufrufen, informiert Sie über die Größe der komprimierten und nicht komprimierten Laufwerke. Auch können Sie sehen, inwieweit der freie Platz auf einer aktuellen Schätzung beruht.

Größe ändern — Erlaubt Ihnen, die Größe des komprimierten Laufwerks zu ändern. Sollten Sie das Laufwerk vergrößern wollen, bedenken Sie, daß Sie dafür die Größe des nicht komprimierten Laufwerks verringern müssen.

Verhältnis ändern Wenn der festgestellte Komprimierungsgrad nicht mehr mit dem tatsächlichen übereinstimmt und Sie wissen, daß das nicht nur vorübergehend der Fall sein wird, sollten Sie den Wert der Schätzung hier anpassen.

Laden Die Verbindung zwischen einer CVF und dem Laufwerkbuchstaben, unter dem das Laufwerk im System bekannt sein soll, wird durch das Laden hergestellt. Bei einer Festplatte ist dies nicht nötig, wohl aber bei einem wechselbaren Medium wie einer Diskette. Wir gehen darauf ein, wenn wir über das Komprimieren von Diskettenlaufwerken sprechen.

Entladen Sie können das Programm DBLSPACE anweisen, die Verbindung zu CVF zur unterbrechen, die Dateien dieses Laufwerks stehen dann nicht mehr zur Verfügung. Um die Verbindung wiederherzustellen, muß das Laufwerk wieder geladen werden. Dieser Menüpunkt ist auch nur von Wichtigkeit, wenn Sie Diskettenlaufwerke komprimieren wollen.

Formatieren Ein komprimiertes Laufwerk wird durch diesen Befehl geleert, es bleibt die leere CVF zurück. Dieser Vorgang entspricht in seiner Auswirkung dem Formatiervorgang unter DOS, doch diese Formatierung kann nicht wieder rückgängig gemacht werden.

Löschen Wenn Sie nicht nur die Dateien des komprimierten Laufwerk, sondern auch das Laufwerks selbst löschen möchten, verwenden Sie diesen Menübefehl. Wenn Sie die Komprimierung also wieder rückgängig machen möchten, sind die Dateien vorher zu sichern und nach dem Löschen der Komprimierung wieder zu kopieren.

Beenden Beendet das Programm und kehrt zurück zu DOS.

Die zwei Menüpunkte des Menüs *Komprimieren* sind selbsterklärend: Wenn Sie ein vorhandenes Laufwerk, etwa ein Diskettenlaufwerk, komprimieren möchten, so wählen Sie den Menüpunkt *Vorhandenes*

Laufwerk, wenn Sie ein neues komprimiertes Laufwerk erstellen möchten, wählen Sie den zweiten Menüpunkt. DBLSPACE durchsucht dann Ihr System nach einem komprimierbaren Laufwerk.

Der dritte Menüpunkt *Hilfsmittel* enthält einige Menüpunkte, die Sie möglicherweise benutzen müssen, es sind dies:

Defragmentieren Die Daten werden an den Anfang der CVF verschoben, der freie Platz an das Ende. Dies wirkt sich nicht auf die Lesegeschwindigkeit aus, da die Daten weder sortiert noch sequentiell abgelegt werden. Das Defragmentieren ist nötig, wenn Sie ein komprimiertes Laufwerk verkleinern möchten.

CHKDSK Dieser Menüpunkt ist noch anwählbar, doch die Funktion gibt es nicht mehr; folgerichtig werden Sie auch nur darauf hingewiesen, daß SCANDISK nun CHKDSK ersetzt hat.

Dekomprimieren Dieser Menüpunkt macht die Komprimierung wieder rückgängig. Dafür ist es jedoch erforderlich, daß für die unkomprimierten Dateien genug Platz geschaffen wird. Lagern Sie also daher einige größere Dateien durch Kopieren und Löschen aus.

Optionen Hier können Sie den Laufwerkbuchstaben festlegen, der für das unkomprimierte DBLSPACE-Laufwerk benutzt wird. Verringern Sie diesen Wert auf das absolute Minimum, da jeder Laufwerkbuchstabe 24 KByte im Speicher verbraucht. In dem Eingabefenster können Sie auch die Anzahl der auswechselbaren Datenträger angeben. Wenn Sie dort 0 angeben, werden Diskettenlaufwerke nicht unterstützt.

Zusätzlich können Sie hier die Überprüfung der Datenintegrität mittels einer Prüfsumme (DoubleGuard) ausschalten und befehlen, daß das automatische Verbinden (AutoMounting) eines komprimierten Laufwerks mit seiner CVF — etwa bei einem Diskettenlaufwerk — **nicht** erfolgen soll.

Das Arbeiten mit komprimierten Disketten

Die Kapazität von Disketten ist zwar in den letzten Jahren und mit den letzten DOS-Versionen spürbar gestiegen, doch für manche Anwendungen ist das einfach zu wenig.

Das Arbeiten mit komprimierten Diskettenlaufwerken wird durch einen Umstand erschwert: Es kann und wird so sein, daß Sie Disketten haben, die komprimiert sind und welche, die nicht komprimiert sind.

Außerdem sollten wir an dieser Stelle noch einmal an das von DBLSPACE verwendete Prinzip erinnern: Auf einem unkomprimierten neuen Laufwerk wird die CVF geführt, die die Daten des komprimierten Laufwerks - in diesem Falle A: - enthält.

Wenn Sie die Diskette wechseln, muß DBLSPACE.BIN die Verbindung zwischen beiden unterbrechen, da ein Diskettenwechsel automatisch bedeutet, daß eine Verbindung zu einer ganz neuen CVF hergestellt werden soll.

Hier haben Sie als Anwender ein wenig Verwaltungsaufwand zu betreiben. Um die Daten einer komprimierten Diskette lesen zu können, muß diese Diskette "geladen" werden, die Verbindung zwischen Laufwerksbuchstabe A: und der CVF muß also erneut aufgebaut werden. Dies kann jedoch nicht automatisch geschehen, denn vielleicht haben Sie ja eine unkomprimierte Diskette eingeschoben!

Ab Version 6.2 wird eine komprimierte Diskette, die Sie in ein Laufwerk einlegen, sofort erkannt und die Diskette wird verbunden, ohne daß Sie als Anwender eingreifen müssen.

Wenn Sie mit der Version 6.0 arbeiten, müssen Sie etwas mehr tun, als die Diskette einzulegen: Um auf diese Diskette zugreifen zu können, starten Sie DBLSPACE und wählen den Menüpunkt *Laufwerk Laden*. Dieser Befehl verbindet den Laufwerkbuchstaben A: mit der CVF und Sie können mit der Diskette wie gewohnt und ohne jede Einschränkung arbeiten. Lediglich für die Datensicherung auf Diskette müssen Sie unkomprimierte Disketten verwenden.

Folgende wichtige Punkte beachten Sie bitte:

- Wenn Sie die Diskette wechseln (nicht nur herausnehmen und wieder einstecken!), ist die Verbindung unterbrochen!

- Disketten, die komprimiert sind, können nur auf Rechnern gelesen werden, die mit der DOS-Version ab 6.0 arbeiten und bei denen sich DBLSPACE.BIN im DOS-Verzeichnis befindet.

- Wenn Sie DBLSPACE trotzdem (unerlaubterweise) auf einem Rechner mit einer anderen Betriebssystem-Version installieren, riskieren Sie einen herben Datenverlust!

Die DBLSPACE.INI

Auf dem unkomprimierten Laufwerk wird eine Datei namens DBLSPACE.INI angelegt, die dazu dient, einen sicheren Betrieb einer komprimierten Platte zu gewährleisten.

Hinweis: Insofern sollten Sie dort auch nur Änderungen vornehmen, wenn Sie genau wissen, was Sie tun und warum Sie es tun. Legen Sie sich ggf. eine Sicherungskopie dieser Datei an.

Beachten Sie auch, daß alle Änderungen nur nach einem Neustart des Rechners wirksam werden.

Um die Anwender vor versehentlichen Änderungen zu schützen, hat die Datei die Attribute versteckt, System und ist zudem schreibgeschützt.

Änderungen können Sie dort auf zweierlei Art und Weise vornehmen:

① Sie schalten mit dem Befehl ATTRIB die erwähnten Attribute aus und rufen die Datei mit dem Editor EDIT auf. Dies halten wir für nicht empfehlenswert, da ein kleiner Schreibfehler den Zugriff auf ein komprimiertes Laufwerk verhindern kann.

② Sie rufen den Befehl DBLSPACE mit verschiedenen Parametern auf, die betreffenden Eintragungen werden dann in der DBLSPACE.INI vorgenommen, ohne daß Sie einen Schreibfehler machen können.

Die Syntax ist dabei die folgende:

```
DBLSPACE  /PARAMETER
```

Folgende Parameter können aufgerufen werden:

```
/AUTOMOUNT=0|1|A...Z
```

Angabe, ob das automatische Verbinden durchgeführte werden soll (Option 1) oder nicht (Option 0) oder für welche Laufwerke, wenn nicht für alle.

```
/DOUBLEGUARD=0|1
```

Soll die Prüfsummenkontrolle durchgeführt werden? Voreinstellung ist 1 (Ja). Angabe 0 bedeutet Nein.

```
/LASTDRIVE=Lw
```

Welches Laufwerk ist das letzte, das DBLSPACE benutzen darf? Wenn Sie etwa bei Netzwerklaufwerken verhindern möchten, daß F: von DBLSPACE benutzt wird, geben Sie mit dieser Option an, daß E: das letzte für DBLSPACE nutzbare Laufwerk ist.

```
/MAXFILEFRAGMENTS=n
```

Angabe, in wie viele Fragmente die CFV auf dem Host-Laufwerk angelegt werden darf.

```
/MAXREMOVABLEDRIVES=n
```

Wie viele der Laufwerke mit entnehmbaren Datenträgern (Diskettenlaufwerke) sollen komprimiert werden? Für jedes Laufwerk werden 96 Bytes im Speicher benötigt.

```
/ROMSERVER=0|1
```

Aktiviert (1) oder deaktiviert (0) die Suche nach einer hardwareseitigen Kompression nach dem MRCI-Verfahren. Im Normalfall ist diese Option deaktiviert. Dies sollten Sie auch nur ändern, wenn Ihre Hardware dies unterstützt.

```
/SWITCHES=/F|/N|/FN
```

Ersetzt die gleichartige Angabe des Befehls in der CONFIG.SYS. Wenn Sie /N angeben, so wird die Möglichkeit, mit [Strg]+[F5] bzw. [Strg]+[F8] das Starten mit dem komprimierten Laufwerk zu umgehen, abgeschaltet. Die erwähnten Tastenkombinationen wirken nur so, als seien sie ohne [Strg] gedrückt worden und bewirken nur einen selektiven Systemstart. Mit der Option /F wird die Zeit, die Sie für das Drücken der Tasten haben, reduziert.

```
/ActivateDrive=x,yn
```

Angabe, welches Laufwerk mit welcher CVF verbunden werden soll, wenn der Rechner startet, es werden also die AUTOMOUNTING-Optionen gesteuert. Wenn Sie Ihr Laufwerk C: mit der ersten CVF auf Laufwerk H: verbunden haben oder verbinden möchten, lautet die Syntax

```
/ActivateDrive=H,C0
```

Hinweis: Beachten Sie bitte, daß Sie die Angabe zur Option

```
FIRSTDRIVE=X
```

auf keinen Fall ändern sollten, da DBLSPACE hier die verfügbaren Laufwerknamen verwaltet.

Komprimiertes Laufwerk dekomprimieren

Was in MS-DSO 6.0 nur manuell mit ziemlich viel Aufwand möglich war, ist ab der Version 6.2 nun auch programmseitig möglich.

Sie können entweder im Programm den Menüpunkt *Hilfsmittel/Dekomprimieren* aufrufen oder DBLSPACE von der Kommandozeilenebene mit dem Parameter /UNCOMPRESS starten, um ein komprimiertes Laufwerk wieder zu dekomprimieren.

Hinweis: Vor der Dekomprimierung ist es ratsam, die Dateien des komprimierten Laufwerks zu sichern.

Beachten Sie von vorne herein, daß das Hostlaufwerk genügend Kapazität frei hat, um die dekomprimierten Dateien aufzunehmen. Ansonsten löschen

Sie nicht mehr benötigte Dateien oder lagern sie auf andere Datenträger aus.

Der Dekomprimiervorgang läuft ähnlich dem oben beschriebenen Komprimiervorgang ab:

- Nach Aufruf des Programms mit DBLSPACE wählen Sie das zu dekomprimierende Laufwerk aus.

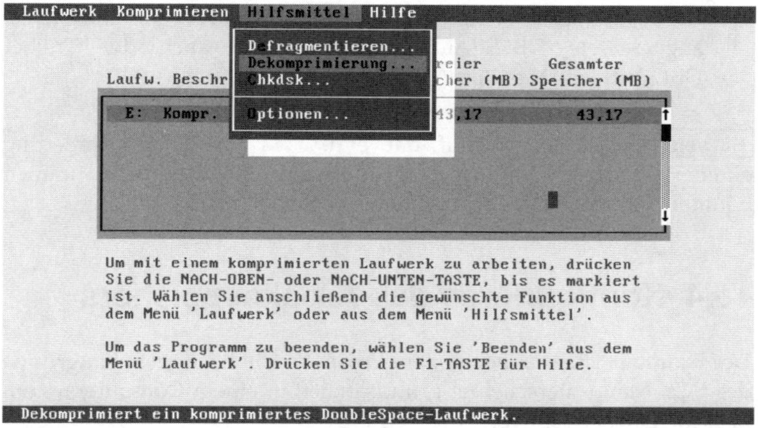

Abb. 29: Der Dekomprimier-Menüpunkt

- Rufen Sie den Menüpunkt *Hilfsmittel/Dekomprimieren* auf. Sie erhalten einen Warnhinweis, daß der Vorgang des Verschiebens der Dateien auf das unkomprimierte Laufwerk (Host-Laufwerk) recht lange dauern kann und eine Sicherheitskopie angelegt werden sollte.

- Dann wird SCANDISK aufgerufen, das zuerst das unkomprimierte Laufwerk überprüft und danach das zu dekomprimierende Laufwerk auf Fehler untersucht.

Hinweis: Sollte im Hauptverzeichnis beider Laufwerke gleichnamige Dateien oder Verzeichnisse existieren, wird eine Fehlermeldung ausgegeben und der Prozeß abgebrochen. In der Datei DBLSPACE.LOG können Sie diese Dateien ersehen. Erst wenn diese Fehlerquelle beseitigt ist (z. B. durch Umbenennen der Dateien), kann der Vorgang neu gestartet werden.

- Nach der Überprüfung der Laufwerke startet der eigentliche Dekomprimiervorgang. Nach Abschluß der Dekomprimierung wird das Host-Laufwerk gelöscht und die komprimierten Daten sind wieder auf dem ursprünglichen Laufwerk zu finden. In einer abschließenden Meldung wird Ihnen das mitgeteilt.

- Ist das Laufwerk, das dekomprimiert werden soll, das letzte angemeldete DBLSPACE-Laufwerk, wird auch der Treiber DBLSPACE.BIN entfernt.

Hinweis: Achten Sie darauf, daß evtl. nach der Dekomprimierung einige Pfadangaben für aufzurufende Programme nicht mehr stimmen könnten. Passen Sie das den neuen Gegebenheiten an.

10.4 Konfigurieren des Arbeitsspeichers

Der Hauptspeicher ist neben dem Prozessor die wichtigste Baugruppe des PCs. Man unterscheidet grundsätzlich in einem Computersystem zwischen zwei Arten von Speichern:

Da sind zum einen die Massenspeicher wie Disketten und Festplatten, auf denen die Daten dauerhaft gespeichert werden. Diese Massenspeicher haben eine vergleichsweise hohe Kapazität, die bei einer Festplatte bis zu 2048 MByte betragen kann, also 2048 Millionen Zeichen. Das ist eine enorme Kapazität. Der Nachteil dieser Speichermedien: Sie haben ein sehr hohe Zugriffszeit; bis zu 30 ms kann es dauern, bis die vom Prozessor angeforderten Daten auf der Festplatte lokalisiert sind.

Zum anderen verfügt der PC über einen Speicher, in dem alle Daten bereitgehalten werden, die der PC für die gerade laufende Anwendung benötigt. Dieser Speicher wird Hauptspeicher oder Arbeitsspeicher genannt. Der Vorteil dieses Speichers: Als elektronischer Speicher ist er komplett aus schnellen Chips aufgebaut und stellt daher die angeforderten Daten in etwa 70 Milliardstel Sekunden bereit. Die Zugriffszeit von etwa 70 ns ist also etwa 2,5 Millionen mal schneller als auf die Festplatte. Im Interesse eines schnellen Programmablaufes ist es also notwendig, möglichst viele, im günstigsten Falle alle relevanten Daten im Hauptspeicher bereitzuhalten, der dafür jedoch groß genug sein muß. Dieser Hauptspeicher besteht aus einzelnen, voneinander abgegrenzten Speicherzellen, von denen jede einzelne eine klar definierte und eindeutige Adresse hat.

Der Hauptspeicher wird auch RAM genannt - dieser Name sagt über die Verwendung bereits viel aus: **R**andom **A**ccess **M**emory, ein Spei cher mit wahlfreiem Zugriff. Dort legt der Prozessor oder Anwendungsprogramme wahlfrei Daten ab, die durch andere ersetzt oder gelöscht werden können.

Im RAM befinden sich zur Laufzeit eines Anwendungsprogramms aber auch das Betriebssystem DOS, das vom Programm benötigt wird, um mit der Maschine "PC" kommunizieren zu können, andere Programmteile für den Betrieb weiterer Geräte, die sogenannten Gerätetreiber sowie das Anwendungsprogramm selbst und die von ihm benötigten Daten. Auch die vom Anwender gerade mit dem Anwendungsprogramm bearbeitete Datei befindet sich im Hauptspeicher.

Beispiel:

Wenn Sie mit Ihrer Textverarbeitung arbeiten, befinden sich neben dem Betriebssystem und dem Programm im Speicher die erstellten und geladenen Textbausteine sowie der aktuell in Bearbeitung befindliche Brief.

Der Hauptspeicher legt also auf einen Befehl des Prozessors oder eines Anwendungsprogramms hin Daten in den Speicherstellen ab, die dann zu einem anderen Zeitpunkt dort wieder für eine weitere Verarbeitung "abgeholt" werden.

Die Ablage in den Speicherstellen geschieht nach dem Prinzip des "chaotischen Lagers": Es werden keine festen Plätze vergeben, sondern es wird im Speicher abgelegt, wo gerade Platz ist - nur die Speicherstelle und ihr Inhalt muß gemerkt werden.

Die "Erbkrankheit" des MS-DOS

Wir haben zwar erwähnt, wie groß Festplatten sein können, doch über die Größe des Hauptspeichers haben wir uns bisher ausgeschwiegen. Das hat seinen guten Grund, denn genau hier liegt eines der Probleme des Betriebssystems MS-DOS.

Die theoretische Größe des Hauptspeichers ist unbegrenzt, wenn man einmal davon absieht, daß es bei einem sehr großen Speicher erhebliche thermische Probleme gäbe, da elektronische Bauelemente Wärme erzeugen. Auch vom vergleichsweise hohen Preis von derzeit etwa 80 bis 100 DM pro MByte sehen wir einmal ab.

Doch wo eine Theorie ist, ist die Praxis nicht weit: Auf Ihrem mit möglicherweise 32 MByte ausgestatteten Rechner können Sie unter DOS lediglich ganze 640 KByte nutzen, alles andere ist für DOS nicht vorhanden.

Dieser verwunderliche Tatbestand ist jedoch einfach erklärt:

Das Betriebssystem DOS wurde für den 1981 auf dem Markt erschienenen PC geschrieben, bei dem als Prozessor Intel 8088 eingesetzt wurde. Dieser Prozessor verfügte gegenüber den seinerzeit in den Home-Computern verwendeten Kollegen über wahrhaft gigantische Fähigkeiten, wovon eine war, daß er über 20 Leitungen für die Adressierung der Daten im Speicher besaß. Diese 20 Leitungen nannte man den Adreßbus.

Wir sagten, daß jede Speicherzelle eindeutig adressiert werden muß, damit im System keine undefinierten Zustände entstehen. Nun, mit 20 Leitungen lassen sich maximal nur 2^{20} Bytes, also 1.048.576 Bytes (= 1 MByte) im Speicher adressieren, denn jede Leitung kann nur eine Null oder eine Eins transportieren.

Und da 1981 nicht bekannt war und sein konnte, daß es einmal Prozessoren mit 32 Adreßleitungen geben würde, hat man das gesamte Betriebssystem auf diesen Prozessor ausgelegt. Man könnte nun vorschlagen, das Betriebssystem einfach an diesem Punkt zu ändern, doch das hätte einen anderen Nachteil: Alle Software, die bislang für diese Version des Betriebssystems geschrieben wurde, könnte auf der neuen Version nicht eingesetzt werden, da die Programmierer sich an die Spielregeln des alten Betriebssystems gehalten haben. Doch die vielfältige Software war ja gerade einer der Gründe für den weltweiten Siegeszug des PCs mit MS-DOS, den man nicht aufs Spiel setzen wollte.

Doch es kommt noch dicker: IBM hatte sich bei Microsoft den Bereich zwischen 1 MByte und 640 KByte reservieren lassen, um dort Softwareteile abzuspeichern, die eine spezielle Hardwaresteuerung übernehmen. Dieser Bereich wird daher auch Adaptersegment genannt. Dadurch wurde der verfügbare Speicher, d. h. der Speicher, den Anwendungsprogramme nutzen können, auf magere 640 KByte reduziert, eine Erbkrankheit aus den Kindertagen des DOS, die auch heute noch zu schaffen macht.

Der Bereich des Hauptspeichers bis 640 KByte wird auch konventioneller Speicher genannt. In den ersten Jahren des PCs waren 640 KByte eine sagenhafte Speicherkapazität, es war zehnmal mehr, als ein sehr gut mit Speicher ausgestatteter Home-Computer besaß. Doch langsam aber sicher wurden die Anwendungsprogramme immer größer und aufwendiger, ein riesiger Wettbewerb in dem rasch wachsenden Milliardenmarkt brachte eine Version nach der anderen, bis eines Tages die Programme überhaupt nicht mehr richtig liefen, weil der Speicherplatz für Programm und Daten einfach nicht mehr ausreichte.

Zu allem Überfluß waren in der Zwischenzeit neue Prozessoren auf den Markt gekommen, die alle wesentlich mehr Speicher adressieren könnten, wenn DOS es nur erlauben würde: Der 80286 hatte 24 Adreßleitungen, was einen theoretischen Speicher von 16 MByte erlaubte.

Es überrascht viele, daß die vier Leitungen eine Erhöhung der Anzahl von Adressen von 1 MByte auf 16 MByte erbringen, doch das hat einen einfachen Grund: Jede weitere Leitung bringt natürlich eine Verdopplung der Anzahl der möglichen Adressen mit sich.

Der 80386, "der erste richtige Prozessor" brachte es gar auf 32 Adreßleitungen, mit denen theoretisch ein Speicher von 4096 MByte adressiert werden kann. Es kommt hinzu, daß dieser Prozessor (wie auch sein schnellerer "Kollege", der 80486) in der Lage ist, sogenannten virtuellen Speicher zu nutzen, worunter man Speicher versteht, der auf der Festplatte eingerichtet, jedoch wie der Hauptspeicher verwaltet wird.

Da ist es natürlich nur folgerichtig, daß die Rechner, die mit diesen Prozessoren ausgestattet sind, auch mit einem entsprechenden Hauptspeicher ausgestattet sind bzw. mit einem solchen ausgerüstet werden können: Die Rechner der 386er-Klasse sind mit 8, 16 oder 32 MByte Hauptspeicher bestückt oder bestückbar.

Es muß an dieser Stelle jedoch noch einmal deutlich gesagt werden: MS-DOS selbst verfügt über keine Möglichkeit, auf diesen Speicher zuzugreifen, da er für das Betriebssystem überhaupt nicht existent ist.

Warum - so muß nun gefragt werden - baut man Rechner mit derartigen Speichergrößen, wenn das Betriebssystem des Rechners diesen nicht adressieren kann? Wofür wird er benutzt, der teure Hauptspeicher?

Die Antwort lautet schlicht: Er wird doch benutzt - auch unter MS-DOS. Um diese überraschende Behauptung zu erläutern, müssen wir uns ein wenig die Entwicklung des PCs ansehen, die ja, wie wir wissen, mit der Entwicklung des MS-DOS untrennbar verknüpft ist. Und da Sie als Anwender wahrscheinlich mit den verschiedenen Speichertypen konfrontiert werden, wollen wir sie beschreiben. Hauptsächlich wollen wir jedoch ihre Konfiguration besprechen. Die Einrichtung des Speichertyps auf Ihrem Rechner, also die Konfiguration Ihres Hauptspeichers, kann nicht werkseitig geschehen, sondern hängt von derart vielen Umständen ab, daß man Ihnen als Anwender diese zugegebenermaßen nicht immer ganz einfache Arbeit überlassen hat.

Das Expanded Memory

Die erste Softwarefirma, die ein fast leidenschaftliches Interesse an einer Erweiterung des nutzbaren Speichers bekundete, war die Firma Lotus, deren Tabellenkalkulation Lotus 1-2-3 ein Millionengeschäft war, was jedoch dadurch bedroht war, daß die Anwender sehr schnell mit ihren Arbeitsblättern an die Grenzen des Speichers stießen und manche Anwendung nicht an 1-2-3, sondern an zu knappem Speicher scheiterte.

Daß die erste Hardwarefirma, die ein ebensolches Interesse hatte, die Firma Intel war, wundert niemanden, war doch diese Firma der Hersteller *der* Prozessoren und RAM-Bausteine schlechthin und hätte mit einem Male Absatzchancen von einigen zusätzlichen Milliarden MByte, die die Anwender in ihre Geräte stecken mußten.

Intel entwickelte eine Steckkarte, das berühmte Above Board, das mit einem von Lotus entwickelten Gerätetreiber an den PC unter MS-DOS angekoppelt wurde, und das dem Kalkulationsprogramm 1-2-3 diesen Speicherbereich eröffnete. Das System wurde EMS genannt (**E**xpanded **M**emory **S**pecification) und 1985 auf einer Computermesse in Las Vegas vorgestellt.

Die Firma Microsoft witterte sofort eine Chance, die bereits seit einiger Zeit als schmerzlich empfundenen Erbkrankheiten des DOS zumindest etwas zu lindern und schloß sich dieser Initiative an. Man definierte klare Regeln für diesen Standard, der seinen Namen LIM-Standard von den Anfangsbuchstaben der drei Firmen bezog.

Der Trick bei der Adressierung des Speichers im Expanded Memory ist der, daß man eine physische Adresse und eine logische Adresse definierte, eine Art Untermieter, an dessen Klingel "Bitte 2 x klingeln" zu lesen ist:

Im Bereich des Adaptersegments - meist zwischen 832 und 896 KByte - von dem wir noch hören werden, daß es einige eigentlich immer ungenutzte Bereiche enthält, wird ein zusammenhängendes "Durchreich-fen-ster" von 64 KByte fest eingerichtet, das in vier Seitenrahmen (Page frames) zu je 16 KByte aufgeteilt wird.

Das gesamte Expanded Memory (Microsoft nennt es Expansionsspeicher) ist ebenfalls in Stücke zu je 16 KByte aufgeteilt. Diese Stücke im Expanded Memory werden "logische Seiten" (logical pages) genannt.

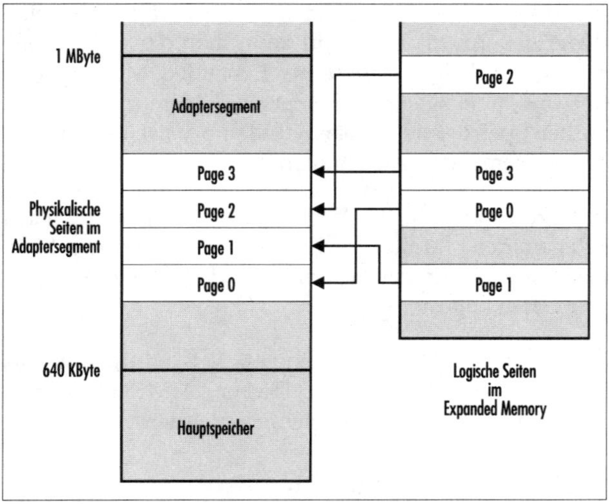

Abb. 30: Das Expanded Memory: Die logischen Seiten sind im Expanded Memory scheinbar zusammenhanglos abgelegt, erst mit ihrer Einblendung in das Fenster erhalten sie eine für das System nutzbare physikalische Adresse

Wird nun eine Information aus diesem Speicherbereich angefordert, werden sie blitzschnell in das "Durchreichfenster" im Adaptersegment eingeblendet. Nun nennt man sie "physikalische Seiten" (physical pages), da sie nun im Adaptersegment physisch vorhanden sind und dort abgerufen werden können. Auch das Abspeichern an die Speicheradressen geschieht nach diesem Muster.

Für das Umschalten zwischen diesen Speicherbereichen hat man den Begriff "bank-switching" erfunden. Es wird also zwischen Speicherbänken hin- und hergeschaltet, was natürlich immer seine Zeit dauert. Dieses Umschalten ist auch der Grund dafür, daß der Zugriff auf Expanded Memory immer wesentlich langsamer ist als auf einen linear (also durchgängig) adressierten Speicher.

In der ersten Zeit wurde das Expanded Memory auf Zusatzkarten eingerichtet, bei denen mit einem speziellen Baustein das bank switching durchgeführt wurde.

Heutzutage sind die Rechner mit einem Prozessor des Typs 8086 oder gar 8088, für die man solche Karten benötigte, nicht mehr als Industriegeschichte.

Auf einem Rechner des Typs 80386 und höher benötigt man keine spezielle Speichererweiterungskarte - dort kann man die vorhandene Speichererweiterung oberhalb 1 MByte als Expanded Memory einrichten: Eine Software, ein sogenannter Expanded Memory Manager, bildet im erweiterten Speicher das Expanded Memory nach - man sagt auch, das Expanded Memory werde emuliert.

Diese Software sorgt dafür, daß die Verwaltung des Speichers nach den bekannten Regeln des LIM-Standards geschieht - und schon kann ein Programm, das diesen Speicher nutzen kann, dort wie im konventionellen Speicher Daten ablegen.

Der Gerätetreiber, der bei MS-DOS mitgeliefert wird, um das Expanded Memory zu verwalten, ist der Treiber EMM386.EXE, den wir weiter unten genauer unter die Lupe nehmen werden.

Ist dieser Speichertyp für Sie von Interesse?

Dieser Speichertyp kann nicht von jedem Programm genutzt werden, sondern nur jene Programme, die speziell für die Nutzung dieses Speichertys programmiert wurden (und bei denen es Sinn macht), können darauf zugreifen.

Faustregel ist: Die Anwender-Programme der großen Anbieter unterstützen in der Regel das Expanded Memory. So sind größere Textprogramme wie MS-WORD oder WordPerfect zwar ohne Expanded Memory auch zu betreiben, doch komplexe Anwendungen erfordern be reits mehr Speicher, um mit befriedigender Geschwindigkeit arbeiten zu können. Auch Tabellenkalkulationen benötigen meist EMS-Speicher.

Umgekehrt: Wenn keines Ihrer Programme EMS-Speicher nutzen kann - im Zweifel sollten Sie die Softwareunterlagen genau prüfen -, macht es keinen Sinn, diesen Speichertyp auf Ihrem PC einzurichten.

Tip: Bei Nutzung von Windows kein EMS-Speicher einrichten

Da die Betriebssystem-Erweiterung Windows nur mit dem anderen Speichertyp, den wir besprechen werden, dem Extended Memory, richtig arbeiten kann, sollten Sie, wenn Sie Windows nutzen, keinen EMS-Speicher einrichten, da dieser Speichertyp von Windows emuliert werden kann, während vor dem Start von Windows eingerichtetes Expanded Memory dem Programm Windows nicht zur Verfügung steht.

Das Extended Memory

Der Bereich oberhalb der magischen 1 MByte-Grenze wird Extended Memory genannt, in der Literatur von Microsoft findet man auch das Wort Erweiterungsspeicher. Sowohl der eine als auch der andere Name weisen diesen Speicher als den Bereich aus, der nur durch eine Erweiterung der Adreßleitungen ansprechbar ist, sei es auf 24 Leitungen wie beim 80286, sei es auf 32 Leitungen bei 80386/486.

Um in diesem Speicher Daten ablegen zu können, wäre eine Funktion der Prozessoren ab 80286 nötig, die DOS nicht unterstützt: Der Protected Mode. Wenn DOS in diesem Speicher Daten ablegen würde, gäbe es keine Möglichkeit, für die entsprechende Speicherzelle zu vermerken, daß sie belegt ist - die Folge wäre, daß das nächste Programm diesen Speicherplatz unbekümmert ebenfalls belegen würde und so fort. Ein riesiges Chaos wäre die Folge.

Das war eine schizophrene Situation, die natürlich den Entwicklern keine Ruhe ließ: Sowohl der 80286 als auch der langsam zum Standard avancierende Prozessor 80386 kann das Extended Memory problemlos adressieren, der Speicherausbau war auf den meisten Rechnern vorhanden, doch DOS wollte vom Extended Memory nichts wissen, im Gegenteil, die genannten Prozessoren müssen unter DOS mühsam die Arbeitsweise des alten 8086 nachahmen, um mit DOS zurechtzukommen, sie werden - wenn man so will - zurechtgestutzt auf lediglich schnellere 8086-Prozessoren.

Es war also allerhöchste Zeit, als Microsoft 1988 zusammen mit anderen Firmen den XMS-Standard (Extended Memory Specification) vorstellte, einen Standard, der die Behandlung und Nutzung dieses Speicherraumes regelt. Von nun an kann eine Software, die diesen Standard unterstützt, das Extended Memory wie normalen Hauptspeicher nutzen. Voraussetzung auch hier: Ein Gerätetreiber muß darüber wachen, daß die Regeln des Standards strikt eingehalten werden.

Der Gerätetreiber, der diesen Speicherbereich verwaltet, ist unter DOS der HIMEM.SYS.

Es muß hier an dieser Stelle ganz deutlich gesagt werden: HIMEM.SYS kann zwar das Extended Memory nach allen Regeln der Kunst, nämlich des XMS-Standards verwalten, doch es gibt bisher nur ganz, ganz wenig Programme, die diesen Speicherbereich auf diese Weise nutzen, etwa das CAD-Programm AutoCad, die Tabellenkalkulation Lotus 1-2-3 und eben Windows.

Hinweis: Für normale DOS-Programme, die nicht ausdrücklich für diesen Speichertyp programmiert wurden, ist dieser Bereich nach wie vor tabu.

Doch was haben Sie als Anwender nun von diesem Speicherbereich oberhalb 1 MByte, den Sie beim Kauf Ihres Rechners mitbezahlt haben? Die erste und derzeit sicher attraktivste Möglichkeit ist diese: Sie betreiben MS-Windows, jenen beinahe schon legendären Betriebssystem-Aufsatz, der die Nachteile des MS-DOS fast vergessen macht: Windows nimmt die Verwaltung des Speichers dem MS-DOS aus den Händen und ist als XMS-Programm in der Lage, den gesamten Speicher linear wie den konventionellen Hauptspeicher zu adressieren.

Programme, die für den Betrieb unter Windows konzipiert wurden - etwa die Tabellenkalkulation Lotus 1-2-3 für Windows oder die Textverarbeitung Word für Windows -, profitieren natürlich davon, da Windows alle Ressourcen unter den Anwendungen verteilt. Für Anwendungen unter Windows existiert die magische Speichergrenze von 640 KByte nicht mehr. Windows ist also zu verstehen als ein Zusatz zum Betriebssystem, das einen Teil der Aufgaben des Betriebssystems MS-DOS übernimmt, wozu die Verwaltung des Speichers gehört.

Doch nicht nur Anwender von Windows können des Extended Memory nutzen, auch andere Anwendungen in diesem Speicherbereich machen Gebrauch davon:

- Legen Sie im Extended Memory einen Cache-Speicher an (siehe Kapitel 4.7), um den Zugriff auf Ihre Festplatte zu beschleunigen - dieser Vorteil steht Ihnen unter Windows natürlich auch zur Verfügung. Da ein Cache-Speicher erst Sinn macht, wenn er eine bestimmte Größe hat (1 MByte mindestens), kann ein solcher Speicher natürlich nicht im konventionellen Hauptspeicher angelegt werden.

- Sie können im Extended Memory einen sogenannten Druckerspooler einrichten, der die Druckdaten zwischenspeichert und Ihnen damit erlaubt, im Vordergrund wie gewohnt weiterzuarbeiten, ohne auf den Drucker warten zu müssen.

- Bei ausreichendem Speicherausbau ist auch eine RAM-Disk (siehe Kapitel 4.8) eine überlegenswerte Alternative, um Programme durch den Betrieb von diesem schnellsten aller Laufwerke drastisch zu beschleunigen.

Wie Sie sehen, ist außer der Nutzung des Extended Memory durch Windows der Speicher oberhalb 1 MByte durchaus sinnvoll einzusetzen. Hierzu jedoch müssen Sie sich die verschiedenen Speichertypen Extended Memory und Expanded Memory so einrichten, daß die jeweiligen Speicherbereiche optimal ausgenutzt werden.

Der Speicherbereich zwischen 640 KByte und 1 MByte

Lassen Sie uns noch einmal auf diesen seinerzeit von IBM reservierten Bereich, das Adaptersegment zurückkommen, da er für einige weitere Überlegungen von Bedeutung sein wird.

In diesen Bereich wird die Steuerungs-Software ausgelagert, die von Bestandteilen der Hardware benötigt wird und daher *Adaptersegment* genannt wird. Da gibt es zum Beispiel einen Bereich, in dem der Speicher der verwendeten Grafikkarte angelegt wird - ein Speicherbereich für eine Farb-Grafikkarte, einer für eine monochrome Grafikkarte. Doch hier zeigt sich schon die gigantische Verschwendung: Da man in den seltensten Fällen mehr als eine Grafikkarte benutzt, bleibt immer einer dieser 32 KByte großen Bereiche frei, immerhin 5 % der gesamten möglichen Kapazität.

Auch andere Speicherbereiche werden nicht oder selten genutzt, so daß etwa 120 KByte des Speichers nicht ausgeschöpft sind, die jedoch auch nicht für den eigentlich gedachten Zweck benötigt werden, sondern einfach brach liegen, da dieser Speicherbereich traditionell für MS-DOS "off limits" ist.

Im Zuge des Speicherhungers der Anwendungsprogramme hat man auf der Suche nach mehr Speicher diesen Speicherbereich natürlich auch genau daraufhin unter die Lupe genommen, ob nicht auch dort "etwas zu holen" ist. Und es war etwas zu holen:

Seit längerem bereits hatten findige Softwaretüftler diese ungenutzten Bereiche auf den Rechnern ab 80386 nutzbar gemacht, etwa 386MAX oder QEMM, die neben der Bereitstellung von Expanded Memory diese ungenutzten Speicherbereiche, die natürlich auf jedem Rechner anders gelagert sind, ermittelten und es erlaubten, residente Programme (und sich selbst) dorthin auszulagern. Dieses Verfahren nennt man auch Topfill.

Durch diese Auslagerung eines residenten Programms in einen Upper Memory Block (UMB) - so nennt man diese nicht zusammenhängenden ungenutzten Bereiche im Adaptersegment - vergrößerten den Hauptspeicher zwar nicht, erlaubten jedoch das Auslagern von Programmen und damit eine Entlastung des Hauptspeichers.

Als Anwender des Betriebssystems MS-DOS ab Version 5.0 müssen Sie ein solches Programm nicht zusätzlich erwerben, sondern diese Funktion ist bereits implementiert: Der Treiber EMM386.EXE, der normalerweise das Expanded Memory emuliert, hat als Nebenjob auch die Aufgabe, Ihnen auf Wunsch die Welt der UMBs zu eröffnen.

Ein seltsames Geschenk: Die HMA

Das Dilemma des MS-DOS ist, wie wir es besprochen haben, auf die Tatsache zurückzuführen, daß es für den Prozessor 8088 geschrieben wurde, der seinerzeit auf seinen 20 Adreßleitungen nur 1 MByte Hauptspeicher adressieren konnte. Dieser unumstößliche Tatsache verdanken Sie auch den Umstand, daß Sie sich in diesem Moment mit dem Hauptspeicher auseinandersetzen müssen, denn über einen linear adressierbaren Speicher ließe sich gerade einmal anmerken, daß es ihn gibt und wie groß er ist.

Ein Speicher, der erst über verschiedene Krücken, Kunstgriffe und Vehikel nutzbar gemacht wird, ist dagegen eben nicht "einfach da". Ein Speicherbereich, der auf einem Rechner mit mehr als 20 Adreßleitungen, also mit mindestens einem Prozessor des Typs 80286, dennoch "einfach vorhanden" ist, ist die sogenannte High Memory Area, kurz HMA genannt.

Den Kinderkrankheiten des Betriebssystems MS-DOS "verdanken" die Programmierer in aller Welt nämlich nicht nur den Umstand, daß der Speicherplatz beschränkt ist, er ist auch beileibe nicht einfach adressierbar, da die Adresse immer aus zwei Teilen, dem Segment und dem Offset besteht. Dies bringt den Anwendern, die einen PC mit mindestens einem Prozessor 80286 besitzen, ein seltsames Geschenk: Da auf mehr als 20 Adreßleitungen aus Gründen der umständlichen Adressierung etwas mehr als ein MByte anzusprechen ist, ist die allerletzte unter DOS ansprechbare Adresse auf einem solchen Rechner nicht 1 MByte, sondern 1 MByte plus 64 KByte abzüglich 16 Byte.

Wir wollen jetzt nicht mit RAM-Adressen jonglieren, zumal diese im etwas unhandlichen hexadezimalen System benutzt werden. Wir wollen uns ansehen, daß die Entwickler des MS-DOS wie die Entwickler von Wohnmobilen etwas schier Unmögliches geschafft haben, nämlich auf kleinstem Raum den Eindruck entstehen zu lassen, es sei alles viel größer...

Seit der Version 5.0 kann der Anwender auf einem Rechner der AT-Klasse (AT = Advanced Technologie) zwar keine Programme dort betreiben, doch man hat wieder den Trick benutzt, der auch bereits beim Upper Memory funktionierte: Das Betriebssystem MS-DOS selbst kann zum großen Teil dorthin ausgelagert werden, um so den Hauptspeicher weiter zu entlasten.

Konfigurieren der verschiedenen Speichertypen

Auf einem PC-System mit einem auf mehr als 1 MByte ausgebauten Speicher können Sie ohne eine Konfiguration Ihrerseits, also ohne einen eigenen Eingriff, nicht einen der beschriebenen Speichertypen nutzen, auch wenn beim Start des Rechners

```
xxxxxx Byte Extended Memory
```

hochgezählt werden, denn eines müssen wir auf einem derart komplizierten System auseinanderhalten: Es mag sein, daß auf Ihrem Rechner der Speichertyp Extended Memory vorhanden ist - doch nutzen können Sie ihn erst, wenn er für DOS entsprechend konfiguriert wurde.

Sie werden fragen: "Warum macht man das so kompliziert? Ich kaufe doch meinen Rechner, um DOS darauf optimal betreiben zu können!"

Unsere Antwort: Das trifft zwar auf Sie zu, doch ein anderer Anwender betreibt auf dem gleichen Rechner, wie Sie ihn haben, vielleicht UNIX oder OS/2, Betriebssysteme, die beide den Speicher ganz anders (und professioneller) nutzen, als MS-DOS dies kann und je können wird.

Die Konfiguration des Speichers ist also Ihre Aufgabe:

- Der Speicher oberhalb ist also Extended Memory, um ihn als Extended Memory nutzen zu können, müssen Sie dem entsprechenden Speichermanager den Auftrag dazu geben, die Verwaltung für Sie zu übernehmen.

- Wenn Sie Expanded Memory auf diesem Extended Memory ganz oder teilweise einrichten wollen, muß die entsprechende Software diese Speicherart emulieren.

- Die HMA hat jeder, der einen AT sein eigen nennt. Doch daß Sie das Betriebssystem dort ablegen wollen, weiß der PC erst, wenn Sie es anordnen.

- Auch die Nutzung der UMBs geschieht nicht automatisch, sondern erst auf Ihre ausdrückliche Anweisung hin.

Der Speichermanager MEMMAKER

Die vielen Möglichkeiten der Speicherverwaltung auf den unterschiedlichsten Rechnern hat den Anwendern lange Zeit Probleme bereitet, denn die Handhabung dieser Materie ähnelt einer Mischung aus Wünschelrutengehen und Kaffeesatzlesen: Wenn es geklappt hat - und wir wissen von Fällen, wo es funktioniert haben soll - ist es kinderleicht, wenn nicht, so funktioniert es eigentlich nie richtig.

Das ist dem Hersteller des Betriebssystems wohl auch zu Ohren gekommen und hat ihn veranlaßt, einen Speichermanager namens MEMMAKER zu integrieren, der Ihnen die oft qualvolle Konfiguration zum großen Teil und in den meisten Fällen abnehmen kann.

Wir werden nun die Arbeit mit diesem Hilfsprogramm beschreiben, verweisen jedoch darauf, daß Sie sich die weiteren Erläuterungen nicht schenken sollten, denn die Kenntnisse darüber, wie man den Speicher "per Hand" konfiguriert, sind auch für die Arbeit mit dem

MEMMAKER von Nutzen. Nach dem Start des Programms werden Sie über die Aufgabe des Programms und Grundlagen der Bedienung informiert.

Folgende Tasten werden im Programm MEMMAKER verwendet:

Enter	Eine getätigte Auswahl bestätigen und durchführen.
Leertaste	Ändern einer Auswahl; die jeweilige Auswahl ist gelb (Farbmonitor) oder hell hervorgehoben.
F1	Hilfe zur aktuellen Situation.
F3	Beenden des Programms, also Abbruch. Die zu dem Zeitpunkt gemachten Änderungen können rückgängig gemacht werden.

Hinweis: Jede Änderung der Speicherkonfiguration kann zu jedem Zeitpunkt wieder in den alten Stand versetzt werden. Sie gehen also kein Risiko ein!

Der nächste Bildschirm erlaubt die Auswahl der Art und Weise der Ausführung des Programms:

Express Der Ablauf ist für den Laien empfehlenswert, denn die Eingriffsmöglichkeiten (und damit die Möglichkeiten, Fehler zu machen) sind stark reduziert.

Benutzerdefiniert Diese Betriebsart erlaubt tiefere Eingriffe und ist daher nur für den erfahreneren Anwender anzuraten. Wir gehen weiter unten darauf ein.

Der Ablauf im Express-Modus ist relativ einfach, beantworten Sie also die Fragen nach bestem "Wissen und Gewissen", im Zweifel rufen Sie mit F1 Hilfe auf.

Sie werden beispielsweise gefragt, ob Ihre Programme EMS-Speicher nutzen (Expanded Memory, s. o.), dann wird ermittelt, ob Windows installiert ist.

Danach erwartet man von Ihnen, daß Sie die Disketten aus den Laufwerken (insbesondere Laufwerk A:) entfernen, denn nun startet MEMMAKER nach der Betätigung von Enter den Rechner neu, um verschiedene Einstellungen zu testen.

Hinweis: Wenn durch Ihre AUTOEXEC.BAT ein Programm gestartet wird, etwa Windows, beenden Sie dieses, damit danach MEMMAKER seine Arbeit fortsetzen kann! Sollte ein Problem auftauchen, schalten Sie den Rechner mit dem Ein/Aus-Schalter aus und nach zehn Sekunden wieder ein, MEMMAKER stellt dann den alten Zustand wieder her.

Nach mehrmaligem Starten des Rechners (wie oft, hängt von der Anzahl der Treiber in der CONFIG.SYS sowie der residenten Programme in der AUTOEXEC.BAT ab) werden Sie gefragt, ob Ihr Rechner sauber gestartet hat, da nun die vorgeschlagene Konfiguration dem Startvorgang zugrundegelegt wurde.

Ein Bildschirm informiert Sie anschließend darüber, wieviel freier Arbeitsspeicher neuerdings zur Verfügung steht, wieviel MEMMAKER also für Sie noch hat herausschlagen können. Die alten Startdateien AUTOEXEC.BAT und CONFIG.SYS sowie eine eventuell geänderte WIN.INI erhalten die Erweiterung UMB, wobei zu beachten ist, daß die alten Konfigurationsdateien nicht im Hauptverzeichnis, sondern im Programmverzeichnis des Betriebssystems gespeichert werden.

Hier ein Beispiel, wie MEMMAKER eine Konfiguration aufpoliert. Vor der Inanspruchnahme der Dienste war der Speicher mit 555 KByte mehr als mager, danach waren es ernstzunehmende 631, also 76 KByte mehr.

Die AUTOEXEC.BAT vor MEMMAKER:

```
@ECHO OFF
C:\MSDOS62\SMARTDRV.EXE 3072 512
PROMPT $p$g
C:\MSDOS62\KEYB GR,437,C:\MSDOS62\KEYBOARD.SYS
C:\MSDOS62\MOUSE >NUL
PATH C:\WINWORD;C:\WINDOWS;C:\MSDOS62;C:\WORD55;C:\WORD;C:\EXCEL
SET TEMP=C:\TEMP
SET TMP=C:\TEMP
UNDELETE /LOAD
SMARTDRV /C
SMARTDRV /S
```

Danach:

```
@ECHO OFF
LH /L:0;1,42928 /S C:\MSDOS62\SMARTDRV.EXE 3072 512
PROMPT $p$g
LH /L:1,16416 C:\MSDOS62\KEYB GR,437,C:\MSDOS62\KEYBOARD.SYS
LH /L:1,32352 C:\MSDOS62\MOUSE
PATH C:\WINWORD;C:\WINDOWS;C:\MSDOS62;C:\WORD55;C:\WORD;C:\EXCEL
SET TEMP=C:\TEMP
SET TMP=C:\TEMP
LH /L:1,53184 UNDELETE /LOAD
SMARTDRV /C
SMARTDRV /S
```

Vorher versuchten wir es mit dieser CONFIG.SYS:

```
DEVICE=C:\MSDOS62\HIMEM.SYS
COUNTRY=049,,C:\MSDOS62\COUNTRY.SYS
DOS=HIGH
BUFFERS=10
FILES=40
SHELL=C:\MSDOS62\COMMAND.COM C:\MSDOS62\ /E:2028 /p
```

Hinterher durften wir mit dieser arbeiten:

```
DEVICE=C:\MSDOS62\HIMEM.SYS
DEVICE=C:\MSDOS62\EMM386.EXE NOEMS HIGHSCAN
BUFFERS=10,0
FILES=40
DOS=UMB
LASTDRIVE=E
FCBS=4,0
COUNTRY=049,,C:\MSDOS62\COUNTRY.SYS
DOS=HIGH
SHELL=C:\MSDOS62\COMMAND.COM C:\MSDOS62\ /E:2028 /p
```

Tip: Erst Treiber einbinden, dann MEMMAKER starten

Wenn Sie ein neues residentes Programm durch die AUTOEXEC.BAT oder einen neuen Gerätetreiber durch die CONFIG.SYS laden wollen, binden Sie diese Programmzeilen ein und starten MEMMAKER, der nun wieder versucht, die Gesamtkonfiguration abzustimmen.

Das Feintuning

Eines macht MEMMAKER (aus gutem Grund) nicht: Er verändert nicht die Reihenfolge der Treiber in der CONFIG.SYS bzw. AUTOEXEC.BAT, da viele Treiber, die MEMMAKER natürlich nicht alle kennen kann, eine bestimmte Reihenfolge des Ladens vorschreiben.

Gerade die Reihenfolge jedoch birgt eine weitere Möglichkeit der Optimierung.

Und so verfahren Sie, um aus Ihrem Speicher noch das letzte Quentchen herauszukitzeln:

① Erstellen Sie eine Startdiskette mit FORMAT und der Option /S.

② Kopieren Sie die CONFIG.SYS und die AUTOEXEC.BAT auf Laufwerk A:, um ggf. die alte Konfiguration wiederherstellen zu können.

③ Öffnen Sie mit dem Editor von DOS die Datei MEMMAKER.STS, die sich im DOS-Verzeichnis befindet:

```
EDIT C:\MSDOS62\MEMMAKER.INF
```

In dieser Datei finden Sie in der Sektion [SizeData] die Größe der Gerätetreiber bzw. der residenten Programme, beispielsweise für den Treiber ANSI.SYS:

```
Command=C:\MSDOS62\ANSI.SYS
Line=10
FinalSize=4256
MaxSize=9056
FinalUpperSizes=0
MaxUpperSizes=0
ProgramType=DEVICE
```

④ Laden Sie Ihre CONFIG.SYS in den Editor mit

```
EDIT CONFIG.SYS
```

und sortieren die Treiber in der Reihenfolge der Größe, die Sie bei *MaxSize* ablesen, beginnend mit den größten Treibern. Auf folgendes sollten Sie dabei achten:

- HIMEM.SYS und EMM386.EXE müssen nacheinander und möglichst früh in der CONFIG.SYS geladen werden, da viele weiteren Befehle oder Treiber von ihnen abhängen.
- Wenn in Ihrem System Treiber aufeinander abgestimmt sind, etwa für den Betrieb der Festplatte oder eines Netzwerks, darf die Reihenfolge dieser Treiber zueinander nicht geändert werden.

⑤ Verfahren Sie ebenso mit der AUTOEXEC.BAT.

⑥ Starten Sie Ihr System mit [Strg]+[Alt]+[Entf] neu und beobachten, ob das System sauber (= ohne Fehlermeldungen) startet.

⑦ Sollten Fehler auftauchen, kopieren Sie Ihre Startdateien von der Diskette zurück.

⑧ Wenn das System ordnungsgemäß startet, beauftragen Sie MEMMAKER, diese neue Konfiguration zu optimieren.

Wenn es Probleme gibt...

MEMMAKER-Programm wird nicht ausgeführt...

MEMMAKER kann natürlich die diversen Speicherarten nur einrichten, wenn Ihr Rechner dafür die Voraussetzungen erfüllt:

- MS-DOS 6,
- Prozessor vom Typ 80386 oder höher,
- mindestens 384 KB Erweiterungsspeicher (XMS).

Sollten diese Voraussetzungen nicht gegeben sein, wird MEMMAKER seine Dienste versagen.

MEMMAKER meldet, daß er bereits ausgeführt wurde...

Wenn MEMMAKER neu startet, um die verschiedenen Speicherkonfigurationen zu testen, muß er nach dem Neustart weitermachen können.

Beenden Sie also jedes Programm, das in der AUTOEXEC.BAT gestartet wird. Und: Übergehen Sie nicht mit [F5] oder [F8] die Abarbeitung der AUTOEXEC.BAT oder CONFIG.SYS!

MEMMAKER will nicht mit anderen Managern zusammenarbeiten.

Recht hat er. Das Programm kann seine filigrane Arbeit nur zusammen mit dem EMM386.EXE durchführen, der sich mit anderen Speichermanagern (386MAX, QEMM etc.) nicht verträgt.

Der benutzerdefinierte Ablauf

Wenn Sie nicht den Expreß-Modus wählen, sondern sich einmal daran versuchen möchten, "freihändig" noch ein Quentchen mehr Speicher herauszukitzeln.

Folgende Gründe könnten Sie noch dazu veranlassen:

- Sie wollen unter Windows keine MS-DOS-Anwendungen ausführen,
- keine Ihrer Anwendungen benötigt Erweiterungsspeicher,
- Sie möchten bestimmte Gerätetreiber oder Programme von der Optimierung ausnehmen,
- Sie möchten verhindern, daß MEMMAKER den hohen Speicher (HMA) vollständig durchsucht.

Der erste Bildschirm ist der wichtigste - hier daher kurz eine Liste der Fragen und ihre Bedeutung:

Angeben der in der Optimierung berücksichtigten Treiber/TSR?

Standardmäßig bezieht MEMMAKER alle Gerätetreiber und speicherresidenten Programme in den Optimierungsvorgang ein. In einigen Fällen verursacht ein Programm jedoch Probleme.

Sie können Probleme mit einem bestimmten Programm vermeiden, indem Sie es vom Optimierungsvorgang ausschließen.

Tip: Programm von Optimierung ausschließen
Um MEMMAKER anzuweisen, ein bestimmtes Programm niemals in die Optimierung einzubeziehen, können Sie dieses Programm in die Datei MEMMAKER.INF aufnehmen.

Hohen Speicher für EMS-Seitenrahmen reservieren?

Standardmäßig konfiguriert das Setup EMM386 als Programm für die Emulation von Expanded Memory und reserviert 64 KByte des hohen Speichers für den EMS-Seitenrahmen. Wenn Sie kein Programm betreiben, das EMS-Speicher nutzt, können Sie mit *NEIN* antworten.

Hohen Speicher verstärkt durchsuchen?

Standardmäßig weist MEMMAKER EMM386 an, nach freien hohen Speicherblöcken (UMBs) an den Adressen F000 bis F7FF des hohen Speichers zu suchen. Wenn UMBs in diesen Adreßbereichen gesetzt werden, starten einige Computer nicht mehr korrekt. Wenn Sie hier mit *NEIN* antworten, werden UMBs an den Adressen C600 - EFFF gesucht.

Optimierung des hohen Speichers für Windows?

Standardmäßig wird das System so optimiert, daß für MS-DOS-Programme möglichst viel konventioneller Speicher zur Verfügung steht, wenn sie unter Windows ablaufen. Dabei kann es allerdings vorkommen, daß weniger konventioneller Speicher zur Verfügung steht, wenn Windows nicht aufgerufen ist. Wenn Sie kein Windows-Anwender sind oder unter Windows keine DOS-Programme ausführen, können Sie hier mit *NEIN* antworten.

Verwendung des Monochrombereichs (B000-BFFF) für Programme?

Standardmäßig werden 32 KByte des hohen Speichers (Adressen B000 - BFFF) zur Verwendung mit einer Monochrom-Grafikkarte reserviert. Dieser Speicherbereich wird auf den meisten Computern mit EGA- oder VGA-Bildschirm nicht verwendet.

Hinweis: Mit einer Super-VGA-Karte dürfen Sie hier nicht mit *JA* antworten!

Vorhandene EMM386-Speicheraus- und -einschlüsse verwenden?

Normalerweise werden Ihre Parameter zu EMM386.EXE berücksichtigt, die ja meist nicht ohne Grund gemacht wurden. Wenn Sie dies auch weiterhin so halten wollen, antworten Sie mit *JA* - mit *NEIN* kann MEMMAKER versuchen, eigene Parameter zu verwenden und es so besser zu wissen als Sie.

Verlegung des erweiterten BIOS-Datenbereich in hohen Speicher?

Der erweiterte BIOS-Datenbereich (Extended BIOS Data Area, EBDA) befindet sich normalerweise im konventionellen Speicher. Standardmäßig verschiebt MEMMAKER den EBDA in den hohen Speicher, wodurch Anwendungen ein weiteres Kilobyte konventioneller Speicher zur Verfügung steht. Hier können Sie mit *JA* antworten, wenn nach dem Start des Rechners mit dieser Einstellung keine Probleme auftraten.

Rückgängigmachen von Konfigurationen

Bei allem Kenntnisreichtum bleibt es einem oft nicht erspart, neue Kenntnisse durch bittere Erfahrungen zu gewinnen, etwa die, daß eine Konfiguration nicht so funktioniert, wie wir es gedacht haben.

Sie können jedwede Änderung, die MEMMAKER durchgeführt hat, wieder rückgängig machen und so den Seelenfrieden zurückbekommen:

Tippen Sie

```
MEMMAKER /UNDO
```

und weisen MEMMAKER damit an, die an Ihrer CONFIG.SYS und AUTOEXEC.BAT sowie, falls notwendig, an Ihrer Windows-Datei SYSTEM.INI vorgenommenen Änderungen rückgängig zu machen.

Hinweis: MEMMAKER stellt Ihre Systemdateien wieder her, indem sie durch die vorher gemachten Sicherungskopien ersetzt werden. Diese Dateien mit der Erweiterung UMB dürfen Sie also keinesfalls löschen!

In dem sich öffnenden Bildschirm wählen Sie mit der `Leertaste` die Option *Wiederherstellen* aus und drücken `Enter`

Die Konfiguration des Extended Memory

Hinweis: Die folgenden Erläuterungen müssen Sie nicht unbedingt lesen, wenn Sie MEMMAKER benutzen möchten, doch für das Verständnis der vorgenommenen Änderungen sind sie sehr wichtig.

Der Gerätetreiber, der das Extended Memory für Sie nutzbar macht und es nach den Regeln des XMS-Standards verwaltet, ist der Treiber HIMEM.SYS.

Wie alle Gerätetreiber wird HIMEM.SYS durch die CONFIG.SYS aufgerufen:

```
DEVICE=HIMEM.SYS
```

Hinweis: Der normale Aufruf des Treibers geschieht ohne jede Option - lediglich bei etwas exotischeren Rechnern sind möglicherweise zusätzliche Optionen nötig. Hierzu lesen Sie sich bitte die Dateien INFO.TXT und ANWINFO.TXT durch, die bei der Installation in das DOS-Verzeichnis kopiert werden. In diesen Dateien sind Informationen zu bekannten Problemen und ihren Lösungen festgehalten. Laden Sie diese Dateien nacheinander mit

```
EDIT DATEINAME
```

in den Editor, der im Gegensatz zum Befehl TYPE erlaubt, durch den Text zu blättern.

Ab der Version 6.2 führt der Befehl HIMEM.SYS beim Laden auch noch einen Test der Speicherbausteine durch, um zweifelhafte Exemplare dingfest zu machen.

Der Treiber wird beim Starten geladen, es erscheint folgende Meldung:

```
A20 Behandlungsroutine Nummer 1.
64 KB oberer Speicherbereich (HMA) ist verfügbar.
```

Die Zahl 1 beschreibt den von HIMEM.SYS identifizierten PC-Typ, lesen Sie bitte in der Referenz nach, was es damit auf sich hat.

Für das Laden dieses Treibers gibt es einige Regeln, die Sie einhalten sollten, um möglichen Konflikten aus dem Weg zu gehen.

- Der Treiber HIMEM.SYS sollte möglichst früh in der CONFIG.SYS eingebunden werden, auf jeden Fall aber vor dem Treiber EMM386.EXE für das Expanded Memory, da erst das Extended Memory eingerichtet werden muß, um daraus dann mit EMM386.EXE Expanded Memory abzuzweigen! Auch andere Ge rätetreiber, die auf das Extended Memory zugreifen, etwa der Treiber für eine RAM-Disk oder einen Cache-Speicher, müssen nach HIMEM.SYS in der CONFIG.SYS stehen.

- Um Windows betreiben zu können, ist der Treiber HIMEM.SYS zwingende Voraussetzung. Er wird daher bei der Installation von Windows in der CONFIG.SYS eingebunden. Wenn Sie einen anderen Memory-Manager benutzen, so muß dieser unbedingt zu HIMEM.SYS kompatibel sein.

Bereitstellung und Konfiguration des Expanded Memory

Wenn Sie für Programme, die diesen Speichertyp nutzen können, auf einem Rechner mit einem Prozessor ab 80386 (und nur dort ist es möglich) Expanded Memory einrichten wollen, muß als zwingende Voraussetzung erst einmal Extended Memory eingerichtet worden sein, denn in diesem Speichertyp richtet der Gerätetreiber EMM386.EXE das Expanded Memory ein.

Hinweis: Der Treiber EMM386.EXE muß also stets nach dem Treiber HIMEM.SYS geladen werden!

Die Syntax von EMM386.EXE ist etwas komplexer, doch sind in den seltensten Fällen weitere Angaben nötig. Wir haben jedoch beim Gerätetreiber EMM386.EXE eine Besonderheit zu beachten, die uns bei diesem Treiber zum ersten Mal begegnet:

Zum einen handelt es sich um einen Gerätetreiber, der wie alle anderen in der CONFIG.SYS durch den Befehl DEVICE geladen wird, zum anderen aber - und das deutet die Erweiterung EXE bereits an - hat EMM386.EXE auch einen Teil, der als normaler Befehl aufgerufen werden kann.

Der Grund ist der: Der Gerätetreiber wird durch die CONFIG.SYS installiert, doch mit dem Befehl können an dieser Konfiguration bei geladenem Treiber noch Änderungen vorgenommen werden.

Besprechen wir zuerst den Gerätetreiber, wie er durch den DEVICE-Befehl geladen wird. Hier gilt in gleichem Maße, was wir bereits zu HIMEM.SYS gesagt haben: Im Normalfall wird EMM386.EXE durch eine einfache Zeile in der CONFIG.SYS, nämlich

```
DEVICE=C:\DOS\HIMEM.SYS
DEVICE=C:\DOS\EMM386.SYS
```

erfolgreich geladen - wir fügen die Zeile für den HIMEM.SYS noch einmal dazu, damit deutlich wird, daß dieser vorher zu laden ist.

In unserem Beispiel - also ohne Angabe einer gewünschten Größe - werden 256 KByte Extended Memory abgezweigt und als Expanded Memory bereitgestellt, was Sie sofort mit dem Befehl MEM überprüfen können, denn unter anderem wird Ihnen der eingerichtete EMS-Speicher angezeigt:

```
262.144 Byte EMS-Speicher insgesamt
262.144 Byte EMS-Speicher frei
```

Wollen Sie mehr als den von DOS vorgegebenen Standardwert bereitstellen, müssen Sie allerdings eine entsprechende Angabe machen:

```
DEVICE=C:\DOS\EMM386.SYS  512
```

richtet 512 KByte EMS-Speicher ein, wobei DOS immer auf ein Vielfaches von 16 aufrundet.

Das Erschließen weiterer freier Speicherbereiche

Wenn Sie alle Möglichkeiten ausschöpfen, die der Treiber EMM386 anbietet, so werden Sie wahrscheinlich einiges mehr an freiem Hauptspeicher für Ihre Anwendungen herausholen können.

Ein Beispiel dafür: Wenn Sie mittels einer Speicheranalyse feststellen, daß MEMMAKER einen freien Speicherblock nicht gefunden hat, so müssen Sie den Speichermanager zwingen, diesen Block ebenfalls für die Nutzung miteinzubeziehen.

Hinweis: Beachten Sie, daß dieser Bereich nicht immer auch wirklich frei sein muß - es kann auch sein, daß sich dort ein Treiber befindet, der nur von DOS beim Start nicht erkannt wurde, etwa der Treiber für eine SCSI-Festplatte.

Wenn dieser Bereich dann von EMM386 okkupiert wird, führt das nahezu unweigerlich dazu, daß der Treiber überschrieben wird. Unter Umständen hat das aber zur Folge, daß das Gerät, das durch diesen Treiber betrieben wird, nicht angesprochen werden kann. In einem solchen Falle müssen Sie beim Start mit der Taste [F8] einen selektiven Systemstart durchführen, um die Zeile mit dem EMM386-Treiber zu übergehen und die CONFIG.SYS entsprechend zu ändern.

So gehen Sie vor, um einen Bereich des Speichers der Verwaltung durch EMM386 zuzuweisen:

Angenommen, MSD habe Ihnen einen freien Block an der Adresse F600h gemeldet, der bis F7FFh reicht, so wird dieser Bereich mit dem Befehl

```
DEVICE=C:\DOS\EMM386.EXE I=F600-F7FF
```

eingegliedert und ist danach für das Auslagern von Treibern und Programmen benutzbar. Die Option I (entgegen den normalen Regeln ohne Schrägstrich!) für Include bezieht also einen Bereich im Adaptersegment ausdrücklich mit ein.

Tip Freie Bereiche auf Nicht-IBM-Rechnern
Der Bereich der Adressen E000h bis EFFFh ist reserviert, doch nur auf den Geräten der PS/2-Modelle von IBM befindet sich dort das BIOS. Diesen Bereich können Sie einmal probehalber einblenden.

Natürlich ist es auch möglich, in einer Zeile gleich mehrere Bereiche ein- oder (s.u) auszublenden:

```
DEVICE=C:\DOS\EMM386.EXE I=F600-F7FF I=E000-EFFF
```

Sie fügen also nach einer Leertaste einfach den zweiten (und dritten) Bereich an. Falls Sie in dieser Zeile auch einen anderen Bereich ausblenden wollen, wie wir es im nächsten Absatz besprechen, so funktioniert das auf die gleiche Weise.

Bereiche im Speicher ausblenden

Kritisch kann es werden, wenn im Adaptersegment Ihres Rechners Bereiche von anderen Treibern genutzt werden, die von EMM386.EXE nicht erkannt werden, etwa Treibersoftware für bestimmte Festplatten oder für Netzwerkkarten, denn dann überschreiben sich Speicherbereiche gegenseitig, was zu Systemkollisionen führt.

In einem solchen Falle müssen Sie den fraglichen Speicherbereich ausblenden: Die Option X und die Angabe einer Adresse blendet den angegebenen Bereich ausdrücklich aus:

```
DEVICE=C:\WINDOWS\EMM386.EXE X=DC00-F000
```

Die Option X ist also gedacht, um Bereiche auszugrenzen, von denen Sie wissen, daß diese Bereiche nicht frei sind, und bei denen Sie verhindern wollen, daß EMM386 die Bereiche für seine Zwecke benutzt.

Hinweis: Wir müssen an dieser Stelle deutlich sagen, daß Sie sich an ein solches Abenteuer nur wagen sollten, wenn Sie diese Adresse entweder dem Handbuch der Hardware entnehmen können, oder aber mit Analyse-Software ermittelt haben, etwa dem bei den Microsoft Anwendungsprogrammen mitgelieferten MSD.EXE, das es erlaubt, die Adresse von Treibern im Adaptersegment und im Speicher genauer als mit MEM zu ermitteln. Wenn eine Konfiguration einmal einen Systemstillstand produzierte, erinnern Sie sich daran, daß Sie mit `F5` und `F8` einen selektiven Start bzw. einen Start gänzlich ohne CONFIG.SYS und AUTOEXEC.BAT durchführen können. Auch hier müssen wir auf die Dateien INFO.TXT und ANWINFO.TXT verweisen, in denen oft wichtige Informationen aus der Hotline von Microsoft zu lesen sind und die Ihnen möglicherweise sehr viele Telefoneinheiten zur Microsoft-Hotline (089/3176-1152) ersparen können.

Verstärktes Durchsuchen des Speichers

Seit der Version 6.0 ist die Option HIGHSCAN beim EMM386 hinzugekommen. Diese Option sollten Sie grundsätzlich ausprobieren (MEMMAKER schlägt diese Option, wie Sie sehen werden, auch immer vor), also

```
DEVICE=C:\DOS\EMM386.EXE HIGHSCAN
```

Die Benutzung dieser Option bewirkt, daß der Bereich zwischen F000h und F7FFh verstärkt nach freien Speicherblöcken durchsucht wird, da viele PCs gerade in diesem Bereich des ROM-BIOS Lücken aufweisen, die durch die Erschließung durch EMM386 dem UMB-Bereich zugeschlagen werden können.

Konflikte zwischen UMB-Nutzung und EMS-Speicher

Ein kleines Problem gibt es hier und da für Anwender zu lösen, die sowohl EMS-Speicher als auch die Nutzung der UMB-Bereiche einrichten möchten:

Um kompatibel zu den Spezifikationen der alten LIM-Version 3.2 zu sein, versucht der Speichermanager, einen durchgehenden Seitenrahmen einzurichten, was ja ab LIM 4.0, wie wir wissen, nicht mehr nötig ist, in der Version 3.2 jedoch noch zwingend gefordert wurde.

Wenn jedoch der Seitenrahmen eingerichtet wurde, so gibt es auf vielen Systemen nicht mehr genug freie Bereiche, die als UMB genutzt werden könnten.

Abhilfe können Sie u. U. schaffen, indem Sie den meist nicht genutzten Bereich E000h bis EFFFh als Seitenrahmen für das Expanded Memory einrichten.

Dafür müssen Sie lediglich den EMS-Manager EMM386.EXE explizit anweisen, diesen Bereich in seinen Verantwortungsbereich zu übernehmen, was der Treiber von sich aus nicht macht. Dafür befehlen Sie in der CONFIG.SYS

```
DEVICE=C:\WINDOWS\EMM386.EXE E=E000-EFFF
```

Der beschriebene Bereich wird nun entweder für die Nutzung als UMB-Bereich oder als EMS-Seitenrahmen freigegeben.

Weitere Speicherlücken

Wenn Sie ohne Expanded Memory arbeiten wollen, so können Sie den Bereich E000h bis EFFFh als UMB einrichten. Definieren Sie dafür mit

```
DEVICE=C:\DOS\EMM386.EXE  NOEMS  I=E000-EFFF
```

daß diese Bereiche als UMB nutzbar sind. Dadurch erhalten Sie volle 64 KByte mehr Speicher, den Sie für das Hochladen von Treibern und residenten Programmen benutzen können.

Hinweis: Doch Vorsicht: Manche Treiber melden sich nicht regelgerecht beim Betriebssystem MS-DOS an, wenn sie in das Adaptersegment geladen werden. Dazu gehört etwa der Treiber für eine SCSI-Platte. Wenn der SCSI-Treiber in diesen Bereich geladen wurde, kommt es unweigerlich zum Absturz, da er dort überschrieben wird.

Sie müssen also erst einmal mit MSD analysieren, ob sich dort etwa ein Treiber versteckt hat. In einem solchen Falle werden Sie diesen Bereich mit der Option /X von der Nutzung als UMB ausschließen müssen.

Eine andere Lücke ist häufig der 32 KByte große Bereich von F000h bis F7FFh, der zwar offiziell zum BIOS gehört, doch von vielen Rechnern nach dem Start nicht mehr benötigt wird, da dort die Daten des Setup gespeichert sind. Dies gilt jedoch nur für neuere Rechner.

Ab etwa 1992 hat man begonnen, die Bereiche des Setup und der Systemroutinen zu trennen, so daß mit einem jüngeren Rechner einfach experimentiert werden sollte.

Auch hier gilt: Sollte Ihr Rechner mit der neuen Konfiguration nicht starten, können Sie die CONFIG.SYS mit F8 zeilenweise abarbeiten und beim Treiber EMM386.EXE mit Nein antworten. Danach können Sie die fragliche Option aus der CONFIG.SYS herauslöschen.

Ein ebenfalls beliebter Winkel sind die Bereiche, die durch Verwendung einer speziellen Grafikkarte ungenutzt bleiben. So ist beispielsweise bei Verwendung einer VGA-Karte der Bereich von C800h bis CFFFh in aller Regel frei, doch das gilt zweifelsfrei nur, wenn keine anderen Steckkarten verwendet werden.

Analysieren Sie als mit MSD oder einem anderen Programm den Speicher und stellen Sie fest, welche Angaben Ihnen diese Programme machen. Falls Sie über mehrere Programme zur Speicher-Analyse verfügen, umso besser.

Hier einmal eine Aufstellung, welche Bereiche bei Benutzung welchen Grafikstandards meist frei sind:

Grafik	Bereich (hexadezimal)
VGA	B000 - B7FF
EGA	B800 - BFFF
Hercules, MDA	A000 - AFFF

Ausführungsmodi festlegen

Wenn Sie den Treiber installiert haben, so können Sie, wie wir feststellten, den Befehl EMM386 nutzen, um bestimmte Ausführungsmodi einzustellen.

Wenn Sie beispielsweise ein Programm betreiben, das zwar den Gebrauch des EMS-Speichers unterstützt, doch auf diesen Speicherbereich aus Gründen der Stabilität nicht zugreifen soll, befehlen Sie am DOS-Prompt

```
EMM386 OFF
```

Wenn zu diesem Zeitpunkt kein Zugriff auf die UMB (s. u.) erfolgt und kein Programm in diesem Speicherbereich Daten unterhält, wird die Unterstützung von EMS deaktiviert. Das System verhält sich, als sei EMM386.EXE überhaupt nicht geladen.

Hinweis: Der verwendete Speicher wird allerdings nicht an das System zurückgegeben! Er bleibt weiterhin als EMS-Speicher konfiguriert.

Wollen Sie die Nutzung des Speichers wieder aktivieren, schalten Sie mit

```
EMM386 ON
```

die EMS-Unterstützung wieder ein. Mit der Angabe von

```
EMM386 AUTO
```

weisen Sie DOS an, nur dann die Speichernutzung zuzulassen, wenn ein Programm dies anfordert.

Hinweis: Diese drei Optionen sind nur in wenigen Ausnahmefällen nötig, etwa wenn Sie Probleme beim EMS-Zugriff feststellen. Im Normalfall wird Expanded Memory durch EMM386 eingerichtet und steht danach den Programmen uneingeschränkt zur Verfügung.

Konfiguration der HMA-Bereiche

Die High Memory Area ist jener nicht ganz 64 KByte große Bereich genau oberhalb der 1 MByte-Grenze, der durch das Öffnen der 21. Adreßleitung für DOS nutzbar wird. Beachten Sie, daß diese 21. Adreßleitung die Nummer 20 trägt, da die Numerierung mit 0 beginnt.

Um das Betriebssystem anzuweisen, sich selbst dorthin zu installieren und so den kostbaren konventionellen Hauptspeicher zu entlasten, müssen zwei Voraussetzungen gegeben sein:

Der Treiber HIMEM.SYS muß das Extended Memory, in dem dieser Speicherbereich ja liegt, eingerichtet haben. Dies sollte in der CONFIG.SYS recht früh geschehen, um den Treibern, die das Extended Memory nutzen können, den späteren Zugriff zu ermöglichen.

Hinweis: Jedoch: Es gibt Gerätetreiber, die im Adaptersegment des Speichers von DOS nicht erkannt werden - etwa Treiber für eine SCSI-Platte. Diese Treiber sollten vor HIMEM.SYS geladen werden.

Die zweite Voraussetzung für das Auslagern des Betriebssystems ist ein einfacher Befehl in der CONFIG.SYS nach dem Einbinden von HIMEM.SYS:

```
DOS=HIGH
```

ist die Anweisung, das Betriebssystem in den "hohen Speicherbereich" zu laden. Doch nicht nur COMMAND.COM oder die drei versteckten Systemdateien werden nun teilweise in den Bereich der HMA geladen, auch Systemkomponenten wie die angelegten BUFFERS werden dort abgelegt.

Wenn DOS sich allerdings komplett im unteren Speicher befinden soll, obwohl der Rechner ein Hochladen durchaus ermöglicht, so befehlen Sie

```
DOS=LOW
```

Um ein hardwareseitiges (etwa durch das BIOS) gesteuertes Hochladen zu verhindern, müssen Sie dies explizit befehlen.

Um zu ermitteln, wo DOS geladen ist, können Sie MEM aufrufen. Sie erhalten dann umfangreiche Meldungen über Ihre Speicherkonfiguration sowie die Meldung, in welchen Speicherbereich sich MS-DOS geladen hat. Wollen Sie nur letzteres wissen, genügt es, die Option /R des Befehls VER zu benutzen:

```
MS-DOS Version 6.20
Revision A
DOS ist im oberen Speicherbereich (High Memory Area)
```

Einrichtung und Konfiguration der UMBs

Die Upper Memory Blocks im Adaptersegment werden ebenfalls durch den Treiber EMM386.EXE eingerichtet, um dann residente Programme und Gerätetreiber dorthin auszulagern und den kostbaren Hauptspeicher zu entlasten.

Über EMM386.EXE haben wir im Zusammenhang mit der Konfiguration des Expanded Memory bereits gesprochen. Doch in der dort beschriebenen Form haben wir lediglich den Expansionsspeicher im Extended Memory angelegt, nicht jedoch die UMBs für eine Nutzung als Speicher für residente Programme aufbereitet - lassen Sie uns das jetzt nachholen.

Um die UMBs nutzen zu können, müssen zwei Voraussetzungen erfüllt werden: Erstens muß EMM386 angewiesen werden, ebenfalls die Verwaltung dieser Speicherbereiche im Adaptersegment zu übernehmen, und zweitens muß durch eine Zeile in der CONFIG.SYS explizit befohlen werden, daß DOS den UMB-Bereich für das Auslagern von Programmen benutzen darf.

Die Anweisung an EMM386 geben wir in dieser Form:

```
DEVICE=EMM386.SYS  {RAM=MMMM-NNNN} {NOEMS}
```

RAM	Es wird von EMM386.EXE sowohl Expanded Memory bereitgestellt als auch die Nutzung der UMB-Bereiche überwacht. Wenn Sie keinen Speicherbereich angeben, wird der komplette Erweiterungsspeicher verwendet.
NOEMS	Es wird kein EMS-Speicher bereitgestellt, wohl aber der Zugriff auf UMB-Speicher verwaltet.

Wenn Sie auf EMS-Speicher verzichten wollen, aber die UMB-Speicher nutzen wollen, lautet die Zeile also

```
DEVICE=C:\DOS\EMM386.EXE  NOEMS
```

Nutzung der UMB-Bereiche durch LOADHIGH und DEVICEHIGH

Wenn Sie mit dem Treiber EMM386.EXE die Nutzung des Upper Memory (UMB) freigegeben haben, dürfen Sie diese Bereiche dafür verwenden, speicherresidente Programme und Gerätetreiber dorthin auszulagern, um so den sehr knappen Hauptspeicher weiter zu entlasten.

Doch das Einbinden des Treibers für die (übrigens sehr komplizierte) Verwaltung dieses Speicherbereichs allein reicht noch nicht aus. Es muß auch ausdrücklich von Ihnen erlaubt werden, das Upper Memory zu benutzen.

Dafür verwenden Sie ebenfalls den Befehl DOS in der CONFIG.SYS, der bereits dafür sorgte, daß das Betriebssystem in den Bereich des HMA ausgelagert wurde.

Um die Nutzung des UMB-Bereichs zu erlauben, befehlen Sie

```
DOS=UMB
```

Wollen Sie auch das Auslagern des MS-DOS in das HMA dort anweisen, so werden beide Befehle in einer Zeile gegeben:

```
DOS=HIGH,UMB
```

Hinweis: Sollte - bedingt durch die Hardware - die Nutzung des UMB-Bereichs immer eingeschaltet sein, können Sie dies durch

```
DOS=NOUMB
```

ausdrücklich unterbinden, etwa, wenn Sie Unverträglichkeiten feststellen.

Die Zeile mit dem Befehl DOS kann an einer beliebigen Stelle der CONFIG.SYS stehen, jedoch immer nach den beiden Treibern HIMEM.SYS und EMM386.EXE.

Auslagern residenter Programme durch LOADHIGH

Wenn Sie ein residentes Programm im Bereich des UMB arbeiten lassen wollen, verwenden Sie dafür den Befehl LOADHIGH, auch die abgekürzte Form LH ist erlaubt.

```
LOADHIGH [Programm]
```

Sie möchten beispielsweise den Tastaturtreiber KEYB in diesen hohen Speicherbereich laden:

```
LOADHIGH  C:\DOS\KEYB GR,437,C:\DOS\KEYBOARD.SYS
```

Der Befehl wird also ganz normal verwendet, nur daß LOADHIGH bzw. LH das Betriebssystem anweist, dieses Programm im hohen Speicher abzulegen.

Jedes Programm, daß in das Upper Memory geladen werden soll, muß einzeln aufgerufen werden. Wenn Sie also in der AUTOEXEC.BAT Aufrufe mit LOADHIGH haben, müssen Sie für jeden Aufruf eine Zeile definieren:

```
LOADHIGH  C:\DOS\KEYB GR,,C:\DOS\KEYBOARD.SYS
LOADHIGH  C:\DOS\GRAPHICS
```

Hinweis: Falls Sie die Meldung

```
Packed file corrupt!
```

erhalten, so haben Sie versucht, eine spezielle Art von Programm (es liegt in komprimierter Form vor) im oberen Speicher abzulegen, das dafür jedoch nicht geeignet ist.

Verwenden Sie in einem solchen Falle anstelle von LOADHIGH den Befehl LOADFIX mit gleicher Syntax:

```
LOADFIX  C:\DOS\KEYB GR,,C:\DOS\KEYBOARD.SYS
```

LOADHIGH ist zwar in erster Linie dafür gedacht, die residenten DOS-Programme platzsparend aus dem Speicher zu verbannen, doch was den DOS-Programmen recht ist, kann Ihren anderen Programmen billig sein. Wenn Sie die allgemeinen Anmerkungen weiter unten beachten, können Sie natürlich jedes residente Programm dort ablegen.

Hinweis: Mit der Option /L des Befehls können Sie Programme in genau definierte Bereiche der UMBs laden.

Diese Option funktioniert exakt so, wie wir sie weiter unten in bezug auf DEVICEHIGH erläutern. Lesen Sie im Falle einer Nutzungsabsicht dort nach!

Auslagern von Gerätetreibern mit DEVICEHIGH

Anstelle des normalerweise benutzten Befehls DEVICE wird für das Einbinden eines Gerätetreibers in den Bereich der UMBs der Befehl DEVICEHIGH benutzt:

```
DEVICEHIGH=[Gerätetreiber]
```

Der Befehl für das Laden eines Gerätetreibers in den Bereich des UMB wird analog zum normalen Laden eines Gerätetreibers mit DEVICE durchgeführt.

Hinweis: Auch hier ist daran zu denken, daß zum Zeitpunkt der Abarbeitung der CONFIG. SYS noch kein Suchpfad existiert und daher immer eine komplette Pfadangabe zum Treiber anzugeben ist, der geladen werden soll!

So könnte eine CONFIG.SYS aussehen:

```
DEVICE=C:\DOS\HIMEM.SYS
DEVICE=C:\DOS\EMM386.SYS
DOS=HIGH,UMB
DEVICEHIGH=C:\DOS\ANSI.SYS
DEVICEHIGH=C:\DOS\SETVER.EXE
```

Neben dem "normalen Aufruf" des Gerätetreibers (möglicherweise mit durch Leertaste getrennten weiteren Parametern) können Sie, mehr als Einsteiger-Kenntnisse über die Speicherverwaltung vorausgesetzt, das Laden der Treiber sehr fein steuern. Wenn Sie zum Beispiel durch

```
MEM /F
```

wissen, daß Sie im Bereich 1 der UMBs einen freien Bereich von ausreichender Größe haben und weiterhin wissen, daß die Ladegröße des Treibers etwa 9 KByte ist, so befehlen Sie

```
DEVICEHIGH  /L:1,10000 = C:\DOS\ANSI.SYS
```

Nach dem Befehl geben Sie also den Bereich in den UMBs an sowie die Ladegröße des Treibers, er wird dann nur in diesen Bereich geladen, wenn ein freier Bereich dieser Größe vorhanden ist.

Anhand genau diesen Beispiels wollen wir hier jedoch einmal die Schwierigkeit aufzeigen:

Die Größe des Treibers ANSI.SYS, wenn er denn einmal im Speicher ist, ist etwa 4 KByte, die Ladegröße jedoch mehr als doppelt so groß. Diese Ladegröße zu ermitteln, ist jedoch teilweise sehr schwierig, da sie, wie in unserem Beispiel, mit der endgültigen Größe des Treibers im Speicher nichts zu tun hat.

Grundsätzliche Anmerkungen

Die beiden Befehle LOADHIGH und DEVICEHIGH sind sehr wirkungsvolle Methoden, den Speicher von den vielen kleinen "Speicherfressern" zu entlasten, die man so mit sich herumschleppt. Der Bereich des UMB ist eigentlich auch gut geeignet, speicherresidente Software aufzunehmen, doch Sie sollten keinesfalls davon ausgehen, daß dies immer konfliktfrei abläuft.

Bei intensiver Nutzung ist im Gegenteil davon auszugehen, daß Sie ein wenig experimentieren müssen. Die Gründe dafür sind vielfältiger Art:

Da ist zum einen das Ladeverhalten mancher Programme: Sie wollen sich nicht damit begnügen, einen festen Speicherblock zugewiesen zu bekommen, sondern gehen davon aus, daß ihnen der ganze Adapterbereich gehört - mit den zu erwartenden Folgen. Andere beanspruchen beim Laden wesentlich mehr Platz, als sie dann später friedlich im Speicher einnehmen.

Wieder andere Programme wollen miteinander im UMB nicht laufen, während sie im "normalen" Speicher zusammen keinerlei Probleme haben. Es ist nicht vorauszusagen, wie sich die Programme in den UMBs verhalten, die ja auf jedem Rechner anders aussehen können.

Insofern müssen Sie sich an eine optimale Konfiguration herantasten, indem Sie die Reihenfolge der zu ladenden Treiber so lange ändern, bis sich eine stabile Reihenfolge ergeben hat. Auch auf die Größe der zu ladenden Treiber sollten Sie achten.

Wir wollen das einmal an einem Beispiel verdeutlichen:

Im Adaptersegment Ihres Rechners sind (der Einfachheit halber) drei freie UMB-Blöcke mit den Größen 25, 10 und 5 KByte. Wenn Sie nun ein kleines TSR-Programm von 5 KByte als erstes in diesen Bereich laden, kann es Ihnen passieren, daß es sich den größten Bereich von 25 KByte "schnappt" und belegt.

Wenn Sie nun ein 23 KByte großes Programm auch noch laden wollen, wird es in den konventionellen Speicher geladen, weil "da oben" alles voll ist. Eine andere Reihenfolge hätte zur Folge gehabt, daß beide Treiber problemlos geladen worden wären.

Diese - natürlich stark verein-fachte - Erklärung liefert den Grund, warum eine Änderung der Reihenfolge beim Laden oft erhebliche Unterschiede in der Speicherbelegung nach sich ziehen kann, obwohl stets dieselben Programme geladen werden.

Hinweis: Der einfachste und sicherste Weg, eine optimale, auf die derzeitigen Gegebenheiten ausgerichtete Konfiguration zu erhalten, ist das Programm MEMMAKER.

Und noch etwas sollten Sie beachten: Beide Befehle versuchen nur, den Treiber und Programme in den Bereich der UMBs zu laden. Sollte ein Programm nicht in diesen Speicher passen, wird der normale Speicher verwendet.

Speicheranalyse mit MEM

Um Größe und Adresse eines Programms im Speicher festzustellen oder weitere Informationen über freie Speicherbereiche abzurufen, verwenden Sie den Befehl MEM:

```
MEM {/DEBUG} | /CLASSIFY | FREE | MODULE Programm} {/PAGE}
```

Die Bedeutung der Optionen, von denen immer nur eine verwendet werden darf (und für deren Verwendung die Angabe ihres Anfangsbuchstabens ausreicht):

/PAGE	Diese Option kann (ausnahmsweise) mit allen anderen Optionen zusammen eingesetzt werden - sie verhindert das Durchlaufen des Bildes, wenn die Anzeige zu lang ist.
/DEBUG	Anzeige der zur Laufzeit im Hauptspeicher befindlichen residenten Programme und Gerätetreiber. Es werden Adresse und Größe (in hexadezimaler Form) sowie Name und Art des Programms bzw. des Gerätetreibers angezeigt.
/CLASSIFY	Anzeige der Art und Ladeort (konventioneller oder hoher Speicher) der derzeit im Speicher befindlichen Programme. Anzeige der Programmgröße auch in dezimaler Form.
/FREE	Listet die freien Bereiche im konventionellen und hohen Speicher auf
/MODULE	Anzeige, wie ein Programm derzeit im Speicher gespeichert wird. Der Name des Programms ist ohne Erweiterung anzuhängen.

Die "Normalausgabe" von MEM zeigt einen Statusbericht über die Speicherbelegung und die Aufteilung auf die Speicherarten:

```
Speichertyp          Insgesamt  =  Verwendet  +     Frei
-----------------    ----------    ---------     ---------
Konventioneller           640K           24K          616K
Hoher                     155K           63K           91K
Adapter RAM/ROM           229K          229K            0K
Erweiterung (XMS)       3.072K         3068K            4K
Expansion (EMS)             0K            0K            0K
-----------------    ----------    ---------     ---------
Insg. Speicher          4.096K        3.384K          712K
Insg. unter 1 MB          795K           87K          708K
```

```
Maximale Größe für ausführbares Programm     616K   (631.088 Byte)
Größter freier Block im oberen Speicherblock   91K    (93.216 Byte)
MS-DOS ist resident im oberen Speicherbereich (High Memory Area).
```

Die Option /C für /CLASSIFY steigt noch tiefer ein: Es werden nicht nur die bereits bekannten Informationen geliefert, sondern sie informiert Sie über die einzelnen Programme und ihre Position in den verschiedenen Speichern.

```
Module, die den Speicher unterhalb 1 MB verwenden:

  Name        Insgesamt       = Konventioneller   +  Hoher Speicher
--------  ----------------   ----------------     ---------------
MSDOS       14.893   (15K)     14.893   (15K)          0     (0K)
HIMEM        1.104    (1K)      1.104    (1K)          0     (0K)
EMM386       3.120    (3K)      3.120    (3K)          0     (0K)
COMMAND      5.072    (5K)      5.072    (5K)          0     (0K)
SMARTDRV    30.160   (29K)          0    (0K)     30.160    (29K)
KEYB         6.224    (6K)          0    (0K)      6.224     (6K)
MOUSE       14.992   (15K)          0    (0K)     14.992    (15K)
UNDELETE    13.616   (13K)          0    (0K)     13.616    (13K)
Frei       724.784  (708K)    631.184  (616K)     93.600    (91K)

Speicher-Zusammenfassung:

Speichertyp             Insgesamt        =     Verwendet      +   Frei
-----------------   -----------------     ---------------  ----------------
Konventioneller       655.360   (640K)       24.176    (24K) 631.184  (616K)
Hoher                 158.592   (155K)       64.992    (63K)  93.600   (91K)
Adapter RAM/ROM       234.624   (229K)      234.624   (229K)       0    (0K)
Erweiterung (XMS)   3.145.728 (3.072K)    3.141.632 (3.068K)   4.096    (4K)
Expansion (EMS)             0     (0K)            0     (0K)       0    (0K)
-----------------   ----------------     -----------------  --------------
Insg. Speicher      4.194.304  (4096K)    3.465.424 (3.384K) 728.880  (712K)

Insg. unter 1 MB      813.952   (795K)      89.168   (87K) 724.784   (708K)

Maximale Größe für ausführbares Programm          631.088  (616K)
Größter freier Block im oberen Speicherblock       93.216   (91K)
MS-DOS ist resident im oberen Speicherbereich (High Memory Area).
```

Wenn Sie einen Überblick auch über die geladenen Gerätetreiber benötigen, so verwenden Sie die Option /DEBUG. Diese Option ist jedoch nur für jene interessant, die mit den Adressen der einzelnen Programme im Speicher etwas anfangen können.

Interessanter ist möglicherweise die Option /F, die Ihnen präzise angibt, in welchem Speicherbereich noch wieviel Speicher frei ist. Für die Benutzung der Befehle DEVICEHIGH und LOADHIGH ist interessant, daß der Bereich im oberen Speicher mit angegeben wird. Sie können also die freien Bereiche ermitteln und mit der Option/ /L der erwähnten Befehle die Gerätetreiber bzw. residenten Programme präzise "einlagern".

Hinweis: Wenn Sie das Analyseprogramm MSD benutzen, das seit der Version 6.0 "an Bord" ist, können Sie die Situation im Speicher wesentlich präziser analysieren, als MEM es kann.

Zusammenarbeit von Speicher und Anwendungsprogrammen einrichten

Das Einrichten der BUFFERS

Aus den Kindertagen des MS-DOS stammt jenes System des Zwischenspeicherns von Daten:

Wenn Ihr System eine Datei liest, werden die nächsten 511 Zeichen ebenfalls in den Speicher eingelesen, da unterstellt wird, daß diese wahrscheinlich benötigt werden. Die Daten werden also im schnellen Speicher vorübergehend bereitgehalten und können so einer Beschleunigung des Systems dienen, eine Art "Miniatur-Cache" also.

Bei einem normal ausgebauten konventionellen Speicher (also 640 KByte), werden 15 solcher Zwischenspeicher angelegt, die jeweils die zwischengespeicherten Werte eines Lesevorgangs enthalten.

Dies ist für nahezu alle Anwendungen ausreichend, doch manche Systeme verlangen explizit (und im Handbuch nachlesbar) eine größere Anzahl dieser Zwischenspeicher, andere arbeiten einfach nicht ohne eine größere Anzahl, wovon im Handbuch allerdings kein Sterbenswörtchen steht.

In einem solchen Falle binden Sie in Ihre CONFIG.SYS die Zeile

```
BUFFERS=nn
```

ein. Nach einem Neustart wird dann die angegebene Anzahl BUFFER verwendet. Wenn Sie befohlen haben, das Betriebssystem in das HMA (siehe oben) auszulagern, werden auch die BUFFERS dort angelegt, belasten also den Speicher nicht.

Es ist mit dem Befehl BUFFERS auch möglich, sog. *Sekundär-Cache* einzurichten. Dies ist eine Art Cache-Bereich, wie wir ihn für SMARTDRV besprochen haben. Natürlich ist dieser Cache bei weitem nicht so leistungsfähig, doch für Anwender mit wenig Speicher ist jeder Zugewinn an Geschwindigkeit wichtig.

Die Syntax lautet

```
BUFFERS=n{,m}
```

wobei *m* für die Anzahl der Pufferspeicher steht. Hier sind bis zu acht möglich, je höher der Wert, desto höher der mögliche Geschwindigkeitszuwachs, jeder Puffer benötigt jedoch 512 Bytes im Speicher.

Hinweis: Wenn Sie einen Cache-Speicher, etwa SMARTDRV.EXE, verwenden, sollten Sie die Zwischenspeicher auf einen niedrigen Wert (etwa 5 oder sogar weniger) einstellen. Sekundärpuffer benötigen Sie in einem solchen Falle nicht.

Konfigurieren von FILES

Es ist unmittelbar einsehbar, daß zur Laufzeit eines Programms möglicherweise sehr viele Dateien gleichzeitig geöffnet werden müssen: Wenn Sie einmal von einem komplexen Datenbanksystem mit sehr vielen aufeinander zugreifenden Dateien ausgehen, kann es sehr schnell zu einer Anhäufung von 40 oder 50 Dateien kommen, die alle im Speicher geöffnet bereitgehalten werden müssen, da ein Nachladen von der Platte einen zu großen Geschwindigkeitsverlust nach sich ziehen würde.

Standardmäßig darf DOS acht Dateien öffnen. Wird eine zusätzliche geöffnet, muß eine andere geschlossen werden.

Dies jedoch wäre eine starke Belastung für das System, zumal DOS selbst bereits fünf geöffnete Dateien für sich selbst benötigt. Ein in der Praxis vollkommen ausreichender Wert sind 20 gleichzeitig zu öffnende Dateien, die Sie in der CONFIG.SYS mit der Zeile

```
FILES=20
```

einrichten.

Auch hier ist den Anweisungen des Handbuchs zu folgen, manche Programme - insbesondere Datenbankprogramme - verlangen nach sehr vielen geöffneten Dateien. Legen Sie die FILES so fest, daß der höchste Wert eingetragen wird, den ein Programm von Ihnen anfordert.

10.5 Die richtige Konfiguration für Ihr System

Den Anspruch der Überschrift, Ihnen eine optimale Konfiguration an die Hand zu geben, können wir nicht einlösen: Wie wir in diesem Kapitel festgestellt haben, ist die Konfiguration der Hardware durch das Betriebssystem MS-DOS davon abhängig, wie Ihr Rechner ausgestattet ist:

- So ist es auf einem Rechner - gleich, welcher Prozessor dort seinen Dienst tut - mit einem Hauptspeicher von 1 MByte nicht möglich, Extended Memory einzurichten oder gar Expanded Memory zu emulieren.

- Ob wir Ihnen sagen sollen, welche Zeichensatztabellen Sie einrichten sollten, hängt davon ab, ob Ihr Drucker diese Zeichensatztabellen überhaupt ausdrucken kann.

- Welchen Suchpfad Sie einrichten sollten, hängt davon ab, wie die Verzeichnisse heißen, in denen Ihre Programme untergebracht wurden.

All dies können wir nicht vorhersagen, insofern gibt es zwar für Ihr System eine optimale Konfiguration, doch wir können allenfalls sehr allgemeine Ratschläge geben.

Tip: Befehlszeile mit REM deaktivieren

Wenn Sie einmal einen Eintrag in einer der beiden Konfigurationsdateien vorübergehend deaktivieren wollen, weil Sie etwas ausprobieren wollen, oder weil das von diesem Treiber verwaltete Gerät derzeit nicht angeschlossen ist, sollten Sie die entsprechende Zeile nicht löschen, sondern die Zeile durch ein vorangestelltes REM zu einer Bemerkung machen, die weder in der CONFIG.SYS noch in der AUTOEXEC.BAT als Befehl interpretiert wird. In der CONFIG.SYS können Sie ab der Version 6.2 das dafür inzwischen international übliche Semikolon verwenden.

Die Konfiguration durch die CONFIG.SYS

Die wichtigsten Einstellungen, die Sie in der in der CONFIG.SYS vornehmen, sind jene für die Speicherverwaltung - einmal abgesehen von den Gerätetreibern, die Sie für angeschlossene Peripheriegeräte dort einbinden.

Betrachten wir zuerst einmal jene Komponenten der CONFIG.SYS, die auf jedem Rechner unabhängig vom Speicherausbau möglicherweise angezeigt sind, wobei wir bei all unseren Betrachtungen in diesem Kapitel davon ausgehen, daß sich die Treiber und Programmdateien im Verzeichnis C:\DOS befinden.

Sollten Sie also eine andere Struktur auf Ihrer Festplatte aufgebaut haben, so setzen Sie selbstverständlich den bei Ihnen gültigen Pfad ein.

```
DEVICE=C:\DOS\SETVER.EXE
DEVICE=C:\DOS\ANSI.SYS
DEVICE=C:\DOS\EGA.SYS
DEVICE=C:\DOS\MOUSE.SYS
COUNTRY=049,,C:\DOS\COUNTRY.SYS
STACKS=0,0
FILES=20
FCBS=4,0
BUFFERS=20
LASTDRIVE=H
SHELL=C:\DOS\COMMAND.COM C:\DOS\ /E:200 /P
```

Tip: Optimale Reihenfolge mit MEMMAKER

Die Reihenfolge der Treiber spielt oft eine entscheidende Rolle. Wenn Sie die Konfiguration durch MEMMAKER durchführen lassen, wird die optimale Reihenfolge ermittelt und verwendet.

Sollten Sie Ihren Speicher entsprechend eingerichtet haben, sollten Sie die hier mit einem * gekennzeichneten Treiber mit DEVICEHIGH anstelle von DEVICE in die Bereiche der UMBs laden.

*SETVER.EXE**

Diesen Treiber sollten Sie nur dann in Ihre CONFIG.SYS einbinden, wenn Sie ein Programm betreiben, das durch SETVER eine andere DOS-Version vorgegaukelt bekommen muß. Lesen Sie im Referenzteil nach, welche Programme das sind.

Sollten Sie Word für Windows und MS-Excel betreiben, brauchen Sie diesen Treiber nicht, obwohl die Programme dort unterstützt werden.

*ANSI.SYS**

Wenn Sie im Prompt oder in einer Batch-Datei Escape-Sequenzen verwenden oder die Bildschirmmodi mit MODE einstellen möchten, brauchen Sie ANSI.SYS. Anwendungsprogramme benötigen in der Regel diesen Treiber nicht - lesen Sie ggf. im Handbuch nach.

*EGA.SYS**

Nur wenn Sie einen PC mit einer EGA-Grafik betreiben und den Task-Switcher der DOS-Shell (siehe Kapitel 7.) benutzen möchten, brauchen Sie diesen Treiber.

*MOUSE.SYS**

Der Maustreiber wird bei MS-DOS nicht mitgeliefert, sondern vom Hersteller der Maus. Dabei ist zu beachten, daß es sich um einen Gerätetreiber mit der Erweiterung SYS handeln kann - dieser wird in die CONFIG.SYS eingetragen.

Wenn es sich um ein residentes Programm mit der Erweiterung COM handelt, wird es über die AUTOEXEC.BAT gestartet. Ab Version 6.0 wird der Maustreiber MOUSE.COM (Version 8.01) mitgeliefert, der jedoch über die AUTOEXEC.BAT geladen werden muß, es sei denn, Sie verwenden INSTALL bzw. INSTALLHIGH.

COUNTRY.SYS

Hier werden die länderspezifischen Gegebenheiten für Deutschland eingestellt, also das Datums- und Zeitformat sowie die Dezimaltrennung. Im Normalfall wird die Zeile so aussehen wie in unserem Beispiel. Nur, wenn Sie COUNTRY.SYS im Hauptverzeichnis der Festplatte untergebracht haben, müssen Sie keinen Pfad angeben. Zwischen den beiden Kommata können Sie eine Zeichensatztabelle angeben.

STACKS

Die internen Stapelspeicher müssen Sie nicht konfigurieren, es sei denn, Sie betreiben ein Programm, das dies ausdrücklich wünscht. Windows etwa trägt bei der Installation hardwareabhängig möglicherweise den Wert "9,256" dort ein - dies sollten Sie nicht ändern. Den Eintrag 0,0 sollten Sie versuchsweise aufnehmen, weil er Hauptspeicher einspart.

FILES=

Im Normalbetrieb des Rechners, also immer dann, wenn keines Ihrer Programme mehr gleichzeitig geöffnete Dateien im Handbuch oder als Fehlermeldung anfordert, ist 20 ein praktikabler Wert. Wenn Sie mit einem Datenbankprogamm mit relativ vielen aufeinander bezogenen Dateien arbeiten, empfiehlt es sich, den Wert geringfügig (25 - 30) zu erhöhen.

FCBS=

Die Anzahl der *File Control Blocks* ist abhängig von Ihrem System und sollte nur eingetragen werden, wenn ein Programm-Handbuch dies ausdrücklich verlangt. Wenn Sie Ihre Konfiguration durch MEMMAKER durchführen lassen, werden dann FCBS angefordert, wenn es auf Ihrem Rechner nötig bzw. möglich ist. Andererseits sparen Sie mit der Reduzierung der FCBS auf einen Wert von 1 noch einmal etwa 200 Byte an Speicher, nicht viel, doch immerhin. Nachteile haben Sie nicht zu befürchten.

BUFFERS=

Die Anzahl Zwischenpuffer hängt von mehreren Umständen ab: Ohne einen Cache-Speicher (SMARTDRV.SYS etwa) sollten Sie hier ebenfalls 15 bis 20 eintragen. Wenn Sie einen Cache-Speicher betreiben, können Sie diesen Wert eigentlich auf 5 oder 8 setzen. Beachten Sie jedoch, daß einige Programme ohne ersichtlichen Grund wesentlich mehr Zwischenspeicher anfordern, etwa Word für Windows, das 67 solcher Buffer braucht.

LASTDRIVE

Dieser Befehl in der CONFIG.SYS definiert die vom System maximal akzeptierte Anzahl Laufwerke, wobei hier alle Laufwerke mitgezählt werden, also physische und logische, etwa Netzwerklaufwerke oder mit SUBST erzeugte. Standardmäßig, also ohne diese Zeile, dürfen Sie nur Laufwerke bis zum Buchstaben E: verwenden.

SHELL

Mit SHELL binden Sie entweder einen anderen als den von MS-DOS mitgelieferten Kommandoprozessor COMMAND.COM ein, oder Sie definieren für den Original-Prozessor - wie in unserem Beispiel - einen vergrößerten Umgebungsspeicher. Dies sollten Sie immer machen, um Ihren Suchpfad so groß wie nötig machen zu können. In dieser Zeile wird der Kommandoprozessor im Verzeichnis C:\DOS gesucht.

Aus Gründen der optimalen Speichernutzung sollten Sie den Umgebungsspeicher nicht zu groß wählen, denn dieser Speicher wird vom konventionellen Speicher abgezweigt. All diese Werte wird es in jeder CONFIG.SYS in dieser oder jener Form geben, sie sind nicht speicherabhängig und nur in engen Grenzen der "Willkür" oder dem Sachverstand des Anwenders anheimgegeben. Anders ist das, wenn Sie den Hauptspeicher Ihres Rechners konfigurieren wollen. Hier gibt es eine Reihe von Ein- und Verstellmöglichkeiten, die auf der einen Seite den Rechner flott und konfliktfrei laufen lassen, und auf der anderen Seite einen Absturz nach dem anderen produzieren.

Wir gehen bei den folgenden Beispielen immer davon aus, daß Sie einen Rechner mit mindestens einem 80286 betreiben, der mit Extended Memory, also mit Speicher oberhalb der Grenze von 1 MByte ausgerüstet ist. In allen anderen Fällen haben Sie keinen Speicher, den es zu konfigurieren gilt.

So sieht der obere Teil der CONFIG.SYS ungefähr aus:

```
DEVICE=C:\DOS\HIMEM.SYS
DEVICE=C:\DOS\EMM386.SYS NOEMS
DOS=HIGH,UMB
DEVICEHIGH=C:\DOS\RAMDRIVE.SYS 200 /E
```

HIMEM.SYS

Der erste und wichtigste Treiber ist HIMEM.SYS, der das eingebaute Extended Memory verwaltet sowie die High Memory Area (HMA) nutzbar macht. Dieser Treiber muß vor allen anderen Treibern und Befehlen, die den Speicher konfigurieren, eingebunden werden.

Es ist in der Regel nicht nötig, zu diesem Treiber, der das Extended Memory als Grundlage für alle weiteren Speicherkonfigurationen einrichtet, zusätzliche Optionen anzugeben, da der Treiber beim Laden alle wichtigen Parameter ermittelt.

EMM386.EXE

Nur Anwender eines Rechners mit einem Prozessor ab 80386 aufwärts können das Expanded Memory im Bereich des Extended Memory emulieren und so im Speicher beide Arten bereitstellen. Doch auch die wichtigen UMB-Bereiche können durch diesen Treiber nutzbar gemacht werden.

Wichtig ist die Option, die dem Treiber folgt: NOEMS weist an, kein Expanded Memory, wohl aber UMB bereitzustellen. Dies werden Sie immer dann befehlen, wenn Sie entweder Windows betreiben oder aber Ihre Programme den EMS-Speicher nicht nutzen können. RAM dagegen stellt beides bereit, also UMB und EMS-Speicher. Ohne ein Angabe wird nur EMS-Speicher emuliert.

Im Falle einer Nutzung des EMS-Speichers kann auch die Größe angegeben werden:

```
DEVICE=C:\DOS\EMM386.SYS 1024
```

richtet 1 MByte Expanded Memory ein. Ohne Angabe werden lediglich 256 KByte bereitgestellt.

Hinweis: Beachten Sie, daß vorher eingerichtetes Expanded Memory bei einem Start von Windows diesen Speicherbereich für Windows ausgrenzt. Besser ist es, den gesamten Speicher als Extended Memory Windows zur Verfügung zu stellen und von dort aus Anwendungen zu starten, die EMS-Speicher anfordern. In einer PIF-Datei für diese Anwendung können Sie Windows anweisen, dieser Anwendung Expanded Memory zur Verfügung zu stellen.

DOS

Dieser Befehl in der CONFIG.SYS weist MS-DOS an, sich selbst in den Bereich des HMA auszulagern sowie die Bereiche des UMB zu nutzen. Hierfür muß allerdings jeweils eine Voraussetzung beachtet werden: Der Bereich des HMA für das Auslagern des Betriebssystems selbst kann nur verwendet werden, wenn HIMEM.SYS vorher geladen wird, da nur dann die dafür notwendige Adreßleitung A20 freigeschaltet wird. Die Upper Memory Blocks (UMB) können für das Auslagern von Treibern und residenten Programmen nur genutzt werden, wenn vorher ein entsprechender Treiber für die Verwaltung geladen wurde. Bei DOS wird EMM386.EXE mitgeliefert, es kann jedoch auch ein anderer Treiber verwendet werden.

Wenn Sie möchten, daß das Betriebssystem die HMA nutzt, muß die Zeile

```
DOS=HIGH
```

lauten. Wenn Sie zusätzlich die Blöcke im hohen Speicherbereich nutzen wollen, kann das in dieser Zeile mit einem Komma angefügt werden:

```
DOS=HIGH,UMB
```

Dann erst können Sie die nachfolgenden Treiber mit DEVICEHIGH (s. o.) statt DEVICE in diesen Bereich laden und so den Hauptspeicher entlasten.

RAMDRIVE.SYS

Die RAM-Disk ist in unserem Beispiel der letzte Treiber, der abhängig vom Ausbau des Speichers eingebunden wird:

Sollten Sie über mindestens 4 MByte, besser 8 MByte, Speicher verfügen, so lohnt sich eine RAM-Disk nahezu in jedem Fall: Alle Programme, die temporäre Dateien anlegen, können beschleunigt werden, wenn diese auf dem schnellsten aller Laufwerke angelegt werden. Dafür allerdings muß es groß genug gewählt werden, denn oft ist es nicht einfach, die Größe einer temporären Datei einzuschätzen: Die Druckdateien einer Textverarbeitung entsprechen im wesentlichen der Größe, wie die Datei auf dem Datenträger abgelegt wird. Dateien für die Konvertierung von Grafiken in ein anderes Format - etwa das Format PCX in EPS - können durchaus sehr viel größer (bis zum Dreifachen der Ursprungsdatei) werden.

Faustregel: Mit einer RAM-Disk von 1 MByte können Sie die meisten Anwendungen bedienen. Um den Pfad für temporäre Dateien zu weisen, müssen Sie die entsprechende Anweisung mit SET in Ihre AUTOEXEC.BAT einbinden. In unserem Beispiel legen wir eine RAM-Disk von der Größe von 1 MByte im Extended Memory (Option /E) an.

Die Konfiguration mit der AUTOEXEC.BAT

Die AUTOEXEC.BAT ist zwar ebenfalls eine Datei, die den Rechner konfiguriert und dafür automatisch beim Starten des Rechners abgearbeitet wird, die jedoch im Gegensatz zur CONFIG.SYS wie eine normale Batch-Datei alle erlaubten Befehle und Programme aufrufen bzw. starten kann. Auch können Programme, die durch die AUTOEXEC.BAT gestartet wurden, wieder beendet werden, soweit sie dies erlauben.

Die AUTOEXEC.BAT ist nicht so sehr abhängig davon, wieviel Speicher Sie zu verteilen haben, sondern eher davon, welche Konfiguration Sie in der CONFIG.SYS vorgenommen haben.

In der folgenden AUTOEXEC.BAT haben wir die gängigsten Konfigurationen herausgesucht, wobei die mit einem Stern * versehenen Befehle als residente Programme mit LOADHIGH in den Bereich der UMB geladen werden können, wenn dieser vorbereitet und für die Nutzung freigegeben wurde. Anstelle von

```
APPEND=C:\WORD\TEXTE
```

heißt es dann

```
LOADHIGH APPEND=C:\WORD\TEXTE
```

Auch ist unser Muster nicht zum Abschreiben gedacht, sondern als Beispiel, das Sie anhand der weiteren Erläuterungen als nützlich oder nicht nötig beurteilen können.

```
@ECHO OFF
MD E:\TEMP
SET TEMP=E:\TEMP
SET TMP=E:\TEMP
SET DIRCMD=/P/O:E
SET COPYCMD=/-Y
SET WINPMT=Windows! $p$g
PATH=Suchpfade
APPEND=Suchpfade*
PROMPT $p $g
C:\DOS\SMARTDRV 2048 2048*
C:\DOS\KEYB GR,437,C:\DOS\KEYBOARD.SYS*
C:\DOS\MOUSE*
C:\DOS\SHARE*
C:\DOS\FASTOPEN C:=99*
```

@ECHO OFF

Diese Zeile verhindert lediglich, daß die einzelnen Befehle der AUTOEXEC.BAT am Prompt angezeigt werden, sondern die Startdatei im Hintergrund wie ein Programm abläuft.

MD E:\TEMP SET TEMP=E:\TEMP SET TMP=E:\TEMP

Wir gehen in unserem Beispiel davon aus, daß Sie wie in der CONFIG.SYS, die wir als Beispiel besprochen haben, eine RAM-Disk mit dem Laufwerknamen E: angelegt haben - in diesem Falle muß auf dieser RAM-Disk, die ja immer wieder neu angelegt wird, das Verzeichnis \TEMP eingerichtet werden, da das Hauptverzeichnis nur eine begrenzte Anzahl Dateien aufnimmt.

Danach wird für die Programme, die den Pfad TEMP suchen und jene, die die Umgebungsvariable TMP auswerten, jeweils in einer Zeile die entsprechende Variable gesetzt. Sollten andere Programme ebenfalls eine derartige Variable erfordern, so sollte sie aus Gründen der Übersichtlichkeit dort ebenfalls eingetragen werden.

SET DIRCMD= /P /O:E

Die Umgebungsvariable DIRCMD (**DIR** CO**M**MAN**D**) legt fest, welche Parameter von DIR verwendet werden sollen, wenn keiner angegeben wird. In unserem Falle ist dies die Option /P für das seitenweise Anzeigen und die Sortieroption "Erweiterung".

Set COPYCMD=/-Y

Legen Sie mit dieser Variablen fest, wie die Befehle COPY, MOVE und XCOPY reagieren sollen, wenn sie eine Datei zu einem Ziel bewegen, wo bereits eine Datei dieses Namens existiert.

SET WINPMT=Windows! $p $g

Wenn Sie unter Windows öfter einmal eine DOS-Box betreiben, ist es sehr sinnvoll, mit dieser Variablen einen besonderen Prompt zu definieren, der Sie immer daran erinnert, daß derzeit Windows im Hintergrund wartet und einige Befehle und Programme nicht ausgeführt werden dürfen.

PATH

Eine der wichtigsten Umgebungsvariablen ist der Suchpfad, der dafür Sorge trägt, daß der Kommandoprozessor die mit Ihren Befehlen zu startenden Programmdateien in den verschiedenen Verzeichnissen auch finden kann.

Hier tragen Sie - jeweils durch Semikola getrennt - alle Verzeichnisse ein, in denen ein Anwendungsprogramm untergebracht ist, das Sie öfter benutzen.

Hier noch zwei Ratschläge zu PATH:

- Tragen Sie die Verzeichnisse, die Sie öfter benutzen, am Anfang der Pfadangabe ein, da die Suche in den Verzeichnissen in der Reihenfolge erfolgt, die im Suchpfad angegeben wurde.

- Sie sollten alle weiteren Programme, die ein Verzeichnis aus diesem Suchpfad benutzen, nicht ohne eine Pfadangabe aufrufen, sondern trotzdem mit kompletter Pfadangabe, da ansonsten der komplette Suchpfad im Speicher abgelegt wird und dort unnötig Speicherplatz belegt.

APPEND

Wenn Sie einen Suchpfad für Datendateien benötigen, wird er zweckmäßigerweise ebenfalls über die AUTOEXEC.BAT gestartet.

Allerdings sollten Sie mit der Nutzung von APPEND vorsichtig sein, da es bei Nichtbeachtung einiger kleiner Tücken zu Datenverlust kommen kann. Auch unter Windows ist die Benutzung von APPEND nicht angeraten.

PROMPT

Der standardmäßig - also ohne eine Einstellung - verwendete Prompt ist wenig aussagefähig. Die Angabe des aktuellen Verzeichnisses und Laufwerks erhalten Sie, wenn Sie die beiden Prompt-Befehle $p für den Pfad und $g für das Zeichen > angeben. Anstelle des $g kann natürlich jedes andere Zeichen verwendet werden, also auch eines der ASCII-Zeichen.

SMARTDRV.EXE

Das Cache-Programm SMARTDRV, der seit der Version 6.0 nicht nur mit Windows, sondern auch mit MS-DOS ausgeliefert wird, richtet einen Zwischenspeicher für Daten ein und vermag dadurch bei bestimmten Anwendungen - etwa beim Zugriff auf Datenbanken -, die Zugriffszeit auf Ihre Festplatte drastisch zu senken. Der Treiber wird mit zwei Werten aufgerufen: Der erste der beiden definiert die Größe des Cache-Speichers, der im Extended Memory angelegt wird.

Der zweite Wert ist optional: Er gibt an, auf welche Größe Windows den Cache-Speicher reduzieren kann, um sich selbst im Speicher auszubreiten.

Beide Werte hängen vom Ausbau Ihres Speichers ab: Wenn Sie auf insgesamt 2 MByte ausgebaut haben und unbedingt Windows nutzen wollen, wird es schwer sein, Cache-Speicher abzuzweigen, da ein Gesamtspeicher das mindeste aller Gefühle für Windows ist.

Bei vier MByte sieht das schon anders aus: Hier sollten Sie 2 MByte für den Cache-Speicher und 1 MByte für eine RAM-Disk verwenden, wenn Sie Windows nicht für Sie tätig werden lassen wollen. Unter Windows allerdings sollten Sie mit

```
C:\DOS\SMARTDRV 2048 1024
```

befehlen, daß Windows den Cache-Speicher auf 1 MByte reduzieren darf, um dem Programm selbst genug Ressourcen bereitzustellen.

Wenn Sie mehr als 4 MByte in Ihrem Rechner haben - und unter Windows gibt es viele Gründe, dies anzustreben -, so sollten Sie auch unter Windows den Cache-Speicher auf 2 MByte belassen, weil das eine optimale Größe ist.

KEYB

Natürlich werden Sie auch den verwendeten Tastaturtreiber in die AUTOEXEC.BAT einbauen, damit Sie jeden Tag nach dem Start sofort mit der gewünschten Belegung arbeiten können.

Wenn Sie zwischen den beiden Kommata eine Zeichensatztabelle verwenden wollen, muß diese erst vorbereitet und ausgewählt werden.

MOUSE

Wenn Ihr Maustreiber nicht ein Gerätetreiber mit der Erweiterung SYS ist, sondern ein residentes Programm, wird es nicht in der CONFIG.SYS, sondern durch die AUTOEXEC.BAT geladen. Achten Sie darauf, daß Sie nicht beide laden, das kann zu Konflikten führen, zumindest jedoch verschenken Sie Speicher.

SHARE

Wenn Sie im Netzwerkbetrieb arbeiten oder aber unter Windows mehrere verschiedene Versionen eines Programms in mehreren Fenstern betreiben möchten, müssen Sie SHARE laden, um den Dateizugriff zu regeln, also Mehrfachzugriffe auf ein und dieselbe Datei zu unterbinden.

Ansonsten benötigen Sie diesen Befehl nicht, es sei denn, Sie möchten unter Windows mehrere Instanzen eines Programms starten.

FASTOPEN

Dieser Befehl verwaltet eine Art Miniatur-Cache: Es werden für die anzugebende Anzahl von Dateien die Pfade für das Auffinden auf dem Datenträger festgehalten. Bei einem erneuten Aufruf dieser Datei(en) wird aufgrund der dort hinterlegten Pfadangabe die Datei schneller gefunden.

Wenn Sie ein Cache-Programm wie SMARTDRV.EXE benutzen, bringt FASTOPEN nur dann eine weitere Verbesserung der Zugriffsgeschwindigkeit, wenn Sie mit sehr vielen Dateien arbeiten. FASTOPEN verträgt sich entgegen einer weit verbreiteten Irrmeinung gut mit SMARTDRV.

Die Erstellung eines Startmenüs

Eine sehr nützliche Neuerung ab Version 6.0 ist die Möglichkeit, den Start des Rechners menügesteuert durchzuführen.

Sie werden sich vielleicht fragen, warum das so nützlich ist - schließlich starten Sie Ihren Rechner seit Jahr und Tag auf ein und dieselbe Weise und haben noch nie daran (und wenn, mit Schaudern) daran gedacht, an der AUTOEXEC.BAT etwas zu ändern, geschweige denn an der CONFIG.SYS.

Ja, Sie vielleicht. Andere haben jedoch mit der jeweils notwendigen Konfiguration so ihre Last. Nehmen wir einfach einen Rechner, der an einem Arbeitsplatz von zwei Personen genutzt wird: Die eine Person nutzt den Rechner im Netz, um die normalen Aufgaben zu erledigen, der andere Anwender betreibt ein CAD-Programm und erstellt technische Zeichnungen.

Für die Netzwerkeinbindung werden die Netzwerktreiber sowie die Konfiguration für Windows benötigt, Expanded Memory dagegen nicht.

Das CAD-Programm dagegen benötigt den gesamten Speicher als Expanded Memory, ein Start von Windows aus ist nicht möglich, das Netz soll ebenfalls "außen vor" bleiben.

Vor DOS 6.0 hatte man die entsprechende Konfiguration in verschiedenen Dateien, die jeweils in CONFIG.SYS und AUTOEXEC.BAT umbenannt wurden mit anschließendem Neustart.

Noch interessanter wurde es, wenn nicht nur zwei, sondern sehr viele Anwender auf ihren jeweiligen Konfigurationen bestanden. Das hat nun ein Ende, denn die neue Version erlaubt es, ein Bootmenü zu erstellen, das nach jedem Start erscheint und dem Anwender menügesteuert die Wahl läßt, mit welcher Konfiguration er starten möchte.

Ein einfaches Beispiel:

```
[MENU]

MENUITEM=Peter, Peter's Startmenü
MENUITEM=Monika, Monika Special
MENUITEM=Bernd, Bernie's Menü

[Peter]
REM Hier folgt die CONFIG.SYS von Peter

[Monika]
REM Hier die von Monika

[Bernd]
REM Hier hat Bernd seine Startkonfiguration eingebunden.
```

Die Sache ist also denkbar einfach: Es werden mit dem Befehl MENUITEM in der Sektion [MENU] drei Menüeinträge definiert, die später als eigene Sektion wieder auftauchen und die CONFIG.SYS-Befehle enthalten. Wenn der Rechner mit der CONFIG.SYS aus unserem Beispiel startet, erscheint nach dem Start das Bootmenü:

```
Startmenü für MS-DOS 6
======================

    1. Peter's Startmenü
    2. Monika Special
    3. Bernie's Menü

Wählen Sie die gewünschte Option: 1
```

In der Fußzeile werden Sie noch einmal daran erinnert, daß Sie den Start mit `F5` und `F8` selektiv durchführen können. Die erste der drei Menüeinträge ist mit einem Balkencursor hinterlegt, den Sie mit den Cursortasten auf den gewünschten Eintrag bewegen; mit `Enter` wird die jeweilige Konfiguration gestartet, auch das Eintippen der Nummer sowie `Enter` startet die CONFIG.SYS der jewei-ligen Sektion.

Folgende Befehle können Sie speziell für die Ausgestaltung Ihres Startmenüs verwenden - für Beispiele lesen Sie bitten jeweils in der Referenz nach:

MENUITEM Definiert einen Eintrag im Menü. Pro Menü können bis zu neun Einträge vorkommen, was sich jedoch durch Untermenüs (siehe SUBMENU) umgehen läßt.

MENUDEFAULT Legt einen Vorgabewert fest, wenn es nicht der Menüpunkt 1 sein soll. Zusätzlich kann definiert werden, nach welcher Zeit des ratlosen Nichtstuns dieser automatisch gestartet werden soll.

MENUCOLOR Legt die Farben für Menütext und Hintergrund fest.

SUBMENU Wenn Sie nach einer Vorauswahl eine weitere Gruppe von Startmöglichkeiten anbieten wollen, binden Sie mit diesem Befehl Untermenüs ein.

INCLUDE Wenn Sie bereits definierte Blöcke in einem anderen Block einfügen wollen, so verwenden Sie den INCLUDE-Befehl.

COMMON Befehle oder Befehlszeilen für das Laden von Treibern, die in allen Konfigurationen verwendet werden sollen, werden in Blöcke eingebunden, die den Namen [COMMON] tragen.

Wenn Sie einen Block namens COMMON bilden, können Sie Konfigurationen festlegen, die für alle Anwender gleichermaßen gelten sollen:

```
[MENU]

MENUITEM=Peter, Peter's Startmenü
MENUITEM=Monika, Monika Special
MENUITEM=Bernd, Bernie's Menü
MENUDEFAULT=Peter,5

[COMMON]
DEVICE=C:\DOS\HIMEM.SYS
DOS=HIGH

[Peter]
REM Die Einstellungen, die nur für Peter gelten...
```

```
[Monika]
REM Hier die nur für Monika durchzuführenden Einstellungen

[Bernd]
REM Der Block von Bernd.

[COMMON]
REM Hier wird die CONFIG.SYS wieder für alle fortgesetzt...
```

Dieses kleine Startmenü wartet - bedingt durch die Festlegung einer Vorgabe 5 Sekunden lang. Wenn in dieser Zeit keiner der Menüpunkte ausgesucht wurde, wird die Konfiguration von Peter gestartet.

Nun werden Sie natürlich auch in der AUTOEXEC.BAT entsprechende Einträge machen - vielleicht möchte Bernd nach dem Start Windows laden und Monika sofort mit Microsoft Word arbeiten. Peter dagegen benötigt ein bestimmtes residentes Programm:

Definieren Sie alle Einstellungen, die für alle gleich sein sollen, also das Einbinden des Tastaturtreibers, SMARTDRV etc. Dann verzweigen Sie mit

```
GOTO  %CONFIG%
```

an eine Sprungmarke, die exakt jenen Namen trägt, wie der entsprechende Block in der CONFIG.SYS, also

```
:Peter
REM Hier wird Peter's AUTOEXEC.BAT fortgeführt...
GOTO Weiter

:Monika
REM Hier Monika's...
GOTO Weiter

:Bernd
REM ...und hier die von Bernd.

:Weiter
```

Während des Starts wird eine Umgebungsvariable mit dem Namen CONFIG und dem Inhalt des Blocknamens angelegt, die mit dem Sprungbefehl GOTO benutzt wird.

11. Batchdateien und Makros

Wenn man einmal die Routinetätigkeiten untersucht, die man auf der Betriebssystem-Ebene so zu erledigen hat, fällt auf, daß sich diese Tätigkeiten 1) ständig wiederholen und sich 2) aus ständig wiederkehrenden Einzeltätigkeiten zusammensetzen.

Nehmen wir den Start der Textverarbeitung: Zuerst wechseln Sie ggf. auf das betreffende Laufwerk, dann in das betreffende Verzeichnis mit Ihren Texten (ein Start aus einem anderen Verzeichnis heraus ist nicht sinnvoll, da die Textverarbeitung beim Laden möglicherweise die Texte im aktuellen Verzeichnis anbietet). Aus diesem Verzeichnis heraus starten Sie Ihre Textverarbeitung, bearbeiten den Text, den Sie danach auf eine Sicherungsdiskette zusätzlich abspeichern.

Was jedoch - so muß man fragen - liegt näher, als diese ständig wiederkehrenden Tätigkeiten zu automatisieren, zusammenzufassen oder automatisch ablaufen zu lassen? Gerade ein Computersystem hat doch seine Stärken genau dort, wo wiederkehrende, automatisierbare Tätigkeiten vereinfacht werden können. MS-DOS stellt dafür zwei mächtige Werkzeuge zur Verfügung, mit denen der Anwender seine Tätigkeiten sehr effizient vereinfachen kann:

- Stapeldateien (auch Batch-Dateien genannt) erlauben, Befehle, die nacheinander ausgeführt werden sollen, niederzulegen und auf Befehl der Reihe nach abzuarbeiten - ja, spezielle Befehle erlauben sogar, richtige kleine Programme zu erzeugen, die ihre Tätigkeiten an bestimmten Bedingungen orientieren.
- Makros sind Befehle, die intern zu einem einzigen zusammengefaßt werden und so Tätigkeiten wie die beschriebenen zu einer einzigen zusammenfassen.

11.1 Stapeldateien erzeugen und bearbeiten

Das wohl interessanteste Werkzeug gibt MS-DOS dem Anwender mit den Stapeldateien (Batch-Dateien) an die Hand.

Eine Batch-Datei ist eigentlich nichts anderes, als eine Sammlung von Befehlen und Programmen, die nacheinander, quasi von einem "Stapel" abgearbeitet werden.

Der Anwender erstellt mit einem geeigneten Editor (Sie sollten sich angewöhnen, dafür den Editor EDIT zu benutzen, der bei MS-DOS mitgeliefert wird) eine reine Textdatei, in der jeder der abzuarbeitenden Befehle in einer Zeile steht - Leerzeilen werden bei der Abarbeitung ignoriert, können also aus Gründen der Übersichtlichkeit durchaus eingebaut werden. Die Datei wird dann unter einem beliebigen Namen abgespeichert, nur die Erweiterung BAT ist vorgeschrieben, damit MS-DOS die Datei als Batch-Datei identifizieren und entsprechend behandeln kann.

Hinweis: Bereits hier der Hinweis: Achten Sie darauf, daß Sie weder einen Namen vergeben, der als interner Befehl bereits vorkommt noch der auf dem Datenträger auch mit der Erweiterung COM oder EXE existiert - Ihre Batch-Datei läßt sich in einem solchen Falle nicht mehr ohne weiteres starten, da die anderen Befehle eine höhere Priorität haben! Die Batch-Datei für unser oben erwähntes Beispiel sähe also (fast) so aus:

```
C:
CD \WORD\TEXTE
WORD
COPY  C:\WORD\TEXTE  A:
```

Schauen wir uns einmal das Prinzip des internen Handlings an, da es viele mögliche Verständnisprobleme wahrscheinlich überhaupt nicht erst aufkommen läßt:

Der Kommandoprozessor COMMAND.COM übernimmt nach Ihrem `Enter` wie immer den am Prompt gegebenen Befehl, erkennt aber an der Erweiterung BAT, daß es sich um eine Batch-Datei handelt. Diese übergibt er an einen sogenannten Batch-Prozessor, der seinerseits jeden Befehl an den Kommandoprozessor zurückgibt und dabei simuliert, der Befehl käme von der Tastatur. Batch-Befehle sind also nichts anderes als nacheinander von der Tastatur an den COMMAND.COM übergebene Befehle.

Für den Aufruf einer Batch-Datei gilt eine Regel, deren Beachtung manche Überraschung erspart:

Eine Batch-Datei wird durch Aufruf ihres Namens (also ohne Erweiterung) gestartet. COMMAND.COM sucht dann wie üblich nacheinander nach einem internen Befehl dieses Namens, nach einer Datei mit der Erweiterung COM und nach einer EXE-Datei. Erst wenn alle diese Möglichkeiten ergebnislos untersucht wurden, wird die Batch-Datei gestartet. Geben Sie jedoch beim Start die Erweiterung BAT mit an, starten also Ihren WORD.BAT mit

```
WORD.BAT
```

und `Enter`, so werden die anderen Möglichkeiten nicht mehr untersucht. In diesem Falle (und nur in diesem) darf eine Batch-Datei den Namen einer Programmdatei haben.

Erstellen einer Batch-Datei

Welche Programme und Befehle kann der Anwender nun in einen Batch (so nennt man und nennen wir kurz eine Batch-Datei) einbauen?

Kurze Antwort: Alle.

Jeder DOS-Befehl - ob intern oder extern - und jedes Programm, das sich zur Laufzeit irgendwo im System im Zugriff befindet, kann dort eingebaut werden. Normalerweise werden diese Befehle alle der Reihe nach von oben nach unten abgearbeitet - unser erstes Beispiel macht auch nur so einen Sinn. Doch in manchen Situationen ist es nötig, diese Reihenfolge zu verändern oder nur die Abarbeitung des Stapels von Befehlen zu unterbrechen:

- In unserem Beispiel wäre es sehr wichtig, wenn vor dem Kopieren auf Diskette dem Anwender Gelegenheit gegeben würde, eine Diskette einzulegen und diese Aufforderung auch am Bildschirm - möglichst mit einem Signalton! - zu lesen wäre.
- Auch wäre es sehr wichtig, daß überprüft werden kann, ob im Laufwerk auch die richtige Diskette liegt.
- Wenn die Diskette voll ist, soll eine entsprechende Meldung darüber Auskunft geben, was weiter zu passieren hat.

Über das oben beschriebene Beispiel hinaus können wir also noch weitere Tätigkeiten einleiten, die an die Erfüllung oder Nichterfüllung bestimmter Bedingungen geknüpft werden können.

Dafür gibt es spezielle Befehle, die wir nun der Reihe nach anhand von Beispielen einführen wollen.

Batch-Datei zeilenweise abarbeiten

Seit der Version 6.2 gibt es eine einfache Methode, Batch-Dateien interaktiv ablaufen zu lassen, ähnlich wie es beim selektiven Systemstart mit [F8] geschieht.

Das ist insbesondere während der Entstehungsphase einer komplexen Batch-Datei sehr von Vorteil, denn selten läuft alles von Anfang an ohne Konflikte. Um nun die Stelle, ab der es nicht mehr korrekt läuft, genauer lokalisieren zu können, starten Sie einen Batch unter dem direkten Kommando des Kommandoprozessors COMMAND.COM:

```
COMMAND /Y /C Batch-Datei
```

Nach den Optionen /Y und /C folgt der Name der Batch-Datei, die in diesem Modus ablaufen soll. Nun wird die Datei nicht mehr vom Stapel weg abgearbeitet, sondern es wird Ihnen jeder Befehl zur Bestätigung angezeigt, Sie können also jede Zeile mit [N] für NEIN verwerfen.

Falls Sie mit einer früheren Version arbeiten, so müssen Sie einen etwas umständlicheren Weg gehen: Setzen Sie vor die Zeile

```
@ECHO OFF
```

den Befehl REM und binden hinter jeden fraglichen Befehl den Batch-

Befehl PAUSE ein. So wird jeder Befehl zum einen angezeigt, zum anderen hält der Batch dort an, damit Sie die Reaktion überprüfen können.

Die Befehle im Überblick

CALL	Aufruf eines anderen Batches und Sprung zurück in den aufrufenden Batch.
CHOICE	Tastatureingabe in Batch-Datei abfragen.
ECHO	Anzeige von Text auf dem Bildschirm.
FOR	Bildung einer Befehls-Schleife, die einen Befehl auf mehrere Parameter nacheinander anwendet.
GOTO	Sprung zu einer mit :MARKE definierten Sprungmarke.
IF	stellt eine Bedingung für einen Sprung oder Befehl.
:MARKE	definiert eine Sprungmarke.
PAUSE	Batch hält an und wird erst nach Tastendruck weiter abgearbeitet.
REM	interne Bemerkung für den Anwender.
SHIFT	ermöglicht mehr als zehn Parameter.

11.2 Befehlsspeicher und Makros

Um einen Befehl teilweise oder ganz zu wiederholen oder in nur leicht abgewandelter Form erneut zu starten, stehen Ihnen am PC mehrere Möglichkeiten zur Verfügung. Die eine ist die, den Tastaturspeicher des PCs zu benutzen, was jedoch nur sehr eingeschränkte Möglichkeiten anbietet.

Die andere ist, mittels des Programms DOSKEY ständig eine Liste der zuletzt eingegebenen Befehle mitzuführen und sich daraus den Befehl auszuwählen, den man wiederholen möchte.

Der Befehlsspeicher des PCs

Der PC speichert den jeweils zuletzt mit `Enter` an das Betriebssystem übergebenen Befehl in seinem Zwischenspeicher ab. Von dort können Sie diesen Befehl entweder teilweise oder ganz zurückholen. Dafür verwenden Sie die Funktionstasten `F1` bis `F5`, die unter DOS (nicht in Ihrem Anwendungsprogramm) die im folgenden beschriebenen Funktionen haben.

Taste F1

holt je ein Zeichen aus dem Buffer (Tastaturspeicher) zurück. Jedesmal, wenn Sie F1 betätigen, holen Sie ein Zeichen ab Cursorposition aus dem Tastaturpuffer zurück.

Taste F3

Diese Funktionstaste holt den gesamten Befehl ab Cursorposition wieder aus dem Tastaturpuffer zurück.

Taste F2

Wenn Sie F2 betätigen, geschieht erst einmal überhaupt nichts. Tippen Sie jedoch ein beliebiges Zeichen auf der Tastatur, so wird der Inhalt des Buffers bis zum Vorkommen dieses Zeichens wiederholt.

Taste F4

Auch F4 startet eine nützliche Funktion: Wenn Sie F4 und danach eine beliebige Taste betätigen, können Sie mit F1 oder F3 alles ab dem ersten Vorkommen des Zeichens aus dem Tastaturpuffer herausholen.

Taste F5

Diese Funktionstaste speichert die Befehlszeile, die zur Zeit in der Kommandozeile steht, im Buffer. Normalerweise wird ein Befehl erst in den Speicher geschrieben, wenn Sie Enter betätigen.

Wollen Sie jedoch bei einer langen Eingabe einmal Ihre bisherige Eingabe in den Speicher schreiben, ohne Enter zu betätigen, so wird mit F5 die eingegebene Zeile in den Tastaturspeicher geschrieben. Das gespeicherte Wort wird am Ende mit dem ASCII-Zeichen 64 @ markiert und der Cursor springt in die Mitte der nächsten Zeile. Dort kann man einen neuen Befehl eingeben.

Hinweis: Die Funktionen der Taste F1 bis F5 stehen Ihnen auf jedem PC unter DOS zur Verfügung, auch wenn Sie mit DOSKEY arbeiten. In Anwendungsprogrammen sind diese Funktionen natürlich nicht aktiv, dort sind die Funktionstasten mit Funktionen des betreffenden Programms belegt.

Befehlszeilen editieren mit DOSKEY

Der Befehl DOSKEY erlaubt den Wiederaufruf von Befehlen, ist also eine Art "Gedächtnis" für Ihre eingegebenen Befehle. Darüber hinaus stellt er die wichtige Möglichkeit zur Verfügung, die Befehlszeile zu editieren:

Während ohne DOSKEY die Cursortaste [←] den Befehl in der Kommandozeile löscht, also in seiner Auswirkung der Löschtaste entspricht, können Sie, nachdem DOSKEY die Kontrolle über Ihre Eingaben am Prompt übernommen hat, mit den Cursortasten bequem in der Kommandozeile Zeichen löschen oder ergänzen.

Und noch eine wichtige Funktion steht Ihnen mit DOSKEY zur Verfügung: Die Erstellung sogenannter Makros. Das sind von Ihnen erstellte Kommandos, die verschiedene DOS-Funktionen zusammenfassen und so erlauben, verschiedene Vorgänge zu automatisieren.

DOSKEY ist ein speicherresidentes Programm und wird mit dem Aufruf seines Namens installiert.

Ab dem Zeitpunkt der Installation (bis zum Ausschalten des PCs) werden alle Befehle, die Sie eingeben, in einer Liste im Speicher festgehalten. Wenn der zur Verfügung stehende Speicherplatz belegt ist, werden die Befehle in der Reihenfolge des Eingangs gelöscht, die ältesten Befehle also zuerst.

Die Installation von DOSKEY

Die Syntax von DOSKEY lautet:

```
DOSKEY {/H{ISTORY}} {/M{ACROS}} {Makroname={Befehl}
```

Die Bedeutung der Optionen und Parameter:

/HISTORY	Mit dieser Option wird eine Liste von allen gespeicherten Befehlen erstellt. Auch die Eingabe /H ist möglich.
/MAKROS	listet alle Makros auf (auch die Eingabe /M ist erlaubt).
Makroname=Befehl	Dem eingegebenen Makronamen wird der gewünschte Befehl zugeordnet. Geben Sie nur den Parameter "Makroname" ohne weiteren Befehl ein, wird das dazugehörige Makro gelöscht.

Hinweis: Falls Sie UMB-Speicher (siehe Kapitel 10.4) eingerichtet haben, können Sie DOSKEY platzsparend in diesen Bereich laden.

DOSKEY als Befehlsspeicher

Um die Handhabung und die Vorteile von DOSKEY erläutern zu können, sollten wir ein einfaches Beispiel anführen: Sie haben eine Datei mit einer langen Pfadangabe kopiert, etwa mit dem Befehl

```
COPY  C:\WORD\TEXTE\*.TXT  B:\SICHERN
```

und möchten nun diesen Befehl wiederholen, jedoch nur eine einzige der Dateien aus dem Verzeichnis auf der Festplatte kopieren.

Ohne DOSKEY hätten Sie allenfalls die Möglichkeiten, mit den Funktionstasten zu arbeiten, wie wir es weiter oben besprochen haben, mit DOSKEY allerdings gestaltet sich das Ganze sehr einfach:

Mit der Funktionstaste [F7] holen Sie sich eine Liste der zuletzt betätigten Befehle, etwa

```
1:  DIR C:\ /A:E /P
2:  WORD /L
3:  COPY  D:\DBASE\ADRESS.DBF  B:
4:  COPY  C:\WORD\TEXTE\*.TXT  B:\SICHERN
5:  DEL  C:\WORD\*.TMP
```

In unserem Beispiel ist es der vierte Befehl in der Liste, den wir in etwas abgewandelter Form nutzen wollen. Mit der Funktionstaste [F9] bekommen Sie Gelegenheit, einfach die Nummer der Zeile einzutippen, in der der Befehl steht:

```
Zeilennummer:
```

Wenn Sie die Zeilennummer mit [Enter] übergeben haben, steht der Befehl genauso wieder am Prompt, wie Sie ihn eingetippt haben. Nun können Sie sich - und das geht nur bei installiertem DOSKEY - mit den Cursortasten [→] und [←] in der Befehlszeile bewegen und die gewünschten Ergänzungen vornehmen.

Folgende Tasten bzw. -kombinationen stehen Ihnen für die Eingabe zur Verfügung:

Mit den Tasten [Ende] und [Pos1] springen Sie ans Ende bzw. den Anfang der Kommandozeile, die Taste [Entf] löscht das Zeichen unter dem Cursor. Mit [Strg]+[→] bzw. [←] springen Sie an den Anfang des nächsten bzw. letzten Wortes, eine in allen Microsoft-Programmen verwendete Funktion. Mit [Strg]+[T] wird von der Position des Cursors bis zum nächsten Leerzeichen gelöscht.

Dieser von Ihnen geänderte Befehl, etwa

```
COPY  C:\WORD\TEXTE\DEINTEXT.TXT  B:\SICHERN
```

wird als neuer Befehl in die Liste aufgenommen. Unser Befehl Nr. 4 der Liste bleibt also weiterhin erhalten.

Wichtig ist, daß Sie den für Sie optimalen Schreibmodus wählen:

Normalerweise befinden Sie sich im Überschreibmodus, das heißt, daß jedes von Ihnen getippte Zeichen das Zeichen in der Kommandozeile überschreibt. Möchten Sie dies nicht, so schalten Sie mit [Einfg] in den Einfügemodus. Wenn Sie in diesem Modus ein Zeichen eintippen, wird es in die Zeile eingefügt, der vorhandene Text wird nach rechts verschoben. In diesem Modus verändert der Cursor seine Form: Er wird zu einem kleinen blinkenden Viereck.

Tip: Einfügemodus einstellen

Falls Sie diesen Modus von vornherein einstellen wollen, starten Sie DOSKEY mit der Option /I.

Eine andere Möglichkeit, DOSKEY zu verwenden, ist diese: Anstatt sich mit [F7] eine Liste anzeigen zu lassen, können Sie mit den Cursortasten [↑] und [↓] durch diese Liste "blättern" - die Befehle erscheinen der Reihe nach (je nach Richtung der Cursortaste vorwärts oder rückwärts) am Prompt und können sofort gestartet werden.

Immer dann, wenn Sie dort auf diese Weise die Befehle der Reihe nach aufrufen, wird ein unsichtbarer Zeiger auf den Befehl in der Liste bewegt, der gerade am Prompt steht. Wenn Sie mit [F7] die Liste aufrufen, können Sie diesen Zeiger sehen:

```
1:  DIR C:\ /A:E /P
2:> WORD /L
3:  COPY  D:\DBASE\ADRESS.DBF  B:
4:  COPY  C:\WORD\TEXTE\*.TXT  B:\SICHERN
5:  DEL  C:\WORD\*.TMP
```

In unserem Beispiel wurde zuletzt bis zum Befehl

```
WORD /L
```

geblättert. Beim nächsten Mal, wenn Sie die Befehle mit den Cursortasten [↑] und [↓] weiter durchsehen, wird an dieser Stelle wieder angefangen. Wenn Sie die gespeicherten Befehle löschen, etwa um zu verhindern, daß man Ihre Befehle nachvollziehen kann, benutzen Sie die Tastenkombination [Alt]+[F7]. Es werden dann alle Befehle, die Sie eingegeben haben, gelöscht. Etwaige Makros allerdings bleiben natürlich erhalten.

Übersicht über die Tasten und Tastenkombinationen von DOSKEY

[↑] [↓]	blättert durch die Liste
[→] [←]	bewegt den Cursor innerhalb der Kommandozeile.
[End]	(auch [Ende]) springt an das Ende der Befehlszeile.
[Home]	(oder [Pos1]) springt an den Beginn der Befehlszeile.
[Einfg]	schaltet in den Einfügemodus, erneute Betätigung schaltet zurück in den Überschreibmodus. Der Cursor wird im Einfügemodus zu einem Viereck.
[Entf]	löscht das Zeichen unter dem Cursor.
[Esc]	löscht die Eingabe in der Befehlszeile.
[Strg]+[T]	löscht ab Cursorposition bis zum nächsten Leerzeichen.
[Strg]+[←]	springt an den Anfang des vorigen Wortes.
[Strg]+[→]	springt an den Anfang des nächsten Wortes.
[F7]	zeigt alle Befehle numeriert in der Liste an. Der Befehl, bis zu dem Sie geblättert haben, wird mit > gekennzeichnet.
[Alt]+[F7]	löscht alle gespeicherten Befehle, bis auf die Makros. Zum Löschen von Befehlen und Makros wählen Sie die Option /REINSTALL oder löschen zusätzlich mit [Alt]+[F10] die Makros.
[F8]	durchblättert die Liste ab der Markierung.
[F9]	Auswahl eines Befehls aus der Liste mit der Zeilennummer.

12. Kurzreferenz aller MS-DOS-Befehle

Die Referenz ist ein Überblick über alle Befehle und Gerätetreiber des MS-DOS in alphabetischer Reihenfolge. In den drei ersten Zeilen lesen Sie den Namen des Befehls bzw. Gerätetreibers sowie am rechten Rand durch Zeichen repräsentierte weiteren Angaben:

i Es handelt sich um einen *internen* Befehl, der Ihnen im gesamten System zur Verfügung steht. Diese Befehle sind im Kommandoprozessor COMMAND.COM enthalten.

e Dieser Befehl ist *extern*, liegt also auf der Festplatte und/oder Diskette als ausführbare Datei vor. Wenn Sie diesen Befehl aufrufen, wird er vom Datenträger geladen.

Das jedoch bedeutet, daß DOS bekannt sein muß, wo sich diese Datei befindet. Dies kann durch den Suchpfad mit PATH oder eine Pfadangabe geschehen.

Ø Ein so gekennzeichneter Befehl darf nicht in einem Netzwerk verwendet werden.

c Hier handelt es sich um Treiber, die in der CONFIG.SYS eingesetzt werden.

b Das sind Befehle speziell für Stapelverarbeitungsdateien (sog. Batch-Dateien).

Neben einer Kurzbeschreibung finden Sie auch die Angabe, ab welcher DOS-Version dieser Befehl in MS-DOS enthalten ist. Beachten Sie hier, daß der Befehl zwar seit der dort angegebenen Version enthalten ist, oft hat sich jedoch die Syntax des Befehls geändert - viele Optionen sind hinzugekommen, andere wurden geändert.

Wir beziehen uns in diesem Buch ausschließlich auf die Version 6.2 des MS-DOS. Daneben finden Sie verwandte Befehle oder den expliziten Hinweis, ob dieser Befehl für die Version 6.2 überarbeitet wurde.

Unterhalb dieser Angaben finden Sie die Syntax, also die Eingabeart des Befehls vor.

Hier bedienen wir uns einer Schreibweise, deren Bedeutung Sie wie folgt verstehen:

```
BEFEHL [vorgeschriebener Parameter] { optionaler Parameter } {/Option}
```

Der Befehl wird meist ergänzt durch zusätzliche Angaben, sogenannte *Parameter*, wobei es hier zwei Arten gibt: Zum einen gibt es Parameter, die Sie eingeben *müssen*, diese haben wir in eckigen Klammern aufgeführt. Wenn Sie diese Parameter bei der Befehlseingabe weglassen, erhalten Sie eine entsprechende Fehlermeldung.

Anders verhält es sich mit den optionalen Parametern, jenen Parametern also, die Sie eingeben können und die wir in geschweiften Klammern anführen:

Wenn Sie einen solchen weglassen, so ist dies kein Fehler, sondern auch eine Eingabe, denn in diesem Fall nimmt DOS eine Standardeingabe einfach an. So gilt für alle Befehle, die die Angabe eines Laufwerks erlauben, daß bei Nichtangabe das aktuelle Laufwerk angenommen wird.

Nach dem oder den Parametern sind zusätzliche Angaben möglich, die Optionen. Diese betreffen nicht den Befehl in seiner Substanz, also etwa "was wohin" kopiert wird, sondern lediglich die Art der Ausführung. Diese werden immer am Ende der Kommandozeile eingegeben.

Hinweis: Wenn es sich jedoch - wie beim Befehl ATTRIB - nicht um Optionen, sondern um Schalter handelt, werden diese nicht am Ende, sondern nach dem Befehl eingegeben. Beachten Sie daher immer die Position eines Elements in unserer Referenzdarstellung.

In manchen Befehlen gilt es zu beachten, daß es Optionen gibt, die sich gegenseitig ausschließen. Solche Optionen haben wir so dargestellt:

```
{/A | /B}
```

Hier also darf entweder die Option /A oder die Option /B verwendet werden.

ANSI.SYS	**c**

Gerätetreiber für Bildschirmausgaben

ab DOS 2.0 Lesen Sie ggf. auch die Informationen zu: SWITCHES, PROMPT

Syntax: `DEVICE=ANSI.SYS {/X} {/K} {/R}`

/X erlaubt das Konfigurieren der zusätzlichen Tasten der erweiterten Tastatur mit anderen Belegungen. Nicht mit /K zusammen.

/K ignoriert die erweiterte Tastatur. Diese Option ist dann einzustellen, wenn Sie den ANSI-Treiber verwenden und gleichzeitig den Befehl SWITCHES verwenden müssen, weil Sie Kompatibilitätsprobleme mit Ihrer Tastatur haben. Diese Option ersetzt die entsprechende SWITCHES-Anweisung in der CONFIG.SYS. Nicht mit /X.

/R Der Bildlauf während des Einsatzes von ANSI.SYS wird verbessert.

ANSI.SYS ist ein Gerätetreiber für die standardisierte Ansprache des Bildschirms, also die Attribute des Bildschirms, die Bildschirmfarben etc. sowie der Tastatur.

APPEND	**e**

Suchpfad für Datendateien

ab DOS 3.3 Verwandte Befehle: PATH

Syntax: `APPEND {Pfad;...;Pfad} {/E} {/X:ON | OFF}`
`{/PATH:ON | OFF}`

Pfad ist das Verzeichnis mit Pfadangabe (Suchpfad), in dem nach Datendateien gesucht werden soll. Mehrere Verzeichnisse werden durch Semikola getrennt. Ohne Angabe eines Parameters erhalten Sie eine Statusmeldung über die definierten Suchpfade.

/E Der Suchpfad wird genau wie der von PATH im Umgebungsspeicher abgelegt. Er kann mit SET ausgegeben und bearbeitet werden. Diese Option kann nur einmal, nämlich beim ersten Aufruf, verwendet werden.

/X:ON definiert, daß APPEND zusätzlich zu PATH als Suchpfad für Programmdateien mit den Namenserweiterungen COM, EXE und BAT verwendet wird. Standardeinstellung ist /X:OFF.

/PATH:ON Die Option /PATH:ON befiehlt, daß auch dann in den im Suchpfad niedergelegten Verzeichnissen gesucht wird, wenn Sie im Befehl einen Pfad angegeben haben - dies ist die Standardeinstellung. Wenn Sie dies nicht wollen, müssen Sie dies explizit mit /PATH:OFF befehlen!

APPEND; löscht eingestellten Suchpfad.

APPEND zeigt Suchpfad an.

Während PATH einen Suchpfad für Befehlsdateien legt, wird mit APPEND ein Suchpfad für Datendateien gelegt, etwa Texte der Textverarbeitung. Es wird in allen mit APPEND definierten Verzeichnissen gesucht.

ATTRIB e

Bearbeiten oder Anzeigen der Attribute von Dateien und Verzeichnissen
ab DOS 2.0

Syntax: `ATTRIB {+R|-R} {+A|-A} {+S|-S} {+H|-H} [Datei] {/S}`

Syntax: `ATTRIB {+H|-H} [Verzeichnis] {/S}`

Datei Angabe der Datei(en), deren Attribute gesetzt werden sollen. Diese Angabe muß gemacht werden, Joker sind zugelassen.

/S Die Option befiehlt, daß ab dem angegebenen Verzeichnis für alle weiteren nachfolgenden Verzeichnisse das Attribut geändert wird (ab Version 3.3). Man kann also die Attribute über Verzeichnisgrenzen hinweg ändern. Es wird dann ab angegebenem oder aktuellem Verzeichnis in allen Unterverzeichnissen das Attribut in der angegebenen Weise geändert.

Zusätzlich zu diesen Parametern bestimmen Sie mit den folgenden Schaltern, in welcher Weise welche Attribute geändert werden sollen - es können mehrere Schalter verwendet werden, wenn sie sich nicht logisch widersprechen.

+R setzt den Schreibschutz der angegebenen Datei(en) auf AN, die Dateien können also nicht mehr gelöscht oder überschrieben werden.

-R setzt den Schreibschutz wieder zurück, die Datei kann also gelöscht werden.

+A Ab 3.3: setzt das Archiv-Attribut der angegebenen Datei(en) auf AN, eine nächste Datensicherung mit MSBACKUP oder XCOPY (Option /M), die nur neue oder geänderte Dateien erfassen soll, wird diese Datei(en) kopieren.

-A setzt das Archiv-Attribut wieder zurück. Eine Datensicherung der neuen oder geänderten wird diese Datei nicht mehr mitkopieren.

+S Ab 5.0: definiert die Datei als Systemdatei. Sie ist damit der möglichen Manipulation (Löschen etc.) entzogen. Auch ist die Plazierung auf einem Datenträger nicht mehr wahlfrei. Eine Vergabe dieses Attributes zusammen mit dem Attribut *Versteckt* entzieht eine Datei dem Anwender völlig, wie etwa die Dateien des Betriebssystems.

-S Ab 5.0: setzt das Attribut *System* wieder zurück.

+H Ab 5.0: Die Datei ist versteckt, erscheint also im Inhaltsverzeichnis nicht. Ab 5.0 können Sie beim Befehl DIR für das Anzeigen des Inhaltsverzeichnisses angeben, ob Sie die versteckten Dateien sehen wollen oder nicht. Nicht im Handbuch erwähnt, jedoch möglich: Das Attribut kann auch auf Verzeichnisse angewandt werden, um sie nebst Inhalt zu verstecken und somit dem Zugriff zu entziehen.

-H Ab 5.0: setzt das Attribut *Versteckt* wieder zurück.

BREAK i

Unterbrechung von Laufwerkzugriffen ermöglichen
ab DOS 2.0

Syntax: `BREAK {ON | OFF}`

ON schaltet BREAK an

OFF schaltet BREAK aus

Mit der Tastenkombination `Strg`+`C` oder `Strg`+`Pause` können Sie einen Schreib-/Lesezugriff auf einen Datenträger abbrechen. Die Möglichkeit den Schreib-/Lesezugriff abzubrechen, müssen Sie jedoch vorher explizit einschalten. Mit

```
BREAK ON
```

erreichen Sie, daß während des Zugriffs immer wieder abgefragt wird, ob Sie diese Taste gedrückt haben oder nicht, wodurch allerdings die

Geschwindigkeit des Systems insgesamt etwas langsamer wird. Sie sollten BREAK daher nur dann auf ON schalten, wenn Sie einen guten Grund dafür haben.

BUFFERS c

Festlegung der Anzahl der Zwischenspeicher für Daten
ab DOS 2.0

Syntax: `BUFFERS=[Anzahl],{Puffer}`

Anzahl Anzahl der Zwischenspeicher. Mögliche Anzahl 2 - 99. Standard ist 2 - 15, abhängig von der Größe des Hauptspeichers: Bei einem Speicher von mehr als 512 KByte werden 15 Puffer angelegt. Jeder Puffer benötigt 532 Byte im Speicher.

Puffer Ab 5.0: ist die Angabe, wie viele Sektoren gleichzeitig gelesen werden können. Standard ist 1, Maximum ist 8. Mit diesem Wert sollten Sie zum Zwecke einer Geschwindigkeitssteigerung ein wenig experimentieren. Jeder Puffer benötigt 512 Byte.

Wenn Ihr System eine Datei liest, werden die nächsten 511 Zeichen ebenfalls gelesen, da ein sequentieller Vorgang unterstellt wird. Die Daten werden also im schnellen Speicher vorübergehend bereitgehalten und können so einer Beschleunigung des Systems dienen.

CALL b

Aufruf einer Batch-Datei als Unterprogramm
ab DOS 3.3

Syntax: `CALL [Batchdatei] {Parameter} ... {Parameter}`

Batchdatei ist die Batch-Datei, die als Unterprogramm aufgerufen werden soll.

Parameter Parameter, der an den zweiten Batch übergeben werden kann.

Mit CALL können Sie aus Batch-Dateien einen weiteren Batch aufrufen, nach dessen Erledigung wieder an die Stelle hinter CALL im aufrufenden Batch gesprungen wird. Mit CALL wird somit ein Aufruf ei nes Unterprogramms ermöglicht. Sie können sich also eine Reihe von Unterroutinen anlegen, die als Module aus verschiedenen Batch-Dateien heraus aufgerufen werden können.

CD CHDIR i

Wechsel des aktuellen Verzeichnisses
ab DOS 2.0 Verwandte Befehle: MD, RD

Syntax: `CD {Verzeichnis}`

Verzeichnis definiert, welches Verzeichnis nach dem Aufruf Standardverzeichnis werden soll.

CD wechselt das aktuelle Verzeichnis, man kann auch sagen: Sie als Anwender wechseln im System Ihre Position vom derzeitigen Verzeichnis zu dem Verzeichnis, das als Ziel definiert wird. Dabei müssen Sie dem Betriebssystem ausreichend genau mitteilen, wo sich innerhalb der Verzeichnisstruktur das Zielverzeichnis befindet - Sie müssen eine Pfadangabe machen.

CHCP i

Laden einer Zeichensatztabelle
ab DOS 3.3 Verwandte Befehle: NLSFUNC, MODE, COUNTRY

Syntax: `CHCP {Tabelle}`

Tabelle	Nummer der Zeichensatztabelle, die geladen werden soll.
437	USA (Standard)
850	mehrsprachig (Lateinisch 1)
852	slawisch (Lateinisch 2) (ab DOS 5.0)
860	Portugal
863	Frankreich und frz. Kanada
865	Norwegen und Dänemark

Ohne Angabe einer Zeichentabelle wird Ihnen die Nummer der derzeit gültigen angezeigt.

CHKDSK Ø e

Überprüfung der Dateizuordnungstabelle

ab DOS 1.0 In 6.2 durch SCANDISK quasi in den Ruhestand versetzt

Syntax: `CHKDSK {Laufwerk:}{Datei} {/F} {/V}`

Laufwerk Angabe des Laufwerks des zu prüfenden Datenträgers. Ohne diese Angabe wird das aktuelle Laufwerk angenommen.

Datei ist die Angabe der zu prüfenden Datei(en), Joker sind erlaubt. Ohne diese Angabe erhalten Sie keine Meldung über fragmentierte Dateien.

/F Ab 2.0: Wenn Fehler gefunden werden, sollen diese - sofern möglich - repariert werden. Ohne diese Angabe werden nur die gefundenen logischen Fehler angezeigt.

/V Ab 2.0: Die Namen der überprüften Verzeichnisse und Dateien werden während des Vorgangs angezeigt.

CHKDSK dient dazu, eine Diskette oder Festplatte auf logische Fehler hin zu untersuchen. Es bezieht sich nicht, wie häufig angenommen wird, auf die physikalische Überprüfung der Oberfläche des Datenträgers, sondern es wird das Hauptverzeichnis und die Dateizuordnungstabelle (FAT) auf logische Konsistenz hin überprüft.

Hinweis: CHKDSK ist nur noch aus Gründen der Kompatibilität Bestandteil der Version 6.2, da das neue Programm **SCANDISK** die gleichen Aufgaben erledigen kann und zusätzlich jedoch weitere Tests durchführt, unter anderem einen Test der Plattenoberfläche. Insofern sollten Sie nur noch in Ausnahmefällen CHKDSK benutzen. Auch bei der Komprimierung und Dekomprimierung von DBLSPACE-Laufwerken wird SCANDISK eingesetzt.

CHKSTATE.SYS c

Interner Treiber für Systemüberwachung

ab DOS 6.0

Syntax: `keine`

Diese Datei ist kein Gerätetreiber im eigentlichen Sinne, sondern wird lediglich von DOS benutzt. Die Programme DBLSPACE und MEMMAKER würden - insbesondere ersteres - normalerweise sehr empfindlich auf einen Stromausfall reagieren. CHKSTATE.SYS wird als Gerätetreiber eingebunden und ist in der Lage, nach einem unkontrollierten Abbruch den alten Zustand wiederherzustellen.

CHOICE	**b**

Tastatureingaben in Batch-Dateien
ab DOS 6.0

Syntax: `CHOICE {/C:Tasten} {/N} {/S} {/T:c,nn} {Text}`

/C:Tasten Angabe der Tasten, die als Eingabe erlaubt sind. Am Bildschirm werden diese Tasten dem Anwender in einer eckigen Klammer vorgegeben. Ohne Angabe wird JN verwendet. Der Doppelpunkt ist nicht vorgeschrieben.

/N Die Eingabeaufforderung wird nicht angezeigt, die vorgegebenen Tasten gelten jedoch weiterhin.

/S Normalerweise wird kein Unterschied zwischen Groß- und Kleinschreibung gemacht. Mit dieser Option wird diese Unterscheidung gemacht.

/T:c,nn CHOICE wartet eine mit *nn* festgelegte Zeit, bis die Taste *c* als Standard verwendet wird. Die Taste muß eine der mit /C festgelegten Tasten sein. Der Doppelpunkt ist nicht vorgeschrieben.

Text Text, der mit der Aufforderung am Bildschirm ausgegeben werden soll.

CHOICE hält den Batch an und erwartet eine Tastatureingabe, wobei der Programmierer die möglichen Tasten vorgeben kann. Wird eine andere gedrückt, wird dies durch einen Signalton des Rechners bemängelt.

CLS	**i**

Löschen des Bildschirms
ab DOS 1.0

Syntax: `CLS`

CLS löscht den Bildschirm und positioniert den Cursor in der linken oberen Ecke.

COMMAND	**e**

Laden einer Kopie / Ersetzen des aktuellen Kommandoprozessors
ab DOS 1.0 In 6.2 erweitert; verwandte Befehle: EXIT, SHELL

Syntax:
```
COMMAND {Pfad} {Gerät} {/P} {E:nnnn}
        {/Y {/C|K Befehl}} {/F} {/MSG}
        {Gerät}
```

Pfad ist die genaue Pfadangabe zur Datei COMMAND.COM.

Gerät Gerät für die Befehlsein- und -ausgabe. Lesen Sie hierzu unter CTTY nach.

/P lädt den Kommandoprozessor permanent in den Speicher und überschreibt den alten. Diese Option darf nicht mit /C zusammen verwendet werden. Jeder zusätzliche Prozessor benötigt etwa 6 KByte Speicher und wird mit EXIT wieder verlassen.

Danach wird wieder der vorige Prozessor mit seinen Einstellungen (Umgebungsvariable etc.) gültig. Wenn /P befohlen wurde, wird auch die AUTOEXEC.BAT ausgeführt.

/E:nnnn weist einen Wert für den Umgebungsspeicher zu. Wird hier nichts angegeben, werden 127 Byte für diesen Speicher reserviert. Der Wert *nnnn* kann einen Wert zwischen 160 und 32768 haben. Lesen Sie diesbezüglich auch die Informationen über SHELL.

/Y Neu in DOS 6.2: Arbeitet die nachfolgend angegebene Batch-Datei zeilenweise mit einer J/N-Abfrage ab, so daß Sie den Batch auf diese Weise überprüfen können. Die abzuarbeitende Datei wird mit der Option /C oder /K angefügt.

/C Befehl führt mit einer Kopie des Kommandoprozessors den mit Kommando bezeichneten Befehl aus und kehrt danach sofort zum permanenten Kommandoprozessor zurück. Diese Option immer als letzte eingeben!

/K Befehl führt den angegebenen DOS-Befehl aus und kehrt zum Prompt zurück. Ist anzuwenden, wenn Sie in der DOS-Box von Windows arbeiten, das betreffende Programm wird dann ähnlich wie die AUTOEXEC.BAT automatisch beim Start abgearbeitet. Diese Option sollte nicht mit dem SHELL-Befehl benutzt werden, sondern als Befehlszeile in einer PIF-Datei von Windows.

/F Dieser undokumentierte Zusatz beantwortet die Fehlermeldung selbst, wenn auf ein Diskettenlaufwerk zugegriffen werden soll, das keine Disketten enthält.

/MSG Ab 4.0: Es werden die Systemmeldungen in den Speicher gelesen, so daß sie ständig verfügbar sind, falls Sie Ihren Rechner von Diskette starten. Diese Option kann nur mit /P zusammen verwendet werden.

Gerät Ab 5.0: Gerät, das anstelle von CON Gerät für Standardeingabe und Standardausgabe sein soll. Lesen Sie dazu die Informationen zu CTTY.

Der Kommandoprozessor COMMAND.COM ist eine der Dateien, die im wesentlichen das Betriebssystem ausmachen. Nach dem Starten wird der Kommandoprozessor COMMAND. COM automatisch in den Hauptspeicher geladen und verbleibt dort. Er enthält alle internen Befehle, die somit dem Anwender immer und überall zur Verfügung stehen. Der Kommandoprozessor nimmt die Befehle des Anwenders von der Tastatur entgegen, analysiert sie und veranlaßt ihre Ausführung. Er führt den Dialog mit dem Anwender, d. h. er gibt Fehler- und Vollzugsmeldungen aus.

COPY i

Kopieren von Dateien

ab DOS 1.0 In 6.2 erweitert; verwandte Befehle: XCOPY, REPLACE, MSBACKUP

Syntax: `COPY [QUELLE] {ZIEL} {/A} {/B} {/V} {/Y|-Y}`
Syntax: `COPY [QUELLE1]+[QUELLE2]+...+{QUELLEn} {ZIEL}`

Quelle ist die zu kopierende(n) Datei(en). Es können sowohl Joker verwendet als auch ein Pfad angegeben werden. Fehlt die Pfadangabe, wird das aktuelle Verzeichnis angenommen. Die Quelle kann auch ein unter DOS vereinbarter Gerätename wie CON etc. sein.

Quelle1+Quelle2

Angabe von Dateien, die zusammenkopiert werden soll, d. h., daß die Dateien in der angegebenen Reihenfolge aneinandergehängt werden.

Ziel ist das Kopierziel. Hier kann der Pfad angegeben werden, wohin die Datei(en) kopiert werden soll(en). Auch kann ein neuer Name angegeben werden, wenn die Datei(en) im Ziel einen anderen Namen haben sollen. Fehlt die Angabe eines neuen Namens, so hat die Kopie im Ziel den Namen der Quelldatei.

Das Ziel kann auch die Angabe eines unter DOS vereinbarten Gerätenamens sein, etwa PRN für den Drucker. Fehlt die Angabe des Ziels, so wird das aktuelle Verzeichnis und das aktuelle Laufwerk angenommen. Fehlt beim Zusammenkopieren von Dateien die Angabe des Ziels, werden die Dateien in der angegebenen Reihenfolge an die zuerst genannte Datei angehängt.

/A Die Quelldatei ist eine ASCII-Datei (Textdatei). Es wird nur bis [Strg]+[Z], dem Zeichen für das Dateiende (EOF = End of File), kopiert. Dies ist beim Zusammenkopieren mit der zweiten Syntax die Voreinstellung, da angenommen wird, daß nur Textdateien zusammenkopiert werden - denn nur dort ist es sinnvoll. Die Option bezieht sich auf die direkt vorher angegebene Datei.

/B Die Quelldatei ist eine Programmdatei, die das Zeichen [Strg]+[Z] als Steuerzeichen mehrfach enthalten kann. Es wird komplett kopiert. Dies ist beim normalen Kopieren mit der ersten Syntax die Standardeinstellung. Die Option bezieht sich auf die direkt vorher angegebene Datei.

/V Hat die Wirkung von VERIFY, es wird also überprüft, ob der Schreibvorgang beim Kopieren ordnungsgemäß erfolgt ist. Da die Option /V keine echte Überprüfung auf einen ordnungsgemäßen Ablauf des Kopiervorgangs ist, sollten Sie auf diese Option verzichten, da der Kopiervorgang unnötig verlängert wird und der Nutzen gering ist.

/Y Neu in DOS 6.2: Es wird nicht vor dem Überschreiben gewarnt, wenn es im Ziel bereits eine Datei des angegebenen Namens gibt.

/-Y Neu in DOS 6.2: Es wird immer vor dem Überschreiben gewarnt, auch wenn der COPY-Befehl aus einer Batch-Datei heraus aufgerufen wird. Dies ist normalerweise nicht der Fall.

COPY legt von einer Datei oder Gruppen von Dateien 1:1-Kopien im System an. Falls Sie komplette Verzeichnisse kopieren wollen und dabei die Verzeichnisstruktur erhalten wollen, verwenden Sie XCOPY. Um Dateien selektiv durch andere zu ersetzen, verwenden Sie REPLACE.

Die Regeln für die Überschreibwarnung

- Geben Sie keine Option an, so wird im Normalbetrieb vor dem Überschreiben gewarnt, bei einem Aufruf aus einer Batch-Datei heraus nicht.
- Mit /Y wird keine Warnung ausgegeben.
- Geben Sie /-Y an, wird immer vor einem Überschreiben gewarnt, auch wenn COPY in einem Batch befohlen wird.
- Mit der Umgebungsvariablen COPYCMD geben Sie an, wie COPY ausgeführt werden soll, wenn Sie nichts anderes angeben:

```
SET COPYCMD=/-Y
```

- COPYCMD gilt auch für die Befehle MOVE und XCOPY.

COUNTRY c

Konfiguration länderspezifischer Angaben

ab DOS 3.0 Verwandte Befehle: CHCP, KEYB, NLSFUNC

Syntax: `COUNTRY=[Kennung]{,Zeichensatz}{,Dateiname}`

Kennung ist die Zahl für die Landeskennung, sie entspricht den internationalen Telefonvorwahlnummern. Deutschland: 049.

Zeichensatz Ab 3.3: Es kann ein länderspezifischer Zeichensatz geladen werden, Standard ist der IBM-Standard-

(Codeseite) zeichensatz mit der Nummer 437, der nahezu alle landesspezifischen Sonderzeichen enthält.

Dateiname Ab 3.3: Die Datei, in der die länderspezifischen Angaben enthalten sind, also i.d.R. die Datei COUNTRY.SYS. Wenn diese Datei nicht im Hauptverzeichnis ist, muß eine komplette Pfadangabe gemacht werden.

Die Eigenarten der Schreibweise bestimmter Dinge (Datum, Uhrzeit oder Währung) sowie bestimmte landesspezifische Sonderzeichen werden durch diesen Befehl eingerichtet. Wenn dieser Befehl nicht in die CONFIG.SYS eingebunden wird, gilt die amerikanische Schreibweise für Datum und Uhrzeit.

Die folgende Tabelle gibt die Kennungen der einzelnen Länder sowie die dafür wählbaren Codeseiten an. In den Spalten daneben ist angegeben, wie die Uhrzeit 16 Uhr 45 und das Datum 15.9.1992 geschrieben werden. Dieses Datumsformat und das Format für die Uhrzeit sind für die Eingabe von Uhrzeit und/oder Datum bei den Befehlen MSBACKUP, RESTORE, DATE und TIME bindend.

Land	Kennung	Codeseiten	Uhrzeit	Datum
USA	001	437, 850	4:45p	09-15-1992
Kanada	002	863, 850	16:45	1992-15-09
Lateinamerika	003	850, 437	4:45p	15-09-1992
Niederlande	031	850, 437	16:45	15-09-1992
Belgien	032	850, 437	16:45	15/09/1992
Frankreich	033	850, 437	16:45	15.09.1992
Spanien	034	850, 437	16:45	15/09/1992
Ungarn	036	852, 850	16:45	1992-09-15
Jugoslawien	038	852, 850	16:45	1992-09-15
Italien	039	850, 437	16.45	15/09/1992
Schweiz	041	850, 437	16,45	15.09.1992
Tschechoslowakei	042	852, 850	16:45	1992-09-15
Großbritannien	044	437, 850	16:45	15/09/92
Dänemark	045	850, 865	16.45	15-09-1992
Schweden	046	850, 437	16.45	1992-09-15
Norwegen	047	850, 865	16:45	15.09.1992
Polen	048	852, 850	16:45	1992-09-15
Deutschland	049	850, 437	16:45	15.09.1992
Brasilien	055	850, 437	16:45	15/09/1992
International	061	437, 850	4:45p	15-09-1992
Portugal	351	850, 860	16:45	15/09/1992
Finnland	358	850, 437	16.45	15.09.1992

CTTY i

Vorübergehende Änderung des Standardein- und -ausgabegerätes ab DOS 2.0

Syntax: `CTTY [Gerät]`

Gerät ist das Gerät, das von nun an Standardeingabegerät bzw. Standardausgabegerät (jeweils: Gerätenamen) sein soll - es muß als Eingabe- bzw. Ausgabegerät geeignet sein. Zulässige Geräte: PRN, LPT1 bis LPT3, CON, AUX und COM1 bis COM4.

Normalerweise ist das Standardeingabe- und Standardausgabegerät CON, Tastatur und Bildschirm. Falls Sie für Ihr System eine andere

Standardeingabe verwenden wollen, beispielsweise für einen Remote-Betrieb (Fernbedienung durch einen anderen PC über die serielle Schnittstelle), so müssen Sie die Standardeingabe umdefinieren.

DATE i

Ermöglicht die Einstellung des Systemdatums des Rechners
ab DOS 1.0 Verwandter Befehl: TIME

Syntax: `DATE {DATUM}`

DATUM Systemdatum, das wahlweise angegeben werden kann.

Der PC hat eine interne Uhr, die durch einen Akku oder eine Batterie mit Strom versorgt wird, wenn er ausgeschaltet wird. Diese Uhr übergibt an den PC das Systemdatum und die Systemzeit, die der PC bei einigen Befehlen benötigt, etwa dem Anzeigen des Inhaltsverzeichnisses.

Es ist möglich, bei der Eingabe des Befehls das Datum bereits mitanzugeben:

```
DATE 12.12.93
```

Das deutsche Format für die Eingabe ist TT.MM.JJ. Wenn Sie Stellen bei der Eingabe weglassen, ist jeweils 00 die Vorgabe.

Geben Sie

```
DATE
```

ohne weiteren Parameter ein, wird Ihnen das aktuelle Systemdatum mitgeteilt. Sie können sie dann editieren oder die Einstellung mit [Enter] lassen, wie sie ist.

```
Gegenwärtiges Datum: 24.12.93
Neues Datum: _
```

- Wenn Sie in der CONFIG.SYS keine Anweisung mit COUNTRY eingebunden haben, ist das Datum im amerikanischen Format anzugeben, also mit *mm-dd-yy*.

- In einem Schaltjahr sind keine Umstellungen vorzunehmen, der interne Kalender ist bis zum Jahre 2099 programmiert und kennt alle dazugehörigen Schaltjahre und Wochentage.
- Das Datum, das im CMOS-RAM des Rechners eingetragen ist, wird erst seit der Version 3.3 durch DATE geändert. Davor müssen Sie das SETUP-Programm des Computerherstellers verwenden, etwa bei Umstellung von Sommer- auf Winterzeit.
- Falls Ihr PC mit Batterien, anstatt mit einem Akku versorgt wird und diese von außen zugänglich sind, wechseln Sie diese bei eingeschaltetem Gerät. Wenn Sie die Batterien bei ausgeschaltetem Gerät wechseln, müssen Sie nach dem Batteriewechsel ein SETUP durchführen.

DBLSPACE Ø e

Laufwerkkomprimierung

ab DOS 6.0 In 6.2 stark erweitert; in 6.22 ersetzt durch DRVSPACE mit gleicher Funktionalität

Syntax: `DBLSPACE /Schalter`

DBLSPACE wird normalerweise menügesteuert bedient, doch wenn Sie die gewünschten Ausführungsbestimmungen bereits in der Befehlszeile eingeben möchten, so verwenden Sie entsprechende Schalter.

Wir führen die einzelnen Schalter sowie die zugehörige Syntax im folgenden auf. Die von den jeweiligen Optionen und Parametern aufgerufenen Funktionen entsprechen in ihrer Wirkungsweise exakt denen, die durch die menügesteuerte Bedienung ausgelöst werden.

/COMPRESS	Komprimieren eines Datenträgers.
/CREATE	Ein zusätzliches komprimiertes Laufwerk anlegen.
/DEFRAGMENT	Reorganisieren eines komprimierten Laufwerks.
/DELETE	Löschen eines komprimierten Laufwerks.
/FORMAT	Formatieren eines komprimierten Laufwerks.
/INFO	Informationen über komprimierte und unkomprimierte Laufwerke.
/LIST	Liste aller Laufwerke.
/MOUNT	Laden einer CVF als komprimiertes Laufwerk.

/UNMOUNT	Trennen einer CVF vom logischen Laufwerk.
/RATIO	Komprimierungsgrad für die Kapazitätsschätzung verändern.
/SIZE	Größe eines komprimierten Laufwerks verändern.
UNCOMPRESS	Neu in DOS 6.2: Dekomprimiert einen mit DBLSPACE komprimierten Datenträger.

DBLSPACE /COMPRESS Ø e

Komprimiertes Laufwerk erstellen
ab DOS 6.0 In 6.2 erweitert (/F)

Syntax:
```
DBLSPACE [/COM{PRESS}]  [Lw1:]
         {/NEW{DRIVE}=Lw2:}
         {/RES{ERVE}=Größe} /F
```

Lw1: Laufwerk, das zu komprimieren ist.

Lw2: Laufwerkname für das unkomprimierte Laufwerk, das die CVF enthält und für das auf einer Boot-Festplatte mindestens 1,7 MByte frei sein müssen.

Größe Größe des unkomprimierten Laufwerks.

/F Neu in DOS 6.2: Befiehlt, daß nach dem Ende des Kompressionsvorgangs keine Informationen angezeigt werden.

Wenn Sie durch die Befehlszeile das Komprimieren eines Laufwerks bereits starten wollen, ohne interaktiv Angaben machen zu müssen, verwenden die diesen Schalter.

DBLSPACE /CREATE Ø e

Erstellen eines neuen komprimierten Laufwerks
ab DOS 6.0

Syntax:
```
DBLSPACE [/CR{EATE} Lw1:] {/N{EWDRIVE}=Lw2:}
         {SIZE=Größe1 | RESERVE=Größe2}
```

Lw1: Angabe des unkomprimierten Laufwerks, auf dem Sie ein neues komprimiertes Laufwerk einrichten wollen.

Lw2: Laufwerkname für das unkomprimierte Laufwerk, das die CVF enthalten soll.

Größe1 Größe des Anteils des unkomprimierten Laufwerks, den Sie komprimieren möchten. Sie können entweder diese Größe mit der Option /SIZE oder die Größe des verbleibenden Restes mit /RESERVE angeben.

Größe2 Verbleibender, nicht komprimierter Rest auf dem neuen Laufwerk. Entweder Sie machen diese Angabe oder aber geben mit /SIZE an, welchen Anteil des Laufwerks Sie komprimieren möchten. Wenn Sie das komprimierte Laufwerk so groß wie möglich machen wollen, so geben Sie /RESERVE=0 an. Ohne Angabe von /SIZE oder /RESERVE werden auf dem unkomprimierten Laufwerk 1 MByte nicht komprimiert reserviert.

Sie können auf einem noch nicht komprimierten Laufwerk weitere komprimierte Laufwerke erstellen. Dafür geben Sie den Namen des Laufwerks an, auf dem Sie das komprimierte Laufwerk anlegen wollen. Auch der komprimierte bzw. unkomprimierte Anteil kann angegeben werden.

DBLSPACE /DEFRAGMENT Ø e

Komprimiertes Laufwerk reorganisieren

ab DOS 6.0 In 6.2 erweitert (/F)

Syntax: `DBLSPACE [/DEF{RAGMENT}] {Lw:} /F`

Lw: Angabe des komprimierten Laufwerks, das reorganisiert werden soll. Ohne Angabe wird das aktuelle Laufwerk reorganisiert.

/F Neu in DOS 6.2: Defragmentierung mit höherer Verdichtung.

Mit dem Schalter DEFRAGMENT oder abgekürzt DEF befehlen Sie, daß das Laufwerk, auf dem Sie sich befinden oder das Sie angegeben haben, reorganisiert wird. Dabei werden die Daten in der CVF an den Anfang geschrieben. Eine sequentielle Anordnung wie bei DEFRAG findet nicht statt. Insofern wird auch keine Verbesserung der Zugriffsgeschwindigkeit erreicht, lediglich die Datensicherheit wird erhöht, und durch den höheren Komprimierungsgrad wird eine höhere maximale Kapazität erreicht. Um eine maximale Komprimierung vorzunehmen, gehen Sie am besten so vor:

1. Komprimierung mit DEFRAG
2. Komprimierung mit der Option /DEFRAGMENT
3. Komprimierung mit der Option /DEFRAGMENT und der Option /F

DBLSPACE /DELETE Ø e

Komprimiertes Laufwerk löschen
ab DOS 6.0

Syntax: `DBLSPACE [/DEL{ETE} Lw:]`

Lw: Angabe des zu löschenden Laufwerks, wobei C: nicht erlaubt ist.

Wenn Sie ein komprimiertes Laufwerk löschen wollen, geben Sie dies nach dem entsprechenden Schalter an. Das Laufwerk C: wird als zu löschendes Laufwerk nicht akzeptiert.

DBLSPACE /FORMAT Ø e

Komprimiertes Laufwerk formatieren
ab DOS 6.0

Syntax: `DBLSPACE [/F{ORMAT} Lw:]`

Lw: Angabe des zu formatierenden Laufwerks.

Im Gegensatz zu einem normalen Laufwerk muß ein komprimiertes Laufwerk nicht formatiert werden, da es ja auf einem formatierten Laufwerk angelegt wurde. Das formatieren eines komprimierten Laufwerks dient lediglich dem Löschen der darin befindlichen Dateien.

DBLSPACE /INFO Ø e

Informationen über ein komprimiertes Laufwerk
ab DOS 6.0

Syntax: `DBLSPACE {/INFO} [Lw:]`

Lw: Name des Laufwerks, zu dem Sie eine Information haben möchten. Wenn Sie den Schalter /INFO weglassen, bedeutet die Angabe des Laufwerks ebenfalls, daß Sie zu diesem Laufwerk Informationen wünschen.

Um sich einen Überblick über Größe, freien Platz und Kompressionsgrad eines Laufwerks zu verschaffen, rufen Sie DBLSPACE entweder nur mit einem Laufwerkbuchstaben oder mit dem Schalter /INFO auf.

DBLSPACE /LIST Ø e

Liste über komprimierte und unkomprimierte Laufwerke
ab DOS 6.0

Syntax: `DBLSPACE [/LI{ST}]`

Wenn Sie eine Liste der unkomprimierten und komprimierten Laufwerke wünschen, verwenden Sie diesen Schalter. Netzwerklaufwerke werden nicht aufgelistet.

DBLSPACE /MOUNT Ø e

Laufwerk mit CVF verbinden
ab DOS 6.0

Syntax:
```
DBLSPACE [/MO{UNT}{=nnn} Lw1:]
         {/NEW{DRIVE}=Lw2:}
```

nnn Angabe der CVF, die Sie verbinden wollen, etwa 003 für DBLSPACE.003. Ohne Angabe wird die DBLSPACE.000 verwendet.

Lw1: Angabe des Laufwerks, auf dem sich die CVF befindet.

Lw2: Name des neuen Laufwerks nach dem Verbinden. Ohne Angabe wird der nächste freie Laufwerkbuchstabe verwendet.

Wenn Sie ein Laufwerk von "seiner" CVF getrennt haben, können Sie auf die Daten auf diesem Laufwerk nicht mehr zugreifen. Dies geschieht beispielsweise, wenn Sie die Diskette wechseln, nachdem Sie auf einer komprimierten Diskette gearbeitet haben.

DBLSPACE /UNMOUNT Ø e

Komprimiertes Laufwerktrennen
ab DOS 6.0

Syntax: `DBLSPACE [/U{NMOUNT}] {Lw:}`

Lw: Wenn Sie nicht das aktuelle Laufwerk trennen wollen, müssen Sie das Laufwerk angeben. Das Laufwerk C: ist nicht erlaubt.

Der Schalter /UNMOUNT trennt ein logisches Laufwerk von der CVF, auf die es sich bezieht, die Daten sind also nicht mehr zugänglich, bis Sie mit dem Schalter /MOUNT diese Verbindung wiederherstellen.

DBLSPACE /RATIO Ø e

Komprimierungsgrad festlegen
ab DOS 6.0

Syntax: `DBLSPACE [RA{TIO}]{=n.n} {Lw: | /ALL}`

n.n Angabe des Komprimierungsgrades, den DBLSPACE bei der Ermittlung des freien Platzes auf dem Datenträger zugrunde legen soll. Erlaubte Werte: 1.0 bis 16.0. Beachten Sie, daß ein Dezimalpunkt vorgeschrieben ist.

Ohne Angabe wird der Grad der Komprimierung verwendet, der derzeit auf dem Laufwerk vorherrscht.

Lw: Angabe des Laufwerks, für das der Befehl gelten soll. Nicht mit /ALL zusammen.

/ALL Verwendet die Angabe auf alle komprimierten Laufwerke. Nur möglich, wenn keine Datei angegeben wurde.

Da der freie Platz auf dem Datenträger eines komprimierten Laufwerks entscheidend davon abhängt, welche Art von Dateien auf diesem Datenträger gespeichert werden, kann der freie Platz nur geschätzt werden, wofür der mittlere Kompressionsgrad verwendet wird. Wenn Sie dies beeinflussen wollen, so können Sie dies mit dem Schalter /RATIO erreichen.

DBLSPACE /SIZE Ø e

Komprimiertes Laufwerk vergrößern oder verkleinern
ab DOS 6.0

Syntax:
```
DBLSPACE [/SI{ZE}{=Größe1 |
         /RES{ERVE}=Größe2}] [Lw:]
```

Größe1 Angabe darüber, welche Kapazität die CVF auf dem unkomprimierten Laufwerk einnehmen darf. Wenn Sie /RESERVE angeben wollen, darf hier keine Angabe gemacht werden. Ohne Angabe von /SIZE und /RESERVE wird das unkomprimierte Laufwerk so klein wie es eben geht, eingerichtet.

Größe2 Angabe, wieviel Kapazität auf dem unkomprimierten Laufwerk verbleiben soll.

Lw: Komprimiertes Laufwerk, das in seiner Größe verändert werden soll.

/SIZE oder /SI verkleinert oder vergrößert ein komprimiertes Laufwerk, wobei Sie angeben können, wieviel Kapazität des unkomprimierten Laufwerks für das neue komprimierte Laufwerk maximal benutzt werden darf oder welche Kapazität übrigbleiben soll.

DBLSPACE /UNCOMPRESS Ø e

Komprimiertes Laufwerk dekomprimieren
ab DOS 6.2

Syntax: `DBLSPACE [/UNCOMPRESSS] [Lw:]`

Lw: Komprimiertes Laufwerk, das dekomprimiert werden soll.

/UNCOMPRESS dekomprimiert ein mit DBLSPACE komprimiertes Laufwerk. Wird das letzte vorhandene und angemeldete DBLSPACE-Laufwerk dekomprimiert, wird nach Abschluß des Vorgangs auch die DBLSPACE.BIN entfernt.

Beispiel:

Sie möchten das komprimierte Laufwerk D: dekomprimieren:

```
DBLSPACE /UNCOMPRESS D:
```

Was Sie beim Einsatz von UNCOMPRESS beachten sollten:

- Vor dem Dekomprimieren sollten Sie auf jeden Fall eine Datensicherung durchführen.
- Passen Sie die Pfadangaben z. B. von Anwendungsprogrammen an, wenn diese eine entsprechende Fehlermeldung beim Start ausgeben, da nach dem Dekomprimieren der Laufwerkbuchstabe gewechselt wird.

- Die zu dekomprimiernede Datenmenge muß auf das Host-Laufwerk passen. Ansonsten kann der Dekomprimiervorgang nicht durchgeführt werden.
- Enthält das Hauptverzeichnis des komprimierten Laufwerks und das des Host-Laufwerks identische Datei- oder Verzeichnisnamen, wird die Dekomprimierung verweigert. Lesen Sie in der DBLSPACE.LOG-Datei nach, welche das sind, und benennen Sie diese um.

DBLSPACE.SYS	**c**

Positioniert den Treiber DBLSPACE.BIN im Speicher
ab DOS 6.0 In 6.2 erweitert

Syntax: `DEVICE=[DBLSPACE.SYS /MOVE] [/NOHMA]`
Syntax: `DEVICEHIGH=[DBLSPACE.SYS /MOVE] [/NOHMA]`

Der Treiber DBLSPACE.BIN gehört mit zum Betriebssystem-Kern, er steuert den Zugriff auf ein mit DBLSPACE komprimiertes Laufwerk.

Wenn MS-DOS in den HMA-Bereich geladen wird, wird auch ein Teil von DBLSPACE.BIN dorthin geladen. Soll das verhindert werden, geben Sie den Parameter /NOHMA an.

DEBUG	**e**

Hilfsprogramm zur Fehlersuche in Maschinenprogrammen
ab DOS 1.0

Syntax: `DEBUG {Datei} {Parameter}`

DEBUG (engl. *Bug* = Wanze) ist ein Hilfsprogramm, das sowohl zur Fehlersuche in Programmen als auch zum Umsetzen von Assembler-Programmen in Maschinenprogramme verwendet wird.

Wenn Sie DEBUG ohne einen Parameter starten, zeigt das Programm einen Strich (-) als Bereitschaftszeichen und erlaubt, die einzelnen Befehle in der Kommandozeile einzugeben. Für eine Übersicht über alle in DEBUG möglichen Befehle geben Sie nach dessen Start die Option /? an. Dies sind die möglichen Parameter:

a	assemble	Assembliert Befehle der Prozessoren 8086 - 8088.
c	compare	Vergleich zweier Speicheradressen.
d	dump	Anzeige des Inhalts einer Speicheradresse.
e	enter	Eingabe von Daten an der angegebenen Adresse in den Speicher.
f	fill	Ausfüllen eines Speicherbereichs mit Werten.
g	go	Ausführung der momentan im Hauptspeicher befindlichen Datei.
h	hex	Ausführung einer hexadezimalen Operation
i	input	Anzeige des Bytewerts eines anzugebenden Anschlusses.
l	load	Laden des Inhalts einer Datei in den Hauptspeicher.
m	move	Kopieren des Inhaltes eines Speicherbereichs.
n	name	Dateiangabe für die Befehle l oder w oder Parameter für zu testende Datei.
o	output	Bytewert wird zu einem Ausgabeanschluß geschickt.
p	proceed	Ausführung eines wiederholten Befehls oder eines Interrupts.
q	quit	Beenden von DEBUG.
r	register	Anzeige oder Änderung des Inhaltes eines Speicherregisters des Prozessors.
s	search	Suche im Hauptspeicher nach einem angegebenen Bytewert.
t	trace	Ausführung eines Anweisung.
u	unassemble	Zurückführung von Maschinencode in lesbaren Assemblercode.
w	write	Speichern der im Speicher befindlichen Datei auf einen Datenträger.
xa	allocate	Zuweisung von EMS-Speicher.
xd	deallocate	Freigabe des EMS-Speichers.
xm	map	Abbildung von EMS-Seiten.
xs	display	Statusanzeige des EMS-Speichers.

DEFRAG **Ø e**

Reorganisieren von Datenträgern

ab DOS 6.0 In 6.2 erweitert; verwandte Befehle: CHKDSK, SCANDISK

Syntax: `DEFRAG {Laufwerk:} {/F} {/S:n} {/H} {/SKIPHIGH} {/LCD | /BW | /G0}`

Syntax: `DEFRAG {Laufwerk:} {/U} {/B} {/SKIPHIGH} {/LCD | /BW | /G0}`

Laufwerk	ist das zu reorganisierende Laufwerk, ohne Angabe wird das aktuelle Laufwerk angenommen.
/F	Bei der Reorganisation werden keine Leerräume auf der Platte zwischen Dateien gelassen.
/U	Der Leerraum wird nicht aufgefüllt.
/S:n	Die Dateien werden beim Reorganisieren in den Verzeichnissen sortiert. Nach der Option geben Sie nach einem Doppelpunkt die Sortierung an: N Name E Erweiterung D Uhrzeit (früheste zuerst) S Größe Ein Minuszeichen (Beispiel: /S-N) kehrt die Reihenfolge um.
/B	Startet nach der Reorganisation den Rechner neu.
/H	Auch versteckte Dateien werden verschoben. Diese Option sollten Sie nur verwenden, wenn Sie genau wissen, was Sie tun.
/SKIPHIGH	DEFRAG wird nicht, wie normalerweise üblich, in die UMBs geladen, sondern in den konventionellen Speicher.
/LCD	Es wird ein Grafikmodus für einen LCD-Bildschirm verwandt.
/BW	Das Programm wird in einem monochromen Modus betrieben.
/G0	Im Falle von Inkompatibilitäten können Sie durch diesen Schalter das Programm im Textmodus statt im Grafikmodus betreiben.

Wenn Sie in einem Anwendungsprogramm eine Datei bearbeitet haben und wieder auf dem Massenspeicher ablegen, wird die Datei - insbesondere bei größeren Dateien - möglicherweise an mehreren Stellen des Datenträgers abgelegt und bei einem erneuten Aufruf dort wieder zusammengesucht, was natürlich Zeit kostet. Dies ist wohlgemerkt kein Datenfehler, sondern lediglich ein Verlust an Geschwindigkeit.

Hinweis: In MS-DOS 6.2 nutzt DEFRAG das Extended Memory besser aus, d. h., es können größere Festplatten mit mehr Verzeichnissen und mehr Dateien defragmentiert werden.

DEL ERASE i

Löschen von Dateien auf einem Datenträger

ab DOS 1.0 Verwandte Befehle: UNDELETE

Syntax: `DEL [Datei] {/P}`

Datei ist der Name der zu löschenden Datei(en), die Verwendung von Jokern ist erlaubt. Eine Sicherheitsabfrage nach Eingabe des Befehls wird nur gestellt, wenn Sie mit *.* befohlen haben, alle Dateien eines Verzeichnisses zu löschen.

/P Ab 4.0: Löschen mit Anzeige der zum Löschen definierten Dateien und Abfrage jedes einzelnen Löschvorgangs.

DEL und ERASE sind in Syntax und Anwendung identische Befehle.

DEL löscht Dateien aus dem Inhaltsverzeichnis. Eine gelöschte Datei steht unter DOS nicht mehr zur Verfügung. Die Datei wird im Inhaltsverzeichnis als gelöscht gekennzeichnet und in der Dateizuordnungstabelle (FAT) werden die von dieser Datei belegten Sektoren für frei erklärt. Mit DEL wird also nicht, wie häufig angenommen, physikalisch gelöscht! Da die Datei nicht wirklich gelöscht wird, ist es prinzipiell möglich, eine gelöschte Datei wiederherzustellen. Der dafür zuständige Befehl ist UNDELETE.

DELTREE Ø e

Löschen von Verzeichnissen mitsamt enthaltener Dateien

ab DOS 6.0 Verwandte Befehle: RD

Syntax: `DELTREE {Laufwerk}[Pfad] {/Y}`

Laufwerk Wahlweise anzugebendes Laufwerk, auf dem sich der zu löschende Pfad befindet.

/Y Die Abfrage, ob Sie das alles, was Sie da befohlen haben, wirklich wollen, wird unterdrückt.

Mit RD kann nur ein Verzeichnis gelöscht werden, das leer ist, das also weder Dateien noch weitere Verzeichnisse enthält. Das hat zur Folge, daß das Ändern einer Verzeichnisstruktur zu einer Schwerstarbeit ausarten kann, wenn man nicht Anwender von Windows ist, wo ja der Datei-Manager das Umbenennen, ja sogar Verschieben von Verzeichnissen ermöglicht. DELTREE vereinfacht dies auf sehr effiziente Weise: Das angegebene Verzeichnis wird samt Dateien weiteren Verzeichnissen gelöscht.

DEVICE c

Laden eines Gerätetreibers durch die CONFIG.SYS

ab DOS 2.0 Verwandte Befehle: DEVICEHIGH

Syntax: `DEVICE=[Gerätetreiber]`
`{Parameter}...{Parameter}`

Gerätetreiber ist der Name des einzubindenden Gerätetreibers. Befindet sich die Datei nicht im Hauptverzeichnis des Startlaufwerks, ist eine komplette Pfadangabe nötig.

Parameter Parameter, mit denen der Gerätetreiber gestartet werden soll.

Mit dem Befehl DEVICE wird in der CONFIG.SYS ein Software-Gerätetreiber eingebunden, der beim Starten des Systems installiert wird. Der Treiber wird resident in den Hauptspeicher geladen, der belegte Platz steht anderen Anwendungen nicht mehr zur Verfügung.

ANSI.SYS	Gerätetreiber für Bildschirmausgaben.
DBLSAPCE.SYS	Steuert die Speicheranordnung von DBLSPACE.BIN.
DISPLAY.SYS	Bildschirmtreiber für Zeichensatztabellen.
DRIVER.SYS	Zusätzlicher, erweiterter Laufwerktreiber.
EGA.SYS	Bildschirmspeicher für EGA-Karten für die Verwendung des Task-Umschalters der DOS-Shell.
EMM386.EXE	Verwaltung des erweiterten Speichers.
HIMEM.SYS	Treiber zur Einrichtung des Extended Memory.
INTERLNK.EXE	Steuert die serielle Verbindung zwischen Rechnern.
POWER.EXE	Überwacht den Stromverbrauch auf Laptops.
RAMDRIVE.SYS	Treiber für eine RAM-DISK.
SETVER.EXE	Emulation einer bestimmten Versionsnummer.
SMARTDRV.EXE	Treiber richtet Cache-Speicher für Festplattenzugriffe ein.

DEVICEHIGH c

Laden eines Gerätetreibers in den hohen Speicherbereich
ab DOS 5.0 Verwandte Befehle: DEVICE, MEMMAKER

Syntax: `DEVICEHIGH=[Gerätetreiber] {Parameter}..{Parameter}`

Syntax: `DEVICEHIGH {L:Ber1{,Größe}}{;Ber2{,Größe}} {/S} = [Gerätetreiber] {Parameter}`

Gerätetreiber ist der Name des einzubindenden Gerätetreibers. Befindet sich die Datei nicht im Hauptverzeichnis des Startlaufwerks, ist eine komplette Pfadangabe nötig.

Parameter Parameter, mit denen der Gerätetreiber gestartet werden soll.

L:Ber1;Größe Ein oder mehrere Speicherbereiche, in denen der danach anzugebende Gerätetreiber geladen werden soll. Wenn Sie zusätzlich die Größe angeben, wird der Treiber nur in den angegebenen Bereich geladen, wenn dieser einen UMB enthält, der größer als die Größe des Treibers im Moment des Ladens (Ladegröße) ist. Es können mehrere Bereiche angegeben werden, die Bereiche sind dann voneinander mit Semikolon zu trennen.

/S Die Option sorgt dafür, daß der Treiber beim Laden in den Speicher auf seine absolute Mindestgröße verkleinert wird und so in das gerade noch passende Speicherloch schlüpfen kann. Diese Option wird normalerweise nur von MEMMAKER verwendet und das sollte auch so bleiben, da Sie kaum eine Chance haben, diese Größe zu ermitteln.

Die Option darf nur verwendet werden, wenn auch /L verwendet wurde. Der Befehl DEVICEHIGH lädt wie DEVICE einen Software-Gerätetreiber in der CONFIG.SYS, nur daß der jeweilige Treiber nicht in den konventionellen Speicher geladen wird, sondern in den Bereich der Upper Memory Blocks (UMB).

Oberhalb des konventionellen, von DOS nutzbaren Speichers von 640 KByte befindet sich ein Speicherbereich, der für Videospeicher etc. verwendet wird, der jedoch von internen Anwendungen nicht ganz ausgenutzt wird:

Diese **U**pper **M**emory **B**locks (UMB) können für das Hochladen von Treibern genutzt werden und so den konventionellen Speicher entlasten.

Folgende mit MS-DOS ausgelieferten Standardtreiber lassen sich im UMB installieren:

ANSI.SYS	Gerätetreiber für Bildschirmausgaben.
DISPLAY.SYS	Bildschirmtreiber für Zeichensatztabellen.
DRIVER.SYS	Zusätzlicher, erweiterter Laufwerktreiber.
EGA.SYS	Ermöglicht das Task-Switching der DOSSHELL auf Geräten mit EGA-Karte.
INTERLNK.EXE	Treiber für die serielle Verbindung - dieser Treiber wird, so vorhanden, automatisch im hohen Speicher installiert.
MOUSE.SYS	Treiber für die Maus (wird nicht bei MS-DOS mitgeliefert).
POWER.EXE	Überwachung des Stromverbrauchs des Systems (für Laptops). Dieser Treiber installiert sich selbständig im UMB.
RAMDRIVE.SYS	Treiber für eine RAM-DISK.
SETVER.EXE	Ab 5.0: Emulation von Versionsnummern.

DIR   i

Aufruf des Inhaltsverzeichnisses

ab DOS 1.0 — Verwandte Befehle: TREE

Syntax: `DIR {Pfad} {/A{{:}{-}Attr}} {/B} {/L}`
`{/O{{:}{-}Sortierung}} {/P} {/S} {/W}`
`{/W} {/C} {/CH}`

Pfad Pfadangabe für die aufzulistenden Dateien. Fehlt die Angabe des Laufwerks, wird das aktuelle Laufwerk angenommen, fehlt die Angabe des Verzeichnisses, wird das aktuelle Verzeichnis angenommen. Wenn Sie keine Dateien bestimmen, auf die das Inhaltsverzeichnis reduziert werden soll (Joker sind erlaubt), wird *.* (= alle Dateien) angenommen. Geben Sie zu einem Laufwerk kein Verzeichnis an, wird das Verzeichnis angenommen, das dort das letzte aktuelle Verzeichnis war.

/P Listet das Inhaltsverzeichnis seitenweise auf.

/W Kurzfassung des Inhaltsverzeichnisses in vier Spalten ohne weitere Angaben.

/A{:} Zeigt das Inhaltsverzeichnis beschränkt auf Dateien mit ausgewählten Attributen. Die Eingabe des Doppelpunkts ist nicht vorgeschrieben, die Attribute werden wie folgt festgelegt:

ohne zeigt alle Dateien, auch System- und versteckte Dateien.
D zeigt nur Verzeichnisse.
A zeigt nur Dateien mit gesetztem Attribut A (Archivdateien).
H zeigt nur Dateien mit gesetztem Attribut H (versteckte Dateien).
R zeigt nur Dateien mit gesetztem Attribut R (schreibgeschützte Dateien).
S zeigt nur Dateien mit gesetztem Attribut S (Systemdateien).

Ein - vor dem Buchstaben bedeutet logische Umkehrung, -S bedeutet z. B. Anzeige aller Dateien ohne ein gesetztes Attribut S.

/O{:} Anzeige in sortierter Form; es werden für die Sortierkriterien folgende Buchstaben verwendet:
ohne entspricht N, also Sortierung nach Name der Datei.
C Anzeige nach Kompressionsverhältnis, kleinstes oben.
D Sortierung nach Datum und Uhrzeit, ältere oben.
E Anzeige alphabetisch nach Erweiterung.
G Anzeige aller Verzeichnisse am Anfang.
N Inhaltsverzeichnis sortiert nach Dateinamen.
S Sortierung nach Größe der Datei, kleinere Dateien oben.
Ein - vor dem Buchstaben bedeutet Umkehrung der Sortierung. Wenn Sie also die älteren Dateien am Ende sehen wollen, lautet es -D.

/B Listet lediglich die Dateinamen in einer einspaltigen Liste auf.

/L Anzeige des Inhaltsverzeichnisses in Kleinschreibung.

/C Zeigt das Kompressionsverhältnis der Dateien an. Die Angabe beruht auf der Sektorengröße des komprimierten Laufwerks. Nicht mit /W oder /B zusammen.

/CH Anzeige des Kompressionsverhältnisses, basierend auf der Sektorengröße in der CVF. Nicht mit /W oder /B zusammen.

/S Zeigt alle Dateien des Datenträgers ab angegebenem oder aktuellem Verzeichnis, also über Verzeichnisgrenzen hinweg.

DIR ist der Befehl zur Ausgabe des Inhaltsverzeichnisses eines Datenträgers oder eines Teiles des Datenträgers.

Es werden die Dateien mit ihrer Erweiterung sowie Informationen über Größe der Datei in Byte, das Datum sowie Uhrzeit der Entstehung bzw. letzten Änderung der Datei angezeigt.

DISKCOMP	**Ø e**

Vergleicht Disketten auf Identität
ab DOS 1.0 Verwandte Befehle: DISKCOPY

Syntax: `DISKCOMP {Laufw1:} {Laufw2:} {/1} {/8}`

Laufw1 Ist das Laufwerk mit der ersten Diskette. Ohne diese Angabe wird das aktuelle Laufwerk angenommen.

Laufw2 Laufwerk, in dem sich die zweite Diskette befindet. Auch hier wird bei Fehlen der Angabe das aktuelle Laufwerk angenommen. Wenn nur ein Laufwerk vorhanden ist, ist es hier ebenfalls anzugeben.

/1 Es wird nur die erste Seite der Diskette verglichen - nur anzuwenden bei einseitig beschriebenen Disketten früherer Betriebssystem-Versionen.

/8 Ausschließlich die ersten acht Sektoren jeder Spur werden verglichen, gleichgültig, wie viele Spuren die Diskette hat.

Mit DISKCOMP vergleichen Sie Disketten Spur für Spur, wobei Sie bitte darauf achten, daß Disketten mit identischem Inhalt im Inhaltsverzeichnis durchaus nicht identisch sein müssen, denn die Angabe des Namens der Datei im Inhaltsverzeichnis sagt nichts aus über die Position der Datei auf dem Datenträger.

Mit anderen Worten: Es wird mit DISKCOMP nicht auf Identität des Inhalts der Disketten überprüft, sondern Spur für Spur ein Vergleich der Disketten selbst auf Identität vorgenommen.

DISKCOPY	**e**

Kopieren von Disketten
ab DOS 1.0 In 6.2 erweitert; verwandte Befehle: DISKCOMP

Syntax: `DISKCOPY {Quelle:} {Ziel:} {/1} {/V} {/M}`

Quelle: Name des Laufwerks mit der zu kopierenden Diskette.

Ziel: Name des Laufwerks, auf dem die Kopie angelegt werden soll.

/1 Kopiert nur die erste Seite der Diskette.

Diese Option ist nur für Disketten aus älteren DOS-Versionen nötig.

/V Ab 5.0: Entspricht VERIFY - der Kopiervorgang wird überprüft und dauert daher etwas länger.

/M Neu in DOS 6.2: Es wird der konventionelle Hauptspeicher als Zwischenspeicher verwendet, nicht, wie normalerweise vorgesehen, die Festplatte.

DISKCOPY legt eine 1:1-Kopie der Quelldiskette auf der Zieldiskette an.

Es wird gleichzeitig das Aufzeichnungsformat der Quelldiskette festgestellt und die Zieldiskette formatiert, falls dies nicht vorher bereits geschehen ist. Falls die Kapazität der zu kopierenden Diskette größer ist als der konventionelle Speicher, werden die Daten auf der Festplatte zwischengespeichert. So wird verhindert, daß Sie während des Kopiervorgangs Disketten wechseln müssen.

DISPLAY.SYS c

Ermöglicht die Darstellung von Zeichensatztabellen am Bildschirm ab DOS 3.3

Syntax: `DEVICE=DISPLAY.SYS`
`CON{:}=(Typ{,{Codeseite}{,x,y}}`

Typ	Kennzeichnung des verwendeten Bildschirmadapters
EGA	EGA- und VGA-Adapter
CGA	CGA-Bildschirm
LCD	LCD-Bildschirm
MONO	Bildschirm mit monochromer (einfarbiger) Anzeige81

Codeseite	Angabe der von Ihrer Hardware unterstützten Codeseite
437	USA (Standard)
850	mehrsprachig (Lateinisch 1)
852	slawisch (Lateinisch 2)
860	Portugal
863	Frankreich und frz. Kanada
865	Norwegen und Dänemark

x Angabe, wie viele Codeseiten zusätzlich zur angegebenen Hardware-Codeseite unterstützt werden sollen. Gültige Werte: 0 - 6. Bei Typ EGA ist der höchste zulässige Wert 6, bei LCD 1. Dieser Wert ist nicht frei definierbar, sondern durch die Hardware vorgegeben.

y Angabe der Schriftarten, die für jede Codeseite von der Hardware vorgegeben sind. Der Standardwert für Typ EGA ist 2, für LCD 1.

DOS c

Laden des Betriebssystems in den oberen Speicher (HMA) und Aktivierung von UMBS
ab DOS 5.0

Syntax: `DOS = [{HIGH|LOW}] {,UMB|NOUMB}`

HIGH Wenn das System über einen als HMA nutzbaren Speicherbereich von 64 KByte verfügt, werden Teile des Betriebssystemkerns in diesen Bereich ausgelagert, um den konventionellen Hauptspeicher zu entlasten.

LOW Bereich des HMA soll nicht genutzt werden, selbst wenn dieser verfügbar sein sollte.

Dies sollten Sie befehlen, wenn Sie den Verdacht von Inkompatibilitäten haben. Dies ist die Standardeinstellung, wenn Sie diese Zeile ganz weglassen.

UMB Ein vorhandener Bereich von Upper-Memory-Blocks oberhalb von 640 KByte darf für die Auslagerung von MS-DOS und Gerätetreibern verwendet werden.

NOUMB Ein vorhandener UMB-Speicherbereich wird ausdrücklich für das Auslagern nicht verwendet. Dies ist die Standardeinstellung.

DOSKEY e

Kommandozeilen-Editor, Makro-Interpreter, Befehlsspeicher
ab DOS 5.0

Syntax:
```
DOSKEY {/REINSTALL} {/B{UFSIZE}=nnn}
       {/INSERT|/OVERSTRIKE} {/H{ISTORY}}
       {/M{ACROS}} {Makroname={Befehl}}
```

/REINSTALL Installiert eine neue Kopie von DOSKEY, alle bis zu diesem Zeitpunkt gespeicherten Befehle und Makros werden gelöscht.

/BUFSIZE=nnn stellt die Größe des Speichers ein, der von DOSKEY benutzt werden soll. Die Angabe ist in Byte zu machen. Ohne Angabe werden 1024 Byte (1 KByte) reserviert.

Es ist auch erlaubt, die Abkürzung /B=*nnn* zu benutzen.

/INSERT Für die Bearbeitung eines Befehls wird der Einfügemodus eingeschaltet. Darf natürlich nicht mit /OVERSTRIKE zusammen verwendet werden.

/OVERSTRIKE Es wird der Überschreibmodus eingeschaltet. Nicht mit /INSERT zusammen verwenden!

/MACROS listet alle gespeicherten Makros auf, es darf auch die Abkürzung /M verwendet werden.

Die Liste kann mit > in eine Batch-Datei umgelenkt werden, um die Macros jederzeit wieder laden zu können.

/HISTORY erstellt eine Liste aller gespeicherten Befehle. Auch /H erlaubt. Auch hier:

Wird benötigt, um die Liste mit > in eine Batch-Datei umzulenken.

Makroname= Dem (beliebigen) Makronamen wird *Befehl* zugeordnet. Ohne eine Angabe von *Befehl* wird das dazugehörige Makro gelöscht.

DOSKEY ist ein speicherresidentes Programm, das Ihre eingegebenen Befehle auflistet und bei Bedarf wieder verfügbar macht, etwa um einen Befehl zu wiederholen oder in etwas veränderter Form neu einzugeben.

DOSSHELL — e

Aufruf der DOS-Shell

ab DOS 4.0 — In 6.2 nicht mehr enthalten

Syntax: `DOSSHELL {/T{:res{n}} | /G{:res{n}}} {/B}`

/T Startet die DOS-Shell im Textmodus, also in einer Darstellung, die alle Monitorarten und Grafikkarten darstellen kann.

/G Startet die DOS-Shell im Grafikmodus, in dem bestimmte grafische Symbole (Icons) verwendet werden. Dieser Modus ist jedoch nicht auf allen Grafikkarten möglich.

res: Erlaubt die Angabe einer Bildschirmauflösung, also niedrige, mittlere oder hohe Auflösung. Der Standardwert hängt von Ihrem Grafiksystem ab.

L	niedrige Auflösung
M	mittlere Auflösung
H	hohe Auflösung

n Zusätzlich zur Auflösung sind noch weitere, von Ihrer Hardware abhängige Auflösungen einstellbar, die hier ausgewählt werden können.

/B Startet die DOSSHELL im einfarbigen Modus.

Die DOS-Shell ist eine Benutzeroberfläche, die Ihnen den Umgang mit DOS etwa erleichtern soll und die für den täglichen Betrieb des DOS ganz brauchbar ist. Sie wird jedoch zu Gunsten von Windows seit der Version 6.2 offiziell nicht mehr ausgeliefert.

Die oft genutzten Befehle des Betriebssystems wie Löschen oder Kopieren sowie die Verzeichnisverwaltung können Sie weitgehend menügesteuert vornehmen.

DRIVER.SYS c

Definition eines logischen Laufwerks, um ein physikalisches Laufwerk einzubinden

ab DOS 3.3 Verwandte Befehle: DRIVPARM

Syntax: `DEVICE=DRIVER.SYS [/D:Laufw] {/F:Art} {/H:Köpfe} {/S:Sektoren} {/T:Spuren} {/C}`

/D:Laufw ist die Angabe des Namens des zusätzlichen Laufwerks:

0	entspricht Laufwerk A:
1	entspricht Laufwerk B:
2	entspricht Laufwerk C:
3	entspricht Laufwerk D:

etc.

/F:Art definiert die Art des Diskettenlaufwerks:

bis 360 KByte	5¼-Zoll	0
bis 1220 KByte	5¼-Zoll	1
bis 720 KByte	3½-Zoll	2
bis 1440 KByte	3½-Zoll	7
bis 2880 KByte	3½-Zoll	9

/H:Köpfe Anzahl der Schreib-/Leseköpfe. Gültige Werte sind 1-99, Standard: 2.

/S:Sektoren Anzahl der Sektoren pro Spur. Gültige Werte sind 1-99, Standard: 9.

/T:Spuren Anzahl Spuren pro Seite. Gültige Werte sind 1-999; Standard: 80.

/C Das Gerät überwacht die Laufwerkverriegelung.

Wenn Sie zusätzliche Laufwerke in Ihr System einbinden wollen, müssen diese vom BIOS des Rechners unterstützt werden, um überhaupt erkannt zu werden.

Wenn Sie jedoch ein zusätzliches Laufwerk einbinden wollen, so kann es nötig sein, ein logisches Laufwerk zu definieren, das aber als Grundlage eben dieses physikalisch vorhandene Laufwerk nutzt.

DRIVPARM c

Umdefinieren der Parameter eines Laufwerks

ab DOS 3.3 Verwandte Befehle: DRIVER.SYS

Syntax:
```
DRIVPARM=[/D:Laufw] {/F:Art} {/H:Köpfe}
         {/S:Sektor} {/T:Spur} {/N} {/C} {/I}
```

/D:Laufw ist die Angabe der Nummer des zusätzlichen Laufwerks:

0 A:
1 B:
2 C:
3 D:
etc.

/F:Art definiert die Art des Gerätes:

Diskettenlaufwerk bis	360 KByte	5¼-Zoll	0
Diskettenlaufwerk bis	1.220 KByte	5¼-Zoll	1
Diskettenlaufwerk bis	720 KByte	3½-Zoll	2
Diskettenlaufwerk bis	1.440 KByte	3½-Zoll	7
Diskettenlaufwerk bis	2.880 KByte	3½-Zoll	9
Festplatte			5
Magnetbandlaufwerk, Streamer			6

/H:Köpfe Anzahl der Schreib-/Leseköpfe. Mögliche Angabe: 1-99, Standard: 2.

/S:Sektor Anzahl der Sektoren pro Spur. Mögliche Angabe: 1-99, Standard: 9.

/T:Spur Anzahl Spuren pro Seite. Mögliche Angabe: 1-999; Standard: 80.

/N Das Medium ist fest installiert, also eine Festplatte.

/C Definiert, daß untersucht wird, ob die Verriegelung des Laufwerks geöffnet ist.

/I Ab 4.0: Ein 3½-Zoll-Laufwerk, das vom entsprechenden System nicht unterstützt wird.

Mit DRIVPARM können Sie die die technischen Parameter eines physikalischen Laufwerks ändern.

Es wird kein logisches Laufwerk definiert - das erreichen Sie durch Einbindung von DRIVER.SYS.

ECHO b

Anschalten oder Ausschalten der Bildschirmanzeige, Anzeigen eines Textes am Bildschirm
ab DOS 2.0

Syntax: `ECHO {ON|OFF}`
Syntax: `ECHO [Text]`

ON Anschalten der Bildschirmanzeige für die in der Batch-Datei abgearbeiteten Befehle. Ohne Angabe wird der Status von ECHO angezeigt.

OFF Ausschalten der Bildschirmanzeige der Befehle. Fehlt die Angabe, wird der derzeitige Status von ECHO angezeigt.

Text Am Bildschirm anzuzeigender Text. Fehlt der Text, wird der derzeitige Status von ECHO angezeigt.

Beim Abarbeiten einer Batch-Datei werden die Befehle, die derzeit bearbeitet werden, am Prompt angezeigt, da eine Batch-Datei eigentlich nichts anderes ist als die Simulation von Tastatureingaben.

EDIT	e

Aufruf des Ganzseiten-Editors

ab DOS 5.0 Verwandte Befehle: EDLIN

Syntax: `EDIT {Dateiname} {/B} {/G} {/H} {/NOHI}`

Dateiname Name einer zu bearbeitenden Datei. Existiert sie, lädt EDIT sofort den Text. Existiert sie nicht, wird der angegebene Name für das Abspeichern verwendet, eine Eingabe des Namens beim Abspeichern entfällt.

Ein Pfad muß angegeben werden, es sei denn, die zu ladende Datei befindet sich im aktuellen Verzeichnis.

/B Befiehlt, eine monochrome (schwarz/weiße) Darstellung zu wählen, auch wenn eine farbige möglich ist.

/G Mit dieser Option wird die Unterdrückung von Schnee auf einer CGA-Karte abgeschaltet, wodurch der gesamte Ablauf schneller wird.

Falls Sie mit einer CGA-Karte arbeiten, sollten Sie dies ausprobieren.

/H Es wird automatisch die höchste Auflösung gewählt, die auf der Hardware möglich ist.

/NOHI Es werden statt der möglichen 16 Farben nur 8 Farben dargestellt.

Dies ist anzuraten, wenn Ihr Monitor keine fett formatierten Zeichen darstellen kann - diese werden in den Menüs verwendet, um die Abkürzungstasten für Aufrufe von Menüpunkten darzustellen.

EDIT startet den Editor des Betriebssystems, mit dem Sie kleine Texte erstellen können, der aber gerade für das Editieren der Konfigurationsdateien AUTOEXEC.BAT und CONFIG.SYS sehr gute Dienste leistet.

EGA.SYS	c

Stellt die Anzeige auf einem EGA-Monitor nach Gebrauch des Task-Switchers wieder her

ab DOS 5.0

Syntax: `DEVICE=EGA.SYS`

Wenn Sie den Task-Switcher benutzen, wird eine laufende Anwendung auf die Festplatte ausgelagert, bleibt aber "geöffnet", um bei einem Umschalten auf diesen Task die Anwendung sofort wieder bereitzustellen. Auf Systemen mit EGA-Grafik muß das aktuelle Bild durch EGA.SYS zwischengespeichert werden.

EMM386.EXE	**c/e**

Gerätetreiber für die Emulation von Expanded Memory und Ansteuerung der UMB

ab DOS 5.0 — In 6.2 neue Versionsnummer; verwandte Befehle: HIMEM.SYS

Syntax:
```
DEVICE=EMM386.EXE {Größe} {MIN=Größe} {W= ON
          | OFF} {M=n} {X:mm-nn} {FRAME=nnnn}
          {/P Adresse} {Pn=Adresse} {H=nnn}
          {L=nnn} {I=mmmm:nnnn} {X=mmmm:nnnn}
          {A=nnn} {D=nnn} {RAM{=mmmm-nnnn}
          {ROM=mmmm:nnnn
          {NOEMS} {NOVCPI} {HIGHSCAN} {VERBOSE}
          {WIN=mmmm-nnnn} {NOHI} {NOMOVEXBDA}
          {ALTBOOT}
```

Syntax: `EMM386 [ON|OFF|AUTO] {W=ON|OFF}`

Die Verwendung der Parameter dieses Gerätetreibers teilt sich auf in jene, die über die CONFIG.SYS beim Installieren des Treibers angegeben werden können, sowie die Parameter, die für die normale Anwendung des Befehls EMM386 verwendet werden.

Die Parameter beim Laden durch die CONFIG.SYS:

Größe — Ist die Größe für das Expanded Memory zu verwendenden Speichers. Standard ist 256 KByte, Werte zwischen 16 und 32.786 KByte (jeweils in Schritten zu 16 KByte) sind möglich.

MIN=Größe — Der Wert, den Sie hier in KByte angeben, wird immer für EMS-Speicher eingerichtet. Andere Programme werden daran gehindert, diesen Speicher zu verwenden. Standard ist 256 KByte.

W= Schaltet generell die Unterstützung des Weitek Coprozessors an oder ab. Wenn Sie diesen Coprozessor nutzen wollen, muß High Memory (HMA) zur Verfügung stehen.

M=n Normalerweise legt der Treiber automatisch den 64-KByte-Bereich fest, der als Fenster benutzt wird. Wenn Sie einen Konflikt feststellen (Systemabsturz etc.), können Sie versuchen, durch Erzwingen einer bestimmten Adresse diesen Konflikt zu umgehen:

n	Adresse	n	Adresse	n	Adresse
1	C000	6	D400	11	8400
2	C400	7	D800	12	8800
3	C800	8	DC00	13	8C00
4	CC00	9	E000	14	9000
5	D000	10	8000		

Beachten Sie, daß die Werte 10 bis 14 nur für PC mit 512 KByte oder weniger Speicher gelten.

FRAME= Definiert eine Startadresse für den EMS-Seitenrahmen in hexadezimaler Form, gültige Werte sind 8000_{hex} bis 9000_{hex} und $C000_{hex}$ bis $E000_{hex}$. Wenn Sie NONE als Wert angeben, wird versucht, EMS ohne den Seitenrahmen zur Verfügung zu stellen, was jedoch u. U. zu Fehlverhalten der Programme führt.

/P Adresse wie **FRAME=nnnn**

X= Der EMS-Treiber benutzt die Speicheradressen $A000_{hex}$ bis $E000_{hex}$. Wenn er in diesem Speicherbereich einen mindestens 64 KByte großen zusammenhängenden Bereich findet, wird der Treiber geladen. Doch es könnte (in wenigen Ausnahmefällen!) zu Konflikten mit anderen Karten kommen, die zwischen diesen Adressen installiert sind. Um dies zu umgehen, können Sie mit dieser Option festlegen, daß ein bestimmter Bereich ausgeblendet wird, der nicht benutzt werden darf. Wenn sich die bei der Option I definierten Bereiche mit denen von X überschneiden, hat X den Vorrang.

Pn=Adresse Definiert eine Startadresse einer beliebigen Speicherseite à 16 KByte. Die Angabe von *n* ist die Speicherseite P0 bis P3. Falls Sie die Startadresse durch eine der Optionen /M, FRAME oder /P definiert haben, können Sie diese Option nicht verwenden.

H= Legt die Anzahl der Zugriffsnummern (Handles) fest, die EMM386 benutzen darf. Möglich sind 2 bis 255, Standard ist 64.

L=	Legt fest, wieviel Extended Memory nach der Installation von EMM386 noch verfügbar sein muß - es wird so viel Expanded Memory eingerichtet, daß die in KByte anzugebende Größe erweiterter Speicher übrigbleibt.
I=mmmm:nnnn	Legt ausdrücklich den Adreßraum fest, der für die Speicherseiten benutzt werden kann; der normal benutzte Bereich $A000_{hex}$ bis $FFFF_{hex}$ kann so eingegrenzt werden. Wenn sich die mit X gesperrten Adressen mit denen hier definierten überschneiden, hat X den Vorrang.
A=nnn	Definition der Anzahl der Wechselregistersätze, die zur Verfügung gestellt werden sollen. Sie werden für Multitasking verwendet. Standardwert ist 7, möglich sind 0 bis 254. Jeder Satz benötigt 200 Byte des Speichers.
D=nnn	Größe des DMA-Puffers (DMA=Direct Memory Access) in KByte. Mögliche Werte sind 16 - bis 256 KByte. Standard ist 16.
RAM=	Es wird neben dem Expanded Memory auch UMB nutzbar gemacht. Wenn Sie keine Angabe über den Bereich machen, den der Treiber für die UMBs verwenden darf, wird der gesamte verfügbare Speicher verwendet.
NOEMS	Mit dieser Option befehlen Sie, daß EMM386 Ihnen lediglich Upper Memory zur Verfügung stellt, der Zugriff auf Expanded Memory wird nicht ermöglicht.
NOVCPI	Deaktiviert die Unterstützung für VCPI-Anwendungen, Anwendungen also, die den virtuellen Modus des 80386-Prozessors nutzen können. Diese Option verringert das zugewiesene Extended Memory. Ist nicht wirksam, wenn nicht auch NOEMS angegeben wird, die Option MIN wird ignoriert.
HIGHSCAN	Weist den Treiber an, im Upper Memory intensiv nach weiteren freien Speicherplätzen zu suchen. Diese Optionen können nicht auf allen Rechnern zum Erfolg führen, auch ein Systemabsturz ist nicht auszuschließen. MEMMAKER überprüft die Möglichkeit des Einsatzes.
VERBOSE	Wenn Sie während des Ladens des Treibers Statusmeldungen sehen möchten, müssen Sie diese Option befehlen. Normalerweise sehen Sie nur Fehlermeldungen.
WIN=	Reserviert den angegebenen Segmentadressenbereich für Windows. Gültige Werte für mmmm und nnnn liegen im Bereich A000 bis FFFF. Sie werden auf die nächstkleinere 4-KByte-Grenze gerundet. Wenn sich die zwei Bereiche überlappen, hat die Option X Vorrang vor der Option WIN. Wenn

sich die Bereiche der Optionen RAM, ROM oder I überlappen, hat die Option WIN Vorrang vor diesen Optionen.

NOHI Verhindert, daß EMM386.EXE in den hohen Speicherbereich geladen wird. Normalerweise wird ein Teil von EMM386.EXE in den hohen Speicherbereich geladen.

Diese Option verkleinert den freien konventionellen Speicher, während der für UMBs verfügbare hohe Speicherbereich vergrößert wird.

ROM= Bezeichnet einen Adreßbereich, den EMM386.EXE für Shadow RAM-Speicher mit Zugriff für ROM-Routinen verwendet. Gültige Werte für mmmm und nnnn: A000 bis FFFF. Sie werden auf die nächstkleinere 4 KByte- Grenze gerundet.

Wenn Sie diese Option angeben, kann Ihr System eventuell schneller arbeiten, falls es nicht bereits über Shadow RAM verfügt. Auf vielen Rechnern kann dies im SETUP eingerichtet werden.

NOMOVEXBDA Dieser Parameter verhindert das Verschieben des erweiterten BIOS-Datenbereichs aus dem konventionellen in den hohen Speicher.

ALTBOOT Die Verarbeitung der Tastenkombination für den Warmstart wird eingerichtet. Erforderlich dann, wenn diese Tastenkombination nicht zum problemlosen Warmstart führt.

Die Verwendung der Parameter für den normalen Gebrauch:

ON Aktiviert den bereits durch die CONFIG.SYS geladenen Treiber.

OFF Deaktiviert den geladenen Treiber. Das ist jedoch nur möglich, wenn sich zu dem Zeitpunkt kein Expanded Memory oder UMB in Gebrauch befinden.

AUTO Expanded Memory wird nur unterstützt, wenn ein Programm es anfordert.

W=ON|OFF Schaltet generell die Unterstützung des Weitek Coprozessors an oder ab. Wenn Sie diesen Coprozessor nutzen wollen, muß High Memory (HMA) zur Verfügung stehen.

Der Treiber EMM386.EXE hat zweierlei Aufgaben: Zum einen emuliert (= bildet nach) er auf vorhandenem *Extended Memory* das nach dem LIM-Standard definierte Expanded Memory, wandelt also die eine Speicherart in die andere um.

Zum anderen wird durch diesen Treiber die Nutzung der Upper Memory Blocks (UMB) freigegeben, den freien Speicherblöcken im Adaptersegment, die für die Auslagerung von Teilen des Betriebssystems und residenten Programmen genutzt werden können.

EXIT i

Verlassen einer zusätzlichen Kommandoprozessor-Umgebung
ab DOS 2.0 Verwandte Befehle: COMMAND

Syntax: `EXIT`

Wenn Sie mit COMMAND eine Kopie des Kommandoprozessors laden, so arbeiten Sie auf dieser Kopie in einer neuen Prozessorumgebung. Die Umgebungsvariablen wie der Prompt oder der Suchpfad können für diese Umgebung vollkommen unterschiedlich definiert werden. Mit EXIT verlassen Sie die Kopie dieses Kommandoprozessors und seine Umgebung, Sie arbeiten wieder im Prozessor eine Ebene darüber. Auch die Umgebungsvariablen dieses Prozessors sind dann gültig.

EXPAND e

Expandiert Dateien der Installationsdisketten
ab DOS 5.0

Syntax:
```
EXPAND {Pfad}[Dateiname] ...
       {{Pfad}[Dateiname]} [Ziel]
```

Pfad Laufwerk und/oder Verzeichnis, in dem sich die komprimierten Dateien befinden. Ohne diese Angabe wird der aktuelle Standort im System angenommen.

Dateiname Ist der Name der komprimierten Datei. In diesem Namen ersetzt ein Unterstreichstrich den letzten Buchstaben der Erweiterung: EMM386.EX_ entspricht der Datei EMM386.EXE. Joker sind bei der Angabe des Dateinamens nicht erlaubt, doch lesen Sie unseren Tip weiter unten. Die Namen werden beim Expandieren mit EXPAND nicht automatisch neu vergeben - das müssen Sie mit REN nachholen.

Ziel Pfadangabe, wo die expandierte Datei abgelegt werden soll. Wird zusätzlich ein Dateiname angegeben, erhält die expandierte Datei diesen Namen, wenn nicht, behält sie den Namen der komprimierten Datei bei. Als Ziel auch einen Namen anzugeben, ist nur möglich, wenn als Quelldatei nur ein einziger Name angegeben wurde.

Die Dateien des Betriebssystems liegen auf den Disketten, auf denen sie geliefert werden, in komprimierter Form vor. Bei der Installation mit SETUP werden die Dateien dekomprimiert und in das von Ihnen angegebene Verzeichnis kopiert. Wenn Sie nun jedoch von Ihren Originaldisketten eine Datei rekonstruieren wollen oder eine Spezialdatei von der letzten Diskette benötigen, müssen Sie diese Datei vorher mit EXPAND in ihr normales Format bringen. Übrigens: Beim SETUP wird in Ihr DOS-Verzeichnis eine Datei namens PACKING.LST kopiert, die eine Liste enthält, auf welcher Diskette sich welche Dateien befinden.

FASTHELP e

Listet der DOS-Befehle
ab DOS 6.0 Verwandte Befehle: HELP

Syntax: `FASTHELP {Befehl}`
Syntax: `Befehl /?`

Befehl Befehl, zu dem man weitere Informationen haben möchte.

Beim Aufruf von FASTHELP ohne Parameter bekommen Sie eine Liste der DOS-Befehle sowie eine kurze Erläuterung der Wirkungsweise. Rufen Sie dagegen den Befehl zusammen mit einem DOS-Befehl auf, erhalten Sie zu dem genannten Befehl weitere Informationen, die zwar dem Unkundigen den Blick ins Handbuch nicht ersparen, als Gedankenstütze jedoch allemal taugen. Sie können die Informationen zu den einzelnen Befehlen jedoch auch aufrufen, indem Sie den Befehl eintippen und mit der Option /? versehen aufrufen.

FASTOPEN Ø e

Zugriffsbeschleunigung auf Dateien
ab DOS 3.3

Syntax: `FASTOPEN [Laufw:]{=nnn} ... {Laufw:=nnn} {/X}`

Laufw Laufwerk, das beschleunigt werden soll. Das Laufwerk muß angegeben werden und darf nur ein Festplattenlaufwerk sein. Es dürfen mehrere Laufwerke angegeben werden; die Angabe erfolgt dann nacheinander, jeweils durch Leertaste getrennt. Netzwerklaufwerke dürfen nicht angegeben werden.

nnn Ist die Anzahl der Dateizugriffe, die zwischengespeichert werden sollen. Es können alle Werte zwischen 10 und 999 angegeben werden. Ohne Angabe werden 48 angenommen. Jeder Eintrag in *nnn* benötigt im Hauptspeicher 48 Byte.

/X Ab 4.0: Mit dieser Option können Sie die Speicherung der Angaben von FASTOPEN im *Expanded Memory* veranlassen und so den konventionellen Speicher entlasten. FASTOPEN unterstützt den Standard LIM 4.0. Sie können FASTOPEN auch mit LOADHIGH in UMB laden, vorausgesetzt, Sie haben diesen Speicherbereich verfügbar gemacht.

FASTOPEN beschleunigt Dateizugriffe dadurch, daß die Position verwendeter Verzeichnisse und Dateien gespeichert werden, so daß bei einem erneuten Zugriff eine Steigerung der Zugriffsgeschwindigkeit festzustellen ist. FASTOPEN ist jedoch kein eigentlicher Cache-Speicher, da nicht der Inhalt der Datei zwischengespeichert wird, sondern nur ihre Position auf der Festplatte.

FC — e

Vergleich von Dateien
ab DOS 3.2

Syntax: `FC {/A} {/C} {/L} {/LBn} {/N} {/T} {/W} {/nnn} [Datei 1] [Datei 2]`

Syntax: `FC {/B} [Datei 1] [Datei 2]`

Datei 1 Ist die erste zu vergleichende Datei. Pfadangabe ist möglich, ohne Angabe von Laufwerk und/oder Verzeichnis wird der aktuelle Pfad angegeben. Joker dürfen verwendet werden.

Datei 2 Ist die Datei, mit der die erste verglichen wird. Auch hier ist eine Pfadangabe erlaubt.

/A Verkürzung des Vergleichs von ASCII-Dateien - es werden nur die erste und letzte Zeile mit Unterschieden am Bildschirm ausgegeben.

/B Vergleich von Binärdateien, also Dateien, die Steuerzeichen enthalten. Dieser Schalter darf nur alleine, also ohne einen anderen Schalter benutzt werden.

/C Groß- und Kleinschreibung werden gleich behandelt.

/L ASCII-Vergleich (Angabe aller Zeilen mit Unterschieden). Diese Einstellung ist Standard bei Dateien, die nicht die Erweiterung .COM, .EXE, .SYS, .OBJ, .LIB oder .BIN haben.

/LBn Ab 5.0: Maximale Anzahl unterschiedlicher Zeilen. Werden mehr als diese Anzahl Zeilen als unterschiedlich festgestellt, wird der Vergleich abgebrochen. Standardwert: 100.

/N Zeigt zusätzlich die Zeilennummern an.

/T Tabulatorzeichen werden nicht als Leerzeichen behandelt.

/W Tabulatorzeichen und Leerzeichen werden als einzige Leerstelle behandelt.

/nnn Anzahl der Zeilen, die zusammenpassen müssen. Standard: 2.

FC hat die Aufgabe, Dateien zu vergleichen und Unterschiede zu melden. Der Befehl ist in der Lage, nach einem Unterschied wieder Gleichheiten festzustellen und von dort aus weiter zu vergleichen. Auch binäre Dateien, also Dateien mit Steuerzeichen lassen sich mit FC vergleichen, verwenden Sie dann (als einzigen) den Schalter /B, etwa wenn Sie den Verdacht haben, eine Programmdatei sei nicht mehr "die alte".

FCBS c

Erstellung und Verwaltung von File Control Blocks (Dateisteuerblöcke)

ab DOS 1.0 Verwandte Befehle: FILES

Syntax: `FCBS=[xxx]`

xxx Anzahl der zu öffnenden Dateien. Gültige Werte sind 1 - 255, Standardeinstellung ist 4.

Es gibt unter DOS zwei Methoden, wie eine geöffnete Datei behandelt wird - modernere Programmiertechniken bedienen sich der File Handler, die die angelegten BUFFER und die geöffneten Dateien steuern. Diese Verwaltung können Sie mit den Konfigurationsbefehlen FILES und BUFFERS steuern.

Eine etwas antiquiertere Methode ist es, mit **F**ile **C**ontrol **B**locks (FCBS) zu arbeiten. Bis DOS-Version 2.0 wurde dieses Verfahren angewendet, und einige Programme aus jener Zeit bedürfen daher der Unterstützung dieses Verfahrens.

Mit dem Konfigurationsbefehl FCBS legen Sie die Anzahl der Dateisteuerblöcke fest, eine ähnliche Konfiguration, wie Sie sie mit FILES festlegen.

FDISK e

Einrichten/Partitionieren einer Festplatte
ab DOS 2.0

Syntax: `FDISK {/STATUS}`

/STATUS Wenn Sie nur einen Statusbericht haben möchten, wählen Sie diese Option.

FDISK ist ein Dienstprogramm, das eine Festplatte vor dem Formatieren mit FORMAT für die Verwendung unter MS-DOS konfiguriert.

Sie können eine physikalische Festplatte in mehrere sogenannte logische Laufwerke unterteilen, Sie können jedoch auch den Betrieb mit anderen Betriebssystemen vorbereiten.

Folgende Aufgaben können Sie mit FDISK durchführen:

- Erstellen der primären Partition für das Betriebssystem MS-DOS.
- Erstellen einer erweiterten MS-DOS-Partition und Erstellen logischer Laufwerke.
- Aktivieren einer Partition für ein Betriebssystem beim nächsten Start.
- Löschen einer Partition.
- Anzeige der aktuellen Partitionsdaten.
- Partitionieren einer weiteren physikalischen Festplatte.

Der Befehl FDISK arbeitet menüorientiert, d. h., daß Sie keine Parameter eingeben, sondern die Fragen im Dialog beantworten - die vorgegebenen Antworten können mit `Enter` übernommen werden. Mit `Esc` gelangen Sie jeweils zur vorhergehenden Seite.

FILES c

Definition der Anzahl der gleichzeitig geöffneten Dateien
ab DOS 2.0

Syntax: `FILES=[Anzahl]`

Anzahl Anzahl der gleichzeitig im Hauptspeicher möglichen geöffneten Dateien. Möglich sind Angaben zwischen 8 und 255. Standard ist 8.

Während der Arbeit von MS-DOS ist es möglich und nötig, eine Anzahl von Dateien gleichzeitig im Speicher geöffnet bereitzuhalten. Die meisten Anwendungen, insbesondere jedoch Datenbankprogramme, benötigen wesentlich mehr als die standardmäßig acht gleichzeitig geöffneten Dateien, zumal MS-DOS selbst fünf davon benötigt:

FIND e

Suchen von Zeichenketten in Dateien
ab DOS 2.0

Syntax: `FIND {/V} {/C} {/N} {/I} ["Zeichen"] {Datei} ... {Datei}`

/C Zeigt die Anzahl der Übereinstimmungen an (darf nicht mit /N zusammen verwendet werden).

/N Gibt die Zeilennummer einer Zeile mit Übereinstimmung an.

/V Zeigt nur die Zeilen an, die keine Übereinstimmungen aufweisen.

/I Ab 5.0: Unterschiede durch Groß- und Kleinschreibung werden ignoriert.

Zeichen Ist die zu suchende Zeichenkette, die in "Anführungszeichen" anzugeben ist. Wenn die Zeichenkette selbst Anführungszeichen enthält, sind jeweils zwei Anführungszeichen zu setzen.

Datei Ist die Datei, in der nach der Zeichenkette gesucht werden soll. Joker sind nicht erlaubt.

Wollen Sie, daß die Zeichenkette in mehreren Dateien gesucht wird, so sind diese am Ende, durch Leertasten getrennt, anzugeben.

FOR	b

Formulierung einer Schleife
ab DOS 2.0

Syntax: `FOR %%Platzhalter IN (Menge) DO Befehl`
`%%Platzhalter`

Platzhalter Beliebiges Zeichen, das zuerst nacheinander auf den Inhalt von (Menge) bezogen wird. Das Ergebnis dieser Auswertung wird auf den gleichnamigen Platzhalter am Ende des Befehls angewandt. Das Zeichen muß identisch sein, auch unterschiedliche Schreibweise (groß/klein) führt zu Fehlern.

Die Zeichen < > % sind nicht erlaubt!

Menge Eine Menge von Elementen, die durch Leertasten voneinander abgegrenzt werden müssen. Sie werden durch die Platzhalter am Ende der Zeile zu Parametern, auf die der Befehl nacheinander angewendet werden soll. Platzhalter für Batch-Dateien (%1 ... %9) und Joker sind erlaubt.

Befehl Ein beliebiger Befehl, also ein DOS-Befehl oder ein anderes Programm. Ein weiterer FOR-Befehl, also eine Verschachtelung von Befehlen, ist nicht erlaubt.

FORMAT	Ø e

Einrichten eines Datenträgers für den Gebrauch unter MS-DOS
ab DOS 1.0 In 6.2 verändert; verwandte Befehle: UNFORMAT

Syntax: `FORMAT [Lw:]{/1} {/4} {/8} {/B} {/C} {/F:} {/N:x}`
`{/O} {/Q} {/S} {/T:x} {/U} {/V}`

Syntax: `FORMAT [Lw:] /AUTOTEST /BACKUP`

Lw: Laufwerkname des zu formatierenden Datenträgers - diese Angabe ist obligatorisch.

/1 Die Diskette wird nur einseitig formatiert, um Disketten für Uralt-DOS-Version zu erstellen.

/4 In einem 1,2 MByte-Laufwerk wird eine 5¼-Zoll-HD-Diskette mit 360 KByte anstatt mit 1,22 MByte formatiert.

/8	Es werden lediglich 8 Sektoren pro Spur erstellt.
/B	Hält Platz für ein nachträglich mit SYS aufzukopierendes Betriebssystem frei - ist in der Version 6.0 nur noch aus Gründen der Kompatibilität beibehalten worden. Nicht mit /S zusammen.
/C	Neu in DOS 6.2: In früheren Format-Durchläufen als unlesbar gekennzeichnete Sektoren werden erneut überprüft. Normalerweise wird dies nicht mehr durchgeführt. Kann u. U. zu mehr verfügbaren Speicherplatz führen.
/F:	Der Benutzer kann das zu formatierende Format in Byte, KByte oder MByte angeben. Mögliche Größenangaben können nur mit der Zahl in KByte oder MByte oder mit dem Zusatz K oder KB für KByte sowie M oder MB für MByte gemacht werden. Folgende Formate werden unterstützt: 160, 180, 320, 360, 720, 1200, 1440 und 2880 KByte.
/N:	Ab 3.3: Anzahl der zu formatierenden Sektoren. Darf nur in Verbindung mit /T: und nicht zusammen mit /F: verwendet werden!
/O	Formatiert die Diskette in einem für DOS-Versionen 1.x lesbares Format.
/Q	Quickformat: Es wird lediglich die Dateizuordnungstabelle gelöscht, eine Überprüfung auf defekte Sektoren findet nicht statt! Schnellste Formatierung.
/S	Überträgt nach dem Formatieren das Betriebssystem, erstellt bootfähige Datenträger. Nicht mit /B zusammen. Es wird auch die Datei DBLSPACE.SYS kopiert, damit auch von dort der Zugriff auf mit DBLSPACE komprimierte Daten erfolgen kann (siehe 10.3).
/T:	Ab 3.3: Die Anzahl der zu formatierenden Spuren wird bestimmt - nur mit /N: und nicht mit /F: zusammen zu verwenden. Auch /1 und /4 sind nicht mit /T: zusammen erlaubt.
/U	Es wird eine unwiderrufliche Formatierung durchgeführt, die nicht durch UNFORMAT wieder rückgängig gemacht werden kann. Wenn beim Formatieren eines Datenträgers während des Lesens/ Schreibens Fehlermeldungen auftauchen, die auf Schreib-/Leseprobleme hinweisen, sollten Sie diese Option verwenden!
/V{:Name}	Sie können nach dem Formatieren dem Datenträger einen Namen geben. Darf nicht zusammen mit /8 verwendet werden. Der Datenträgername wird mit DIR und VOL angezeigt.

/AUTOTEST Mit dieser Option wird ohne die Aufforderung, eine Diskette einzulegen, mit der Formatierung begonnen. Auch die abschließende Frage, ob Sie noch eine Diskette formatieren wollen, wird nicht gestellt, eine Frage nach einem Datenträgernamen unterbleibt.

Diese Option ist sehr nützlich, wenn Sie FORMAT innerhalb eines Batches verwenden wollen. Dies ist ein nicht dokumentierter Parameter.

/BACKUP Wie bei /AUTOTEST erfolgt keine Aufforderung, eine Diskette einzulegen, doch die Frage nach einem anzugebenden Datenträgernamen wird nicht unterdrückt. Dies ist ebenfalls ein nicht dokumentierter Parameter.

Formatieren nennt man den Vorgang, wenn ein Datenträger vor seiner ersten Benutzung für die Speicherung von Informationen unter MS-DOS vorbereitet wird. Folgende Tätigkeiten werden während dieses Vorgangs durchgeführt, bei dem alle eventuell auf dem Datenträger bereits befindlichen Daten gelöscht werden:

GOTO b

Sprung zu einer Sprungmarke innerhalb einer Batch-Datei
ab DOS 1.0

Syntax: `GOTO [:Marke]`

:Marke Sprungmarke, zu der innerhalb des Batches gesprungen werden soll.

Normalerweise wird eine Batch-Datei sequentiell, also als "Stapel" von oben nach unten abgearbeitet, doch eine echte Programmierung kann nur erreicht werden, wenn man - abhängig vom Eintreten bestimmter Bedingungen - innerhalb des Batches springen kann. Dafür benutzt man den Befehl GOTO, der eine Sprungmarke innerhalb des Batches anspringt. Die Marke muß zur Laufzeit existieren, sonst erhält man die Fehlermeldung

```
Sprungziel nicht gefunden!
```

GRAPHICS e

ermöglicht Bildschirmkopien eines Grafikbildschirms
ab DOS 2.0

Syntax: `GRAPHICS {TYP} {Datei} {/B} {/R} {/LCD} {/PRINTBOX:STD|LCD}`

Typ Geben Sie hier den Typ des verwendeten Druckers an:

COLOR1	IBM Farbdrucker schwarz
COLOR4	IBM Farbdrucker farbig rot/grün/blau
COLOR8	IBM Farbdrucker farbig cyan/magenta/gelb
HPDEFAULT	HP-PCL-Drucker und kompatible
DESKJET	HP-Deskjet-Drucker und kompatible
GRAPHICS	IBM Compact, IBM Proprinter und kompatible
GAPHICSWIDE	Grafik-Drucker mit 11-Zoll breitem Papier
LASERJETII	HP-Laserjet II und kompatible
PAINTJET	HP-Paintjet und kompatible
QUIETJET	HP-Quietjet und kompatible
QUIETJET PLUS	HP-Quietjet plus und kompatible
RUGGEDWRITER	HP-Rugged Writer
RUGGEDWRITERWIDE	HP-Rugged Writer Wide
THERMAL	IBM-Thermal-Printer und kompatible
THINKJET	HP-Thinkjet und kompatible.

Datei Name einer Informationsdatei, die alle für den Drucker notwendigen Informationen enthält. Ohne Angabe wird die Datei GRAPHICS.PRO im selben Verzeichnis gesucht, in dem auch die Programmdatei GRAPHICS.COM gefunden wurde, normalerweise das Verzeichnis \DOS.

/B Befiehlt, daß auch der Hintergrund in Farbe gedruckt wird. Nur möglich bei ausgewähltem Farbdrucker.

/R Druckt wie auf dem Bildschirm (weiße Zeichen auf schwarzem Grund). Normalerweise wird das Bild invertiert, damit die Schwarzfläche nicht so groß ist.

/LCD Ermöglicht den Ausdruck eines LCD-Bildschirms.

/Printbox:
Ab 5.0: Geben Sie hier die Druckbereichsgröße an: STD für Standard und LCD für den LCD-Bildschirm.

Wenn Sie einen grafikfähigen Drucker haben, können Sie auch Ausdrucke von Grafikbildschirmen (Hardcopy) anfertigen. GRAPHICS ist ein residentes Programm, das den Ausdruck, der mit der Tastenkombination `Umschalt`+`Druck` oder Druck aktiviert wird, ermöglicht.

HELP e

Aufruf der Online-Hilfe

ab DOS 5.0 In 6.2 nochmals erweitert

Syntax: `HELP {Befehl} {/B} {/G} {/H} {/NOHI}`

Befehl Name des Befehls, zu dem Hilfe angefordert wird. Ohne Angabe wird das Inhaltsverzeichnis von HELP gezeigt, aus dem das betreffende Thema gewählt werden kann.

/B Befiehlt, eine monochrome (schwarz/weiße) Darstellung auf einer CGA-Karte.

/G Mit dieser Option wird die Unterdrückung von Schnee auf einer CGA-Karte abgeschaltet, wodurch der gesamte Ablauf schneller wird. Falls Sie mit einer CGA-Karte arbeiten, sollten Sie dies ausprobieren.

/H Es wird automatisch die höchste Auflösung gewählt, die auf der Hardware möglich ist.

/NOHI Es werden statt der möglichen 16 Farben nur 8 Farben dargestellt. Dies ist anzuraten, wenn Ihr Monitor keine fett formatierten Zeichen darstellen kann - diese werden in den Menüs verwendet, um die Abkürzungstasten für Aufrufe von Menüpunkten darzustellen.

HELP ist die Online-Dokumentation, die Ihnen zu allen Befehlen und Gerätetreibern eine ausreichend detaillierte Hilfe anbietet. Die Texte sind in der Datei HELP.HLP gespeichert, die entweder im aktuellen Verzeichnis oder im DOS-Verzeichnis gesucht wird.

HIMEM.SYS c

XMS-Gerätetreiber für Unterstützung des erw. Speichers und Nutzung der High-Memory Area (HMA)

ab DOS 4.0 In 6.2 erweitert

Syntax: `DEVICE=HIMEM.SYS {/HMAMIN=n} {/NUMHANDLES=n}`
`{/INT15=nnnn} {/MACHINE:nn}`
`{/A20CONTROL:ON|OFF} {EISA}`
`{/SHADOWRAM:ON|OFF} {/TESTMEM=ON|OFF}`
`{/CPUCLOCK:ON|OFF} {{V}ERBOSE}`

/HMAMIN=n Hiermit wird der minimale Speicherplatz festgelegt, den ein speicherresidentes Anwendungsprogramm im sogenanntem "High-Memory-Bereich" direkt oberhalb der 1 MByte-Grenze (HMA) benutzen darf. Kleinere Programme werden nicht geladen. Der Mindestwert, der eingegeben werden darf, ist 0 (dieser Wert ist auch Standard), der Maximalwert ist 63. Da dieser Speicher nur von einem Programm genutzt werden kann, ist dieser Schalter ohne Wirkung, wenn DOS=HIGH befohlen wird.

/NUMHANDLES=n Diese Option legt die maximale Anzahl der Routinen fest, die verwendet werden können.

/INT15=n Einige ältere Programme verwenden ein System der Speicherzuweisung, das Konflikte hervorrufen kann. In einem solchen Fall sind mindestens 64 KByte zu reservieren.

/MACHINE:nn Ist die Angabe eines Computertyps, die allerdings nicht vorgenommen werden muß, da HIMEM.SYS im Normalfall den Typ des Computers bei seiner Installation erkennt. Nur bei sichtbaren Inkompatibilitäten oder zu erwartenden Konflikten geben Sie die Nummer oder den Code des Typs aus der Liste am Ende dieses Beitrags an.

/A20CONTROL: Ist die ausdrückliche Anweisung an den Gerätetreiber, die Kontrolle über den High-Memory-Bereich auch dann zu übernehmen, wenn diese Aufgabe vorher ein anderer Treiber übernommen hatte. Standard ist ON.

/EISA Weist den Treiber an, das gesamte Extended Memory zu benutzen. Dies kann nur auf Maschinen mit dem EISA-Busbefohlen werden, da nur dort mehr als 16 MByte unterstützt werden.

/SHADOWRAM: Bestimmt, daß das sogenannte Shadow-RAM ausgeschaltet werden soll und der freiwerdende Speicher dem UMB hinzugefügt werden soll. Standard ist OFF.

/TESTMEM:ON|OFF Neu in DOS 6.2: Normalerweise testet HIMEM.SYS beim Laden das gesamte Extended Memory auf Fehler der

RAM-Chips. Wenn Sie diesen Test nicht wünschen, um den Start zu beschleunigen, geben Sie als Parameter OFF an.

/CPUCLOCK: Gibt an, ob HIMEM.SYS die Taktrate des Rechners beeinflussen darf. Falls sich die Taktrate während des Ladens von HIMEM.SYS ändert, kann durch ON dieses Problem gelöst werden. HIMEM.SYS wird durch Einschalten dieser Option etwas abgebremst.

/VERBOSE Während der Phase des Ladens wird eine Statusmeldung angezeigt. Wenn Sie während des Ladens von HIMEM.SYS die Taste `Alt` gedrückt halten, erhalten Sie ebenfalls diese Meldung.

Auf einem Rechner mit mindestens dem Prozessor 80286 und einem Speicherausbau über die magische Grenze von 1 MByte hinaus muß die Nutzung dieses Bereichs des Extended Memory geregelt werden. Diese Aufgabe übernimmt HIMEM.SYS, das den Speicherbereich des Erweiterungsspeichers, wie er auch genannt wird, nach den dafür zuständigen Regeln des XMS-Standards zuweist. HIMEM.SYS steuert ebenfalls die Nutzung der High Memory Area, einem 64 KByte großen Speicherbereich direkt oberhalb der Grenze von 1 MByte, der aufgrund einer Besonderheit der Adresse fast wie normaler Speicher benutzt werden kann. HIMEM.SYS erlaubt, daß sich z. B. das Betriebssystem selbst dorthin auslagert und so den wertvollen konventionellen Speicher entlastet.

IF b

Formulieren einer Bedingung
ab DOS 2.0

Syntax: `IF {NOT} [Bedingung] [Befehl]`

NOT Die Verneinung einer Bedingung muß erfüllt sein, "Wenn die Bedingung nicht erfüllt ist, dann...".

Bedingung Ist eine der unten beschriebenen drei möglichen Bedingungen.

Befehl Beliebiger DOS-Befehl oder Programm, das gestartet wird, wenn die Bedingung erfüllt bzw. nicht erfüllt ist.

Ein Sprung innerhalb eines Batches macht nur Sinn, wenn er an eine Bedingung zu knüpfen ist, etwa das weitere Abarbeiten eines Batches, wenn eine bestimmte Datei vorhanden ist.

INCLUDE	**c**

Fügt einen Block eines Startmenüs ein

ab DOS 6.0 Verwandte Befehle: MENUITEM, MENUDEFAULT, MENUCOLOR, SUBMENU

Syntax: `INCLUDE=Blockname`

Blockname Angabe des Menüblocks, der an dieser Stelle eingefügt werden soll.

Sie können bereits definierte Blocks in jeden anderen Block mit dem Befehl INCLUDE einfügen.

INSTALL	**c**

Starten eines residenten Programms durch die CONFIG.SYS

ab DOS 4.0

Syntax: `INSTALL=Programm`

Programm Name und genaue Pfadangabe des zu ladenden Programms.

Wenn Sie speicherresidente Programme mit INSTALL laden, anstatt Sie von der AUTOEXEC. BAT aus aufzurufen, wird für diese Programme kein Umgebungsspeicher eingerichtet, es wird also (etwa) weniger Platz für das Programm benötigt. Sie dürfen (laut Dokumentation) jedoch nur folgende Programme so starten: `FASTOPEN`, `KEYB`, `NLSFUNC`, `SHARE`.

INSTALLHIGH	**Ø c**

Nicht dokumentierter Befehl für das Hochladen von residenten Programmen.

ab DOS 6.0 Verwandte Befehle: INSTALL

Syntax: `INSTALLHIGH=Programm`

Der Nachteil von INSTALL ist, daß die residenten Programme zwar durch die CONFIG.SYS geladen werden, doch sie werden in den konventionellen Speicher geladen, eine Möglichkeit, sie hochzuladen und so konventionellen Speicher zu sparen, gibt es nicht.

Der undokumentierte Befehl INSTALLHIGH schafft da Abhilfe: Wenn Sie den Tastaturtreiber KEYB.COM bereits in der CONFIG.SYS laden wollen, so können Sie ihn mit INSTALLHIGH in die UMBs laden.

```
INSTALLHIGH  C:\DOS\KEYB GR,,C:\DOS\KEYBOARD.SYS
```

- Es muß eine komplette Pfadangabe gemacht werden, da das Laden mit INSTALL über die CONFIG.SYS geschieht und zu diesem Zeitpunkt noch kein Suchpfad mit PATH existieren kann.
- Eine Optimierung durch MEMMAKER findet nicht statt.

INTERLNK.EXE — Ø c/e

Gerätetreiber für eine Verbindung zwischen PC

ab DOS 6.0 — Verwandte Befehle: INTERSVR

Syntax:
```
DEVICE=INTERLNK.EXE {/Lw:n} {/COM:{n|Adr}}
       {/LPT:{n|Adr}} {/NOPRINTER} {/AUTO}
       {/NOSCAN} {/LOW} {/BAUD:Rate} {/V}
```

Syntax: `INTERLNK {Client{:}={Server}{:}}`

INTERLNK wird sowohl als Gerätetreiber mit dem Befehl DEVICE in der CONFIG.SYS geladen als auch als normaler Befehl benutzt, um Laufwerke verschiedener Rechner miteinander zu verbinden.

Die Parameter beim Laden des Gerätetreibers:

/Lw:n Anzahl der Laufwerke, die auf dem Server mit dem anfragenden Client verbunden werden sollen. Standard ist 3, mit der Angabe 0 werden nur Drucker umgeleitet. INTERLNK ist nicht in der Lage, CD-ROM-Laufwerke oder Netzwerklaufwerke umzuleiten.

/COM:n|Adr Nummer oder Adresse der seriellen Schnittstelle, über die die Verbindung hergestellt werden soll. Ohne Angabe der Nummer oder Adresse wird die erste serielle Schnittstelle verwendet, die gefunden wird. Eine Adresse ist nur anzugeben, wenn nicht die Standard-Adresse verwendet wird. Der Doppelpunkt in der Syntax ist optional. Wenn Sie mit /COM (also ohne weitere Angabe) befehlen, daß die serielle Schnittstelle verwendet werden soll, wird keine Umleitung der parallelen Schnittstelle durchgeführt.

/LPT:n|Adr Nummer oder Adresse der parallelen Schnittstelle, über die die Verbindung hergestellt werden soll. Ohne Angabe der Nummer oder Adresse wird die erste parallele Schnittstelle verwendet, die gefunden wird. Eine Adresse ist nur anzugeben, wenn nicht die Standard-Adresse verwendet wird. Der Doppelpunkt in der Syntax ist optional. Wenn Sie mit /LPT (also ohne weitere Angabe) befehlen, daß die parallele Schnittstelle verwendet werden soll, wird keine Umleitung der seriellen Schnittstelle durchgeführt.

/NOPRINTER Es werden keine Drucker-Anschlüsse mit dem Client verbunden. Ohne Angabe: Alle Druckeranschlüsse werden verbunden.

/AUTO INTERLNK.EXE wird nur im Speicher installiert, wenn eine Verbindung zum Server gefunden wird. Standard: Auch wenn keine Verbindung zum Client gefunden wird, wird der Treiber installiert.

/NOSCAN Der Treiber wird installiert, doch es wird zu dem Zeitpunkt keine Verbindung zum Server hergestellt. Standard: Es wird bei der Installation versucht, eine Verbindung herzustellen. Wenn dies mißlingt, wird eine Fehlermeldung ausgegeben.

/LOW Der Treiber wird in den konventionellen Hauptspeicher geladen. Standardmäßig wird bei durchgeschalteten UMBs der Treiber in den hohen Speicher geladen.

/BAUD:Rate Die Baud-Rate für die serielle Verbindung wird durch diese Option eingestellt. Standardeinstellung ist die schnellste Verbindung mit 115200 Baud. Mögliche Werte: 9600, 19200,38400, 57600 und 115200. Bei Verwendung anderer Werte als dem Standardwert, ist darauf zu achten, daß auf dem Server mit INTERSRV der gleiche Wert eingestellt wird.

/V Wenn es zu Konflikten mit dem Taktgeber kommt, die zum Ausfall eines der verbundenen Rechner führen, kann diese Option u. U. helfen.

Die Parameter bei der Benutzung des Befehls:

Client Das Laufwerk des Rechners, der auf ein Laufwerk des INTERLNK-Servers umgeleitet werden soll.

Server Das Laufwerk auf dem Server, auf das der Client umgeleitet wird. Dieses Laufwerk darf nur eines der Laufwerke sein, die auf dem Server-Bildschirm als umgeleitet angegeben sind.

Ohne Angabe eines Servers wird eine bestehende Verbindung aufgelöst. Ohne Angabe eines Parameters wird eine Statusmeldung ausgegeben, die Aufschluß über die umgeleiteten Laufwerke, die Alias-Namen auf dem Client-Rechner und die echten Laufwerknamen auf dem Server sowie umgeleitete Drucker-Schnittstellen gibt.

INTERSVR Ø e

Richtet einen INTERLNK-Server auf seine Verbindung zu einem Client ein

ab DOS 6.0 Verwandte Befehle: INTERLNK.EXE

Syntax: `INTERSVR {Lw:} {/X=Lw:} {/COM:{n|Adr}} {/LPT:{n|Adr}} {/BAUD:Rate} {/B} {/V} {/RCOPY}`

Syntax: `INTERSVR /RCOPY`

Lw: Laufwerk, das umgeleitet werden soll. Ohne Angabe werden alle Laufwerke des Servers umgeleitet. Verwenden Sie diese Option, wenn Sie nur den Zugriff auf ein bestimmtes Laufwerk gestatten möchten. Mehrere Laufwerke sind nacheinander durch Leerzeichen getrennt anzugeben.

/X=Lw: Laufwerk, das nicht vom Client aus erreichbar sein soll. Verwenden Sie diese Option, wenn der Zugriff auf alle außer auf ein bestimmtes Laufwerk gestattet sein soll.

/COM:n|Adr Nummer oder Adresse der seriellen Schnittstelle, über die die Verbindung zum Client hergestellt werden soll. Ohne Angabe der Nummer oder Adresse wird die erste serielle Schnittstelle verwendet, die gefunden wird. Eine Adresse ist nur anzugeben, wenn nicht die Standard-Adresse verwendet wird. Der Doppelpunkt in der Syntax ist optional. Wenn Sie mit /COM (also ohne weitere Angabe) befehlen, daß die serielle Schnittstelle verwendet werden soll, wird keine Umleitung der parallelen Schnittstelle durchgeführt.

/LPT:n|Adr Nummer oder Adresse der parallelen Schnittstelle, über die die Verbindung zum Client hergestellt werden soll. Ohne Angabe der Nummer oder Adresse wird die erste parallele

Schnittstelle verwendet, die gefunden wird. Eine Adresse ist nur anzugeben, wenn nicht die Standard-Adresse verwendet wird. Der Doppelpunkt in der Syntax ist optional. Wenn Sie mit /LPT (also ohne weitere Angabe) befehlen, daß die parallele Schnittstelle verwendet werden soll, wird keine Umleitung der seriellen Schnittstelle durchgeführt.

/BAUD:Rate Die Baud-Rate für die serielle Verbindung wird durch diese Option eingestellt. Standardeinstellung ist die schnellste Verbindung mit 115200 Baud. Mögliche Werte: 9600, 19200, 38400, 57600 und 115200. Bei Verwendung anderer Werte als dem Standardwert ist darauf zu achten, daß auf dem Client mit INTERLNK.EXE der gleiche Wert eingestellt wird.

/B Die Bildschirmdarstellung wird bei Problemen mit diesem Schalter auf Schwarz/Weiß eingestellt.

/V Wenn es zu Konflikten mit dem Taktgeber kommt, die zum Ausfall eines der verbundenen Rechner führen, kann diese Option u. U. helfen.

/RCOPY Diese Option ermöglicht das Kopieren der INTERLNK-Dateien von einem Rechner zum anderen, um eine Verbindung herzustellen.

INTERSVR ist sozusagen die "Erlaubnis" des Servers an den Client, auf Laufwerke des Servers zuzugreifen. Nach dem Start werden die dem Client zur Verfügung gestellten Laufwerke sowie erreichbaren Druckerports aufgelistet. In der Statuszeile am unteren Rand des Bildschirms sehen Sie, was gerade passiert, ob also der Client-Rechner gerade auf den Server schreibt oder von ihm Daten liest. Auch über welchen Port mit welcher Übertragungsrate die Verbindung stattfindet, wird Ihnen angezeigt.

KEYB e

Laden eines Tastaturtreibers
ab DOS 3.3

Syntax: `KEYB {Code}{,Tabelle}{,Dateiname} {/ID:nnn} {/E}`

Code Ist ein zweistelliger Code, der angibt, welche Tastaturbelegung gelten soll. Ohne diese Angabe wird der derzeitig geladene Tastaturtreiber angezeigt.

Tabelle Zeichensatztabelle, die verwendet werden soll.

Dateiname Ist der Name und die Pfadangabe der zu verwendenden Definitionsdatei. In nahezu allen Fällen wird KEYBOARD.SYS verwendet.

In dieser Datei befinden sich alle Daten über die angewählte Tastatur. Wenn sich diese Datei nicht im Hauptverzeichnis befindet, muß ein kompletter Pfad angegeben werden.

/ID:nnn Ab 4.0: Die Angabe einer Tastaturnummer ist nur nötig, wenn es mehr als eine Tastenbelegung für die gleiche Sprache gibt, wie etwa in Frankreich oder Italien. Die Codes entnehmen Sie bitte der Tabelle weiter unten.

/E Ab 5.0 wird mit dieser Option dem PC mitgeteilt, daß eine erweiterte Tastatur angeschlossen ist.

Nur nötig, wenn Sie einen Rechner mit dem Prozessor 8086 mit einer erweiterten Tastatur betreiben.

KEYB.COM ist ein residentes Programm, das die Belegung der Tasten der Tastatur einstellt, die ja für jedes Land und jede Sprache etwas anders auszusehen hat, denken Sie nur an die spanischen Sonderzeichen oder die Belegung der amerikanischen Tastatur.

Folgende Landescodes können Sie einstellen:

Land	Code	Codeseiten	nnn
Belgien	BE	850, 437	
Brasilien	BR	850, 437	
Dänemark	DK	850, 865	
Deutschland	GR	850, 437	
Finnland	SU	850, 437	
Frankreich	FR	850, 437	120, 189
Großbritannien	UK	437, 850	166, 168
Italien	IT	850, 437	141, 142
Jugoslawien	YU	852, 850	
Kanada, frz.	CF	863, 850	
Lateinamerika	LA	850, 437	
Niederlande	NL	850, 437	
Norwegen	NO	850, 865	
Polen	PL	852, 850	
Portugal	PO	850, 860	
USA	US	437, 850	
Schweden	SV	850, 437	
...			

...			
Schweiz, frz.	SF	850, 437	
Schweiz, dt.	SG	850, 437	
Spanien	SP	850, 437	
Tschechoslowakei, slowakisch	SL	852, 850	
Tschechoslowakei, tschechisch	CZ	852, 850	
Ungarn	HU	852, 850	

Die einstellbaren Zeichentabellen sind:

USA (+ Standardzeichensatz)	437
mehrsprachig (lateinisch 1)	850
Slawisch (ab DOS 5.)	852
Portugal	860
Französisch Kanada / Frankreich	863
Norwegen	865

LABEL Ø e

Datenträger mit einem Namen versehen

ab DOS 1.0 Verwandte Befehle: VOL

Syntax: `LABEL {Laufwerk:}{Name}`

Laufwerk Ist das Laufwerk, in dem sich der Datenträger befindet. Ohne Angabe: Es wird das aktuelle Laufwerk angenommen.

Name Ist der gewählte Datenträgername, der bis zu elf Zeichen umfassen darf.

Ohne Angabe wird der aktuelle Name des Datenträgers angezeigt und die Gelegenheit für eine Neueingabe gegeben.

LABEL versieht den Datenträger mit einem Namen oder erlaubt die Löschung bzw.

Neueingabe eines bestehenden Namens. Sie können den Namen eines Datenträgers auch direkt nach dem Formatieren vergeben.

LASTDRIVE	c

Festlegung der Anzahl zugelassener Laufwerke im System
ab DOS 3.0

Syntax: `LASTDRIVE=[Laufwerk]`

Laufwerk Letztes zugelassenes Laufwerk. Die Angabe erfolgt ausnahmsweise ohne Doppelpunkt!

Wenn Sie mit LASTDRIVE nichts anderes befehlen, sind es unter DOS maximal fünf Laufwerke, nämlich A: bis E:. Das kann u. U. jedoch zuwenig sein, etwa, wenn Sie mit mehreren Partitionen oder RAM-Disks arbeiten. Auch in Netzwerken werden durch logische Laufwerke häufig mehr Laufwerknamen benötigt. Definieren Sie mit LASTDRIVE in der CONFIG.SYS das letzte zugelassene Laufwerk.

LOADFIX	e

Laden einer Anwendung
ab DOS 5.0 Verwandte Befehle: LOADHIGH, MEMMAKER

Syntax: `LOADFIX {Pfad}[Programm]`

Wenn Sie bei eingerichtetem Upper Memory (UMB) mit LOADHIGH ein Programm in diesen Speicherbereich laden wollen, kann es passieren, daß einige wenige Programme sich mit der Meldung

```
Packed file corrupt
```

dagegen zur Wehr setzen. Der Befehl LOADFIX schafft Abhilfe: Es wird dennoch versucht, das Programm in diesen Speicherbereich zu laden. Gelingt auch das nicht, wird es in den konventionellen Speicher geladen.

LOADHIGH LH	i

Laden eines residenten Programms in den Bereich des hohen Speichers (Upper Memory Block) (UMB)
ab DOS 5.0

Syntax: `LOADHIGH {L:Ber1{,Größe}}{;Ber2{,Größe}} {/S} [Programm] {Parameter}`

Syntax: `LH {L:Ber1{,Größe}}{;Ber2{,Größe}} {/S} [Programm] {Parameter}`

Programm Ist das Programm, das durch LOADHIGH in den hohen Speicherbereich geladen werden soll. Eine Pfadangabe ist möglich.

L:Ber1;Größe Ein oder mehrere Speicherbereiche, in den der (die) danach anzugebende Gerätetreiber geladen werden soll. Wenn Sie zusätzlich die Größe angeben, wird der Treiber nur in den angegebenen Bereich geladen, wenn dieser einen UMB enthält, der größer als die Größe des Treibers im Moment des Ladens (Ladegröße) ist. Es können mehrere Bereiche angegeben werden, die Bereiche sind dann voneinander mit Semikolon zu trennen.

/S Die Option sorgt dafür, daß der Treiber beim Laden in den Speicher auf seine absolute Mindestgröße verkleinert wird und so in das gerade noch passende Speicherloch schlüpfen kann.

Diese Option wird normalerweise nur von MEMMAKER verwendet und das sollte auch so bleiben, da Sie kaum eine Chance haben, diese Größe zu ermitteln. Die Option darf nur verwendet werden, wenn auch /L verwendet wurde.

LOADHIGH oder LH sorgt dafür, daß ein Programm, sofern es dort noch Platz hat, in eines dieser UMBs geladen wird. Jedes Programm, das in das Upper Memory geladen werden soll, muß einzeln aufgerufen werden.

Falls das Laden eines Programms in diesen Speicherbereich nicht gelingt, etwa weil das zu ladende Programm größer ist als der größte freie Speicherblock, wird es in den konventionellen Speicher geladen.

MD MKDIR i

Anlegen eines Verzeichnisses

ab DOS 2.0 Verwandte Befehle: CD, RD

Syntax: `MD [Pfad]`

Pfad Ist die genaue Angabe, wo innerhalb der Verzeichnisstruktur das Verzeichnis angelegt werden soll und wie es heißen soll.

Mit MD legen Sie ein Verzeichnis an. Es kann sich dabei um ein Verzeichnis direkt unter dem aktuellen handeln, jedoch können Sie mit einer Pfadangabe auch ein weit entferntes Verzeichnis anlegen. Wo das Verzeichnis letztendlich plaziert wird, hängt von dieser Angabe des Pfades ab.

MEM	**e**

Anzeige des freien und des belegten Hauptspeichers sowie Anzeige der Programme im Speicher
ab DOS 4.0

Syntax: `MEM {/D{EBUG} } | /C{LASSIFY}} | {F{REE}} |`
`{MODULE Programm} {/PAGE}`

Die Bedeutung der Optionen, von denen immer nur eine verwendet werden darf (und für deren Verwendung die Angabe ihres Anfangsbuchstabens ausreicht):

/PAGE Diese Option kann (ausnahmsweise) mit allen anderen Optionen zusammen eingesetzt werden - sie verhindert das Durchlaufen des Bildes, wenn die Anzeige zu lang ist.

/DEBUG Anzeige der zur Laufzeit im Hauptspeicher befindlichen residenten Programme und Gerätetreiber.

Es werden Adresse und Größe (in hexadezimaler Form) sowie Name und Art des Programms bzw. des Gerätetreibers angezeigt.

/CLASSIFY Anzeige der Art und Ladeort (konventioneller oder hoher Speicher) der derzeit im Speicher befindlichen Programme. Anzeige der Programmgröße auch in dezimaler Form.

/FREE Listet die freien Bereiche im konventionellen und hohen Speicher auf.

/MODULE Anzeige, wie ein Programm derzeit im Speicher gespeichert wird. Der Name des Programms ist ohne Erweiterung anzuhängen.

Die Optionen dürfen nicht zusammen verwendet werden.

MEMMAKER	**e**

Automatische Konfiguration und Optimierung der Speichernutzung ab DOS 6.0

Syntax: `MEMMAKER {/BATCH} {/SWAP:Lw} {/UNDO} {/W:Gr1,Gr2} {/T} {/B} {/SESSION}`

Ohne Angabe einer Option wird MEMMAKER im dialoggesteuerten Modus gestartet.

/Batch Start des Programms in einem automatischen Modus. Im Falle eines Fehlers wird automatisch die Funktion /UNDO (s.u.) ausgeführt, die alle Änderungen rückgängig macht. Die Meldungen während des Ablaufs werden in einer Datei namens MEMMAKER.INF protokolliert, die im Verzeichnis angelegt wird, in der sich das Programm befindet.

/SWAP:Lw Wenn das Startlaufwerk vertauscht wird, etwa durch Programm zur Festplattenkomprimierung, so müssen Sie das Laufwerk, auf dem sich Ihre Startdateien CONFIG.SYS und AUTOEXEC.BAT befinden, hier angeben. Wenn Sie das DOS-Programm DBLSPACE verwenden, ist dies nicht erforderlich.

/UNDO Stellt nach einer Optimierung der Konfiguration in der CONFIG.SYS und AUTOEXEC.BAT sowie die Windows-Konfiguration in der SYSTEM.INI den ursprünglichen Zustand wieder her.

/W:Gr1,Gr2 Windows benötigt im Bereich der UMBs zwei Speicherbereiche für eigene Zwecke. Diese werden von MEMMAKER standardmäßig mit je 12 KByte eingerichtet. Wenn Sie diesen Wert verändern oder ganz auf Null setzen wollen, müssen Sie die gewünschten Werte hier angeben.

/T Falls es in Token-Ring-Laufwerken zu Problemen kommt, kann diese Option u.U. Abhilfe schaffen.

/B Stellt den Monochrom-Modus ein.

/SESSION Wird von MEMMAKER während des Optimierungsvorgangs genutzt.

MEMMAKER kann auf Rechnern mit einem Prozessor ab 80386 die Konfiguration des Hauptspeichers automatisch vornehmen. Wenn Sie MEMMAKER aufrufen, ohne Angaben zu machen, läuft der gesamte Vorgang interaktiv ab. Wenn Sie nach einer Konfiguration durch

MEMMAKER Ihre alte Konfiguration wieder herstellen wollen, rufen Sie MEMMAKER mit der Option UNDO auf.

MENUCOLOR c

Definiert die Farben für ein Startmenü in der CONFIG.SYS

ab DOS 6.0 Verwandte Befehle: MENUITEM, MENUDEFAULT, SUBMENU, INCLUDE

Syntax: `MENUCOLOR=Textfarbe{,Hintergrund}`

Textfarbe Ist die Nummer einer der unten aufgeführten Farben, die für die Farbe des Textes des Menüs verwendet werden soll.

Hintergrund Die Farbe des Hintergrundes wird durch die Angabe der Farbnummer nach einem Komma eingestellt. Ohne Angabe: Hintergrund schwarz.

Wenn Sie Ihr Menü farblich hervorheben möchten, werden Sie diesen Befehl verwenden. Die Farben, die Sie einstellen können, entnehmen Sie bitte dieser Tabelle:

0	Schwarz	8	Grau
1	Blau	9	Hellblau
2	Grün	10	Hellgrün
3	Cyan	11	Hellcyan
4	Rot	12	Hellrot
5	Magenta	14	Gelb
6	Braun	15	Hellweiß
7	Weiß		

MENUDEFAULT c

Definiert die Standardvorgabe in einem Startmenü der CONFIG.SYS

ab DOS 6.0 Verwandte Befehle: MENUITEM, MENUCOLOR, SUBMENU, INCLUDE

Syntax: `MENUDEFAULT=Blockname{,Zeit}`

Blockname Ist der Name des Blocks innerhalb des mit MENUITEM definierten Menüs, der beim Start als Vorgabe gelten soll. Der Name ist im Menü hell hinterlegt und die Nummer des Menüpunkts erscheint bei der Eingabeaufforderung.

Zeit Zeit in Sekunden, nach der bei fehlender Eingabe diese Vorgabe automatisch ausgewählt werden soll.

Mögliche Werte: 0 bis 90 Sekunden. Ein Wert von 0 übergeht das Startmenü und startet mit den Vorgabewerten. Ohne Zeitangabe wird das Menü nur mit `Enter` gestartet.

MENUITEM c

Definiert ein Startmenü in der CONFIG.SYS

ab DOS 6.0 Verwandte Befehle: MENUDEFAULT, MENUCOLOR, SUBMENU, INCLUDE

Syntax: `MENUITEM=Blockname{,Text}`

Blockname Name des Blocks von Anweisungen, zu dem nach Auswahl dieses Menüpunkts verzweigt werden soll. Dieser Blockname wird in der AUTOEXEC.BAT als Sprungmarke verwendet. Wird in der CONFIG.SYS kein Block mit diesem Namen gefunden, wird der Menüpunkt nicht im Startmenü angezeigt. Es sind Namen mit bis zu 70 Zeichen erlaubt, nicht erlaubt im Namen des Blocks sind die Zeichen

`Leertaste \ / , ; = [ ]`

Es sind bis zu neun Menüpunkte erlaubt.

Text Zusätzlicher Text, der im Menü anstelle des Blocknamens erscheinen soll. Ohne Text wird der Blockname angezeigt.

MODE e

Konfiguration von Bestandteilen der Hardware

ab DOS 2.0

MODE kann unterschiedliche Aufgaben übernehmen, insofern ist auch die Syntax für die jeweilige Anwendung eine andere.

Folgende Aufgaben kann MODE übernehmen:

- Konfiguration des Druckers an der parallelen Schnittstelle (MODE paralele Schnittstelle).
- Konfigurieren der Daten der seriellen Schnittstelle (MODE serielle Schnittstelle).

- Umleiten der Ausgabe von der parallelen auf eine serielle Schnittstelle (MODE serielle Schnittstelle umleiten).
- Einstellen des Bildschirms (MODE Bildschirmmodus).
- Einstellen der Wiederholungsgeschwindigkeit der Tastatur (MODE Tastatureinstellung).
- Vorbereiten von Codeseiten (MODE Codeseiten).
- Anzeige des jeweiligen Status von MODE.

Um sich anzeigen zu lassen, welche Einstellungen vorgenommen wurden, geben sie MODE ohne Parameter ein - Sie erhalten dann eine Meldung über alle derzeit gültigen Einstellungen.

MORE e

Filterbefehl; verhindert das Durchlaufen des Bildes bei der Bildschirmausgabe
ab DOS 2.0

Syntax: `MORE`

MORE ist einer der Filterbefehle des Betriebssystems. Der Befehl wird nicht alleine angewendet, sondern immer nur in Verbindung mit anderen Befehlen. Der Befehl übernimmt die Standardausgabe des ersten Befehls und gibt sie seitenweise auf dem Bildschirm aus; das lästige Scrollen, das Durchlaufen des Bildschirms, wird verhindert. Sie können MORE für jeden Befehl verwenden, der eine Bildschirmausgabe tätigt, also TYPE etc. MORE wird anderen Befehlen durch das Pipe-Zeichen | angefügt. Das Pipe-Zeichen ist das ASCII-Zeichen 124. Sie können es mit der Tastenkombination [Alt Gr]+[>] erzeugen. Falls das auf Ihrer Tastatur nicht funktionieren sollte, geben Sie das Zeichen als ASCII-Zeichen ein:

Tippen Sie die Zahl 124 auf der rechten numerischen Tastatur, während Sie die Taste [Alt] gedrückt halten. Wenn Sie die Taste [Alt] wieder loslassen, erscheint das Zeichen.

MOVE e

Verschieben von Dateien und Umbenennen von Verzeichnissen
ab DOS 6.0 In 6.2 erweitert; verwandte Befehle: COPY

```
Syntax: MOVE  {/Y|-Y} [Datei]{,Datei}  [Zielpfad]
Syntax: MOVE  [Verzeichnis] [VerzName]
```

/Y Neu in DOS 6.2: Es wird nicht vor dem Überschreiben gewarnt, wenn es im Ziel bereits eine Datei des angegebenen Namens gibt.

/-Y Neu in DOS 6.2: Es wird immer vor dem Überschreiben gewarnt, auch wenn der MOVE-Befehl aus einer Batch-Datei heraus aufgerufen wird. Dies ist normalerweise nicht der Fall.

Datei Die zu verschiebende Datei. Joker sind erlaubt, mehrere Dateien können, durch Kommata getrennt, angegeben werden.

Zielpfad Zielpfad für das Verschieben, hier kann es sich um ein Laufwerk, ein Verzeichnis oder eine Datei handeln. Wenn mehr als eine Quelldatei angegeben ist, kann nur verschoben, nicht umbenannt werden.

Verzeichnis Pfadangabe des umzubenennenden Verzeichnisses.

VerzName Neuer Name des Verzeichnisses. Es darf sich nicht um einen anderen Pfad handeln.

MOVE verschiebt Dateien im System und ist in der Lage, Verzeichnisse umzubenennen. Dabei können Dateien auch auf andere Laufwerke verschoben werden, nicht aber Verzeichnisse in der Verzeichnisstruktur "umgehängt" werden, also eine andere Pfadangabe bekommen. Die zu verschiebende Datei kann im Ziel auch einen neuen Namen bekommen, doch dafür darf nur eine Datei als Quelle angegeben werden.

Die Regeln für die Überschreibwarnung

- Geben Sie keine Option an, so wird im Normalbetrieb vor dem Überschreiben gewarnt, bei einem Aufruf aus einer Batch-Datei heraus nicht.
- Mit /Y wird keine Warnung ausgegeben.
- Geben Sie /-Y an, wird immer vor einem Überschreiben gewarnt, auch wenn MOVE in einem Batch befohlen wird.
- Mit der Umgebungsvariablen COPYCMD geben Sie an, wie MOVE ausgeführt werden soll, wenn Sie nichts anderes angeben:

  ```
  SET  COPYCMD=/-Y
  ```
- COPYCMD gilt auch für die Befehle COPY und XCOPY.

MSAV	**e**

Anti-Virus-Programm
ab DOS 6.0 Verwandte Befehle: VSAFE

Syntax: `MSAV {/S | /C} {/R} {/A | /L} {/N} {/P} {/F} {/VIDEO}`

/S Der angegebene Datenträger wird auf Viren untersucht und gefundene Viren gemeldet. Dies ist die Voreinstellung.

/C Untersucht den angegebenen Datenträger sowie die auf diesen Datenträgern befindlichen Dateien und entfernt gefundene Viren.

/R Legt eine MSAV.TXT-Datei an, in der folgende Informationen festgehalten werden: die Anzahl der Dateien, die MSAV auf Viren untersucht hat; die Anzahl der gefundenen Viren; die Anzahl der von MSAV entfernten Viren. Der Standard ist, daß keine Liste erstellt wird. Bevor MSAV beendet wird, sehen Sie diese Informationen jedoch am Bildschirm.

/A Untersucht alle Laufwerke bis auf A: und B:

/L Untersucht alle Laufwerke bis auf die Netzwerklaufwerke.

/N Deaktiviert die Anzeige von Informationen, wenn MSAV Datenträger untersucht, und zeigt statt dessen nach der Untersuchung die Datei MSAV.TXT an.

/P Zeigt MSAV im Grafikmodus an.

/F Deaktiviert die Anzeige der Namen der untersuchten Dateien. Diesen Schalter sollten Sie nur zusammen mit einem der Schalter /N oder /P einsetzen, wenn Sie verhindern möchten, daß jemand Ihre Datei- oder Verzeichnisstruktur einsieht.

/VIDEO
Zeigt die Liste der möglichen Aufrufparameter für die Videosteuerung.

MSAV ist das seit 6.0 verfügbare Programm zur Bekämpfung von Computer-Viren. Es kann in zwei Modi betrieben werden: Interaktiv durch einfachen Aufruf des Programms, wobei dann die Arbeitsweise durch Schaltflächen gewählt werden. Der andere Modus ist dann notwendig, wenn Sie Ihr System durch einen Batch - etwa durch die AUTOEXEC.BAT - durchsuchen lassen wollen, denn da wäre ein interaktiver Modus ausgesprochen hinderlich.

MSBACKUP e

Interaktives Backup

ab DOS 6.0 Verwandte Befehle: DISKCOPY

Syntax: `MSBACKUP {Setup} {/BW | /LCD | /MDA}`

Setup Name einer Datei, in der aus MSBACKUP heraus Einstellungen über Art des Backups, zu sichernde Dateien etc. gespeichert wurden. Diese Dateien werden im Verzeichnis abgelegt, in dem sich das Programm befindet und haben die Erweiterung SET.

/BW Das Programm wird im Schwarz/Weiß-Modus gestartet.

/LCD Das Programm wird in einem Video-Modus gestartet, der den Betrieb auf einem Laptop erlaubt.

/MDA Wenn Sie eine monochrome MDA-Grafik betreiben, verwenden Sie diesen Schalter.

Das seit dieser Version neue BACKUP-Programm wird interaktiv betrieben, d. h., daß die erforderlichen Angaben nicht mehr wie früher in der Befehlszeile, sondern bequem mit Schaltflächen bzw. in Datei- und Verzeichnislisten gemacht werden können.

MSCDEX e

Einbindung eines CD-ROM-Laufwerks

ab DOS 6.0

Syntax: `MSCDEX [/D:Lw1] {/D:Lw2} {/E} {/K} {/S} {/V} {/L:LwName} {/M:Puffer}`

/D:Lw1 Laufwerkkennung, die mit der Kennung übereinstimmen muß, die beim Laden des Gerätetreibers des Laufwerks in der CONFIG.SYS verwendet wurde. Weitere Laufwerke sind mit anderen Kennungen durch Leertaste hinzuzufügen.

/E Wenn der Treiber Expanded Memory zum Zwischenspeichern benutzen soll, ist diese Option zu verwenden.

/K MS-DOS erkennt standardmäßig keine CD-ROMs, die nach dem Kanji-Prinzip codiert sind. Wenn Sie dies erzwingen wollen, benutzen die Sie diesen Schalter.

/S Stellt die Nutzung des CD-ROM-Laufwerks in Netzwerken wie *MS-Net* oder *Windows für Workgroups* bereit.

/V Beim Start von MSCDEX wird eine Speicher-Statistik angezeigt.

/L:LwName Legt den verwendeten Laufwerkbuchstaben fest. Wenn mehr als ein Laufwerk verwendet wird, werden die jeweils nächsten freien Laufwerkbuchstaben im Alphabet automatisch vergeben.

/M:Puffer Die Anzahl der Speicherpuffer im Hauptspeicher.

Der Befehl MSCDEX bindet (am sinnvollsten in der AUTOEXEC.BAT) ein CD-ROM-Laufwerk in das Laufwerksystem ein, das vorher mit seinem Gerätetreiber in der CONFIG.SYS angemeldet worden sein muß.

Hinweis: Wenn Sie möchten, daß Zugriffe auf ein CD-ROM-Laufwerk durch SMARTDRV.EXE optimiert werden, muß MSCDEX vor SMARTDRV.EXE geladen werden.

MSD	**e**

Hardware-Analyse

ab DOS 6.0 — Verwandte Befehle: MEM

Syntax: `MSD {/I} {/B} {/FDatei} {PDatei} {/SDatei}`

/I Wenn MSD nicht korrekt startet oder nicht einwandfrei läuft, verwenden Sie diese Option.

Die Hardware wird dann nicht beim Start untersucht, sondern erst, wenn Sie eine Analyse aus dem Programm heraus aufrufen.

/B Startet MSD im Schwarz/Weiß-Modus.

/FDatei Erstellt ein umfangreiches Protokoll der Hardware und der Systemumgebung, nachdem Sie Name, Firma, Adresse etc. angegeben haben.

Nach dem Befehl können Sie (ohne Leertaste) den Pfad für die Erstellung der Datei angeben.

/PDatei Erstellt ein umfangreiches Protokoll, ohne die persönlichen Angaben zu erfragen.

/SDatei Es wird ein kurzgefaßtes Protokoll erstellt.

MSD ist ein Programm, das in der Lage ist, Ihnen Aufschluß über sehr wichtige Systemparameter zu geben. Doch nicht nur für Sie ist dieses Programm möglicherweise wichtig, auch der Service für Ihr System ist wesentlich einfacher durchzuführen, wenn der Kundendienst anhand der Informationen im Protokoll, das MSD erstellt, bereits Maßnahmen im Vorfeld durchführen kann.

NLSFUNC e

Laden einer länderspezifischen Zeichentabelle
ab DOS 3.3 Verwandte Befehle: CHCP, MODE

Syntax: `NLSFUNC {Dateiname}`

Dateiname Ist die Datei, die die länderspezifischen Daten enthält. Wenn Sie keine Datei angeben, wird die Datei verwendet, die Sie in der CONFIG.SYS mit dem Befehl COUNTRY definiert haben. Sie können eine Pfadangabe machen.

NLSFUNC ist die Abkürzung von *NATIONAL LANGUAGE SUPPORT FUNCTIONS*. MS-DOS arbeitet mit verschiedenen landesspezifischen Zeichentabellen, die mit CHCP angesteuert werden können.

Vor dem ersten Aufruf einer Zeichentabelle mit CHCP muß die Verwendung der Zeichensatztabelle mit NLSFUNC vorbereitet werden.

NUMLOCK c

Schaltet beim Start `NumLock` aus
ab DOS 6.0

Syntax: `NUMLOCK=[ON | OFF]`

PATH i

Legt einen Suchpfad für Programmdateien
ab DOS 2.0 Verwandte Befehle: APPEND, SET

Syntax:
```
PATH {Pfad} {;Pfad} {;Pfad} {;...} {;Pfad}
     {;}
```

Pfad Ist der einzustellende Suchpfad. Es können beliebig viele Suchpfade, jeweils durch ein Semikolon (und ohne Leertaste!) getrennt, hinterlegt werden. Ohne Angabe eines Suchpfades wird der aktuell verwendete Suchpfad angezeigt.

PATH; Löscht einen eingestellten Suchpfad.

Mit PATH kann eine Liste von Verzeichnissen im Umgebungsspeicher des Kommandoprozessors hinterlegt werden, in denen zusätzlich gesucht werden soll, wenn die Datei im aktuellen Verzeichnis nicht gefunden wird.

PAUSE b

Anhalten einer Batch-Datei bis zu einem Tastendruck

ab DOS 1.0 Lesen Sie ggf. auch die Informationen zu ECHO

Syntax: `PAUSE {Text}`

Text Ist ein Text, der am Bildschirm ausgegeben werden soll.

PAUSE hält einen Batch an und die Meldung

```
Eine beliebige Taste drücken, um fortzusetzen!
```

erscheint am Bildschirm.

POWER.EXE c/e

Überwacht den Stromverbrauch eines Laptop-Systems

ab DOS 6.0

Syntax: `DEVICE=POWER.EXE {ADV:MAX | REG | MIN STD | OFF} {/LOW}`

Syntax: `POWER {ADV:MAX | REG | MIN STD | OFF} {/LOW}`

MAX Maximale Stromeinsparung, die möglicherweise Anwendungen im Ablauf beeinflußt.

REG Standardeinstellung, die in den meisten Fällen Anwendungen nicht tangiert.

MIN Diese Option sollten Sie verwenden, wenn das Laufzeitverhalten von Anwendungen unbefriedigend ist. Die Stromeinsparung ist jedoch reduziert.

STD Wenn Ihre Hardware bereits die Regeln des APM-Standards (Advanced Power Management) unterstützt, werden nur die vorhandenen Hardwarefunktionen benutzt. Wenn Ihr Rechner die APM-Spezifikation nicht unterstützt, wird dadurch das Power-Management nicht durchgeführt. Lesen Sie ggf. das Handbuch Ihres Gerätes.

OFF Deaktiviert die Stromsteuerung, beläßt den Treiber jedoch im Speicher. Durch erneuten Aufruf des Befehls POWER kann die Funktion wieder aktiviert werden.

/LOW Der Treiber wird trotz Verfügbarkeit von Upper Memory in den konventionellen Speicher geladen.

POWER sorgt auf Ihrem Laptop oder Notebook selbst dann für effizientes Power-Management, wenn Ihr Rechner hardwareseitig nichts davon weiß. Wenn sich in Ihrer Anwendung und auf dem Rechner nichts tut, wird der Stromverbrauch des Laptops verringert, damit die Akkus nicht so oft ans Netz müssen. Das kann jedoch u. U. dazu führen, daß das Programm des Guten zuviel tut und bereits reduziert, wenn Sie gerade eine kleine Kunstpause machen.

PRINT e

Ausdruck von Textdateien im Hintergrund
ab DOS 2.0

Syntax: `PRINT {/B:} {/D:} {/M:} {/Q:} {/S:} {/U:}`
`Diese Parameter nur beim ersten Aufruf!`

Syntax: `PRINT {Datei} {/C} {/P} {/T}`
`{Datei}...{Datei}`

Datei Angabe der auszudruckenden Dateien, für die eine komplette Pfadangabe gemacht werden kann, Joker sind erlaubt. Es können auch mehrere Dateien oder Dateigruppen, durch Leerzeichen getrennt, angegeben werden. Standardmäßig können bis zu 13 Angaben in der Befehlszeile gemacht werden.

Optionen, die nur beim ersten Aufruf angegeben werden können:

/D:Gerät Angabe der Druckerschnittstelle. Standard ist PRN (gleichbedeutend mit LPT1), die erste parallele Schnittstelle. Zulässige Werte sind COM1 bis COM4 für bis zu vier seriellen Schnittstellen, LPT1 bis LPT3 für die drei parallelen Schnittstellen. Diese Angabe ist **vor** Angabe des Dateinamens zu machen.

/Q:Anzahl Maximale Anzahl der Dateien in der Warteschlange. Anzahl: 1 - 32 Standard: 10.

/B:Buffer Größe des Pufferspeichers - je größer, desto schneller der Zugriff. Standard: 512 Byte. Der für den Print-Spooler verwendete Speicher verringert den zur Verfügung stehenden Speicher.

/S:Zeit Anzahl der Takte (1 Takt = 0,55 sec). Standard: 8. Die Erhöhung der Taktrate erhöht die Druckgeschwindigkeit, verlangsamt jedoch den Ablauf der im Vordergrund laufenden Programme. Maximale Taktangabe: 255.

/U:Zyklen Definiert die Anzahl der Takte, die PRINT wartet, bis der Drucker bereit ist. Standard ist 1. Eine Sekunde entspricht etwa 18 Takten.

/M:Zyklen Anzahl Takte, die PRINT benötigen darf, um ein Zeichen zu drucken. Standard: 8. Wird ein Zeichen langsamer gedruckt, wird eine Fehlermeldung gezeigt.

Optionen, die immer angegeben werden können:

/P Fügt die angegebenen Dateien an die Warteschlange an (bis zur definierten maximalen Anzahl).

/C Sofortiges Löschen der angegebenen Datei aus der Warteschlange und Abbruch des Druckvorgangs.

/T Löschen aller Dateien aus der Warteschlange, Abbrechen des Drucks.

PRINT ist ein sogenannter *Drucker-Spooler*, also ein Programm, das resident im Speicher wartet, bis eine Textdatei gedruckt werden soll.

Das Programm übernimmt die zu druckende Datei und sendet sie "im Hintergrund" zum Drucker, während der Anwender im Vordergrund weiterarbeiten kann.

PROMPT i

Einstellen des Systemprompts

ab DOS 2.0 Lesen Sie ggf. auch die Informationen zu ANSI.SYS

Syntax: `PROMPT {Zeichenkette}`

Zeichenkette Zeichenkette, die als Prompt erscheinen soll. Ohne diese Angabe: Zurücksetzen auf Standardprompt ng.

Der PROMPT ist das Bereitschaftszeichen des Betriebssystems. Er erscheint nach dem erfolgreichen Starten des Systems sowie nach der Ausführung eines Befehls.

QBASIC	**e**

Start der QBasic-Programmierumgebung
ab DOS 5.0

Syntax: `QBASIC {Datei} {/B} {/EDITOR} {/G} {/H} {/MBF} {/NOHI} {/RUN Dateiname}`

Datei Ist der Name der mit Qbasic zu ladenden Datei, also eines Quellprogramms. Wird keine Erweiterung beim Dateinamen angegeben, so wird die Erweiterung BAS angenommen. Ohne Angabe einer zu ladenden Datei wird keine Datei geladen.

/B Befiehlt, eine monochrome (schwarz/weiße) Darstellung zu wählen, auch wenn eine farbige möglich ist.

/EDITOR Der Editor wird als Ganzseiteneditor verwendet - entspricht dem Aufruf von EDIT.

/G Es kann bei einigen CGA-Grafikkarten zu sogenannten "Schnee-Effekten" kommen; diese werden normalerweise unterdrückt. Mit dieser Option wird die Unterdrückung abgeschaltet, wodurch der gesamte Ablauf schneller wird. Falls Sie mit einer CGA-Karte arbeiten, sollten Sie dies ausprobieren!

/H Es wird automatisch die höchste Auflösung gewählt, die auf der Hardware möglich ist.

/MBF Das amerikanische Institut für Normen IEEE (sprich: Ei-Tripel-i) hat eine Norm für Fließkommazahlen herausgegeben. Mit dieser Option befehlen Sie, dieses Format nicht zu verwenden, sondern das Microsoft-eigene Format. Es werden dann Funktionen wie MKS$ (in MKSMBF$), MKD$ (in MKDMBF$) sowie CVS und CVD (in CVSMBF und CVDMBF) umgewandelt.

/NOHI Es werden statt der möglichen 16 Farben nur 8 Farben dargestellt, da auf die Darstellung "hell" verzichtet wird.

/RUN Mit diesem Parameter wird QBasic gestartet und das mit der Option anzugebende Programm sofort ausgeführt.

Wenn sich das Programm nicht im aktuellen Verzeichnis befindet, muß ein kompletter Dateiname angegeben werden, es sei denn, es existiert in dem betreffenden Verzeichnis ein Suchpfad mit APPEND.

Qbasic ersetzt das altbewährte GW-Basic als Programmierumgebung von MS-DOS. Es ist eine abgemagerte Version der Programmiersprache QuickBasic 4.5. Einen Compiler wie in QuickBasic gibt es bei QBasic nicht.

RAMDRIVE.SYS c

Einrichten einer RAM-Disk
ab DOS 1.0

Syntax: `DEVICE=RAMDRIVE.SYS {Größe} {Sektor} {Anzahl} {/E} {/A}`

Größe Kapazität in KByte, ohne Angabe: 64 KByte. Kleinster möglicher Wert ist 4 KByte, größter möglicher Wert ist 31.744 MByte.

Sektor Definiert die Größe der simulierten Sektoren. Standard: 128. Wenn dieser Wert geändert wird, muß auch die Laufwerkgröße definiert werden.

Anzahl Definiert, wie viele Dateien auf der RAM-Disk angelegt werden dürfen. Sie können Werte zwischen 2 und 512 eingeben. Standard: 64.

/E Wenn Sie über Extended Memory verfügen, können Sie mit dieser Option jenseits der 1 MByte-Grenze eine RAM-DISK einrichten.

/A Anlegen der RAM-Disk im Expanded Memory.

Der Gerätetreiber RAMDRIVE.SYS installiert im Hauptspeicher ein zusätzliches virtuelles (=logisches) Laufwerk, RAM-DISK genannt. Diese ist wesentlich schneller als ein mechanisches Laufwerk.

RD RMDIR i

löscht ein Verzeichnis
ab DOS 2.0 Verwandte Befehle: CD, MD

Syntax: `RD [Pfad]`

Pfad Ist die Pfadangabe für das zu löschende Verzeichnis.

RD löscht ein Verzeichnis vom Datenträger, es erscheint danach nicht mehr im Inhaltsverzeichnis, vorausgesetzt, es enthält keine weiteren Dateien und Verzeichnisse.

REM i

Bemerkungen in Batch-Dateien und in der CONFIG.SYS
ab DOS 1.0

Syntax: `REM {Text}`

Text Text der Bemerkung

Wenn Sie in einer Batch-Datei oder in der CONFIG.SYS eine Bemerkung einfügen wollen - etwa über den Grund der darüberliegenden Zeile - so schreiben Sie diese Bemerkung mit vorgestelltem REM.

In Batch-Dateien werden die Kommentare bei ausgeschaltetem ECHO nicht angezeigt, in der CONFIG.SYS nicht abgearbeitet.

REN RENAME i

Umbenennen einer Datei
ab DOS 1.0 Verwandte Befehle: MOVE

Syntax: `REN{AME} [Alter Dateiname] [Neuer Dateiname]`

Alter Dateiname Ist der alte Name der Datei(en). Die Verwendung von Jokern ist erlaubt. Bei der Angabe des alten Namens ist zusätzlich eine Pfadangabe möglich.

Neuer Dateiname Ist der neue Name der Dateien. Auch hier sind Joker erlaubt. Eine Pfadangabe ist nicht möglich, die Datei(en) werden im gleichen Verzeichnis umbenannt. Eine Datei mit dem neuen Namen darf noch nicht existieren.

REN (RENAME) ist ein Befehl zum Umbenennen von Dateien. Die Datei(en) bleiben im selben Verzeichnis auf demselben Laufwerk, lediglich Name und/oder Erweiterung werden geändert. Entstehungsdatum und -uhrzeit der Datei, die Sie im Inhaltsverzeichnis sehen können oder etwaige Attribute werden nicht geändert.

REPLACE e

kopiert und ersetzt Dateien

ab DOS 3.1 Verwandte Befehle: COPY, XCOPY

Syntax: `REPLACE [Dateiname] [Zielpfad] {/A} {/P} {/R} {/S} {/U} {/W}`

Datei Ist die Angabe der zu ersetzenden bzw. zu kopierenden Datei(en), die Verwendung von Jokern ist erlaubt. Es kann ein komplette Pfadangabe gemacht werden. Ohne Angabe: Aktuelles Verzeichnis bzw. Laufwerk.

Zielpfad Ist der Name des Pfades (Laufwerk und/oder Verzeichnis), auf dem die Kopien angelegt werden sollen.

/A Fügt im Ziel neue Dateien hinzu, anstatt vorhandene zu ersetzen. Nicht mit /S oder /U zusammen verwenden.

/P Der Kopiervorgang kann für jede Datei einzeln mit JA/NEIN bestätigt werden.

/R Auch schreibgeschützte Dateien werden ersetzt.

/S Es werden auch in den Verzeichnissen ab dem angegebenen Pfad Dateien ersetzt. Kann nicht mit /A zusammen verwendet werden. Es werden nur im Ziel Verzeichnisse durchsucht.

/U Es werden im Ziel nur die Dateien ersetzt, die älter als die Quelldateien sind. Kann nicht mit /A zusammen verwendet werden.

/W Der Befehl wartet mit der Ausführung bis Tastendruck. Erlaubt Ihnen, eine Quelldiskette einzulegen. Wichtig bei nur einem Laufwerk.

REPLACE ist einer der Kopierbefehle des Betriebssystems.

RESTORE e

Kopiert Sicherungsdateien zurück, die durch frühere Versionen des Befehls BACKUP entstanden sind

ab DOS 2.0

Syntax: `RESTORE [Lw:] [Ziel] {/A:} {/B:} {/D:} {/E:} {/L:} {/M} {/N} {/P} {/S}`

Lw Laufwerk, in dem sich der Datenträger mit den Sicherungskopien befindet.

Ziel Angabe der Dateien, die zurückzukopieren sind. Sie können einen Pfad angeben und Joker verwenden. Es kann nur der in der Sicherung verwendete Pfad angegeben werden. Ein Zurückkopieren in ein anderes Verzeichnis ist nicht möglich.

/A:Datum Es werden nur die am angegebenen Datum oder später geänderten Dateien kopiert. Es gilt das mit COUNTRY festgelegte Datumsformat.

/B:Datum Kopiert nur am angegebenen Datum oder früher geänderte Dateien. Es gilt das mit COUNTRY festgelegte Datumsformat.

/D Ab 5.0: Es wird eine Liste der Dateien ausgegeben, die durch den Befehl zurückkopiert würden - der Vorgang des Kopierens selbst wird nicht gestartet.

/E:Zeit Kopiert nur zur angegebenen Zeit oder früher geänderte Dateien. Es gilt das mit COUNTRY festgelegte Zeitformat.

/L:Zeit Ab 5.0: Nur zur angegebenen Zeit oder später geänderte Dateien werden kopiert. Es gilt das mit COUNTRY festgelegte Zeitformat.

/M Nur die seit der letzten Sicherung geänderten Dateien werden zurückkopiert.

/N Nur im Ziel nicht mehr vorhandene Dateien werden wiederhergestellt.

/P Bei neuen, veränderten oder schreibgeschützten Dateien wird nachgefragt, ob die Dateien durch die zurückzukopierenden Dateien überschrieben werden sollen.

/S Auch die Unterverzeichnisse des angegebenen Verzeichnisses werden mitsamt Inhalt zurückkopiert.

RESTORE kopiert die mit den früheren Versionen des Datensicherungs-Programms BACKUP kopierten Dateien zurück, wobei dies die einzige Möglichkeit ist, die Kopien wieder verwendbar zu machen. In dem auf der Sicherungsdiskette vorhandenen Format sind die Dateien nicht verwendbar.

SCANDISK e

Überprüfen von Laufwerken auf logische und physikalische Fehler
ab DOS 6.2 Verwandter Befehl: CHKDSK

Syntax: `SCANDISK {Lw: {Lw:} | /ALL} {/CHECKONLY | /AUTOFIX {/NOSAVE} | /CUSTOM} {/SURFACE} {/MONO} {/NOSUMMARY}`

Syntax: `/FRAGMENT {Lw:}{Verzeichnis}[Dateiname]`

Syntax: `/UNDO {Lw:}`

Lw:	Laufwerk, das überprüft werden soll. Bei einem komprimierten Laufwerk ist dieses in der Form DBLSPACE.nnn anzugeben.
/ALL	Alle lokalen Laufwerke werden überprüft.
/AUTOFIX	Alle gefundenen Fehler werden behoben, verlorene Sektoren werden gespeichert.
/CHECKONLY	Nur Überprüfung, keine Reparatur (nicht mit /AUTOFIX oder /CUSTOM.
/CUSTOM	Die Einstellungen der Sektion [Custom] in der Datei SCANDISK.INI werden benutzt.
/FRAGMENT	Es wird nur auf Fragmentierung überprüft.
/MONO	Monochrome Anzeige des SCANDISK-Bildschirms.
/NOSAVE	Verlorene Sektoren werden nicht gespeichert.
/NOSUMMARY	Es wird keine Zusammenfassung der Ergebnisse der Überprüfung angezeigt.
/SURFACE	Führt eine Oberflächenüberprüfung ohne Rückfrage aus.
/UNDO	Es werden etwaige Änderungen rückgängig gemacht, wobei auf die angelegte UNDO-Diskette zurückgegriffen wird, für die ein Laufwerk angegeben werden kann.

SCANDISK ersetzt das etwas altmodische CHKDSK, das im Gegensatz zu SCANDISK auf die Überprüfung logischer Fehler wie Integrität der Dateizuordnungstabelle etc. beschränkt war. SCANDISK ist in der Lage, eine Überprüfung der Datenträgeroberfläche auf schadhafte Sektoren durchzuführen.

SET — i

Anzeigen oder Ändern des Umgebungsspeichers des Kommandoprozessors
ab DOS 2.0

Syntax: `SET {{Variable}={Wert}}`

Variable Name einer Variablen, die im Umgebungsspeicher abgelegt werden soll. Der Name wird im Umgebungsspeicher in Großbuchstaben hinterlegt, auch wenn er anders eingegeben wurde. Ohne Parameter wird der Inhalt des Umgebungsspeichers angezeigt.

Wert Wert dieser Variablen.

Variable= Nennung der Variablen mit Gleichheitszeichen, jedoch ohne Wert, löscht den Inhalt dieser Variablen.

Der Kommandoprozessor COMMAND.COM legt in seiner unmittelbaren Nähe im Speicher einen Bereich an, der ausschließlich für die Zwecke des Kommandoprozessors reserviert ist.

Die Variable COPYCMD legt ab 6.2 fest, wie die Überschreibwarnung der Befehle COPY, XCOPY und MOVE zu handhaben ist.

SETVER — c/e

Simulation einer bestimmten DOS-Version
ab 5.0 CONFIG.SYS-Eintrag: DEVICE=SETVER.EXE

Syntax: `SETVER {Pfad}`
Tabelle anzeigen

Syntax: `SETVER {Pfad}[Datei]n.nn`
Eintrag an Tabelle anhängen

Syntax: `SETVER {Pfad}[Datei]/D{ELETE} {/QUIET}`
Eintrag aus Tabelle löschen

Pfad Ist die genaue Pfadangabe zur Datei SETVER.EXE.

Datei Ist der Name der Datei bzw. des Programms, das der Liste hinzugefügt werden soll. Zum Namen der Datei ist keine Pfadangabe erlaubt.

n.nn DOS-Version, die dem davor erwähnten Programm vorgegaukelt werden soll. Das Format ist vorgeschrieben *n.nn*, also 4.00 für 4.0 oder 3.20 für 3.2 etc.

/DELETE Löscht den Eintrag aus der Tabelle.

/QUIET Ist zusätzlich zu /DELETE zu verwenden, um beim Löschen eines Eintrags eine Bildschirmmeldung zu unterdrücken.

Wenn ein Programm eine bestimmte Version erfordert bzw. nicht korrekt mit MS-DOS zusammenarbeitet, schafft SETVER.EXE Abhilfe: Es überwacht im Speicher, welches Programm aufgerufen wird und vergleicht es mit seiner Liste.

Wird ein Programm aus dieser Liste aufgerufen, wird dem Programm die geforderte DOS-Version vorgegaukelt.

SHARE — e

Sperren von Dateien im Betrieb mit mehreren Benutzern
ab DOS 3.0

Syntax: `SHARE {/F:nnnn} {/L:mm}`

/F:nnnn Definiert den Speicherplatz, der für SHARE zur Verfügung gestellt werden soll. Standard: 2048 Bytes.

/L:*mm* Ist die maximale Anzahl von Dateien, die zeitweilig vor dem Zugriff anderer Teilnehmer im Netz gesperrt (gelockt) werden sollen.

Für jede gesperrte Datei wird 1 Byte benötigt. Standard: 20 Dateien.

SHARE regelt in Netzwerken den Dateizugriff. Wird eine Datei durch einen Teilnehmer im Netz aufgerufen, wird diese Datei für den Zugriff anderer Teilnehmer gesperrt.

Auch der Gebrauch einer Datei durch mehrere Nutzer im Netz (File Sharing) wird durch SHARE ermöglicht.

SHELL — c

Angabe, welcher Kommandoprozessor verwendet werden soll
ab DOS 3.0 Verwandte Befehle: COMMAND

Syntax: `SHELL=[Prozessor] {Parameter}`

Prozessor Name des zu ladenden Kommandoprozessors. Wenn dieser Kommandoprozessor sich nicht im Hauptverzeichnis befindet, muß der Pfad angegeben werden.

Parameter Übergabe von Parametern an den zu ladenden Kommandoprozessor.

Wenn Sie den Rechner starten, wird neben den drei versteckten Systemdateien auch der Kommandoprozessor COMMAND.COM in den Hauptspeicher geladen, der sich dafür im Hauptverzeichnis des Startdatenträgers befinden muß.

Mit SHELL weisen Sie den Weg zu einem anderen Verzeichnis oder binden einen völlig anderen Kommandoprozessor ein, der natürlich zu COMMAND.COM kompatibel sein muß, wie etwa 4COM und andere.

SHIFT b

Verwendung von mehr als neun Platzhaltern
ab DOS 2.0

Syntax: `SHIFT`

In Batch-Dateien dürfen nur bis zu neun Platzhalter vorkommen:

```
FOR %%D IN (%1 %2 %3 %4 %5 %6 %7 %8 %9) DO DEL %%D
```

Mit SHIFT können Sie beliebig viele Platzhalter verwenden - die alten Platzhalter werden um eine Stelle nach links verschoben - der Wert wird in den niedrigeren Platzhalter kopiert.

ALT	%0	%1	%2	%3	%4	%5	%6	%7	%8	%9
NEU	%1	%2	%3	%4	%5	%6	%7	%8	%9	%X

Nun ist als **%**X ein neuer Parameter möglich.

SMARTDRV.EXE c/e

Cache-Speicher zum Beschleunigen von Festplattenzugriffen
ab DOS 6.2

Syntax: `SMARTDRV {/X} {Größe} {WinGröße} {Lw{+|-}} {/E:Element} {/B:Puffer} {/C | /R} {/L} {/U} {/F | /N} {/V | /Q | /S}`

/X	Neu in DOS 6.2: Deaktiviert den Schreib-Cache für alle Laufwerke. Wird bei der Installation so voreingestellt, sofern noch kein Eintrag vorhanden ist. Mit der Angabe des Laufwerks sowie dem Pluszeichen kann dies für die betreffenden Laufwerke aktiviert werden.
Größe	Größe des Cache-Speichers nach dem Start für den Betrieb ohne Windows. Die Größe ist entscheidend für die Effektivität des Cache-Speichers. Die Standardgröße hängt vom Erweiterungsspeicher ab, über den Ihr System verfügt.
WinGröße	Größe, auf die Windows den Cache verkleinern darf, um den Speicher selbst zu nutzen. Nach dem Beenden von Windows wird die normale Größe wiederhergestellt. Die Standardgröße hängt vom Erweiterungsspeicher ab, über den Ihr System verfügt.
Lw+	Aktiviert für das Laufwerk einen Schreib- und Lese-Cache.
Lw-	Deaktiviert den Cache für das betreffende Laufwerk.
/E:Element	Angabe, wie viele Byte des Cache bei einem Vorgang verschoben werden. Zulässige Werte: 1024, 2048, 4096 und 8192 Byte, letzteres ist Voreinstellung.
/B:Puffer	Angabe in Byte, wieviel Puffer für die nächsten Informationen einer gerade eingelesenen Datei bereitgestellt werden sollen. Standard ist 16 KByte. Je größer dieser Wert, desto effektiver ist der Cache, doch gerade dieser Wert belastet den konventionellen Arbeitsspeicher. Angabe hat in Byte zu erfolgen.
/C	Schreibt den Inhalt des Cache auf das gepufferte Laufwerk, die Daten werden also aktualisiert.
/R	Löscht den Inhalt des Cache und startet SMARTDRV neu.
/N	Neu in DOS 6.2: Schreibt zurück, wenn das System keine Aktivitäten ausführt. Diese Option ist nicht so sicher wie /F.

/F Neu in DOS 6.2: Nach jedem Beenden eines Programms werden die Daten zurückgeschrieben. Dies ist die Voreinstellung.

/L Verhindert das Laden von SMARTDRV in die UMBs, das normalerweise automatisch geschieht.

Wenn Sie die Doppelpufferung einsetzen und das Gefühl haben, daß SMARTDRV nicht schnell genug ist, könnte dieser Schalter Abhilfe schaffen.

/U Neu in DOS 6.2: Die standardmäßige Unterstützung von CD-ROM-Laufwerken wird deaktiviert. Aktiviert wird sie durch Angabe des CD-ROM-Laufwerkbuchstaben mit vorangehenden Pluszeichen.

/Q Es werden keine Status- oder Fehlermeldungen angezeigt.

/S Zeigt Informationen über die Trefferquote des Cache sowie die gepufferten Laufwerke.

/V Es werden beim Start Status etc. angezeigt, was normalerweise nicht der Fall ist.

Ein Cache-Speicher wie SMARTDRV speichert Dateien in Bereichen mit schnellem Zugriff, um Medien mit langsamerem Zugriff Leseoperationen zu ersparen. SMARTDRV.EXE optimiert damit die Geschwindigkeit von Festplattenzugriffen, aber auch den Zugriff auf andere Medien.

Bei bestimmten Programmen, etwa Datenbanken, ist der Geschwindigkeitsvorteil erheblich!

SMARTDRV arbeitet dabei standardmäßig als Lese-Cache, d. h., das Schreiben wird nicht verzögert ausgeführt.

SORT e

Filterbefehl für das Sortieren von Dateien und Listen

ab DOS 2.0

Syntax: `SORT {/R} {+nn}`

/R Sortiert absteigend, ohne Angabe wird aufsteigend sortiert.

/+nn *nn* steht für eine Ziffer und legt die für die Sortierung benutzte Bildschirmspalte fest. Ohne Angabe wird die erste (= linke) angenommen.

Der Filterbefehl SORT übernimmt die Standardausgabe eines Befehls und gibt ihn sortiert weiter. SORT sortiert Dateien zeilenweise bis zu einer Größe von 64 KByte.

STACKS c

Einrichten oder Ändern von Datenstapeln (Stack Frames)
ab DOS 3.3

Syntax: `STACKS=[X,Y]`

X Anzahl der anzulegenden Stapelspeicher. Gültige Werte: 0 und der Bereich von 8 -64.

Y Größe der Stapelspeicher. Mögliche Werte: 0 und der Bereich 32 - 512.

Standardwerte, wenn STACKS nicht ausdrücklich befohlen wird:

IBM-PC/AT	0,0
andere	9,128

Stapel sind temporäre Datenstrukturen, die von MS-DOS und Anwendungen für die Verarbeitung von Hardware-Ereignissen benutzt werden. Während eines Hardwareinterrupts werden aus den angelegten Stapelspeichern Speicher zugewiesen.

SUBMENU c

Definiert ein Untermenü in der CONFIG.SYS
ab DOS 6.0 Verwandte Befehle: MENUITEM, MENUDEFAULT, MENUCOLOR, INCLUDE

Syntax: `SUBMENU=Blockname{,Text}`

Blockname Name eines Untermenüs, zu dem nach Auswahl dieses Menüpunkts verzweigt werden soll. Dieser Blockname wird in der AUTOEXEC.BAT als Sprungmarke verwendet. Wird in der CONFIG.SYS kein Block mit diesem Namen gefunden, wird der Menüpunkt nicht im Startmenü angezeigt. Es sind Namen mit bis zu 70 Zeichen erlaubt, nicht erlaubt im Namen des Blocks sind die Zeichen

`Leertaste \ / , ; = [ ]`

	Es sind bis zu neun Menüpunkte erlaubt.
Text	Zusätzlicher Text, der im Menü anstelle des Blocknamens erscheinen soll. Ohne Text wird der Blockname angezeigt.

In einem Hauptmenü für den Start des Rechners sind lediglich bis zu neun Menüpunkte erlaubt. Das mag einer der Gründe sein, warum Sie Untermenüs bilden möchten. Die Gründe dafür mögen jedoch auch sein, daß Sie eine logischere Aufteilung wünschen.

SUBST **Ø e**

Simulation eines Laufwerks in einem Verzeichnis

ab DOS 3.1 Verwandte Befehle:TRUENAME

Syntax: `SUBST {Laufwerk:} {Pfad} {/D}`

Laufwerk:	Laufwerkname, der simuliert werden soll. Ohne Angabe: Auflisten der eingerichteten Umleitungen.
Pfad	Pfadangabe des Verzeichnisses, das anstelle des angegebenen Laufwerks angesprochen werden soll.
/D	Löscht die Umleitung des anzugebenden Laufwerks.

Es war eine Zeitlang üblich, daß Programme von der Installationsroutine nur auf Laufwerk C: installiert werden konnten, an ein Laufwerk D: hatten die Programmierer schlicht nicht gedacht. Falls eines Ihrer Anwendungsprogramme auf ein bestimmtes Laufwerk nicht zugreifen kann, so können Sie dieses Problem mit SUBST lösen. Legen Sie ein x-beliebiges Verzeichnis an, das Sie mit SUBST zu einem "Laufwerk" machen. Wenn Sie Ihr Verzeichnis \DOS auf Laufwerk D: umleiten wollen, so befehlen Sie

```
SUBST D: \DOS
```

Nach dieser Umleitung sehen Sie das Inhaltsverzeichnis von \DOS, wenn Sie das Inhaltsverzeichnis des Laufwerks D: anfordern.

SWITCHES **c**

Tastatur-Emulation

ab DOS 4.0

Syntax: `SWITCHES={/F} {/K} {/W}{/N}`

/F Unterbindet die 2 Sekunden lange Meldung am Anfang des Startvorgangs und beschleunigt das Starten damit.

/K Emuliert die Normaltastatur, obwohl eine erweiterte Tastatur vorhanden ist.

/W Erlaubt die Verschiebung der Datei WINA20.386 in ein anderes Verzeichnis. Wird nur benötigt, wenn Sie Windows 3.0 im erweiterten Modus ausführen

/N Sorgt dafür, daß beim Start die Tasten [F5] und [F8] nicht benutzt werden können, um die CONFIG.SYS und AUTOEXEC.BAT ganz oder teilweise zu ignorieren.

Ab DOS 4.0 wird die erweiterte Tastatur unterstützt, was jedoch manchmal zu Problemen führt, wenn etwa die Codes der erweiterten Tastatur nicht richtig interpretiert werden.

SYS Ø e

Kopieren der Systemdateien

ab DOS 1.0 Verwandte Befehle: FORMAT /S

Syntax: `SYS {Quellaufwerk:}[Laufwerk:]`

Quellaufwerk Ab 5.0: Laufwerk, in dem sich der Datenträger befindet, von dem die Systemdateien zum Ziel kopiert werden sollen. Ohne diese Angabe werden die Systemdateien im Hauptverzeichnis des aktuellen Laufwerks gesucht.

Laufwerk Laufwerk, auf das die Systemdateien kopiert werden sollen.

Neben dem Formatieren mit der Option /S und dem Kopieren einer Systemdiskette mit DISKCOPY ist SYS das einzige Kommando, mit dem Sie einen bootfähigen Datenträger erstellen können.

SYS überträgt also die Systemdateien IO.SYS, MSDOS.SYS und DBLSPACE.BIN sowie COMMAND. COM auf das anzugebende Laufwerk.

TIME	i

Ermöglicht die Einstellung der Systemuhrzeit des Rechners
ab DOS 1.0

Syntax: `TIME {ZEIT}`

ZEIT Systemzeit, die wahlweise angegeben werden kann.

Der PC hat eine interne Uhr, die durch einen Akku oder eine Batterie mit Strom versorgt wird, wenn er ausgeschaltet wird. Diese Uhr übergibt an den PC die Systemzeit, die der PC bei einigen Befehlen benötigt, etwa dem Anzeigen des Inhaltsverzeichnisses.

TREE	e

Anzeige der Verzeichnisstruktur eines Datenträgers
ab DOS 2.0 Verwandte Befehle: DIR

Syntax: `TREE {Pfad:} /F /A`

Pfad Ist das Laufwerk und/oder das Verzeichnis, dessen Unterverzeichnisse angezeigt werden sollen. Standard: Aktueller Pfad.

/F Es werden zusätzlich alle Dateien angezeigt, die sich in den Verzeichnissen befinden.

/A Ab 5.0: Statt des erweiterten Zeichensatzes, wird der ASCII-Zeichensatz verwendet, es werden also Textzeichen anstelle von Grafikzeichen verwendet.

Da das Inhaltsverzeichnis über die Verzeichnisstruktur nicht sehr aussagekräftig ist, können Sie sich mit dem Befehl TREE Ihre Verzeichnisse grafisch anzeigen lassen.

TRUENAME	i

Zeigt bei umgeleiteten oder Netzwerklaufwerken den echten Pfad an
ab DOS 5.0 Undokumentierter Befehl

Syntax: `TRUENAME`

Ruft man auf einem mit SUBST simulierten Laufwerk TRUENAME auf, so zeigt dieser Befehl eine erstaunliche Fähigkeit: Er gibt Ihnen nicht den simulierten Pfad, sondern das echte Verzeichnis, das für die Laufwerksemulation verwendet wurde, an.

TYPE — i

Ausgabe einer Datei auf dem Standardausgabegerät
ab DOS 1.0

Syntax: `TYPE [Dateiname]`

Dateiname — Ist die Angabe der Datei, die angezeigt werden soll. Joker sind nicht erlaubt! Es kann eine Pfadangabe gemacht werden.

Mit TYPE können Sie sich eine (Text)Datei am Bildschirm anzeigen lassen. Wenn diese Datei Steuerzeichen enthält, werden diese - u. U. mit allerlei Tönen des PCs - angezeigt.

UNDELETE — e

Wiederherstellung gelöschter Dateien
ab 5.0 — Verwandte Befehle: UNFORMAT

Syntax:
```
UNDELETE {Pfad} {/LIST | /ALL | PURGE{Lw} |
         /LOAD | /U{NLOAD} | /STATUS | /S{Lw}
         | /T{Lw}{-Einträge}} {/DT | /DS |
         /DOS}
```

Pfad — Ist die Angabe der Dateien, die wiederherzustellen sind. Eine Pfadangabe ist möglich, ohne Pfadangabe wird das aktuelle Verzeichnis angenommen.

/LIST — Zeigt lediglich eine Liste der wiederherstellbaren Dateien am Bildschirm. Dateien, die nicht wiederherstellbar sind, werden in dieser Liste mit ** gekennzeichnet. Diese Option darf nicht mit */ALL* zusammen verwendet werden!

/ALL — Stellt alle angegebenen Dateien ohne Rückfrage wieder her. Darf nicht mit */LIST* zusammen verwendet werden. Die wiederherstellbaren Dateien werden rekonstruiert, wobei das höchste Verfahren verwendet wird, das durchführbar ist, also *Löschüberwachung* oder *Löschverfolgung* (beide nur, sofern installiert). Wenn auf DOS zurückgegriffen werden muß, wird das erste Zeichen des Dateinamens durch das Zeichen # ersetzt. Sollte der dadurch entstehende Dateiname nicht eindeutig sein, werden folgende Zeichen in der aufgeführten Reihenfolge verwendet:

```
# % & - 0 1 2 3 4 5 6 7 8 9 A ... Z
```

/PURGE Der Inhalt des Überwachungsverzeichnisses (bei Löschüberwachung) wird geleert. Es ist zusätzlich die Angabe eines Laufwerks (ausnahmsweise *ohne* Doppelpunkt) möglich. Ohne Angabe wird das aktuelle Laufwerk angenommen.

/LOAD Lädt die Löschüberwachung. Dabei wird die Datei UNDELETE.INI für die Einstellungen verwendet. Fehlt diese, werden die Voreinstellungen verwendet.

/UNLOAD löscht den residenten Teil von UNDELETE aus dem Speicher und beendet die Löschüberwachung.

/STATUS zeigt für jedes Laufwerk an, welche Stufe des Löschschutzes dort aktiv ist.

/S Aktiviert die Löschüberwachung für ein anzugebendes Laufwerk. Auch hier ausnahmsweise ohne Doppelpunkt.

/T{-Einträge} aktiviert die Löschprotokollierung, eine niedrigere Sicherheitsstufe. Die optional anzugebende Anzahl der Einträge bestimmt, wie viele Einträge die Datei PCTRACKR.DEL aufnehmen darf. Ohne Angabe wird die Voreinstellung angenommen.

/DT Die Löschprotokoll-Datei wird für das Wiederherstellen der Dateien verwendet. Nicht mit */DOS* zusammen verwenden!

/DS Es werden nur Dateien wiederhergestellt, die durch die Löschüberwachung gesichert wurden.

/DOS Befiehlt, daß nur das DOS-Verzeichnis verwendet werden soll, selbst wenn eine Protokolldatei existiert. */DOS* und */DT* schließen sich gegenseitig aus.

Wenn Sie eine Datei löschen, wird sie nicht physikalisch gelöscht, also entfernt, sondern es wird in der Dateizuordnungstabelle des Datenträgers der Eintrag dieser Datei gelöscht und der entsprechende Platz auf dem Datenträger als frei gekennzeichnet. Gleichzeitig wird der erste Buchstabe des Dateinamens gelöscht.

UNFORMAT	Ø e

Wiederherstellen eines versehentlich formatierten Datenträgers
ab 5.0 Verwandte Befehle: UNDELETE

Syntax: `UNFORMAT [Laufwerk:] {/L} {/P} {/TEST}`

Laufwerk: Angabe des Laufwerks, dessen Dateistruktur wiederhergestellt werden soll.

/L Alle zur Wiederherstellung gefundenen Dateinamen werden aufgelistet.

/TEST Der Vorgang des Wiederherstellens wird lediglich simuliert, es werden also keine Änderungen am Datenträger vorgenommen. Vor dem Beginn größerer Operationen ist es sehr empfehlenswert, diese Option vorher zu nutzen.

/P Gibt die Meldungen während der Programmausführung auf dem Drucker an LPT1 aus.

Hinweis: Beachten Sie, daß UNFORMAT nur auf Festplatten mit einer Sektorgröße von 512, 1024 und 2048 Bytes funktioniert.

Wenn Sie versehentlich einen Datenträger formatiert haben, gibt es außer dem Wiederherstellen von einer Sicherungskopie nur eine einzige Möglichkeit, diesem Datenverlust zu begegnen: Der Befehl UNFORMAT. Dieser Befehl stellt die Dateizuordnungstabelle wieder her, so daß etwaige Löschvorgänge rückgängig gemacht werden.

VER	i

Anzeige der Versionsnummer von MS-DOS
ab DOS 2.0

Syntax: `VER {/R}`

/R Ab 5.0: Weitere Informationen über die Position des Betriebssystems.

Wenn man an einem fremden Rechner arbeitet, ist es u. U. notwendig, in Erfahrung zu bringen, mit welcher DOS-Version der Rechner arbeitet.

VERIFY i

Überprüfung eines Kopiervorgangs
ab DOS 2.0

Syntax: `VERIFY {ON|OFF}`

ON Schaltet die Überprüfung der Kopiervorgänge an. VERIFY bleibt ON bis es wieder abgeschaltet wird oder der PC ausgeschaltet wird. Standard: OFF

OFF Schaltet VERIFY wieder aus.

VERIFY ist eine Überprüfungsfunktion bei Kopiervorgängen. Es wird überprüft, ob die Daten richtig übertragen worden sind. Es findet kein Vergleich der Quell- und Zieldateien statt, lediglich die Lesbarkeit der Zieldaten ist sicher. Es kann also mit VERIFY verhindert werden, daß Daten auf unlesbare Sektoren geschrieben werden.

VOL i

Anzeige des Namens eines Datenträgers
ab DOS 2.0 Verwandte Befehle: DIR, TREE

Syntax: `VOL {Laufwerk:}`

Laufwerk: Ist das Laufwerk des Datenträgers, dessen Name abgefragt werden soll. Ohne Angabe: Aktuelles Laufwerk.

Mit FORMAT oder LABEL kann der Anwender jedem Datenträger einen individuellen Namen von bis zu elf Zeichen geben, den man mit VOL abfragen kann.

VSAFE e

Virenüberwachung
ab DOS 6.0 Verwandte Befehle: MSAV

Syntax: `VSAFE {/Option{+|-}} /NE /NX /Ax /Cx /D /N /U`

Mit den Optionen legen Sie fest, welche Aktivitäten VSAFE überwachen soll, die Angabe erfolgt mit einem nachgestellten Pluszeichen + für das Einschalten und einem Minuszeichen - für das Ausschalten der Option:

1 Warnt vor einem Low-Level-Formatiervorgang, der die jeweilige Festplatte komplett löschen könnte. Die Voreinstellung lautet "Aktiviert" (+).

2 Warnt vor dem Versuch eines Programms, im Arbeitsspeicher zu verbleiben. Die Voreinstellung lautet "Deaktiviert" (-), da auch normale Programme u. U. resident im Speicher bleiben.

3 Hindert Programme daran, auf einen Datenträger zu schreiben. Die Voreinstellung lautet "Deaktiviert" (-).

4 Prüft ausführbare Dateien, also Dateien mit der Erweiterung COM und EXE, die von MS-DOS geöffnet werden. Die Voreinstellung lautet "Aktiviert" (+).

5 Prüft alle Datenträger auf Viren, die sich im jeweiligen Startsektor befinden. Die Voreinstellung lautet "Aktiviert" (+).

6 Warnt vor Versuchen, in den Startsektor oder die Partitionstabelle der Festplatte zu schreiben. Die Voreinstellung lautet "Aktiviert" (+).

7 Warnt vor Versuchen, in den Startsektor einer Diskette zu schreiben. Die Voreinstellung lautet "Deaktiviert" (-).

8 Warnt vor Versuchen, ausführbare Dateien zu ändern. Die Voreinstellung lautet "Deaktiviert" (-).

Die zusätzlichen Optionen:

/NE Sorgt dafür, daß der Expansionsspeicher nicht benutzt wird. Standardeinstellung ist, daß das Expanded Memory verwendet wird, wenn kein oder nicht genug Extended Memory gefunden werden.

/NX Sorgt dafür, daß das Extended Memory nicht benutzt wird, selbst wenn vorhanden.

/Ax Legt fest, daß die Aufruftastenkombinaton aus der Taste `Alt` plus der angegebenen Taste besteht.

/Cx Legt fest, daß die Aufruftastenkombinaton aus der Taste `Strg` plus der angegebenen Taste besteht.

/D Deaktiviert die Bildung der Prüfsumme.

/N Ermöglicht es, Netzwerktreiber zu laden, nachdem VSAFE gestartet wurde.

/U Löscht VSAFE aus dem Arbeitsspeicher.

VSAFE wacht als residentes Programm im Speicher darüber, ob verdächtige Aktivitäten im Rechnersystem den Schluß zulassen, daß ein Computervirus einen Angriff auf Ihren PC unternimmt.

XCOPY e

Kopierbefehl für Dateien und/oder Verzeichnisse
ab DOS 3.2 In 6.2 geändert; verwandte Befehle: COPY, REPLACE

Syntax: `XCOPY {Y|-Y} [Quelle] [Zielpfad] {/A|/M} {/D:} {/E} {/S} {/P} {/V} {/W}`

/Y Neu in DOS 6.2: Es wird nicht vor dem Überschreiben gewarnt, wenn es im Ziel bereits eine Datei des angegebenen Namens gibt.

/-Y Neu in DOS 6.2: Es wird immer vor dem Überschreiben gewarnt, auch wenn XCOPY aus einer Batch-Datei heraus aufgerufen wird. Dies ist normalerweise nicht der Fall.

Quelle 1) Angabe der Datei(en), die zu kopieren sind. Joker sind erlaubt.
2) Angabe des Verzeichnisses, bei dem mit dem Kopieren begonnen werden soll.

Zielpfad 1) Angabe des Zielpfades, wohin kopiert werden soll.
2) Bei Kopieren von Verzeichnissen Angabe des Zielverzeichnisses.

/A Kopiert nur die Dateien, die seit dem letzten XCOPY oder MS-BACKUP erstellt oder verändert worden sind. Das Archiv-Attribut bleibt unverändert.

/M Es werden nur jene Dateien kopiert, die seit dem letzten MS-BACKUP oder XCOPY erstellt oder verändert worden sind. Das Archiv-Attribut wird zurückgesetzt.

/D:DATUM Es werden die Dateien kopiert, die am oder nach dem angegebenen Datum erstellt oder verändert worden sind.

/E Es werden auch leere Verzeichnisse kopiert - nur mit /S zusammen.

/S Verzeichnisse des zu kopierenden Verzeichnisses werden mitkopiert, wobei die Struktur beibehalten wird.

/P Ermöglicht mit JA bzw. NEIN eine Auswahl der zu kopierenden Dateien.

/V Überprüft den Kopiervorgang - gleiche Wirkung wie VERIFY ON.

/W Ermöglicht das Einlegen der Quelldiskette vor dem Kopieren.

XCOPY ist der einzige Kopierbefehl, der 1) komplette Verzeichnisse unter Beibehaltung der Struktur kopieren kann und der 2) in Abhängigkeit vom Archiv-Attribut kopieren kann.

Die Regeln für die Überschreibwarnung

- Geben Sie keine Option an, so wird im Normalbetrieb vor dem Überschreiben gewarnt, bei einem Aufruf aus einer Batch-Datei heraus nicht.
- Mit /Y wird keine Warnung ausgegeben.
- Geben Sie /-Y an, wird immer vor einem Überschreiben gewarnt, auch wenn XCOPY in einem Batch befohlen wird.
- Mit der Umgebungsvariablen COPYCMD geben Sie an, wie XCOPY ausgeführt werden soll, wenn Sie nichts anderes angeben:

```
SET COPYCMD=/-Y
```

- COPYCMD gilt auch für die Befehle COPY und MOVE.

13. Das aktuelle Update: MS-DOS 6.22

Warum gibt es nun nach einigen Monaten des MS-DOS-6.2-Daseins schon wieder eine neue Version? Will Microsoft im Gespräch bleiben oder langweilen sich die MS-DOS-Programmentwickler?

Microsoft versus Stac Electronic

Nein, keine der aufgeworfenen Vermutungen treffen zu. Eine gerichtliche Auseinandersetzung erzwang das Update auf 6.22.

Der langanhaltende Rechtsstreit zwischen Microsoft und Stac Electronic ist aber nun endgültig ausgestanden. Streitpunkt war der Komprimieralgorithmus von DBLSPACE.

So kam es zu der Interimslösung MS-DOS 6.21, die ohne Komprimierprogramm ausgeliefert wurde. Dies war aber nur für die USA interessant, da das zwischenzeitliche Urteil, keine MS-DOS-Version mehr mit DBLSPACE auszuliefern, keine Rechtsgültigkeit z.B. für Deutschland hatte. Die nachfolgende aktuelle 6.22-Version enthält als Anwort auf das inkriminierte DBLSPACE einen neuen Datenkomprimierer namens DRVSPACE.

Die letztendliche Einigung der streitenden Parteien im Sommer 1994 besagt nun, daß alle im Handel befindliche Versionen von MS-DOS 6.0 und 6.2 weiterhin ausgeliefert werden können, bis sie abverkauft sind. Der Einsatz des DBLSPACE-Programms wirft keine rechtlichen Probleme mehr auf.

Statt DBLSPACE jetzt DRVSPACE: Das ist alles!

Für zufriedene Anwender der 6.2-Version gibt es also keinen juristischen Grund, auf 6.22 umzusteigen. Es gibt aber auch keine technische Notwendigkeit des Umstiegs von 6.2 auf 6.22, da der neue Komprimierer DRIVESPACE zwar einen neuen Namen hat, in der Bedienung und im internen Ablauf aber unverändert ist.

Nur einige Algorithmus-Quellcodezeilen wurden erneuert, die Stac Electronic als die ihren erkannt hatten, und das Format der komprimierten Daten hat sich geändert.

Hinweis: Der Speicherbedarf, die Effizienz und Geschwindigkeit von DRVSPACE haben sich gegenüber DBLSPACE nicht nennenswert geändert. Die Bedienung aus Anwendersicht ist unverändert geblieben.

Wer jedoch noch MS-DOS 6.0 einsetzt, sollte sich das Update auf 6.22 überlegen. Denn die aktuelle Version enthält alle Verbesserungen der 6.2-Version, die zu Beginn des Taschenbuches aufgezählt wurden.

Bei der Neuinstallation von 6.22 auf einem neuen Rechner (OEM-Version) können mit DBLSPACE komprimierte Datenträger nicht angesprochen, also gelesen oder beschrieben werden. Beim Update oder Setup von 6.0/6.2 auf 6.22 werden aber nach wie vor DBLSPACE-Laufwerke oder -Disketten unterstützt.

Zudem können sie mit dem DRVSPACE-Programm in das neue Format konvertiert werden. Ist das geschehen, gibt es aber keinen Weg mehr zurück in das DBLSPACE-Format.

Da das Format der komprimierten Daten sich gegenüber DBLSPACE geändert hat, werden externe Disk-Utilities wie z.B. von Norton bis zur Angleichung Probleme beim Eingriff in die Datenstruktur haben. Das MS-DOS-eigene Scandisk ist also vorzuziehen.

Was hat sich nun im einzelnen getan?

- Wie bei den Vorgängerversionen gibt es auch bei der aktuellen 6.22-Version eine OEM-Version für die Erstinstallation, eine Update-Version für MS-DOS-Anwender, die ein älteres DOS verwenden und eine Stepup-Version für 6.0- und 6.2-User. Die Installationsroutine hat sich gegenüber der Vorgängerversionen nicht geändert. Im folgenden sehen Sie eine Auflistung der Dateien, die sich beim Setup von 6.2 auf 6.22 geändert haben oder aktualisiert wurden:

```
ANSI     SYS     9.082 31.05.94   6:22
APPEND   EXE    10.902 31.05.94   6:22
ATTRIB   EXE    11.263 31.05.94   6:22
CHKDSK   EXE    12.572 31.05.94   6:22
COMMAND  COM    57.377 31.05.94   6:22
COUNTRY  SYS    26.945 31.05.94   6:22
```

DBLSPACE	EXE	183.102	31.05.94	6:22
DBLSPACE	HLP	111.269	31.05.94	6:22
DBLWIN	HLP	8.636	31.05.94	6:22
DEBUG	EXE	15.945	31.05.94	6:22
DEFRAG	EXE	79.545	31.05.94	6:22
DELOLDOS	EXE	18.334	31.05.94	6:22
DISKCOMP	COM	10.908	31.05.94	6:22
DISKCOPY	COM	13.655	31.05.94	6:22
DISPLAY	SYS	15.823	31.05.94	6:22
DOSHELP	HLP	6.993	31.05.94	6:22
DOSKEY	COM	5.991	31.05.94	6:22
DRIVER	SYS	5.452	31.05.94	6:22
DRVSPACE	BIN	66.294	31.05.94	6:22
DRVSPACE	EXE	183.102	31.05.94	6:22
DRVSPACE	HLP	111.269	31.05.94	6:22
DRVSPACE	INF	2.664	31.05.94	6:22
DRVSPACE	MR1	512	31.05.94	6:22
DRVSPACE	SYS	23.000	31.05.94	6:22
DRVSPACE	TXT	51.373	31.05.94	6:22
EGA	CPI	58.879	31.05.94	6:22
EGA2	CPI	58.879	31.05.94	6:22
EGA3	CPI	49.099	31.05.94	6:22
EMM386	EXE	121.950	31.05.94	6:22
FASTOPEN	EXE	12.242	31.05.94	6:22
FC	EXE	18.954	31.05.94	6:22
FDISK	EXE	29.737	31.05.94	6:22
FIND	EXE	6.850	31.05.94	6:22
FORMAT	COM	23.405	31.05.94	6:22
GRAPHICS	COM	19.790	31.05.94	6:22
HELP	HLP	350.334	31.05.94	6:22
INFO	TXT	106.696	31.05.94	6:22
INFO2	TXT	14.380	31.05.94	6:22
KEYB	COM	15.871	31.05.94	6:22
KEYBOARD	SYS	34.607	31.05.94	6:22
KEYBRD2	SYS	31.951	31.05.94	6:22
MEM	EXE	33.030	31.05.94	6:22
MEMMAKER	INF	2.911	31.05.94	6:22
MODE	COM	24.097	31.05.94	6:22
MORE	COM	2.567	31.05.94	6:22
MSBACKDB	OVL	64.250	31.05.94	6:22
MSBACKDR	OVL	68.442	31.05.94	6:22
MSBACKFB	OVL	69.866	31.05.94	6:22

```
MSBACKFR OVL      74.026 31.05.94   6:22
MSBACKUP EXE       5.615 31.05.94   6:22
MSBACKUP HLP     366.380 31.05.94   6:22
MSBACKUP OVL     134.432 31.05.94   6:22
MSBCONFG HLP      54.031 31.05.94   6:22
MSBCONFG OVL      47.338 31.05.94   6:22
MSD      EXE     165.864 31.05.94   6:22
MSTOOLS  DLL      14.128 31.05.94   6:22
MWBACKF  DLL      14.560 31.05.94   6:22
MWBACKR  DLL     117.552 31.05.94   6:22
MWBACKUP EXE     315.632 31.05.94   6:22
MWBACKUP HLP     355.332 31.05.94   6:22
NETZWERK TXT      23.124 31.05.94   6:22
NLSFUNC  EXE       7.084 31.05.94   6:22
PRINT    EXE      15.976 31.05.94   6:22
REPLACE  EXE      20.242 31.05.94   6:22
RESTORE  EXE      38.566 31.05.94   6:22
SCANDISK EXE     127.414 31.05.94   6:22
SCANDISK INI       6.920 31.05.94   6:22
SHARE    EXE      11.008 31.05.94   6:22
SMARTDRV EXE      45.657 31.05.94   6:22
SORT     EXE       7.018 31.05.94   6:22
SUBST    EXE      18.606 31.05.94   6:22
SYS      COM       9.491 31.05.94   6:22
TREE     COM       7.018 31.05.94   6:22
XCOPY    EXE      17.250 31.05.94   6:22
```

Hinweis: MSD liegt in der aktuellen Version 2.11 vor, SMARTDRV in der Version 5.01, ohne daß sich erkennbar wichtiges geändert hätte.

- MS-DOS 6.22 enthält alle Vorteile, wie sie für MS-DOS 6.2 gegenüber der 6.0-Version im Laufe des Taschenbuches beschrieben wurden.

- Die Optionen und Parameter für den Befehl DRVSPACE und die Möglichkeiten des Programms DRVSPACE sind identisch mit denen der DBLSPACE-Version von MS-DOS 6.2.

- Sie können problemlos mit DBLSPACE-Dateien auch unter MS-DOS 6.22 weiterarbeiten oder auch neu einrichten. Die DBLSPACE-Module werden bei der Installation nicht gelöscht.

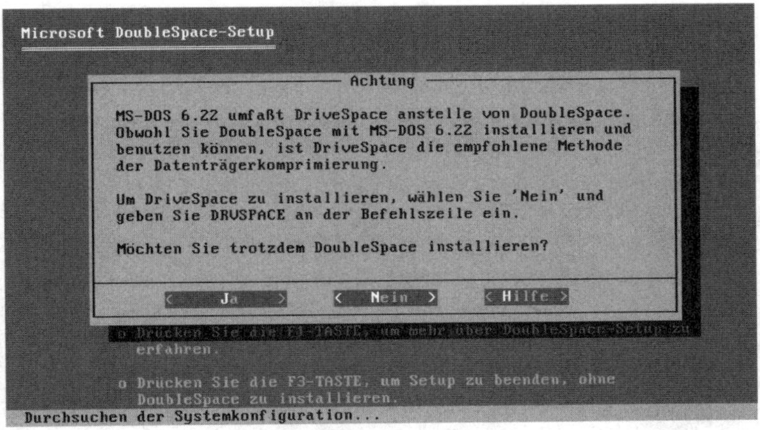

Abb. 31: Aufruf des DBLSPACE-Programms unter MS-DOS 6.22

Wollen Sie aber auf DRVSPACE umsteigen, rufen Sie nach einer Datensicherung der DBLSPACE-Laufwerke das Programm DRVSPACE auf. Beim erstmaligen Aufruf von DRVSPACE erkennt es vorhandene DBLSPACE-Laufwerke und bietet die Konvertierung an.

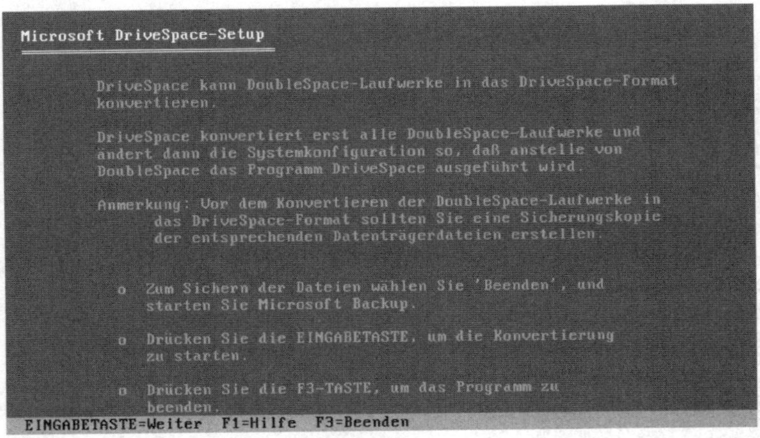

Abb. 32: DRVSPACE bietet Konvertierung an

Sie werden bildschirmgesteuert durch die Konvertierung geführt, die je nach Größe der DBLSPACE-Dateien längere Zeit in Anspruch nehmen kann.

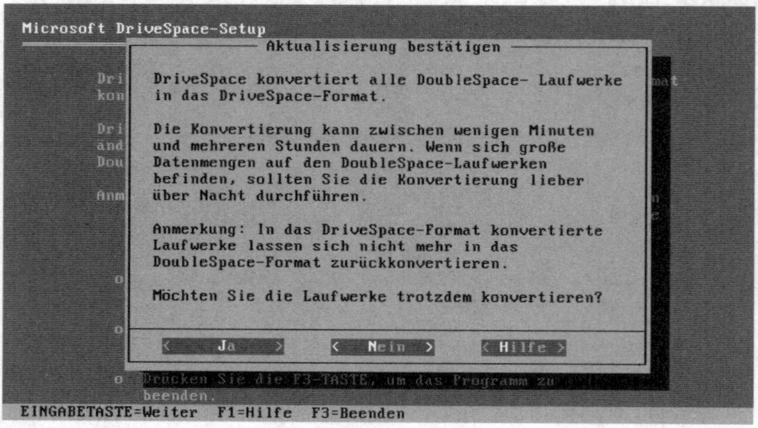

Abb. 33: Meldung vor dem Konvertierungsprozeß

Nach Abschluß der Konvertierung wird Ihr System entsprechend konfiguriert und neu gestartet (Einbinden der DRVSPACE.BIN etc.).

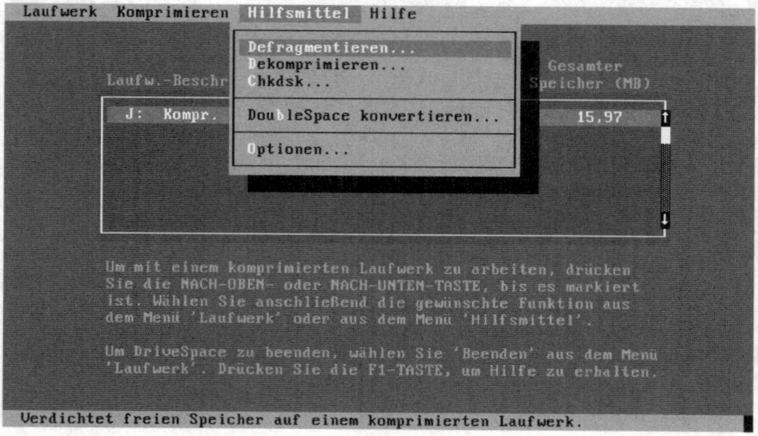

Abb. 34: Die Konvertiertoption im Programm DRVSPACE

Nachträglich können Sie nach Aufruf des DRVSPACE-Programms DBLSPACE-Laufwerke konvertieren, indem Sie im Menü *Hilfsmittel* den Menüpunkt *DoubleSpace konvertieren* wählen.

- Wollen Sie nach der Umstellung auf DRVSPACE weiterhin mit DBLSPACE-Dateien, z.B. mit DBLSPACE komprimierte Disketten, arbeiten, dürfen die DBLSPACE-Programmdateien wie DBLSPACE.BIN und die neue Datei DRVSPACE.MR1 auf keinen Fall entfernt werden. Das ist u.a. dafür wichtig, wenn Sie zusätzliche DBLSPACE-Dateien konvertieren wollen, die beim ersten Konvertierungsvorgang nicht einbezogen wurden. In diesem Zusammenhang ist es auch erforderlich, im DRVSPACE-Programm im Menü *Hilfsmittel* unter *Optionen* die Einstellung *DoubleSpace-Laufwerke lesen* zu aktivieren.

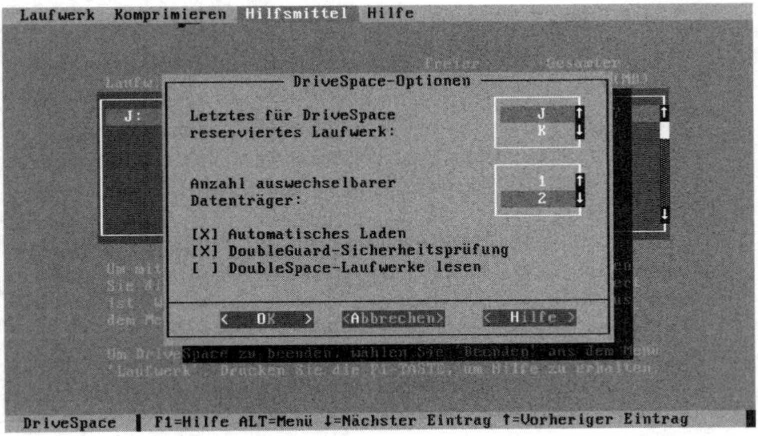

Abb. 35: Notwendige Einstellung in DRVSPACE

Zudem benötigt das Backup-Programm von MS-DOS 6.22 diese Dateien, um mit MS-DOS 6.0 oder 6.2 komprimierte Backup-Sätze wiederherstellen zu können. Denn diese älteren Datensicherungen wurden meist mit der Einstellung "komprimiert" erstellt, und zwar mit dem Komprimierformat von DBLSPACE. Da sich in 6.22 dieses Format aber geändert hat, sind die geladenen DBLSPACE-Systemdateien unabdingbar für die Verwendung des Backups unter DRVSPACE.

- Wenn DRVSPACE ein DBLSPACE-Laufwerk uneingeschränkt lesen und beschreiben können soll, muß das DBLSPACE-Laufwerk in das DRVSPACE-Format konvertiert werden. Ansonsten ist mit aktiviertem DRVSPACE nur ein Lesezugriff auf Laufwerke des alten Formats möglich, sofern diese auch angemeldet (gemounted) sind. Wohlgemerkt, das gilt nur nach dem Umstieg auf das neue DRVSPACE, den Sie nicht mitmachen müssen.

- Da wie im Vorpunkt bereits angesprochen, das Backup-Programm von MS-DOS 6.22 ein anderes Komprimierformat verwendet als 6.0 oder 6.2, kann es eine komprimierte Sicherung der früheren Backup-Version nur unter einer der folgenden Bedingungen wiederherstellen:

  - DBLSPACE.BIN ist beim Rechnerstart installiert, d.h. geladen worden.

  - Die Datei DBLSPACE.BIN und die Datei DRVSPACE.MR1 sind vorhanden und im Zugriff (entweder im Hauptverzeichnis oder im DOS-Verzeichnis). Die Datei DRVSPACE.MR1 ist übrigens verantwortlich dafür, daß Scandisk und DRVSPACE mit DBLSPACE zusammenarbeiten können.

  - Sie installieren das alte Backup-Programm, indem Sie von dem DOS-Diskettensatz die passende Diskette einlegen, die das MSBACKUP-Programm enthält. Kopieren Sie die OVL-Dateien sowie MSBACKUP.EXE, MSBACKUP.HLP und MSBCONFG.HLP in Ihr DOS-Verzeichnis. Oder Sie starten die Installation mit SETUP und der Option /E von dem alten Diskettensatz.

Hinweis: Die Windows-Version des Backup-Programms von MS-DOS 6.22 ist leider nicht in der Lage, alte komprimierte Sicherungen wiederherzustellen. Haben Sie die Komprimierfunktion während der alten Sicherung deaktiviert, gibt es natürlich keine Probleme.

Stichwortverzeichnis

D

E

F

G

H

I

J

K

L

Wenn Sie an dieser Seite angelangt sind...

dann haben Sie sicher schon auf den vorangegangenen Seiten gestöbert oder sogar das ganze Buch gelesen. Und Sie können nun sagen, wie Ihnen dieses Buch gefallen hat. Ihre Meinung interessiert uns!

Uns interessiert, ob Sie jede Menge „Aha-Erlebnisse" hatten, ob es vielleicht etwas gab, bei dem das Buch nicht weiterhelfen konnte, oder ob Sie einfach rundherum zufrieden waren (was wir natürlich hoffen). Wie auch immer – schreiben Sie uns! Wir freuen uns über Ihre Post, über Ihr Lob genauso wie über Ihre Kritik! Ihre Anregungen helfen uns, die nächsten Titel noch praxisnäher zu gestalten.

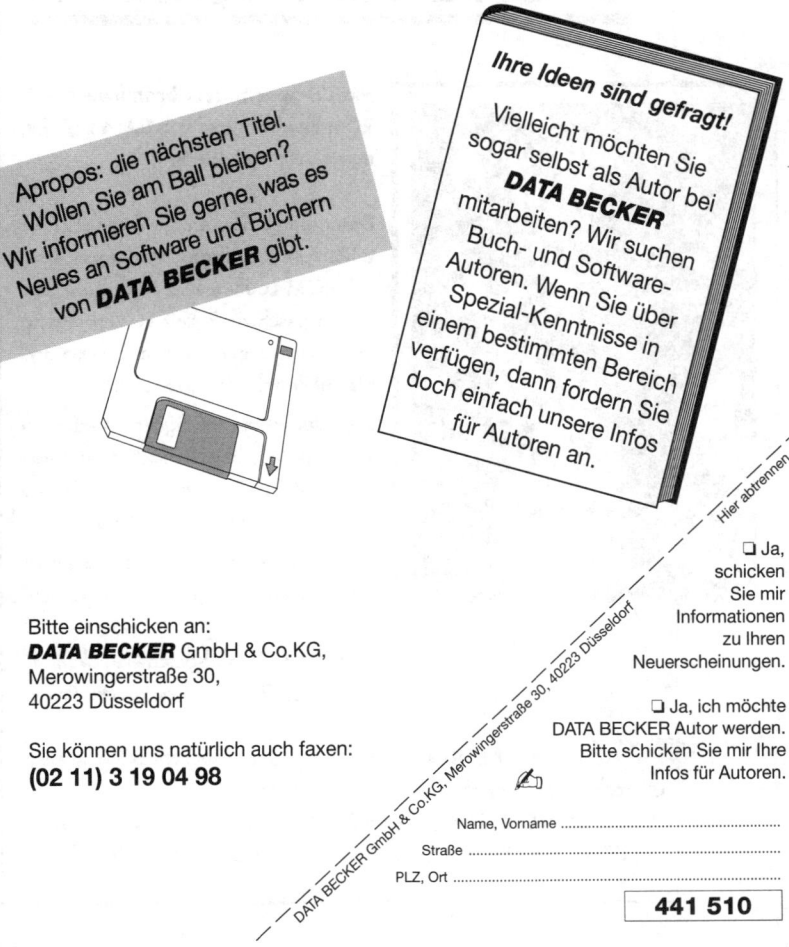

Hier abtrennen

Bitte einschicken an:
DATA BECKER GmbH & Co.KG,
Merowingerstraße 30,
40223 Düsseldorf

Sie können uns natürlich auch faxen:
(02 11) 3 19 04 98

❑ Ja, schicken Sie mir Informationen zu Ihren Neuerscheinungen.

❑ Ja, ich möchte DATA BECKER Autor werden. Bitte schicken Sie mir Ihre Infos für Autoren.

DATA BECKER GmbH & Co.KG, Merowingerstraße 30, 40223 Düsseldorf

✍

Name, Vorname ....

Straße ....

PLZ, Ort ....

441 510